suhrkamp taschenbuch
wissenschaft 2290

Der Wille zum Wissen, die Sorge des Subjekts um sich selbst und die Selbsttechnologien schienen bisher erst im Spätwerk Michel Foucaults zentrale Themen zu sein. Umso überraschender ist die Entdeckung, dass bereits seine ersten Vorlesungen am Collège de France um diese Fragen kreisen. Sie zeigen schon Spuren der späteren Gedanken zu den Selbsttechnologien, während zugleich Motive der Archäologie des Wissens noch deutlich erkennbar sind, ebenso wie die gerade im Entstehen begriffene Genealogie der Disziplinargesellschaft. Mit anderen Worten: Wie unter einem Brennglas scheinen alle Motive des Foucault'schen Œuvre hier zusammenzulaufen. Ein erstaunliches Dokument.

Michel Foucault (1926-1984) hatte von 1970 an den Lehrstuhl für die Geschichte der Denksysteme am Collège de France in Paris inne. Sein Werk liegt im Suhrkamp Verlag vor.

Michel Foucault

Über den Willen zum Wissen

Vorlesungen am Collège de France
1970-1971

gefolgt von

Das Wissen des Ödipus

Aus dem Französischen
von Michael Bischoff

Suhrkamp

Titel der Originalausgabe:
Leçons sur la volonté de savoir. Cours au Collège de France 1970-1971. Suivi de Le savoir d'Œdipe © Seuil / Gallimard, 2011

Diese Ausgabe wurde unter Leitung von François Ewald und Allesandro Fontana von Daniel Defert herausgegeben.

Die Veröffentlichung erfolgt mit freundlicher Unterstützung des Französischen Ministeriums für Kultur – Centre National du Livre und der Maison des sciences de l'homme.

Ouvrage publié avec le concours du Ministère français chargé de la culture – Centre National du Livre et la Maison des sciences de l'homme.

Bibliografische Information der Deutschen Nationalbibliothek
Die Deutsche Nationalbibliothek verzeichnet diese Publikation in der Deutschen Nationalbibliografie; detaillierte bibliografische Daten sind im Internet über http://dnb.d-nb.de abrufbar.

Erste Auflage 2019
suhrkamp taschenbuch wissenschaft 2290

Umschlag nach Entwürfen von
Willy Fleckhaus und Rolf Staudt
Druck: Druckhaus Nomos, Sinzheim
Printed in Germany
ISBN 978-3-518-29890-9

Inhalt

Vorwort

Michel Foucault hat am Collège de France von Dezember 1970 bis zu seinem Tod im Juni 1984 gelehrt, mit Ausnahme des Jahres 1977, seinem Sabbatjahr. Sein Lehrstuhl trug den Titel: »*Geschichte der Denksysteme*«.

Dieser wurde am 30. November 1969 auf Vorschlag von Jules Vuillemin von der Generalversammlung der Professoren des Collège de France an Stelle des Lehrstuhls der »Geschichte des philosophischen Denkens« eingerichtet, den Jean Hyppolite bis zu seinem Tod innehatte. Dieselbe Versammlung wählte Michel Foucault am 12. April 1970 zum Lehrstuhlinhaber.[1] Er war 43 Jahre alt.

Michel Foucault hielt seine Antrittsvorlesung am 2. Dezember 1970.[2]

Der Unterricht am Collège de France gehorcht besonderen Regeln: Die Professoren sind verpflichtet, pro Jahr 26 Unterrichtsstunden abzuleisten (davon kann höchstens die Hälfte in Form von Seminarsitzungen abgegolten werden).[3] Sie müssen jedes Jahr ein neuartiges Forschungsvorhaben vorstellen, wodurch sie gezwungen werden sollen, jeweils einen neuen Unterrichtsinhalt zu bieten. Es gibt keine Anwesenheitspflicht für die Vorlesungen und Seminare; sie setzen weder ein Aufnahmeverfahren noch ein Diplom voraus. Und der Professor stellt auch keines aus.[4] In der Terminologie des Collège de France heißt das: Die Professoren haben keine Studenten, sondern Hörer.

1 Michel Foucault hatte für seine Kandidatur ein Plädoyer unter folgender Formel abgefasst: »Man müßte die Geschichte der Denksysteme unternehmen« (»Titre et Travaux«, in: *Dits et Ecrits*, 1954-1988, hg. v. Daniel Defert und François Ewald unter Mitarbeit von J. Lagrange, Paris 1994, Bd. I, 1964-1969, S. 842-846, bes. S. 846; dt. »Titel und Arbeiten«, in: ders., *Dits et Ecrits. Schriften*, Bd. I, 1954-1969, Frankfurt/M. 2001, S. 1069-1075, bes. S. 1074 f.).

2 In der Editions Gallimard im März 1971 unter dem Titel *L'Ordre du discours* (*Die Ordnung des Diskurses*) publiziert.

3 Was Michel Foucault bis Anfang der 80er Jahre machte.

4 Im Rahmen des Collège de France.

Die Vorlesungen von Michel Foucault fanden immer mittwochs statt, von Anfang Januar bis Ende März. Die zahlreiche Hörerschaft aus Studenten, Dozenten, Forschern und Neugierigen, darunter zahlreiche Ausländer, füllte zwei Amphitheater im Collège de France. Michel Foucault hat sich häufig über die Distanz zwischen sich und seinem Publikum und über den mangelnden Austausch beschwert, die diese Form der Vorlesung mit sich brachte.[5] Er träumte von Seminaren als dem Ort echter gemeinsamer Arbeit. Er machte dazu verschiedene Anläufe. In den letzten Jahren widmete er gegen Ende seiner Vorlesungen immer eine gewisse Zeit dem Beantworten von Hörerfragen.

Ein Journalist des *Nouvel Observateur*, Gèrard Petitjean, gab die Atmosphäre 1975 mit folgenden Worten wieder: »Wenn Foucault die Arena betritt, eiligen Schritts vorwärtspreschend, wie jemand, der zu einem Kopfsprung ins Wasser ansetzt, steigt er über die Sitzenden hinweg, um zu seinem Pult zu gelangen, schiebt die Tonbänder beiseite, um seine Papiere abzulegen, zieht sein Jackett aus, schaltet die Lampe an und legt los, mit hundert Stundenkilometern. Mit fester und durchdringender Stimme, die von Lautsprechern übertragen wird, als einzigem Zugeständnis an die Modernität eines mit nur einer Lampe erhellten Saals, die ihren Schein zum Stuck hochwirft. Auf dreihundert Sitzplätze pferchen sich fünfhundert Leute, saugen noch den letzten Freiraum auf ... Keinerlei rhetorische Zugeständnisse. Alles transparent und unglaublich effizient. Nicht das kleinste Zugeständnis an die Improvisation. Foucault hat pro Jahr zwölf Stunden, um in öffentlichem Vortrag den Sinn seiner Forschung des zu Ende gehenden Jahres zu erklären. Daher drängt er alles maximal zusammen und füllt die Randspalten, wie jene Korrespondenten,

5 Michel Foucault verlegte 1976 in der – vergeblichen – Hoffnung, die Hörerschaft zu reduzieren, den Vorlesungsbeginn von 17 Uhr 45 am späten Nachmittag auf 9 Uhr morgens. Vgl. den Anfang der ersten Vorlesung (am 7. Januar 1976) von *»Il faut dèfendre la sociètè«. Cours au Collège de France (1975-76)*, unter der Leitung von François Ewald und Alessandro Fontana hrsg. von Mauro Bertani und Alessandro Fontana, Paris 1997 [dt. von M. Ott: *In Verteidigung der Gesellschaft. Vorlesungen am Collège de France (1975-76)*, Frankfurt/M. 1999].

die noch immer allerhand zu sagen haben, wenn sie längst am Fuß der Seite angekommen sind. 19 Uhr 15. Foucault hält inne. Die Studenten stürzen zu seinem Pult. Nicht um mit ihm zu sprechen, sondern um die Kassettenrekorder abzuschalten. Niemand fragt etwas. In dem Tohuwabohu ist Foucault allein.« Und Foucault dazu: »Man müsste über das von mir Vorgestellte diskutieren. Manchmal, wenn die Vorlesung nicht gut war, würde ein Weniges genügen, eine Frage, um alles zurechtzurücken. Aber diese Frage kommt nie. In Frankreich macht die Gruppenbindung jede wirkliche Diskussion unmöglich. Und da es keine Rückkoppelung gibt, wird die Vorlesung theatralisch. Ich habe zu den anwesenden Personen eine Beziehung wie ein Schauspieler oder Akrobat. Und wenn ich aufhöre zu sprechen, die Empfindung totaler Einsamkeit.«[6]

Michel Foucault ging seinen Unterricht wie ein Forscher an: Erkundungen für ein zukünftiges Buch, auch Rodungen für zu problematisierende Felder, die sich wie Einladungen an werdende Forscher anhörten. Auf diese Weise verdoppeln die Vorlesungen im Collège nicht die veröffentlichten Bücher. Sie nehmen diese nicht skizzenartig vorweg, auch wenn die Themen der Vorlesungen und Bücher die gleichen sind. Sie haben ihren eigenen Status und ergeben sich aus dem Einsatz eines bestimmten Diskurses im Gesamt der von Michel Foucault erstellten »philosophischen Akten«. Er breitet darin insbesondere das Programm einer Genealogie der Beziehungen von Wissen und Macht aus, im Hinblick auf welche er seine Arbeit seit Beginn der 70er Jahre – im Gegensatz zu der einer Archäologie der Diskursformationen, die sie bisher angeleitet hatte – reflektieren wird.[7]

Die Vorlesungen hatten auch ihre Funktion innerhalb des Zeitgeschehens. Der Hörer, der ihnen folgte, wurde nicht nur von der Erzählung, die Woche für Woche weitergestrickt wurde, eingenommen; er wurde nicht nur durch die Stringenz des Vortrags

6 Gèrard Petitjean, »Les Grands Prêtres de l'Universitè française«, *Le Nouvel Observateur*, 7. April 1975.

7 Vgl. insb. »Nietzsche, die Genealogie, die Historie«, in: ders., *Dits et Ecrits. Schriften*, Bd. II, 1970-1975, Frankfurt/M. 2002, S. 166-191.

verführt; er fand darin auch eine Erhellung der Tagesereignisse. Die Kunst Michel Foucaults bestand in der Durchquerung des Aktuellen mittels der Geschichte. Er konnte von Nietzsche und Aristoteles sprechen, von psychiatrischen Gutachten des 19. Jahrhunderts oder der christlichen Pastoral, der Hörer bezog daraus immer Einsichten in gegenwärtige und zeitgenössische Ereignisse. Michel Foucaults Stärke lag bei diesen Vorlesungen in dieser subtilen Verbindung von Gelehrsamkeit, persönlichem Engagement und einer Arbeit am Ereignis.

Die in den 70er Jahren entwickelten und perfektionierten Kassettenrekorder haben das Pult von Michel Foucault in Windeseile erobert. Auf diese Weise wurden die Vorlesungen (und gewisse Seminare) aufbewahrt.

Diese Ausgabe hat das öffentlich vorgetragene Wort von Michel Foucault zum Referenten. Sie bietet dessen möglichst wortgetreue Nachschrift.[8] Wir hätten es gerne als solches wiedergegeben. Aber die Umwandlung des Mündlichen ins Schriftliche verlangt den Eingriff des Herausgebers: Zumindest eine Zeichensetzung muss eingeführt und das Ganze in Paragraphen unterteilt werden. Das Prinzip war indes, so nah wie möglich an der tatsächlich vorgetragenen Vorlesung zu bleiben.

Wenn es *unabdingbar* erschien, wurden Wiederaufnahmen und Wiederholungen weggelassen; unvollendete Sätze wurden zu Ende geführt und unrichtige Konstruktionen berichtigt. Auslassungspunkte zeigen an, dass die Aufzeichnung unverständlich ist. Wenn der Satz unverständlich ist, haben wir in eckigen Klammern das vermutete Fehlende eingefügt oder ergänzt.

Ein Sternchen am Fuß der Seite gibt die signifikanten Abweichungen der Aufzeichnungen Michel Foucaults vom Vorgetragenen wieder.

Die Zitate wurden überprüft und die verwendeten Textbezüge

8 Insbesondere sind die von Gèrard Burlet und Jacques Lagrange erstellten Tonbandaufnahmen verwendet worden, die auch beim Collège de France und beim IMEC (Institut Mèmoires de l'Edition contemporaine) deponiert sind.

angegeben. Der kritische Apparat beschränkt sich darauf, dunkle Punkte zu erhellen, gewisse Anspielungen zu erläutern und kritische Punkte zu präzisieren.
Um die Lektüre zu erleichtern, wurde jeder Vorlesung eine Zusammenfassung vorangestellt, die die Schwerpunkte der Ausführungen angibt.

Für das Studienjahr 1970-1971 besitzen wir keinen Mitschnitt der Vorlesung. Der Text wurde auf der Grundlage des vorläufigen Manuskripts erstellt. Die dabei befolgten Regeln erläutert Daniel Defert in der »Situierung der Vorlesung«.
Dem Vorlesungstext folgt deren Zusammenfassung, wie sie im *Jahresbericht des Collège de France* abgedruckt wurde. Michel Foucault redigierte sie im Allgemeinen im Juni, also einige Zeit nach Beendigung der Vorlesung. Für ihn war das eine gute Gelegenheit, im Nachhinein deren Intention und Ziele herauszuarbeiten. Sie ist deren beste Präsentation.
Jeder Band wird mit einer »Situierung« abgerundet, für die der Herausgeber verantwortlich zeichnet: Darin sollen dem Leser Hinweise zum biographischen, ideologischen und politischen Kontext geliefert, die Vorlesung in das veröffentlichte Werk eingeordnet und Hinweise hinsichtlich ihrer Stellung innerhalb des verwendeten Korpus gegeben werden, um sie leichter verständlich zu machen und Missverständnisse zu vermeiden, die sich aus dem Vergessen der Umstände, unter welchen jede der Vorlesungen erarbeitet und gehalten wurde, ergeben könnten.
Die *Vorlesungen über den Willen zum Wissen*, 1970-1971 gehalten, gefolgt von *Das Wissen des Ödipus*, werden von Daniel Defert herausgegeben.

Mit dieser Ausgabe der Vorlesungen am Collège de France wird eine neue Seite des »Werks« von Michel Foucault publiziert.
Als öffentlich gesprochenes Wort können die Vorlesungen nicht im eigentlichen Sinne als bislang unveröffentlichte Texte gelten. Die schriftliche Grundlage, die er benutzte, konnte recht elaboriert sein, wie der vorliegende Band zeigt.

Diese Ausgabe der Vorlesungen am Collège de France wurde von den Erben Michel Foucaults autorisiert, die der großen Nachfrage in Frankreich wie anderswo entgegenzukommen suchten. Und das unter unbestreitbar ernsthaften Voraussetzungen. Die Herausgeber suchten dem Vertrauen, das in sie gesetzt wurde, zu entsprechen.

François Ewald und Alessandro Fontana

Vorlesungen 1970-1971

Vorlesung 1
(Sitzung vom 9. Dezember 1970)

Verlagerung des Themas Wissen hin zum Thema Wahrheit. Ausschaltung des Erkenntnisstrebens in der Philosophiegeschichte seit Aristoteles. Nietzsche stellt die äußerliche Stellung des Strebens wieder her. – Interne und externe Lektüre des 1. Buchs der Metaphysik. *Die aristotelische Theorie des Wissens schließt das überschreitende Wissen der griechischen Tragödie, das sophistische Wissen und die platonische Wiedererinnerung aus. – Aristotelische Neugier und Wille zur Macht: zwei Morphologien des Wissens.*

[1] Der Wille zum Wissen – so lautet also der Titel, den ich den Vorlesungen in diesem Jahr gegeben habe. Ehrlich gesagt glaube ich, unter diese Überschrift hätte ich auch die meisten historischen Analysen stellen können, die ich bisher unternommen habe – und ebenso die historischen Analysen, die ich gegenwärtig unternehmen möchte. In all diesen – vergangenen oder noch kommenden – Analysen könnte man »Fragmente einer Morphologie des Willens zum Wissen«* erblicken.

[2] Jedenfalls wird dies das Thema sein, das ich in den kommenden Jahren in der einen oder anderen Form behandeln werde. Teils im Rahmen spezieller historischer Forschungen: etwa der Frage, wie das Wissen über ökonomische Prozesse vom 16. bis zum 18. Jahrhundert entstand oder wie das Wissen über die Sexualität vom 17. bis zum 19. Jahrhundert geordnet wurde. Teils – und sicher seltener – als eigentlicher Forschungsgegenstand. Ich werde zu klären versuchen, inwieweit es möglich ist, eine Theorie des Willens zum Wissen zu formulieren, die als Grundlage für die angesprochenen historischen Analysen dienen könnte.

Ich möchte also versuchen, konkrete Forschung und theo-

* *Der Wille zum Wissen* (*La Volonté de savoir*) wird dann auch der Titel des 1976 erschienen ersten Bandes der Reihe *Sexualität und Wahrheit* (*Histoire de la sexualité*) sein.

retische Arbeit in unregelmäßigen Abständen und jeweils nach Bedarf abwechseln zu lassen.

[3] Eines dieser theoretischen Zwischenspiele möchte ich nun in diesem Jahr angehen, während wir gleichzeitig in einem Seminar mit einer historischen Forschung beginnen, die sich über mehrere Jahre hinziehen wird. Den allgemeinen Rahmen für dieses Seminar bildet das französische Strafsystem im 19. Jahrhundert. Genauer geht es bei dieser Analyse um die Einbringung eines dem Anspruch nach wissenschaftlichen Diskurses (Medizin, Psychiatrie, Psychopathologie, Soziologie) in ein System (das Strafsystem), das bis dahin gänzlich normativer Art gewesen war. Ich sollte vielleicht besser sagen: *fast* vollständig, denn man braucht sich nur die Einschaltung von Ärzten in die Hexenprozesse des 16. und 17. Jahrhunderts anzusehen, um zu erkennen, dass dieses Problem sehr viel weiter zurückreicht. Bei der Analyse wird es also um diese Einbringung gehen. Das bevorzugte Material wird im psychiatrischen Fachwissen bezüglich des Strafwesens bestehen, und das Ziel der Forschungsarbeit wird es sein, Funktion und Auswirkungen eines Wahrheitsdiskurses innerhalb des juristischen Diskurses zu bestimmen.

[4] Was die Vorlesung angeht, habe ich schon beim letzten Mal[1] kurz auf das *Spiel*[2] hingewiesen, das ich hier spielen möchte, nämlich herauszufinden, ob der Wille zur Wahrheit nicht in einem Ausschließungsverhältnis zum Diskurs steht, in gewissen Teilen – und ich betone, nur in Teilen – ähnlich dem Spiel, das der Gegensatz zwischen Wahnsinn und Vernunft oder das System der Verbote zu spielen vermag. Anders gesagt, es gilt herauszufinden, ob der Wille zur Wahrheit nicht ebenso tiefgreifend historisch ist wie jedes andere Ausschließungssystem; ob er nicht wie sie in seiner Wurzel willkürlich ist; ob er nicht wie sie in der Geschichte verändert werden kann; ob er nicht wie sie auf einem ganzen Netz von Institutionen basiert und daher wie sie von diesem institutionellen Netz immer wieder aufs Neue ins Spiel ge-

[5] bracht wird; ob er nicht wie sie ein System von Zwängen darstellt, das nicht nur Auswirkungen auf andere Diskurse hat, sondern auch auf eine ganze Reihe anderer Praktiken. Insgesamt gilt es also herauszufinden, welche realen Kämpfe und welche Herrschaftsverhältnisse am Willen zur Wahrheit beteiligt sind.

[6] So also hatte ich das Thema dieser Vorlesung umrissen. Man erkennt problemlos die Reihe von Fragen, die ich mit diesen wenigen Hinweisen munter abschreite. Und an erster Stelle diese: Wenn man vom Willen zur Wahrheit spricht, ist dann die Rede vom Willen zur Wahrheit oder vom Willen zum Wissen? (Spricht man dann von dem Willen, der sich gegen das Falsche für das Wahre entscheidet, oder von einem radikaleren Willen, der das System Wahrheit–Irrtum setzt und durchsetzt?) Und wie verhält es sich beim Umgang mit diesen beiden Begriffen mit jenem Begriff, dem man unvermeidlich begegnet, wenn man einen von ihnen analysiert – dem Begriff der Erkenntnis nämlich? Es gilt also, das Wechselspiel zwischen diesen drei Begriffen zu klären: zwischen Wissen, Wahrheit und Erkenntnis.
Eine weitere Frage, auch sie semantischen Charakters: Was ist unter »Wille« zu verstehen? Welche Unterscheidung sollte man zwischen diesem Willen und dem treffen, was man gemeinhin als Wunsch oder Streben bezeichnet, als Erkenntnisstreben oder als Wunsch nach Wissen? Welche Beziehung soll zwischen dem hier isolierten Ausdruck »Wille zum Wissen« und dem vertrauteren Ausdruck eines »Wunsches oder Strebens nach Erkenntnis« bestehen?

[7] Solche semantischen Fragen lassen sich wie die meisten Forschungsfragen dieser Art natürlich erst am Ende des Weges beantworten.[3] Zumindest wird man regelmäßig die Richtung angeben und Hilfsdefinitionen vorschlagen müssen.
Doch es gibt noch weitere Probleme. Zunächst einmal fragt sich, weshalb die historische Erforschung gewisser Erkenntnisse oder eines bestimmten Wissens, bestimmter Fachgebiete oder bestimmter Diskursereignisse zu der Frage nach

dem Willen zum Wissen führen konnte. Denn es ist klar, dass nur wenige Wissenschaftshistoriker bislang das Bedürfnis verspürt haben, auf diesen Begriff zurückzugreifen. Inwiefern ist der Begriff des Willens zum Wissen erforderlich oder unerlässlich?

Unzulänglichkeit der von der Epistemologie gebotenen Instrumente zur historischen Analyse.

Zweites Problem: die Beziehungen zwischen Wille zum Wissen und Erkenntnisformen – auf theoretischer Ebene; auf geschichtlicher Ebene.

Drittes großes Problem: Ist es für eine Analyse des Wissens, die sich nicht auf ein grundlegendes Subjekt zu beziehen versucht, überhaupt sinnvoll, den Willen zu ihrem zentralen Begriff zu machen? Führt sie dadurch auf Umwegen nicht erneut so etwas wie ein souveränes Subjekt ein?[4]

[8] Viertes Problem: Wenn es darum geht, hinter den historischen Wissensphänomenen so etwas wie einen großen affirmativen (möglicherweise auch anonymen) Willen zu entdecken, kehrt man dann nicht zu einer autonomen und idealen Geschichte zurück, in der der Wille zum Wissen letztlich selbst die Phänomene bestimmte, in denen er sich manifestierte? Wodurch unterschiede sich das noch von einer Geschichte des Denkens oder des Bewusstseins oder der Kultur? Inwiefern ist es möglich, diesen Willen zum Wissen mit den realen Kämpfen und Herrschaftsprozessen in der Geschichte der Gesellschaften zu verknüpfen?

So wird denn deutlich, worum es letztlich geht. Ich sage nicht: das fünfte Problem, wohl aber jenes, das alle bislang genannten durchzieht – und ich sollte nicht einmal »Problem« sagen, sondern »eine offene Wette«, von der ich nicht weiß, ob ich sie werde einlösen können [und bei der es zu klären gilt]:

– ob man unter der Geschichte der wahren Diskurse die Geschichte eines Willens zum Wahren oder Falschen zutage fördern kann, die Geschichte eines Willens, das festgefügte System des Wahren und des Falschen zu setzen;

[9] – ob man zweitens herausfinden kann, dass dieser einzigartige und stets erneuerte historische Einsatz des auf Wahrheit oder Falschheit ausgerichteten Systems die zentrale Episode eines bestimmten, unserer Zivilisation eigenen Willens zum Wissen darstellt;

– ob man schließlich diesen Willen zum Wissen, der die Form eines Willens zur Wahrheit angenommen hat, nicht mit einem Subjekt oder einer anonymen Kraft, wohl aber mit den realen Herrschaftssystemen verknüpfen kann.

– Mit dem Abschluss all dieser Vorgehensweisen, deren jede sehr langwierig und komplex ist, wird dann das Wahrheitsspiel wieder in das Netz der Zwänge und Herrschaftsbeziehungen eingebunden sein. Die Wahrheit – ich sollte besser sagen: das System des Wahren und des Falschen[5] – wird dann wieder ihr Gesicht zeigen, das es so lange von uns abgewendet hatte und das nichts anderes ist als das der Gewalt.

[10] Man wird eingestehen müssen, dass der philosophische Diskurs bei dieser Forschung nur wenig Hilfe bietet. Es gibt zweifellos kaum eine Philosophie, die nicht von so etwas wie einem Willen oder Wunsch nach Erkenntnis, von Wahrheitsliebe oder dergleichen gesprochen hätte. Aber nur wenige – abgesehen vielleicht von Spinoza und Schopenhauer – weisen diesem Willen mehr als eine marginale Stellung zu. Als hätte die Philosophie nicht zuallererst einmal zu sagen, was sie doch selbst in ihrem Namen führt. Als genügte es ihr, diesen Wunsch nach Wissen, der in ihrem Namen zum Ausdruck kommt, ihrem Diskurs gleichsam als Motto voranzustellen, um ihre Existenz zu rechtfertigen und zu beweisen, dass sie – mit einem Schlage – notwendig und natürlich sei: Alle Menschen streben von Natur nach Wissen … Welcher Mensch wäre da nicht Philosoph, und wie sollte die Philosophie nicht notwendiger als alles in der Welt sein?

Heute Abend möchte ich nun an einem Beispiel zeigen, wie es schon in den Anfängen des philosophischen Diskurses zum Wegfall dieses Wunsches nach Wissen kam, den die Philosophie dennoch zur Erklärung und Rechtfertigung ihrer Existenz anführt.

[11] Das Beispiel, das ich zu diesem Zweck auswähle, ist das des Aristoteles in den ersten Zeilen seiner *Metaphysik*.
In der nächsten Woche werde ich zeigen, dass Nietzsche der Erste war, der den Wunsch nach Erkenntnis der Oberhoheit der Erkenntnis als solcher entzog und dadurch die Distanz und den äußerlichen Charakter wiederherstellte, die Aristoteles ausgelöscht hatte und deren Auslöschung von der gesamten Philosophie beibehalten wurde.
Am 23. [Dezember] werden wir sehen, welchen Preis das Denken zahlen sollte, als es das Problem des [Willens zum*] Wissen aufwarf.

* * *

[12] Ein sehr bekannter, sehr banaler Text, den seine ursprüngliche Stellung am Rand der Metaphysik auch am Rande des Werkes zu halten scheint: »Alle Menschen streben von Natur [φύσει – *physei*] nach Wissen. Dies beweist die Lust, die uns die Sinneswahrnehmungen bereiten; denn auch ohne den Nutzen bereiten sie uns Lust und vor allen anderen die Wahrnehmungen mittels der Augen.«[6]
Tatsächlich kann man diesen Text aus dem Inneren des Werkes heraus lesen: Jedes seiner Elemente erhält seinen Sinn, seine Bedeutung und seine Funktionen aus der Philosophie des Aristoteles. Kein einziges, das sich nicht von daher begründen ließe. Und trotz seines gleichsam marginalen Charakters lässt sich dieser Text wieder ins Innere des Werkes hineinversetzen. Er ist einer internen Lektüre zugänglich. Aber er ist auch einer externen Lektüre zugänglich. Man kann dort eine Operation entdecken, die sich auf den philosophischen Diskurs als solchen bezieht. Und nicht nur

* Im Manuskript steht hier »*vérité*«, Wahrheit.

auf den des Aristoteles, sondern auf den philosophischen Diskurs, wie er in unserer Zivilisation besteht.[7]

[...] *

[14] Von diesem Aristoteles-Text – der ein wenig an der Grenze steht – wie auch von einigen anderen, die eine ähnliche Stellung und ähnliche Funktionen haben, möchte ich sagen, dass sie einen »philosophischen Operator« darstellen. Mit systeminternen und gänzlich aus dem System heraus interpretierbaren Elementen bezieht er sich auf das System als Ganzes, seine Möglichkeit und Rechtfertigung, seinen Ursprung und seine notwendige Entstehung. Und jenseits des Systems bezieht er sich auf die Stellung des philosophischen Diskurses schlechthin und wirkt darauf ein:

– Ein philosophischer Operator ist der Text, in dem Descartes[8] seinen Wunsch äußert, zur Wahrheit zu gelangen, in dem er die Gründe für den Zweifel aufführt und für sich selbst die Möglichkeit ausschließt, dass er verrückt sein könnte.

– Ein philosophischer Operator ist in Spinozas *Abhandlung über die Berichtigung des Verstandes*[9] der Text über den Wunsch nach einem neuen Leben, über die Unsicherheit jeglichen Besitzes, über die Ungewissheit, ein ewiges und vollkommenes Gut zu erlangen, und die Entdeckung dieses Gutes in der [im Glück der] wahren Idee.

[15] In wissenschaftlichen Texten ließen sich zweifellos auch »epistemologische Operatoren«, wie man sie nennen könnte, ausfindig machen. Sie beziehen sich auf die Möglichkeit ebenjenes Diskurses, in dem sie sich finden, und unter »Möglichkeit« sind hier nicht die Axiome oder Postulate, die verwendeten Symbole und deren Anwendungsregeln zu verstehen, sondern das, was erst die Existenz des Diskurses ermöglicht und nicht nur seine Kohärenz, Strenge, Wahrheit oder Wissenschaftlichkeit. Ich denke zum Beispiel an den Anfang der *Grundfragen der allgemeinen Sprachwissenschaft* von Saussure oder an Linnés Text über den Auf-

* Seite 13 gestrichen.

bau der Geschlechtsorgane bei den Pflanzen[10] (insofern er die Möglichkeit einer taxonomischen Beschreibung eröffnet, einer Beschreibung, deren Gegenstand gerade die Bedingung der eigenen Möglichkeit darstellt – nämlich ebendieser Aufbau).

[16] Kommen wir auf den Text des Aristoteles zurück. Der erste Satz lautet: Alle Menschen streben von Natur nach Wissen.[11] Dieser Satz impliziert eindeutig drei Thesen:
1. Es gibt ein Streben, das sich auf das Wissen richtet.
2. Dieses Streben ist universell und findet sich bei allen Menschen.
3. Es ist von Natur aus gegeben.

a – Für diese Thesen liefert Aristoteles Beweise. Diese Beweise oder vielmehr diesen Beweis liefert er als σημεῖον [*semeion*]. Der Ausdruck σημεῖον [*semeion*] darf nicht ausschließlich mit »Zeichen« übersetzt werden. Er bezieht sich ganz allgemein auf den Beweis, auf das Zeugnis, auf das, was etwas kundtut. Bei Philosophen und Rednern ist dies eine traditionelle Form für die Einführung eines beliebigen Beweises (σημεῖον [*semeion*]: zum Beweis). Bei Aristoteles führt dieser Ausdruck jedoch einen ganz speziellen Schluss ein. Es handelt sich um einen Schluss, der nicht auf die Ursache, sondern auf das Beispiel, auf einen besonderen Fall verweist. Der besondere Fall wird unter ein noch hypothetisches allgemeines Prinzip subsumiert. Und die Wahrheit des besonderen Falls verbürgt die Wahrheit des allgemeinen
[17] Prinzips. Es handelt sich um das Enthymem (jedenfalls um eine seiner möglichen Strukturen).[12]

Dass der Beweis für die These, wonach alle Menschen nach Wissen streben, in Form eines Enthymems gegeben wird, ist keineswegs bedeutungslos.

b – Der Beweis liegt in der Lust, die uns die Sinneswahrnehmungen bereiten, insbesondere die visuellen Wahrnehmungen – und in der Tatsache, dass sie an sich und ohne Rücksicht auf ihren Nutzen Lust bereiten.

Nun besteht aber dieser Beweis oder vielmehr dieser besondere Fall aus drei Schritten, die nicht vollständig deckungsgleich mit den Schritten sind, durch die man ganz einfach vom Allgemeinen zum Besonderen gelangt.

α – Wir gehen tatsächlich von der Erkenntnis (εἰδέναι [*eidenai*]) zur Sinneswahrnehmung (αἴσθησις [*aisthesis*]) und schließlich zur visuellen Wahrnehmung über. Inwiefern kann die Sinneswahrnehmung samt der von ihr ausgehenden Lust ein Beispiel für das Streben nach Erkenntnis sein?

β – Zweiter Schritt: das Streben nach Erkenntnis war von Natur aus (φύσει [*physei*]) vorhanden, jetzt wird es als Lust an der Sinneswahrnehmung als solcher – das heißt jenseits aller Nützlichkeit und, wie es wenig später heißt, jeglichen Handelns – verstanden, als wäre der nicht auf Nutzen bezogene Charakter der Sinneswahrnehmung von Natur aus gegeben.

γ – Vom Streben (ὀρέγονται [*oregontai*])[13], einem bei Aristoteles traditionellen Ausdruck, geht er über zu »Lust«. Für »Lust« benutzt er allerdings nicht den traditionellen Ausdruck ἡδονή [*hedone*], sondern ein Wort, das er nur selten verwendet und das sich insbesondere auch nicht in seiner traditionellen Theorie der Lust findet: ἀγάπησις [*agapesis*].

[18] Der Ausdruck ἀγάπησις [*agapesis*] bezeichnet eher die Tatsache, dass man seinen Verpflichtungen gegenüber einer Sache oder einer Person nachkommt; dass man ihnen die gebührende Anhänglichkeit beweist; dass man ihnen zukommen lässt, was ihnen von Rechts wegen zukommt; dass man zufrieden mit dieser Sache ist und anerkennt, dass sie ihre Pflicht erfüllt hat. Der Ausdruck ἀγάπησις [*agapesis*] bezeichnet die Zufriedenheit mit der Ordnung. Die Freude, die man an einer Sache empfindet, die einen erfreut.

Damit haben wir nun eine These
einen Schluss in Form eines Enthymems,
drei Schritte innerhalb des Schlusses.

[19] A – Erste Frage: Inwiefern sind die Sinneswahrnehmung und die damit verbundene Lust ein zureichendes Beispiel für das natürliche Erkenntnisstreben?

Dazu müssen drei Dinge bewiesen werden:

– dass sinnliche Wahrnehmung Erkenntnis ist;

– dass sinnliche Wahrnehmung von einem Gefühl der Lust begleitet wird;

– dass diese Lust in einem Zusammenhang mit dem steht, was sinnliche Wahrnehmung zu Erkenntnis macht.

Erster Satz: Sinnliche Wahrnehmung ist sehr wohl Erkenntnis. Vgl. die Texte in *Über die Seele,*[14] in denen es heißt:

– dass Wahrnehmung eine Tätigkeit ist (eine gemeinsame Tätigkeit des Wahrnehmenden und des Wahrgenommen);

– dass es sich um eine Tätigkeit der wahrnehmenden Seele handelt;

[20] – dass diese Tätigkeit zur Folge hat, dass die Qualität (ποιόν [*poion*]) einer Sache wirklich wird. Die Sinneswahrnehmung ist die Tätigkeit der qualitativen Erkenntnis.

Zweiter Satz: Die Sinneswahrnehmung ist von Lust begleitet. Vgl. die Passage in der *Nikomachischen Ethik* (X, 5)[15], in der es heißt:

– dass die Lust nicht mit der Tätigkeit gleichgesetzt werden dürfe, sondern verschieden davon sei;

– dass sie aber die Tätigkeit begleite, wenn diese in der gebührenden Weise ausgeführt werde;

– und dass es im Übrigen ebenso viele verschiedene Lüste gebe, wie es spezifische Wahrnehmungstätigkeiten gibt.

Dritter Satz: Gerade das, was Erkenntnis ausmacht, sorgt dafür, dass die Sinneswahrnehmung uns Lust bereitet.

Dafür lassen sich zwei Begründungen anführen. Die eine ist implizit im Text der *Metaphysik* enthalten, die andere ist dort zumindest partiell präsent.

Die implizite Begründung findet sich in der *Nikomachischen Ethik*. Es gibt Dinge, die Kranken angenehm erscheinen, Gesunden aber unangenehm und umgekehrt. Aber nur die den Gesunden angenehmen Dinge sind wirklich ange-

nehm, nur sie bereiten echte Lust, weil nur solche Sinnes-
[21] wahrnehmungen die realen Qualitäten des Objekts wirklich werden lassen. Die Lust ist an die Wahrheit der Erkenntnis gebunden. Und wo es keine Erkenntnis gibt, da gibt es auch keine wirkliche Lust.

Die explizite Begründung in diesem Text ist sonderbarer, obwohl man ihr auch in anderen Aristoteles-Texten [begegnet]. Sie lautet: Es gibt einen Sinn, der mehr Erkenntnis bietet als die übrigen und damit auch mehr Lust bereitet. Dieser Sinn ist der Gesichtssinn.

Dass der Gesichtssinn mehr Erkenntnis bietet als die übrigen Sinne, hat folgenden Grund: Über die mit ihm wahrgenommenen Qualitäten (Farbe, Helligkeit) vermag der Gesichtssinn außerdem auch gemeinsame [anderen Sinnen zugehörige] Sinnesqualitäten wahrzunehmen (wie etwa Ruhe und Bewegung, Zahl, Einheit; *Über die Seele*)[16], und indem er die Wahrnehmung der Einheit vermittelt, erlaubt er es auch, über Sinnesqualitäten wie die Farbe deren individuelle Träger zu erkennen.

Deshalb heißt es in der *Metaphysik*, dass der Gesichtssinn »viele Unterschiede aufdeckt«.[17]

Wenn nun der Gesichtssinn, der mehr Erkenntnis bietet als die übrigen Sinne, auch mehr Lust bereitet, so hat das seinen Grund in der Tatsache, dass die von den übrigen Sinnen (wie dem Tastsinn oder dem Geschmack) bereitete Lust unbegrenzt und anfällig für Maßlosigkeit ist, so dass sie in Ekel umzuschlagen vermag (*Eudemische Ethik*). Die Lust des Sehens bleibt dagegen in ihren Grenzen, bleibt wahre Lust.

[...] *

[23] [Ein weiterer] Schritt: von der Natur[gegebenheit] zum Fehlen von Nützlichkeit; oder auch von der Sinneslust im Allgemeinen zu der spezifisch menschlichen Lust, die der Mensch aus seinen Sinneswahrnehmungen zu beziehen vermag.

* Seite 22 gestrichen.

B – Tatsächlich wirft diese Frage eine weitere Frage auf: Wenn alle Sinneswahrnehmungen Lust bereiten, und zwar im Maße ihrer Erkenntnistätigkeit, warum streben dann mit Sinnen ausgestattete Tiere nicht auch nach Erkenntnis? Warum scheint Aristoteles das Streben nach Erkenntnis allen Menschen, aber nur den Menschen zuzuschreiben?
Der Grund liegt in den Gattungsmerkmalen, die den Menschen vom Tier unterscheiden und die es ihm im Unterschied zu den Tieren ermöglichen, vor allem aus unnützen Sinneswahrnehmungen Lust zu beziehen.

[24] a – Die erste Gruppe von Unterschieden findet sich noch in den Sinneswahrnehmungen an den Grenzen zwischen Tier und Mensch:

– das aus Sinneswahrnehmungen aufgebaute Gedächtnis, allerdings nur bei bestimmten Tieren;

– das Gehör. Aristoteles verweist mehrfach darauf, dass sich das Gehör bei manchen Tieren nicht findet (etwa bei Ameisen und Bienen). Nun versteht Aristoteles unter Gehör ein sehr breites Phänomen, denn es handelt sich, wie der Text sagt, im Grenzfall um das Hören nicht artikulierter Töne (τών ψόφων [*ton psophon*]), aber auch um die Fähigkeit, Sprache zu verstehen und – auf einem noch höheren Niveau – Bildung zu erlangen.

Mit dem Gedächtnis erscheint die Fähigkeit zur Intelligenz (φρόνιμος [*phronimos*]), und mit dem Gehör erscheint die Fähigkeit wie auch die Möglichkeit zu lernen, die Fähigkeit, Schüler zu sein: die Tatsache, »μαθητικός« [*mathetikos*] (lernfähig) zu sein.

b – Die zweite Gruppe von Merkmalen, die den Menschen vom wahrnehmungsfähigen Tier unterscheiden, besteht aus τέχνη [*techne* – Kunst] und ἐπιστήμη [*episteme*] – Wissenschaft).

Beide lassen sich lehren, wie es im selben Buch der Meta-
[25] physik ([1. Buch, 1,] 981b) heißt. Sie werden also durch das Gehör vermittelt. Sie zeichnen sich außerdem durch die Tatsache aus, dass sie allgemeine Urteile umfassen, die auf »vie-

len durch die Erfahrung gegebenen Gedanken« (ἐχ πολλων της ἐμπειρίας ἐννόηματων) basieren, das heißt, beide stützen sich auf das Gedächtnis. Schließlich haben sie noch die besondere Eigenheit, dass sie oft weniger effizient sind als die Erfahrung. Die Erfahrung vermag die Einzelfälle zu erkennen und die Umstände zu erfassen, Kunst und Wissenschaft stellen allgemeine Prinzipien auf, geben aber nicht die Regeln und Grundsätze für deren Anwendung an.
c – Der dritte Unterschied zwischen der menschlichen Natur und den wahrnehmungsfähigen Tieren besteht in der σοφία [*sophia*]; σοφία ist die Erkenntnis der Ursache, die in das Wissen um das Wesen oder das Allgemeine eingebettet ist.
Diese Erkenntnis der Ursachen ist die höchste Form von Erkenntnis. Sie dient nur sich selbst, sie ist frei, und sie hat keinen anderen Zweck als sich selbst. Sie ordnet sich keiner Nützlichkeit unter.
Als Selbstzweck ist sie das Ziel jeglicher Erkenntnis; darauf ist sie ausgerichtet.

[26] Erweitert man den Gedanken [aus den ersten Zeilen] der *Metaphysik* ein wenig, gelangt man dazu, zwei Prinzipien in Korrelation zu bringen. Auf der einen Seite gibt es eine dem Menschen vorbehaltene Erkenntnisweise, die nicht gleich der Erkenntnis durch Wahrnehmung ist. Das ist die Erkenntnis, die als ihren Stoff (oder Stoffursache) die Erinnerungsbilder und die artikulierten Laute hat, als ihre Form (oder Formursache) τέχνη [*techne*] und ἐπιστήμη [*episteme*] und als ihre Zweckursache die Weisheit, σοφία. Auf der anderen Seite werden die Verbindungen zur Nützlichkeit auf jeder Ebene etwas lockerer. Wie man am Beispiel der Ameisen und Bienen sieht, ist das Gehör für das Leben nicht unverzichtbar; τέχνη [*techne*] und ἐπιστήμη [*episteme*] sind weniger nützlich als Erfahrung; und – eine letzte Wendung – σοφία [*sophia*] hat ihren Zweck allein in sich selbst.
Wir müssen nun also sagen, dass diese berühmte »Befriedigung, die man aus unnützen Sinneswahrnehmungen be-

zieht«, nicht so sehr und nicht allein einen Sonderfall des großen und allgemeinen Strebens nach Erkenntnis darstellt,
[27] das man angeblich überall in der Natur antrifft, sondern – folgt man dieser zweiten Analyse – vor allem das noch rudimentäre Modell, das winzige Paradigma einer Erkenntnis, die kein anderes Ziel hat als sich selbst.

Solange der Mensch auf dem Niveau tierischer Wahrnehmung bleibt, bleibt er auch auf dem Niveau des für das Leben Nützlichen. Doch wenn er Befriedigung an Wahrnehmungen findet, die keinen unmittelbaren Nutzen haben, zeichnet sich bereits eine Erkenntnistätigkeit ab, die keiner Nützlichkeit unterworfen ist, weil sie ihren Zweck in sich selbst hat.

[28] * Wir haben uns eben gewundert, dass das allen Menschen von Natur aus gegebene Streben nach Erkenntnis seinen Beweis in der aus nutzlosen Sinneswahrnehmungen bezogenen Befriedigung haben soll (obwohl doch die Sinneswahrnehmungen von Natur aus nützlich sind). Der Grund liegt darin, dass die hier gemeinte Natur in Wirklichkeit eine ganz bestimmte menschliche Natur war, ausgerichtet auf eine Erkenntnis, die ihren Zweck in sich selbst hat. Und ebendieser letzte Zweck zog bereits die einfache Tätigkeit des Wahrnehmens an sich und machte sie lustvoll, als sich einen Augenblick lang um sie herum der Beweis der Nützlichkeit entfaltete.

[29] Und jetzt lässt sich auch die dritte Frage hinsichtlich des dritten Schrittes leicht beantworten: Warum verweist Aristoteles zum Beweis der These, dass »alle Menschen nach Erkenntnis streben«, auf die Lust, auf das Vergnügen, das die Sinneswahrnehmungen bereiten?

Der Schlüssel zu diesem Schritt liegt zweifellos in der Verwendung des Wortes ἀγάπησις [*agapesis*]. Was jegliche Tätigkeit begleitet, sofern sie unter zuträglichen Bedingungen

* Drei Viertel der Seite 28 gestrichen.

erfolgt, ist die Lust, die als ἡδονή [*hedone*] bezeichnet wird. Was indessen die höchste Tätigkeit begleitet, die der Tugend und der Kontemplation, ist etwas anderes, nämlich Glückseligkeit, εὐδαιμονία [*eudaimonia*].

Wenn nun die Sinneswahrnehmung das Paradigma der Kontemplation darstellt, soweit sie sich selbst in ihrer eigenen Nutzlosigkeit gefällt und bereits das Bild der Theorie ist, von welcher besonderen Form von Lust ist sie dann
[30] begleitet? Gewiss nicht von ἡδονή [*hedone*], die jede beliebige Sinneswahrnehmung begleiten kann; und auch nicht von εὐδαιμονία [*eudaimonia*], die Kontinuität, Gewohnheit, ἕξις [*hexis*], voraussetzt. Sie wird begleitet von einer besonderen Form der ἡδονή [*hedone*], die gleichsam das Zeichen, das Paradigma des zukünftigen Glücks der Theorie darstellt. Sie wird begleitet von ἀγάπησις [*agapesis*]. Wie die nutzlose Sinneswahrnehmung das Paradigma der kommenden Kontemplation darstellt, so zeichnet sich in dem Vergnügen, von dem sie begleitet wird, bereits das zukünftige Glück, ἀγάπησις [*agapesis*], ab.

Das Wort ἀγάπησις [*agapesis*] hat also einen Doppelsinn, als bezeichnete es den Stoff der sinnlichen und tierischen Lust und nähme doch bereits die allein menschliche Form des Glücks an.

[31] * Wir haben es in diesem Aristoteles-Text also weniger mit Mehrdeutigkeit als mit einer Überlagerung verschiedener Bedeutungen zu tun:

– wenn Aristoteles von Natur (φύσει [*physei*]) spricht, meint er die Natur im Allgemeinen, aber auch den Gattungsunterschied zwischen Mensch und Tier;

– wenn er mit dem Ausdruck σημεῖον [*semeion*] einen Be-

* Hinzufügung des Hg. auf der Grundlage eines erhalten gebliebenen Fragments des mündlichen Vortrags. Im Manuskript findet sich diese schematische Darstellung nicht:

Natur	Beispiel	Lust
φύσει [*physei*]	σημεῖον [*semeion*]	ἀγάπησις [*agapesis*]
Differenzierung	Paradigma	Glück

weis einführt, verweist er gleichermaßen auf das Beispiel als besonderen Fall und auf ein allgemeines Prinzip als Paradigma für etwas Kommendes;

– wenn er den Ausdruck ἀγάπησις [*agapesis*] verwendet, meint er damit zugleich auch die Lust an der Wahrnehmung einer Sache, die das Glück der Kontemplation ankündigt.*

Durch diese Überlagerungen gelingt es Aristoteles einerseits, das Streben nach Erkenntnis in der Natur zu verankern, es mit der Wahrnehmung und dem Körper zu verknüpfen und ihm eine bestimmte Form von Vergnügen zum Korrelat zu machen. Andererseits verleiht er ihm zugleich eine Stellung und Verankerung in der Gattungsnatur des Menschen, im Element der Weisheit und einer Erkenntnis, die keinen anderen Zweck hat als sich selbst und in der die Lust Glückseligkeit ist.

Und mit einem Schlage sind Körper und Streben ausgeschaltet. Die Bewegung, die auf der Ebene der Sinneswahrnehmungen zur großen, heiteren und körperlosen Erkenntnis der Ursachen führt, diese Bewegung ist bereits an sich ein dunkler Wille, zu solcher Weisheit zu gelangen. Die Bewegung ist bereits Philosophie.

[32] Die Philosophie, die durchaus die Rolle der höchsten Erkenntnis übernimmt (Erkenntnis der ersten Prinzipien und der Letztursachen), übernimmt zugleich von Anfang an die Rolle, jegliches Streben nach Erkenntnis in sich zu vereinigen. Sie soll sicherstellen, dass jegliche wahre Erkenntnis auf der Grundlage der Sinneswahrnehmung und des Körpers bereits von Natur aus und in Abhängigkeit von der sie leitenden Zweckursache Erkenntnis von der Art der Kontemplation und der Theorie ist. Außerdem soll sie sicherstellen, dass das Streben entgegen dem Anschein der Erkenntnis weder vorausgeht noch ihr äußerlich ist, denn eine Erkenntnis ohne Streben, eine glückselige, rein kontemplative Erkenntnis ist darin bereits als Ursache dieses Strebens

* Ende der Mitschrift des mündlichen Vortrags.

nach Erkenntnis angelegt, das auf der schlichten Freude an der Sinneswahrnehmung beruht.

[33] Betrachtet man diesen Text nun aus etwas größerem Abstand, kann man eine Reihe massiver Ereignisse erkennen, die er voraussetzt oder ermöglicht.

1. Die These, der Mensch strebe von Natur aus nach Erkenntnis und dieses Streben kündige sich bereits in der Lust an der Sinneswahrnehmung an, setzt voraus, dass man das Thema eines überschreitenden, verbotenen, furchtbaren Wissens ausblendet.

Gerade dieses Thema findet man beständig in der griechischen Tragödie und vor allem [bei] Aischylos und Sophokles. Nach dem Wissen strebt der tragische Held durchaus nicht von Natur aus.

Wenn er nach Wissen strebt, so zunächst einmal nicht, weil er von einer natürliche Strebung getrieben würde, die schon auf der Ebene der Wahrnehmung in seiner Natur angelegt wäre, sondern weil von ferne oder aus der Höhe ein Wort gesprochen wurde – ein rätselhaftes, zweideutiges Wort, das er versteht und nicht versteht, mit dem er sich Sicherheit verschafft und das ihn dennoch beunruhigt.

[34] In *Die Perser*[18] ist es der Traum der Königin, der Schatten des Dareios. In *Die Trachinierinnen*[19] ist es die Prophezeiung des Kentauren, der zu Deianeira sagt, sein Blut werde Herakles verzaubern, »und niemals wird er dann ein ander Weib, so je ihm vorkommt, lieben mehr als dich allein« (Vers 569). Im *Ödipus* ist es natürlich das Gerücht, das ihm zugetragen wird.

Dieses erstrebte (weil zugleich dunkle und vielversprechende) Wissen ist ein furchtbares Wissen.

a – In der Tat wird es von den Göttern neidisch und eifersüchtig zurückbehalten: »Denn hinzieht sich versteckt seines Willens Pfad, rings schattendicht, zu erschaun unmöglich« (Aischylos, *Die Schutzflehenden*, Vers 93).[20]

b – Sodann blendet es gerade jene, die davon betroffen sind:

ein Wissen, das blickt und dessen Blick jene blendet, die es anschaut. Ödipus blickt nicht auf das Geheimnis, sondern das Geheimnis blickt auf ihn, lässt ihn nicht aus den Augen und versucht, ihn zu fangen, indem es schließlich zuschlägt. Es blendet gerade jene, die von ihm betroffen sind. Selbst wenn die Götter am Ende ein wenig von ihrem Geheimnis preisgeben, ist der Held der Einzige, der dieses Wissen nicht erkennt, das naht und ihn bedroht, während das Publikum und der Chor bereits Bescheid wissen. So ergeht es Ajax.[21] Er wird von Athene irregeführt, und alle wissen das. Doch er selbst sieht nicht diese furchtbare große Gestalt an seiner Seite, die ihn vernichtet, und bittet sie: »Aber dies gewähre noch: Wie heute sei mir allzeit Mitstreiterin.«

c – Und schließlich ist es ein Wissen, das tötet. Der Held leistet ihm keinen Widerstand, wenn es über ihn hereinbricht. Der Blitz der Erleuchtung und der des Todes fallen in eins.

[35] Die aristotelischen Themen eines Wissens, das von der Lust zur Glückseligkeit übergeht, zu dem man durch eine natürliche Strebung gedrängt wird, auf dem Wege über ein Wort, das lehrt und nicht prophezeit, und ein Gedächtnis ohne Vergessen oder Rätsel – all diese Themen stehen im Gegensatz zum tragischen Wissen.[22] Übrigens sagt Aristoteles etwas später in der *Metaphysik*: Die Götter sind nicht neidisch.[23]

2. Mit der These, wonach der Mensch von Natur aus nach Erkenntnis strebt und hinter diesem Erkenntnisstreben die Bewegung hin zur Glückseligkeit der Theorie steht, nimmt Aristoteles die sophistische oder sokratisch-sophistische Frage aus dem Spiel: »Warum streben wir nach Erkenntnis?«

Eine Frage, die in diversen Formen aufgeworfen wurde [nämlich]:

– Falls man aus Tugendhaftigkeit nach Wissen strebt oder weil man bereits eine gute Natur besitzt, warum sollte man dann noch lernen? Man weiß doch bereits.

– Oder falls man aus schlechten Gründen lernt (um andere zu besiegen oder in einer schlechten Sache zu obsiegen), muss man sich ändern, um zu lernen, oder die Tatsache des Lernens verändert den Lernenden. Kurz, das Subjekt des Wissens kann nicht dasselbe sein wie das des Strebenden.

[36] *Euthydemos*: Lehren heißt töten[24] – und hinter alldem zeichnet sich die große Frage ab, die die Philosophie gerade dann auch immer wieder verbirgt, wenn ihre Entstehung ihr möglicherweise nicht ganz fremd ist: Kann man Wissen verkaufen? Kann es sich einerseits in sich selbst verschließen wie das kostbare Objekt des Neides und des Besitzes? Und kann es andererseits in das Spiel und die Zirkulation der Reichtümer und der Güter eintreten?

Wenn das Wissen etwas ist, wonach man strebt, warum sollte es dann nicht ein Gut wie jedes andere sein und mit ihnen in die Universalität des Geldes eintreten?

Diese Frage nimmt Aristoteles aus dem Spiel: indem er das Streben nach Erkenntnis weit vor der vollendeten Erkenntnis ansiedelt, auf der tiefsten Ebene, [derjenigen] der Sinneswahrnehmung; wobei dieses Streben allerdings bereits zur Erkenntnis gehört, weil es zunächst in die Wahrnehmung gehört. Es ist in die Erkenntnis eingeschlossen, aber die Erkenntnis ist damit noch nicht gänzlich gegeben.

[37] * Durch die These vom natürlichen Charakter des Erkenntnisstrebens nimmt [Aristoteles] auch das platonische Thema der Erinnerung und der jenseits der himmlischen Sphären gelegenen Welt aus dem Spiel.

[38] Einerseits kündigt sich das Streben nach Erkenntnis bei Aristoteles auf der Ebene der Sinneswahrnehmungen und in ihnen an. Es steht durchaus nicht mit dem Vorhaben in Verbindung, sich von der Sinneswahrnehmung zu lösen und darüber hinauszugehen, um eine wahrere Realität zu finden. Im Gegenteil, wenn hier eine Gefahr besteht, dann die, dass man sich nicht davon löst. Andererseits ist die für das

* Drei Viertel der Seite gestrichen.

Erkenntnisstreben in seiner gesamten Bewegung unerlässliche Erinnerung an die Sinneswahrnehmung gebunden, da sie deren Fortbestand und Spur ist. Das Streben nach Wissen verdrängt nicht die φαντασία [*phantasia*],[25] sondern fügt sich darin ein und stützt sich darauf.

Wir sehen indessen, dass Aristoteles durch das Beiseiteschieben des platonischen Themas dasselbe Problem löst wie Platon; zumindest gehorcht er demselben theoretischen Erfordernis, nämlich den Willen zur Erkenntnis in nichts anderem gründen zu lassen als der Voraussetzung der Erkenntnis selbst; das Streben nach Erkenntnis gänzlich ins
[39] Innere der Erkenntnis zu verlegen, so dass die Erkenntnis es von Anfang an in sich trägt und ihm so schon bei seinem ersten Auftreten seinen Ort, sein Gesetz und sein Bewegungsprinzip zuweist. Diesem Erfordernis genügte Platon durch den Mythos der Wiedererinnerung: Noch bevor du weißt, noch bevor du nach Wissen strebst, wusstest du bereits, hattest du bereits gewusst.

Wir interpretieren die Theorie der Wiedererinnerung meist nicht nur als Korrelat zur Transzendenz der Ideen, sondern auch als einen Weg zur Verknüpfung von Erkenntnis und Erkenntnisstreben. In Wirklichkeit müssen wir diese Theorie als einen Weg verstehen, das Streben nach Erkenntnis in die Erkenntnis selbst hineinzuverlagern.

Indem Aristoteles die μνήμη [*mneme*] ins Kielwasser der Sinneswahrnehmung verlegt, stürzt er diese Anordnung um, aber er weist ihr dieselbe Rolle zu: Das Streben nach Erkenntnis entgeht in seiner Natur, seiner Tätigkeit, seinem Vermögen nicht der Erkenntnis, die es anstrebt.

[40] Der Text des Aristoteles setzt also den Ausschluss dreier Themen voraus: des tragischen Wissens, des Lehrens als Ware und der Erkenntnis als Erinnerung. Doch wie [Platon],* wenn auch in anderer Weise, versucht er die Erkennt-

* Manuskript: Letzterer.

nis vor der Äußerlichkeit und der Gewalt des Strebens zu schützen. Das Streben nach Erkenntnis ist nur noch ein Spiel der Erkenntnis mit sich selbst, in ihm manifestiert sich lediglich deren Genese, Verzögerung und Bewegung. Das Streben ist die aufgeschobene Erkenntnis, die aber bereits sichtbar wird in der Ungeduld des Schwebezustands, in dem sie sich befindet.

Diese Umhüllung hat – bei Aristoteles mehr noch als bei Platon – zur Folge, dass Wissen und Streben nicht an zwei verschiedenen Orten sind, von zwei Subjekten oder Vermögen getragen, sondern dass der nach Wissen Strebende dieses Wissen bereits besitzt oder zu besitzen vermag. Ohne Gewalt, ohne Aneignung, ohne Kampf [und auch] ohne Handel gelangt schließlich der nach Wissen Strebende zum Wissen: Ein einziges Subjekt geht vom Streben nach Wissen zur Erkenntnis über, und das aus gutem Grunde, denn wenn die Erkenntnis nicht dem Streben vorausginge,*[26] gäbe es das Streben gar nicht.

[41] Und umgekehrt ist das Streben nach Erkenntnis seiner Natur nach bereits so etwas wie Erkenntnis, hat etwas von Erkenntnis. Es vermag die Erkenntnis nur um ihrer selbst willen zu wollen, denn im Ausgang von der Erkenntnis will es erkennen. Die Erkenntnis ist zugleich Objekt, Zweck und Stoff des Strebens.

– Deshalb gibt es einerseits in der Vielzahl der Wünsche und Strebungen dieses besondere, gesonderte und heitere Streben, die man Neugier nennt, das Streben nach Wissen um des Wissens willen, etc.

– Und deshalb findet sich andererseits in diesem Streben keinerlei Gewalt, kein Herrschaftswille, keine auf Ausschluss und Abwehr zielende Kraft. Anstelle des äußerlichen Wechselverhältnisses zwischen Streben und Wissen finden wir eine Zugehörigkeit des einen zum anderen, die

* Undeutlich. Könnte *statt précédence* (Vorausgehen) auch *providence* (Vorsehung) heißen.

Umhüllung Ersteren durch Letzteres und so etwas wie eine gemeinsame Natur.

Von daher wird verständlich:

α – die Notwendigkeit, beide in ein und derselben Instanz zu verorten – in derselben Seele, demselben Subjekt, demselben Bewusstsein;

β – der Skandal, der darin liegt, den Willen und das Streben außerhalb der Erkenntnis zu verorten, wie Nietzsche oder Freud dies getan haben;

γ – die Schwierigkeit, philosophisch einen Willen zum Wissen zu denken, der nicht von vorneherein in der Einheit eines erkennenden Subjekts gefangen wäre.

Zur Klärung der Terminologie sei gesagt: Als »Erkenntnis« wollen wir das System bezeichnen, das es ermöglicht, eine vorgängige Einheit, eine wechselseitige Zugehörigkeit und eine gemeinsame Natur des Strebens und des Wissens anzugeben. Als »Wissen« wollen wir bezeichnen, was man aus dem Inneren der Erkenntnis herausholen muss, um dort das Objekt eines Willens, das Ziel eines Strebens, das Instrument einer Herrschaft zu finden, den Einsatz, um den es in einem Kampf geht.

[43] * Wir wollen noch einmal kurz zurücktreten. Seit Jahrhunderten gibt es ein Thema, dessen Banalität schon fast Ekel bereitet und wonach jedermann ein wenig Philosoph sei. Ein Thema, das der philosophische Diskurs sogleich abtut, um deutlich zu machen, dass die Philosophie eine spezielle, von allen anderen unterschiedene Tätigkeit sei, die sich auf keine andere Tätigkeit reduzieren lasse. Ein Thema, das der philosophische Diskurs dennoch immer wieder aufgreift, um die These aufzustellen, dass die Philosophie nichts anderes sei als die Bewegung der Wahrheit als solcher. Sie sei das Bewusstsein, das zum Bewusstsein seiner selbst gelange – oder schon der sei ein Philosoph, der zur Welt erwache.

* Nach den Notizen einer Hörerin wurde diese Seite 43 nicht vorgetragen.

Nun wird man sagen müssen, dass dieses ständig beiseitegeschobene und immer wieder aufgegriffene Thema einer Urbewegung der Erkenntnis schlechthin den ersten griechischen Philosophen sehr seltsam erschienen wäre. Aber vor allem sieht man, welchem Zweck dieses Thema dient. Schon in der gröbsten und körperlichsten Erkenntnis gibt es ein Moment der Kontemplation, und diese Kontemplation beherrscht die ganze Bewegung der Erkenntnis nach der ihr eigenen Logik oder der Notwendigkeit des betrachteten Objekts. So wird das Streben samt seiner Wirkung ausgeschaltet. Das Streben ist nicht Ursache, vielmehr wird die Erkenntnis zur Ursache ihrer selbst (ob auf der Grundlage der Idee oder der Wahrnehmung der Evidenz oder des Sinneseindrucks, spielt hier keine Rolle). Sie wird zur Ursache ihrer selbst und des auf sie gerichteten Strebens.
Damit fallen das Subjekt des Strebens und das Subjekt der Erkenntnis in eins. Das Problem der Sophisten (derjenige, der noch nicht erkennt und der nach Erkenntnis strebt, kann nicht derjenige sein, der bereits erkannt hat und nicht mehr strebt), dieses Problem verschwindet. Die seltsame Diskussion im *Euthydemos*, in der der Sophist sagt: »Wenn du willst, dass dein Freund lernt, kann er nicht derselbe bleiben, das heißt, er muss sterben«, dieser ironische Einbruch des Todes zwischen dem Subjekt des Strebens und dem Subjekt der Erkenntnis – all das kann nun verschwinden, denn das Streben ist nur noch das kaum merkliche Schwingen des Erkenntnissubjekts um das von ihm Erkannte. Das jahrtausendealte Thema, wonach »jeder mehr oder weniger ein Philosoph ist«, hat in der westlichen Geschichte eine präzise und benennbare Funktion. Es geht um nicht mehr und nicht weniger als den Versuch, das Erkenntnisstreben in die Erkenntnis selbst hineinzuverlegen.

Anmerkungen

1 In der Antrittsvorlesung am 2. Dezember 1970, die unter dem Titel *L'Ordre du discours* (Paris 1971) veröffentlicht wurde; dt.: *Die Ordnung des Diskurses*, München 1974.

2 Wenn Foucault hier gleich zu Beginn die Metapher des Spiels einführt, die Nietzsche in *Die Geburt der Tragödie* benutzte, bevor sie zu einem seiner Schlüsselbegriffe wurde, verweist er damit auf Eugen Fink, in dessen Augen Nietzsche der Heidegger'schen Interpretation gerade durch seine Verwendung des Spiels entgeht? Siehe E. Fink, *Das Spiel als Weltsymbol*, Stuttgart 1960. Es geht hier nicht um ein strategisches Spiel, um ein Wahrheitsspiel – worauf Foucault später zurückkam. (Siehe die »Situierung der Vorlesungen«, unten S. 345-350, »Foucaults Spiel«, wo auf Deleuze verwiesen wird.)

3 Das eigentliche Ende dieses Weges könnte die Vorlesung vom 6. Januar 1982 gewesen sein. Siehe M. Foucault, *L'Herméneutique du sujet. Cours au Collège de France, 1981-1982*, hg. von F. Gros, Paris 2002, S. 18-20; dt.: *Hermeneutik des Subjekts. Vorlesungen am Collège de France (1981/82)*, Frankfurt am Main 2004, S. 34-37.

4 Hier verlagert Foucault die Zielsetzung seiner Forschung sehr deutlich gegenüber der stärker epistemologisch ausgerichteten Zielsetzung, die er bei seiner Bewerbung für das Collège de France vorgestellt hatte. Siehe M. Foucault, »Titres et travaux« (1969), in ders., *Dits et Écrits, 1954-1988*, hg. von D. Defert und F. Ewald, 4 Bde., Paris 1994, Bd. 1, S. 842-846; dt.: »Titel und Arbeiten«, in *Dits et Écrits. Schriften*, 4 Bde., Frankfurt am Main 2001-2005, Bd. 1, S. 1069-1075.

5 M. Detienne hatte kurz zuvor das griechische Gegensatzpaar »*Aletheia*«, Wahrheit, und »*Lethe*«, Vergessen, beschrieben, das er von jenem Gegensatzpaar unterschied, welches W. Luther in *Wahrheit und »Lüge« im ältesten Griechentum*, Leipzig 1935, beschrieben hatte. Siehe M. Detienne, *Les Maîtres de vérité dans la Grèce archaïque*, Vorwort von P. Vidal-Naquet, Paris 1967, S. 45-49. (Siehe »Situierung der Vorlesungen«, unten, S. 341 f.)

6 Aristoteles, *Metaphysik*, I, 1, 980a21-24; zit. n. ders., *Philosophische Schriften in sechs Bänden*, Hamburg 1995, Bd. 5, S. 1. Dieses Zitat fehlt im Manuskript und in der Transkription der Sitzung, in der Foucault es vortrug. [In der ansonsten hier zitierten deutschen Übersetzung der *Metaphysik* von E. Rolfes, bearbeitet von G. Bien, lautet das Zitat eigentlich: »Alle Menschen streben von Natur nach Wissen. Dies beweist *die Liebe zu den Sinneswahrnehmungen*; denn auch ohne den Nutzen *werden sie an sich geliebt* und vor allen anderen die Wahrnehmungen mittels der Augen.« In der von M. Foucault gewählten französischen Übersetzung heißt es sinngemäß nicht »Liebe zu den Sinneswahrnehmungen«, son-

dern »die von den Sinneswahrnehmungen verursachte Lust – *le plaisir causé par les sensations*«. Da die spätere Gedankenführung mit dem Begriff der »Liebe« nicht nachvollziehbar ist, musste die Übersetzung nach dem französischen Vorbild abgeändert werden, Anm. d. Übers.]

7 In der Vorlesung vom 6. Januar 1982 heißt es, Aristoteles sei »derjenige, der »der« Philosoph genannt wird« (*L'Herméneutique du sujet*, a. a. O., S. 19; dt.: *Hermeneutik des Subjekts*, a. a. O., S. 35.)

8 Siehe den Text vom Anfang der *Meditationen*, den M. Foucault in *Histoire de la folie à l'âge classique*, Paris 1961, S. 55-56, zitiert; dt.: *Wahnsinn und Gesellschaft*, Frankfurt am Main 1969, S. 68; siehe J. Derrida, *L'Écriture et la Différence*, Paris 1967; dt.: *Die Schrift und die Differenz*, Frankfurt am Main 1972.

9 Foucault verweist hier auf § 5 der *Abhandlung über die Berichtigung des Verstandes*, eine trotz einer gewissen Nähe zu den Stoikern doch eher cartesisch geprägte Passage, die Foucault in seiner Appuhn-Ausgabe (Paris, Januar 1929) mit zahlreichen Anmerkungen versehen hatte. Auf dieselbe Passage verweist er erneut in der Vorlesung vom 6. Januar 1982 (*Hermeneutik des Subjekts*, a. a. O., S. 48-49).

10 Ch. Linné, *Système sexuel des végétaux*, übers. von N. Jolyclerc, Paris An VI, 1798, Bd. 1, S. 19-20; siehe M. Foucault, *Les Mots et les Choses*, Paris 1966, 5. Kapitel, § VII: »Le discours de la nature«; dt.: *Die Ordnung der Dinge*, Frankfurt am Main 1971, »Der Diskurs der Natur«.

11 Siehe oben, S. 20f., und Anm. 6. G. Deleuze hatte bereits in *Différence et Répétition*, Paris 1968, S. 172-173; dt.: *Differenz und Wiederholung*, München 1992, S. 171 f., einen nietzscheanischen Kommentar zu dieser Voraussetzung vorgeschlagen: »Es ist zwecklos, die Erklärungen der Philosophen zu vervielfältigen, von ›Alle Menschen streben von Natur nach Wissen‹ bis hin zu ›Der gesunde Verstand ist die bestverteilte Sache der Welt‹, um die Existenz der Voraussetzung zu verifizieren. [...] Nietzsche sagt, als er sich nach den allgemeinsten Voraussetzungen der Philosophie fragt, sie seien wesentlich moralisch, denn einzig die Moral könne uns davon überzeugen, dass das Denken eine gute Natur und der Denker einen guten Willen besitzen, und einzig das Gute könne die vorausgesetzte Affinität zwischen dem Denken und dem Wahren stiften. [...] Seither kommen die Bedingungen einer Philosophie, die ohne Voraussetzungen irgendwelcher Art wäre, besser zur Geltung: Anstatt sich auf das moralische Bild des Denkens zu stützen, würde sie ihren Ausgangspunkt in einer radikalen Kritik des Bilds und der von hm implizierten ›Postulate‹ nehmen.« Ein Kommentar, auf den Foucault eingeht; siehe »Ariane s'est pendue« (1969), in *Dits et Écrits*, a. a. O., Bd. 1, Nr. 64, S. 767-771; dt.: »Ariadne hat sich erhängt«, in *Dits et Écrits. Schriften*, a. a. O., Bd. 1, Nr. 64, S. 975-979.
Diese Passage zeigt nicht nur den verdeckten Dialog, der sich zwischen

Differenz und Wiederholung und dieser Vorlesung von 1970 entfaltete, der Text von Deleuze erweist sich in seinem Fortgang auch als Dialog mit *Die Ordnung der Dinge*. Nebenbei sei angemerkt, dass diese Passage sich auch auf Heideggers *Was heißt Denken?*, Tübingen 1954, bezieht.

12 Die verschiedenen Abwandlungen des Enthymems – die »rhetorischen Schlüsse« – behandelt Aristoteles in *Rhetorik*, I, 12, 1356a ff., und in *Rhetorik*, I, 23. Das Enthymem ist ein Ersatz für den Syllogismus, der seinerseits eine dialektische Schlussform darstellt (L. Robin, *Aristote*, Paris 1944, S. 53 ff. u. S. 289).

13 »Πάντες ἄνθρωποι τοῦ εἰδέναι ὀρέγονται φύσει.« Siehe oben S. 20f. und Anm. 6.

14 Aristoteles, *Über die Seele*, III, 2, 425b, 26ff. Siehe L. Robin, *Aristote*, a.a.O., S. 182-193.

15 Aristoteles, *Nikomachische Ethik*, X, 5, in ders., *Philosophische Schriften in sechs Bänden*, a.a.O., Bd. 3, S. 243-245.

16 Aristoteles, *Über die Seele*, Buch II, Kap. 8, und Buch III, Kap. 1, 425a.

17 Aristoteles, *Metaphysik*, I, 1, 980a21, a.a.O., S. 1: »Ursache davon ist, dass dieser Sinn uns am meisten Erkenntnis gibt und viele Unterschiede aufdeckt.«

18 Aischylos, *Die Perser*, Verse 780ff.

19 Sophokles, *Die Trachinierinnen*, Vers 569; siehe Verse 555-575; zit. nach Aischylos, Sophokles, Euripides, *Die großen Tragödien*, Düsseldorf 2006, S. 373.

20 Siehe Aischylos, *Die Schutzflehenden*, Vers 93; zit. nach *Die großen Tragödien*, a.a.O., S. 80.

21 Sophokles, *Aias*, Verse 70ff.; zit. nach *Die großen Tragödien*, a.a.O., S. 274.

22 Dieser Satz erlangt seine volle Bedeutung erst, wenn man ihn neben Nietzsches Ausspruch stellt: »Ich habe das Tragische erst entdeckt«; F. Nietzsche, *Der Wille zur Macht*, ausgew. von P. Gast, Stuttgart 1964, § 1029, S. 674. Siehe auch ders., *Götzen-Dämmerung*, »Was ich den Alten verdanke«, § 5: der »Begriff des tragischen Gefühls, das sowohl von Aristoteles als auch in Sonderheit von unsern Pessimisten missverstanden worden ist. [...] – die ›Geburt der Tragödie‹ war meine erste Umwerthung aller Werthe: damit stelle ich mich wieder auf den Boden zurück, aus dem mein Wollen, mein Können erwächst – ich, der letzte Jünger des Philosophen Dionysos, – ich, der Lehrer der ewigen Wiederkunft...«; zit. nach. F. Nietzsche, *Sämtliche Werke. Kritische Studienausgabe in 15. Bänden* (KSA), hg. von G. Colli und M. Montinari, München 1999, Bd. 6, S. 160.

23 Aristoteles, *Metaphysik*, I, 2, 983a, a.a.O., S. 7: »Aber weder kann Neid im göttlichen Wesen liegen ...« (»die antitragische Formel schlechthin« fügt die Mitschrift hinzu).

24 Platon, *Euthydemos*, 283d: »Wenn ihr denn also wünscht, dass er [Kleinias] der, der er jetzt ist, nicht mehr sei, so wünscht ihr mithin, wie es scheint, dass er zugrunde gehe«; zit. nach Platon, *Sämtliche Werke*, 3 Bde., Köln 1967, Bd. 1, S. 501 f.

25 Die Phantasie behandelt Aristoteles hauptsächlich in *Über die Seele*, III, 3.

26 Aubenque schreibt: »Das Besondere am Syllogismus liegt darin, dass er sich auf eine vorausgehende Wahrheit stützt [...], eher *Präzedenz* der Wahrheit im Blick auf sich selbst als *circulus vitiosus*«; P. Aubenque, *Le Problème de l'Être chez Aristote*, Paris 1962, S. 54 (Hervorhebung vom Hg.). Hinweis: Soweit nicht anders angemerkt, sind kursivierte Passagen in Foucaults Text unterstrichen.

Vorlesung 2
(Sitzung vom 16. Dezember 1970)

Für eine Analyse der Entsimplifizierung der Erkenntnis und der Wahrheit. – Der dunkle Primat der Wahrheit bei Aristoteles, in der Streben, Wahrheit und Erkenntnis eine theoretische Struktur bilden. Spinoza, Kant, Nietzsche versuchen, diesen Systemcharakter aufzubrechen. Vom »grossen Chinesen« in Königsberg loskommen, aber Spinoza töten. – Nietzsche hebt die Zusammengehörigkeit von Wahrheit und Erkenntnis auf.

[1] In der letzten Woche hatte ich versucht, einen scheinbar sehr banalen Text von Aristoteles zu analysieren. In diesem Text ging es um das Streben nach Wissen und dessen natürlichen Charakter. Bei genauerem Hinsehen erkannten wir, dass dieses natürliche Streben nach Wissen sich allererst in einer *Lust* an der *unnützen Sinneswahrnehmung* äußerte. Drei Schritte, aus denen sich zwei Dinge ergaben:

1. Am Grunde des Strebens, noch bevor es sich manifestiert und entfaltet, lag die Erkenntnis. Eine noch sinnliche Erkenntnis, gewiss, aber dennoch Erkenntnis, eine bereits vorhandene Erkenntnis, von der aus das Streben sich entfalten konnte.

[2] Daraus folgte, dass die Erkenntnis dem auf sie gerichteten Streben vorausging; und dass dieses Streben selbst nur eine Art Verzögerung der Erkenntnis im Verhältnis zu sich selbst war, ein zur Verzögerung korrelatives Streben, das sie verzögerte, um mit einem Male deren wahre Natur zu erreichen, die Kontemplation.

2. Doch diese drei Schritte zeigten noch etwas anderes. Tatsächlich haben wir im Text des Aristoteles gesehen:

– Wenn man die Sinneswahrnehmung als legitimes Beispiel für Erkenntnis verstehen konnte, so weil sie Zugang zum Wahren hat – zu den Dingen selbst in den ihnen eigenen Qualitäten.

Wir haben außerdem gesehen:

– Wenn die Sinneswahrnehmung eine bestimmte Art von

Lust (ἀγάπησις [*agapesis*]) zu bereiten vermag, so weil sie sich uns als fortgeschrittene Gestalt der Kontemplation, das heißt der Erkenntnis des an sich Wahren, präsentieren konnte.

[3] Und schließlich haben wir gesehen:

– Diese Lust ist an den unnützen Charakter der Sinneswahrnehmung gebunden, also an die Tatsache, dass die Sinneswahrnehmung nicht bloß die Aufgabe hat, dem tierischen Leben und seinen Bedürfnissen zu dienen, sondern dass sie selbst Zugang zur Wahrheit haben kann.

Insgesamt kann man sagen: Unterhalb des Texts, der von einem natürlichen und jeglicher Erkenntnis scheinbar vorausgehenden Erkenntnisstreben sprach, fanden sich zwei Operationen. Die eine führte die Erkenntnis unterhalb des Strebens und selbst noch seines Prinzips erneut ein, während die andere, noch heimlicher, die Wahrheit als drittes Element zwischen Streben und Erkenntnis einführte. Alle Argumentationen und Beweise, die man in den übrigen Aristoteles-Texten findet und mit denen man diese drei Schritte rechtfertigen kann, all diese Texte gehen davon aus, dass die Sinneswahrnehmung und die von ihr ausgehende Lust in einer Beziehung zur Wahrheit stehen.

Wenn es ein allgemeines Streben nach Erkenntnis gibt und wenn die Erkenntnis in ihrer eigenen Bewegung so etwas wie Lust entstehen zu lassen vermag, so weil all das bereits in der Dimension der Wahrheit geschieht.

[4] Die Wahrheit als Garant und Grundlage des Erkenntnisstrebens.

Ich denke, hier liegt letztlich der entscheidende Punkt: Für den Übergang vom Streben zur Erkenntnis sorgt die Wahrheit und bedarf es der Wahrheit.

– Denn in dem Streben geht es bereits um Wahrheit, das Streben kann Streben nach Erkenntnis sein.

– Umgekehrt ist das Verhältnis zur Wahrheit grundlegend, und das Erkenntnisstreben ist bereits als solches, an seiner Wurzel, von der Art der Erkenntnis.

– Und schließlich beherrscht das Verhältnis zur Wahrheit sowohl das Streben als auch die Erkenntnis, und beide können nur ein und dasselbe Subjekt haben. Das Subjekt der Erkenntnis und das Subjekt des Strebens können als ein und dasselbe Subjekt gelten, da beide im selben Verhältnis zur Wahrheit stehen.

Die Wahrheit spielt also drei Rollen: Sie sichert den Übergang vom Streben zur Erkenntnis; sie begründet umgekehrt und gleichsam im Gegenzug die Vorgängigkeit der Erkenntnis gegenüber dem Streben; sie ermöglicht die Identität des Subjekts im Streben und in der Erkenntnis.

[5] Gerade in diesem Verhältnis der Wahrheit zum Streben und zur Erkenntnis liegt die Stärke der ganzen Systematik.

Wenn Streben und Wille sich in der westlichen Philosophie vor Nietzsche niemals aus der Unterordnung unter die Erkenntnis befreien konnten, wenn das Erkenntnisstreben stets an die Erkenntnis als ihre Voraussetzung gebunden blieb, so wegen dieses fundamentalen Verhältnisses zur Wahrheit.

Deshalb kann man sagen, dass Spinoza auch hier bis an die Grenze ging, an den höchsten Punkt dieses theoretischen Gebäudes, wo die Chance am größten war, es zu verlassen und umzustürzen.

Man betrachte den Anfang seiner *Berichtigung des Verstandes*: [Da »[...] beschloss ich endlich nachzuforschen, ob es etwas gebe, was ein wahrhaftiges Gut sey und an sich Theil nehmen lasse und wovon allein, mit Ausschluss alles Uebrigen, die Seele ergriffen werde; ja ob es etwas gebe, nach dessen Auffindung und Erlangung ich eine beständige und höchste Lust [*felicitas*] auf ewig geniessen könnte«.*][1] Hier ist nicht wie bei Aristoteles die Rede von einem Streben nach Erkenntnis, sondern von einem Streben nach Glück – einer ewigen Glückseligkeit, die durch nichts beeinträchtigt werden kann (und von der nirgendwo gesagt wird, dass sie

* Im Manuskript dieser Vorlesung findet sich das Zitat nicht.

von der Art der Erkenntnis sei). In dieser Suche nach dem Glück oder vielmehr in der Prüfung der Bedingungen, unter
[6] denen man solches Glück zu finden vermöchte, in der Prüfung seiner Ungewissheit oder seiner Gewissheit (und durch das Spiel dieses Forschens selbst) enthüllt sich die wahre Idee, das der wahren Idee innewohnende Glück. Von dort aus entfaltet sich der Entschluss, nach Erkenntnis zu suchen. Die Wahrheit begründet danach also sowohl die Erkenntnis als auch das Streben nach Erkenntnis. Von der Wahrheit aus entfalten und ordnen sich alle übrigen Elemente.

Wie man sieht, wird hier die ganze scheinbare Ordnung des Aristoteles-Textes umgestürzt. Wir finden eine Gleichsetzung von Glück und wahrer Idee, von der aus sich der Wille zur Erkenntnis und die Erkenntnis entfalten. Bei Aristoteles gibt es ein natürliches Erkenntnisstreben, das sich in Ansätzen bereits im kleinen Glück der unnützen Sinneswahrnehmungen zeigt. Doch wenn der Text des Aristoteles wirklich überzeugen soll, müsste sich die Kontemplation (Betrachtung des Wahren, kontemplatives Glück) bereits abzeichnen, und es müsste zumindest der Möglichkeit nach im Sinnesglück und dem Streben nach Erkenntnis angelegt sein.

Spinoza nennt ganz klar und in der gehörigen Ordnung, was die klassische Metaphysik möglich machte.[2]

[7] Und genau darum, um das Verhältnis zwischen Wille, Erkenntnis und Wahrheit, geht es bei Nietzsche.[3]

In erster Annäherung können (und müssen) Nietzsches Texte als Versuch gelesen werden, das Streben nach Erkenntnis von der Form und dem Gesetz der Erkenntnis zu befreien.

a – Es gilt zu zeigen, dass an der Wurzel der Erkenntnis, am geschichtlichen Punkt ihres Einbruchs, ein Streben liegt; und dass dieses Streben keinerlei Verwandtschaft mit der Erkenntnis besitzt. Weder eine Verwandtschaft auf der Ebene der Zwecke noch eine Verwandtschaft im Ursprung oder in der Natur.

Keine Verwandtschaft im Ursprung, weil erkennen, wenn man so will, leben heißt – man sieht sich gedrängt, etwas zu verschieben, das heißt abzuweisen [*detestari*]. Keine Verwandtschaft auch auf der Ebene der Zwecke, denn man erkennt, um zu herrschen, um zu siegen und nicht um zu erkennen.

[8] b – Es gilt auch zu zeigen, dass die Entwicklung der Erkenntnis in ihrer ganzen Geschichte nicht so sehr von der inneren Notwendigkeit des Erkannten geleitet wurde, sondern vielmehr von einer Willensvorschrift – der Askese.

c – Es gilt schließlich zu zeigen, dass hinter dem Erkenntnisakt, hinter dem in Gestalt des Bewusstseins erkennenden Subjekt der Kampf der Triebe, der Partial-Ichs, der Gewalt und der Begierden steht.

[9] Natürlich findet sich all das in Nietzsches Texten, und zwar im Überfluss.[4] Doch die ganze Bemühung, auf die andere Seite der Erkenntnis zu gelangen, deren Grenzen zu überschreiten und schließlich außerhalb ihrer zu stehen, diese Bemühung ist stark bedroht und läuft Gefahr, auch weiterhin prekär zu bleiben.

Aber wie könnte man diese andere Seite, diese Außenseite der Erkenntnis erkennen? Wie soll man die Erkenntnis außerhalb der Erkenntnis erkennen? Muss man eine Wahrheit außerhalb der Erkenntnis voraussetzen, auf die man sich stützen kann, um die Grenzen der Erkenntnis von außen zu definieren? Aber wie sollte man anders Zugang zu dieser Wahrheit finden als über die Erkenntnis, aus der man gerade heraustreten möchte?

Entweder das über die Erkenntnis Gesagte ist wahr, aber das ist nur innerhalb der Erkenntnis möglich; oder man spricht außerhalb der Erkenntnis, aber dann kann man nicht behaupten, was man da sage, sei wahr.

An den Grenzen des nietzscheanischen Diskurses, aber ihn überragend, zeichnet sich die kantische Bedrohung ab.[5]

[10] Das kantische Dilemma ist unausweichlich, es sei denn …

Es sei denn, die Zusammengehörigkeit von Wahrheit und Erkenntnis würde aufgehoben. Es sei denn, Erkenntnis wäre nicht von Natur aus oder gemäß ihrer Bestimmung oder in ihrem Ursprung Erkenntnis des Wahren. Es sei denn, das Wahre wäre nicht das, was sich der Erkenntnis gibt (oder widersetzt), was mit ihr einen gemeinsamen Ort hat, der die These zulässt, die Erkenntnis habe Zugang zum Wahren oder das Wahre sei unabänderlich von ihr getrennt.

Nur wenn Wahrheit und Erkenntnis nicht mit vollem Recht zueinander gehören, könnte man auf die andere Seite der Erkenntnis gelangen, ohne dem Paradoxon einer zugleich unerkennbaren [und] unerkannten Wahrheit zu verfallen.*

(Unterschiede zu Kant:
Ideologie
– unerreichbare Wahrheit
– und begrenzte Erkenntnis.)

[11] Ich glaube, Nietzsches gesamte Analyse des nicht auf die Erkenntnis selbst zurückführbaren Erkenntnisstrebens, Erkenntnistriebs, Erkenntniswillens wird ergänzt von der Arbeit, die eine Entsimplifizierung der Wahrheit und der Erkenntnis ermöglicht. Ganz wie die aristotelische Reduktion des Erkenntnisstrebens auf die Erkenntnis insgeheim von der Verbindung zwischen Erkenntnis und Wahrheit erzählte.

Diese Entsimplifizierung der Wahrheit und der Erkenntnis – notwendige Bedingung und Leitfaden für eine Analyse des Erkenntniswillens – möchte ich heute Abend analysieren. Aber zunächst zwei Vorbemerkungen:

a – Diese untergründige Arbeit vermag die Kühnheit und Naivität zu erklären, mit der Nietzsche, um auf die andere Seite der Erkenntnis zu gelangen und Erkenntniskritik zu leisten, in massiver Weise Inhalte aus den Wissenschaften
[12] verwendet: aus der Biologe, der Geschichte und der Philologie.[6] Diese Verwendung verfiele sogleich der Kritik, wenn

* Manuskript: einer zugleich unerkennbaren unerkannten Wahrheit.

es nicht zugleich zu einer Entsimplifizierung der Erkenntnis und der Wahrheit käme oder mehr noch, wenn diese Verwendung nicht zugleich, allerdings in eine andere Richtung, Erkenntnis und Wahrheit entsimplifizierte.

Nietzsches Positivismus ist kein Moment seines Denkens, das es zu überwinden gälte. Er ist keine oberflächliche Ebene, deren Tiefe zu erfassen wäre, indem man über sie hinausginge. Vielmehr handelt es sich um eine Kritik, die in zwei einander orthogonalen Richtungen weist. Die eine richtet sich auf das Außen der Erkenntnis, die andere auf den Nichtort der Erkenntnis und der Wahrheit.[7] Dieser Positivismus ist daher nicht paraliptisch oder gleichsam mit Scham zu behandeln. In Wirklichkeit geschieht innerhalb dieser positivistischen Kritik gerade das Entscheidende.

b – Die zweite Bemerkung betrifft Nietzsches Verhältnis zu Kant und Spinoza. Kant ist die Gefahr, die winzige und alltägliche Bedrohung, das Netz der Fallen. Spinoza ist der große Andere, der einzige Gegner.

[13] Kant ist die Falle, in die jegliche Erkenntniskritik zu tappen droht. Er behauptet, man könne niemals auf die andere Seite gelangen. Oder wenn man auf die andere Seite gelange, lasse man die Wahrheit fahren. Und der Diskurs, den man dann führe, sei unausweichlich dogmatisch, weil er sich als wahr gibt, ohne insgeheim und zu seiner eigenen Bestätigung über die Erkenntnis der Wahrheit zu verfügen.[8]

Aber der Gegner ist Spinoza, denn er ist es, der von der *Berichtigung des Verstandes* bis hin zum letzten Satz der *Ethik* die Zusammengehörigkeit von Wahrheit und Erkenntnis in Gestalt der *wahren Idee* benennt, begründet und wiedereinführt.

Spinoza ist für Nietzsche der Philosoph schlechthin, weil er es war, der in denkbar strengster Weise Wahrheit und Erkenntnis miteinander verknüpfte. Wer Kants Falle entgehen will, muss Spinoza töten. Man kann der Kritik und dem »grossen Chinesen von Königsberg«[9] nur entgehen, wenn man sich vorher von dieser Zusammengehörigkeit der Wahrheit und der Erkenntnis befreit, die zu Recht mit dem Namen Spinoza verbunden ist, weil er sie bis ans Ende durchdacht hat – vom ersten Postulat bis hin zur letzten Konsequenz.

[14] Spinoza ist die Voraussetzung für Kant. Man kann Kant erst entkommen, wenn man sich von Spinoza befreit hat.[10] Naivität der Skeptiker, der Neukantianer[11] und Kants selbst,[12] der Spinoza durch seine Kritik entkommen zu können glaubte. Naivität derer, die dem Idealismus des philosophischen Diskurses durch den Rückgriff auf Spinoza entkommen zu können glauben.[13]*

* Die von Hélène Politis während der Vorlesung gemachten Notizen lassen erkennen, dass hier eine längere Ausführung über Nietzsche begann, die in der folgenden Vorlesung am 23. Dezember fortgeführt wurde. Seine wichtigsten Darlegungen finden sich in einem Vortrag, den er auf dem amerikanischen Kontinent hielt; vgl. die »Vorlesung über Nietzsche«, unten S. 259-281.

Anmerkungen

1 Spinoza, *Abhandlung über die Berichtigung des Verstandes und über den Weg, auf dem er am besten zur Wahren Erkenntniss der Dinge geleitet wird*, in ders., *Werke*, hg. von K. Blumenstock, 4 Bde., Darmstadt 1967, Bd. 1, S. 7. (Foucault verwendete die von Ch. Appuhn herausgegebenen und übersetzten *Œuvres*, Paris 1929, hier Bd. 1, ein Exemplar, das er wahrscheinlich in den 1950er Jahren mit zahlreichen Anmerkungen versah – siehe oben S. 39, Anm. 9.)

2 Appuhn betont in seiner Ausgabe, dass Wissenschaft nach Spinoza keine stoische Kontemplation ist, sondern aktiv im Sinne Descartes' und Bacons. Sie verwandle die Dinge, den Körper und die Seele. Der Weise versenke sich nicht in das große Ganze, sondern versuche es in sich aufzunehmen – Erzeugung des Wahren durch das Denken.

3 »Ich bin ganz erstaunt, ganz entzückt! Ich habe einen *Vorgänger* und was für einen! Ich kannte Spinoza fast nicht: daß mich jetzt nach ihm verlangte, war eine ›Instinkthandlung‹. Nicht nur, daß seine Gesamttendenz gleich der meinen ist – die Erkenntniß zum *mächtigsten Affekt* zu machen – in fünf Hauptpunkten seiner Lehre finde ich mich wieder [...]: er leugnet die Willensfreiheit –; die Zwecke –; die sittliche Weltordnung –; das

Unegoistische –; das Böse«; F. Nietzsche, »An Franz Overbeck in Basel (Postkarte), Sils-Maria, 30. Juli 1881«, in ders., *Sämtliche Briefe. Kritische Studienausgabe in 8 Bänden*, München 2003, Bd. 6, S. 111 (Nr. 135).

4 In der »Zusammenfassung der Vorlesung« (unten S. 285 f.) erwähnt Foucault nur *Die fröhliche Wissenschaft* (1883). Seine Vorbereitungsnotizen verweisen auf *Menschliches, Allzumenschliches*. Doch seit den 1950er Jahren hatte er das gesamte Werk von Nietzsche durchgearbeitet. In »La vérité et les formes juridiques« (1974) erwähnt er als Ausgangspunkt seiner Überlegungen Nietzsches *Über Wahrheit und Lüge im außermoralischen Sinne* (1873), dessen Erscheinen zwar nicht in »die Hochzeit der Kant'schen, wohl aber der neukantianischen Philosophie« gefallen sei; siehe M. Foucault, »La vérité et les formes juridiques« (1974), in ders., *Dits et Écrits, 1954-1988*, hg. von D. Defert und F. Ewald, 4 Bde., Paris 1994, Bd. 2, Nr. 139, S. 538-646, hier S. 543; dt.: »Die Wahrheit und die juristischen Formen«, in *Dits et Écrits. Schriften*, 4 Bde., Frankfurt am Main 2001-2005, Bd. 2, Nr. 139, S. 669-792, hier S. 675.

5 »Die Metaphysiker. Ich spreche vom größten Unglück der neueren Philosophie – von Kant ...«; F. Nietzsche, *Nachgelassene Fragmente 1887-1889*, Fragment 18(4), in ders., *Sämtliche Werke. Kritische Studienausgabe in 15 Bänden* (KSA), hg. von G. Colli und M. Montinari, München 1999, Bd. 13, S. 536.

6 Charles Andler nennt die von Nietzsche studierten Autoren aus diesen Wissenschaftsgebieten in *La Dernière Philosophie de Nietzsche. Le renouvellement de toutes les valeurs*, Paris 1931. Foucault meint zweifellos die Funktion, die dort den Arbeiten der zeitgenössischen Historiker zugewiesen wird.

7 Diese ganze Diskussion des nietzscheanischen Unternehmens ist Heideggers Text *Was heißt Denken*, Tübingen 1954, entgegenzusetzen.

8 Vgl. F. Nietzsche, *Götzen-Dämmerung*, »Wie die ›wahre Welt‹ endlich zur Fabel wurde«, § 2, KSA, Bd. 6, S. 80:

»Die wahre Welt, unerreichbar, unbeweisbar, unversprechbar, aber schon als gedacht ein Trost, eine Verpflichtung, ein Imperativ.

(Die alte Sonne im Grunde, aber durch Nebel und Skepsis hindurch, die Idee sublim geworden, bleich, nordisch, königsbergisch.)«

Vgl. auch ders., *Der Wille zur Macht*, ausgewählt von P. Gast, Stuttgart 1964, Nr. 553, S. 379: »Der faule Fleck des Kantischen Kritizismus ist allmählich auch den gröberen Augen sichtbar geworden: Kant hatte kein Recht mehr zu seiner Unterscheidung ›*Erscheinung*‹ und ›*Ding an sich*‹, – er hatte sich selbst das Recht abgeschnitten, noch fernerhin in dieser alten üblichen Weise zu unterscheiden, insofern er den Schluß von der Erscheinung auf eine *Ursache* der Erscheinung als unerlaubt ablehnte – gemäß seiner Fassung des Kausalitätsbegriffs und dessen *rein intraphänomenaler* Gültigkeit.«

9 F. Nietzsche, *Jenseits von Gut und Böse*, § 219, KSA, Bd. 5, S. 144. Dort heißt es: »Auch der grosse Chinese von Königsberg war nur ein grosser Kritiker.« Auf Nietzsches Verhältnis zu Kant kommt Foucault auch in »Die Wahrheit und die juristischen Formen«, a. a. O., zurück, wo er die Hauptthemen dieser Vorlesung aufgreift.

10 Siehe insbesondere F. Nietzsche, *Götzen-Dämmerung*, »Moral als Widernatur«, § 4, a. a. O., S. 83; und ders., *Jenseits von Gut und Böse*, § 21, a. a. O., S. 35 f.

11 Diese Ausführungen zur Philosophiegeschichte scheinen auf Interpretationen zu verweisen, die im Gegensatz zu Heideggers Darlegungen in *Kant und das Problem der Metaphysik*, Bonn 1929, und zu den Neukantianern stehen.

12 Insbesondere *Kritik der Urteilskraft*, §§ 72, 73 und 80.

13 Diese Anspielung könnte Althusser gelten, auf den M. Foucault in der Vorlesung an mehreren Stellen implizit verweist.

Vorlesung 3
(Sitzung vom 6. Januar 1971)*

*Die Sophisten:** ihr Erscheinen und ihr Ausschluss. – Geschichte der Philosophie nach Aristoteles in ihrem Verhältnis zur Wahrheit. Der philosophische Diskurs kann nicht dieselbe Stellung haben wie der poetische Diskurs. – Die geschichtliche Existenzweise der Philosophie, wie Aristoteles sie für Jahrhunderte bestimmte. – Die Existenzweise der Philosophie, wie sie durch den Ausschluss der Sophisten ermöglicht wurde. – Der Sophist als Person. Die Sophistik als Technik. – Die Sophistik manipuliert den materiellen Charakter der Worte. – Die unterschiedlichen Rollen Platons und Aristoteles' beim Ausschluss der Sophisten.*

[1] Ich war von zwei Analysemodellen ausgegangen. Bei dem einen (das mir die philosophische Tradition zu kennzeichnen scheint) wird der Wille zum Wissen innerhalb einer vorgängigen Erkenntnis erfasst, deren Ablauf er bildet, und zwar im Sinne einer internen Verzögerung.

Bei dem anderen Modell muss das Erkennen als reines Ereignis an der Oberfläche von Prozessen analysiert werden, die selbst nicht in den Bereich der Erkenntnis gehören.*** Als Wissen wollen wir die Gesamtheit dieser Ereignisse bezeichnen. Was die Erkenntnis betrifft (das heißt das Verhältnis zwischen Subjekt und Objekt), so soll sie ein dem Erkennen innewohnender Effekt sein. Eine Wirkung, die sich nicht hat vermeiden lassen, aber vielleicht nicht notwendig ist. Die Wahrheit schließlich ist nicht vollkommen mit der Erkenntnis verknüpft, vielmehr stehen beide in einem Verhältnis wechselseitiger Stützung und zugleich wechselseitigen Ausschlusses.

[2] Es geht also um Folgendes. Ist es möglich, eine Geschichte

* Zur Vorlesung vom 23. Dezember siehe oben, S. 49, Fußnote*; vgl. auch die »Vorlesung über Nietzsche«, unten S. 259-281.

** Titel der Vorlesung im Manuskript.

*** Dieser Gedanke wird in der »Vorlesung über Nietzsche«, unten S. 259-272, entfaltet.

nachzuzeichnen, die sich nicht auf ein Subjekt-Objekt-System – eine Erkenntnistheorie – bezieht, sondern auf die Wissensereignisse und den ihnen innewohnenden Erkenntniseffekt? Es fragt sich, ob es möglich ist, die traditionelle Konfiguration umzukehren, in der die Erkenntnis als Form oder Vermögen vorausgesetzt wird und die Wissensereignisse als singuläre Akte[1] gelten, die dieses Vermögen aktualisieren und in gewissen Fällen auch dessen Form verändern können.

Genau dies möchte ich nun im Blick auf die Sophisten tun. Ich möchte zunächst das Erscheinen und dann den Ausschluss der Sophisten als Wissensereignis analysieren, das Anlass zu einer bestimmten Art von Wahrheitsbehauptung und einem bestimmten Erkenntniseffekt gab, der in der Folge zu einer normativen Form wurde.

[3] Die Methodenfragen lasse ich hier beiseite. Ich werde am Ende dieser ersten Untersuchung auf sie zurückkommen. Heute möchte ich zum Ausgangspunkt dieser Analyse nehmen, was mir als Endpunkt der Geschichte der Sophisten erscheint und was man deren Ausschluss [nennen] könnte.
Von dort aus werde ich sodann versuchen, bis zur Sophistik selbst zurückzugehen.
Ich denke nicht, dass man diesen Ausschluss bei Platon finden müsste, nicht einmal in *Der Sophist* (auch wenn dort definiert wird, was ein Sophist ist), sondern bei Aristoteles[2] – in den *Sophistischen Widerlegungen* sowie in einigen Texten der *Analytik* und der *Metaphysik*.

[4] Um diesen Ausschluss zu verstehen und einzuordnen, sollten wir vielleicht von folgender Passage aus der *Metaphysik* ausgehen:
»Denn die Sophistik ist nur eine Scheinwissenschaft …« ([…] ἡ δε σοφιστικη αινομένη, ουσα δ'ου« – IV, 2, 1004b27).[3]
und sie mit den Analysen vergleichen, die Aristoteles etwas weiter vorne, in Buch I, von den Philosophen unternimmt, die den Sophisten vorausgegangen waren.

Wie geht er nun bei der Analyse älterer, platonischer und vorplatonischer Philosophien vor?
Aristoteles sucht bekanntlich nach einer Bestätigung seiner eigenen Theorie der Ursachen: Falls die Philosophen vor ihm eine fünfte Ursache gefunden haben, dann hat er, Aristoteles, sich geirrt; falls sie keine entdeckt haben, bestätigt dies seine eigene Überzeugung.

[5] Die Philosophen befinden sich also bereits in gewisser Weise im Element der Wahrheit. Aber wie befinden sie sich darin, und in welchem Verhältnis stehen die verschiedenen philosophischen Diskurse zur Wahrheit?

1. Zunächst einmal unterscheiden die Philosophien sich voneinander, weil jede von ihnen ein oder mehrerer Elemente der Wahrheit (der Ursachen, der ersten Naturen, der Substanzen oder Akzidentien) erfasst. Die verschiedenen Philosophien bestimmen ihre jeweilige Identität durch ihr unterschiedliches Verhältnis zur Wahrheit (Thales, indem er das Wasser als Stoffursache bezeichnet; Anaxagoras, indem er nach der Wirkursache sucht). Kurz, ein bestimmtes Verhältnis zur Wahrheit bildet die Formursache einer Philosophie.

2. Die Eigenentwicklung einer Philosophie oder der Übergang von einer Philosophie zu einer anderen folgen dann einem von der Wahrheit vorgegebenen Weg:
»Beim weiteren Fortschritt jedoch zeigte ihnen die Sache selbst den Weg und nötigte sie zum (weiteren) Forschen« ([I, 3] 984a18-20).[4]
»Nach diesen Männern und solchen (von ihnen vertretenen) Prinzipien wurde man, da diese nicht genügten, die Natur des Seienden aus ihnen entstehen zu lassen, wieder [...] von der Wahrheit selbst genötigt, das nächstfolgende Prinzip zu suchen« (das Feuer bei Heraklit, Νοῦς [*Nous*] bei Anaxagoras und Hermotimos von Klazemonai – [I, 3] 984b7-11).[5]

[6] Wir können also sagen, die Wahrheit ist die Wirkursache der Veränderung oder Bewegung im philosophischen Diskurs.

3. Aber mehr noch, die Philosophie hat zum Gegenstand die ersten Prinzipien, und das sind jene, nach denen schon die ersten Philosophen auf ihre Weise suchten. In einem Text [der *Metaphysik*] heißt es:

»Darum müssen die Prinzipien des ewig Seienden (immer) am wahrsten sein; denn sie sind nicht bald wahr, bald falsch, noch haben sie die Ursache des Seins in einem andern, sondern sie selbst sind Ursache für das übrige. Wie sich daher jedes zum Sein verhält, so auch zur Wahrheit« ([II, 1] 993b26-32).[6]

Indem die Philosophen die Prinzipien der Dinge zum Ausdruck bringen, bringen sie das Sein selbst zum Ausdruck.

Wir können also sagen, die Wahrheit sei die Stoffursache der Philosophie. Die darin zum Ausdruck gebrachten Prinzipien besitzen als solche das meiste Sein und die meiste Wahrheit.

4. Schließlich dürfen wir nicht vergessen, dass die Philosophie diejenige Wissenschaft darstellt, die nicht aus dem Bedürfnis, sondern aus dem Staunen[7] entstanden ist, das heißt aus der Erkenntnis der eigenen Unwissenheit und dem Willen, sich aus dieser Unwissenheit mit keiner anderen Wirkung und keinem anderen Zweck als der Erkenntnis zu befreien:

»Wenn sie [die ersten Philosophen] daher philosophierten, um der Unwissenheit zu entgehen, so suchten sie das Erkennen offenbar des Wissens wegen, nicht um irgendeines Nutzens willen« (I, 2, 982b19-22).[8]

[7] Die Wahrheit ist also die Zweckursache der Philosophie. (In I, 1, 993b21 wird das übrigens ausdrücklich gesagt: Das Ziel der Philosophie ist die Wahrheit.)

Wie kann es aber unter diesen Umständen geschehen, dass Philosophie nicht wahr ist? Wie kann es geschehen, dass sie Irrtümer enthält? Wie kann es geschehen, dass es Philosophien gibt, die nicht miteinander vereinbar sind?

Das kann geschehen, sagt Aristoteles, weil die Philosophen sich so verhalten, »wie es in den Gefechten die Ungeübten machen; denn diese führen im Herumfahren wohl auch öfters Hiebe, aber sie tun es nicht aus Wissen« (I, 4, 985a14-16).[9] Was dem Philosophen fehlte, war gerade das Wissen um die Prinzipien und um die Wahrheit, die ihn zugleich anleiteten und zwangen. Was ihm fehlte, war das System der ersten Prinzipien und der vier Ursachen.

Der Philosoph ist in der Wahrheit. Und er ist von Anfang an mit vollem Recht darin. Sie ist materiell gegenwärtig in dem, was er sagt. Sie entfaltet in der Entwicklung der Philosophie ihre Wirkung. Sie verleiht jeder Philosophie ihre besondere Form. Und sie dient allen Aussagen des Philosophen als Ziel. Der Philosoph wird von der vierfachen Kausalität der Wahrheit geleitet.

[8] Doch bei all diesen ersten Philosophien findet sich ein Saum des Zufalls, der Blindheit und des Schweigens. Sie sind in der Notwendigkeit der Wahrheit gefangen, die als deren vier Ursachen mit ihnen spielt. Da sie aber diese vier Ursachen nicht kennen, sprechen sie davon, ohne es zu wissen und ohne es zu wollen, [wie] ungeübte Soldaten, die ihre Hiebe austeilen, aber die Strategie des Gefechtes nicht verstehen, von dem sie dennoch umgeben sind und mitgerissen werden. Von daher die berühmte Metapher des Pfeils und der Tür, wonach es sich mit der Wahrheit »zu verhalten scheint wie nach dem Sprichwort: ›Wer sollte denn [mit einem Pfeil] eine Tür nicht treffen‹« (II, 1, 993b3-5).[10]

Obwohl man ein so großes Ziel mit dem Pfeil ganz unvermeidlich trifft, ist es doch Zufall, welchen der vielen Punkte der Pfeil trifft.

[9] Schluss

Diese Philosophiegeschichte, die Aristoteles als gleichermaßen zwangsläufige und zufällige Bewegung im Element einer Wahrheit beschreibt, die sich darin zugleich manifestiert und verbirgt, diese Geschichte ist in ihrer Einzigartigkeit von dreifacher Bedeutung.

1. Aristoteles unterscheidet den philosophischen Diskurs von diversen Techniken der Interpretation und der Analyse. Dadurch trennt er ihn von all den anderen Diskursen, die auf diesen Interpretations- und Analysetechniken beruhen.

a. Mit der These, die Wahrheit werde vom Philosophen zugleich gesagt und nicht gesagt (gesagt und nicht gesagt im Modus des Stotterns), blieb Aristoteles ganz nah bei den Interpretationsmethoden, deren sich die Grammatiker bedienten, wenn sie Dichter kommentierten. Symbolische oder allegorische Methoden, die verdeutlichten, was Homer bewusst in der Gestalt eines Nestor oder Odysseus verborgen hatte.[11]

[10] Dennoch gibt es einen – wesentlichen – Unterschied. Für Aristoteles ist die Doppeldeutigkeit des Gesagten und Nichtgesagten – dieser abstandslose Abstand, der dafür sorgt, dass die Wahrheit im Wort des Philosophen zugleich verborgen und gegenwärtig ist, dieses Licht, das ein Schatten ist – nicht die Folge einer willentlichen Geheimhaltung oder einer vorsichtigen Zurückhaltung nach Art der Orakel. Wenn die Philosophen nicht die Wahrheit sagen, so nicht, weil sie die Menschen vor deren fürchterlichem Antlitz bewahren wollen, sondern weil ihnen ein bestimmtes Wissen fehlt.

Wir müssen allerdings sogleich hinzufügen, dass dieser Mangel auch nicht von der Art jener Unwissenheit ist, die manche Kommentatoren (wie die Sophisten) den Dichtern vorwarfen. Nach der Analyse des Aristoteles befindet sich der Philosoph in der Dimension eines Wissens / Nichtwissens, das weder Geheimnis noch Unwissenheit ist und weder als Doppelspiel noch als Lücke in der Erkenntnis verstanden werden darf. Es handelt sich um einen Mangel, der konstitutiv für das Verhältnis zur Wahrheit ist. Was der Philosoph nicht sagt und nicht sagen kann, ist gerade das, wodurch sich die von ihm ausgesprochene Wahrheit bestimmt.

Der philosophische Diskurs darf sich weder auf eine allego-
[11] rische Exegese noch auf positivistische Kritik einlassen. Der

philosophische Diskurs kann nicht mehr denselben Status haben wie der poetische Diskurs.

b. Indem Aristoteles in jedem philosophischen Diskurs ein gewisses Wechselspiel aufzeigt zwischen dem Zufall, der Blindheit eines individuellen Werkes und den Zwängen der Wahrheit, dem von ihr auferlegten Gesetz, dem dadurch vorgezeichneten Weg, unterscheidet er den philosophischen Diskurs von jedem politischen Unterfangen (oder da die Differenzierung zu diesem Zeitpunkt der griechischen Geschichte noch kaum ausgebildet ist: von jedem juristischen oder rhetorischen Unterfangen).

Was immer der Philosoph in seinem philosophischen Diskurs auch sagen mag (und wäre er selbst auch ein wenig tugendhafter Mensch oder ein schlechter Bürger), er ist immer in der Wahrheit. Etwas von der Wahrheit findet Eingang in seinen Diskurs, und umgekehrt geht sein Diskurs niemals ganz in die Geschichte der Wahrheit ein, verschwindet niemals ganz in dieser Geschichte. Auf die eine oder andere Weise wiederholt er sich endlos. Man kann den Philosophen niemals gänzlich vertreiben, und niemals geht er gänzlich unter. Es gibt keine philosophische Verfemung.
[12] Die Siege, die der Diskurs über ihn erringen mag, die Turniere, auf denen er vielleicht besiegt wird, berühren niemals jenen Teil Wahrheit, der in seinem Diskurs zum Ausdruck kommt.

Gewiss, der Philosoph ist nicht länger der θεῖος ἀνήρ [*theios aner*], von dem Hesiod sprach[12] und der mit vollem Recht sagte, was gesagt werden musste (musste: in einem Wort, was gut und richtig ist). Aber er ist auch nicht mehr der Mann des politischen und rhetorischen ἀγών [*agon*].

Er wird stets beherrscht von dem, was er von der Wahrheit nicht gesagt hat, aber er wird niemals besiegt oder ausgeschlossen. In dieser zugleich mythischen und rationalisierten Geschichte des Philosophen, die Aristoteles in seiner *Metaphysik* erzählt, isoliert er einen Diskurs, dessen Ursache die Wahrheit ist und in dem es um die Wahrheit geht, von anderen Diskurspraktiken und nimmt ihn gleichsam aus dem Spiel. Er unterscheidet ihn grundsätzlich von der poetischen und mythischen Sprache, aber auch von jener rhetorischen oder politischen Diskussion, an der er [der philosophische Diskurs] bei Platon teilweise noch beteiligt war. Er weist ihm eine Form der Anbindung und des geschichtlichen Zusammenhangs zu, die in den übrigen Diskursen keine Entsprechung besitzt.

[13] 2. Der zweite Grund, weshalb diese Analyse des Aristoteles bedeutsam ist, liegt in der Tatsache, dass sie für Jahrhunderte die geschichtliche Existenzweise der Philosophie bestimmte und sogar bis heute prägt.

Natürlich gibt es zahlreiche Abwandlungen, und es gibt vielleicht nicht viele Philosophiegeschichten, die der des Aristoteles – im Sinne der Analogie – gleichen. Aber auch wenn man in der aristotelischen Analyse nicht das Vorbild findet, das von anderen nachgeahmt worden wäre, so findet man doch gewiss deren Möglichkeit darin.

Die Philosophiegeschichte erhält ihre Ordnung stets durch ein gewisses Wechselspiel zwischen dem individuellen Werk und einer Bestimmung der Wahrheit durch die Geschichte hindurch. Die Philosophiegeschichte findet ihre Ausrichtung stets in benannten Individualitäten. Sie geht auf einer gewissen Ebene stets mit Einheiten um, die durch Eigennamen bezeichnet werden und auch nur durch Eigennamen bezeichnet werden können. Im Vergleich zu diesen Einheiten und den Eigennamen, die sie bezeichnen, sind Einheiten wie Empirismus, Pantheismus oder Rationalismus abstrakte Konstruktionen.

Die Philosophiegeschichte wird letztlich stets als Verteilung von Individualitäten verstanden. Doch wenn diese Indivi-
[14] dualitäten als philosophische Momente gelten, so weil die Wahrheit selbst sich ihnen vermittelt hat oder weil etwas von der Wahrheit durch sie spricht. Aber auch ihr Irrtum ist von der Wahrheit getragen.

So wird denn die Wahrheit mit vollem Recht von jedem philosophischen Werk gedacht (und aufgrund der Tatsache, dass es ein philosophisches Werk ist). Dass dieses Denken der Wahrheit zugleich Umgehung, Vergessen, Vernachlässigung, Nichtvollendung der Wahrheit ist,[13] dafür sorgt das Ungedachte jeder Philosophie.

Und im Blick auf jedes einzelne Werk muss jede neue Philosophie das Ungedachte einer anderen denken. Für die Philosophiegeschichte stehen daher die Philosophien wechselseitig in einem Verhältnis der Wiederholung und des Kommentierens. Jede von ihnen hat jenes Ungedachte der anderen zu denken, das ihr besonderes Verhältnis zur Wahrheit definiert.

Die Aufgabe, der sich die Philosophiegeschichte immer wieder gestellt hat, steht auch der Aufgabe immer noch sehr
[15] nahe, die Aristoteles ihr einst zuwies, als er sagte:

»So ergibt sich denn, daß sie das Gute als Ursache gewissermaßen aufstellen und auch nicht aufstellen« (I, 7, 988b13-14).[14]

»[...] und wenn in gewissem Sinne alle Ursachen schon früher genannt sind, so sind sie es wieder in gewissem Sinne durchaus nicht« (I, 10, 993a14-15).[15]

So hält denn die Philosophiegeschichte eine Reihe von Prinzipien für gesichert:

– Das Interioritätsprinzip, wonach die Philosophie nicht von außen zugänglich ist. Da sie im Element der Wahrheit ist und ihr Diskurs stets eine fundamentale und unauslöschliche Beziehung zur Wahrheit umfasst, vermag kein nichtphilosophischer Diskurs, keine nichtphilosophische Praxis sie wirkungsvoll zu erreichen.

– Das Prinzip der Rückkehr zu sich selbst oder der Selbstverstärkung: Da die Philosophie in gewisser Weise immer schon gesagt hat, was sie zu sagen hat, wo anders als in sich selbst könnte sie da finden, was sie jetzt zu sagen hat – wie anders, als indem sie das im bereits Gedachten bislang Un-
[16] gedachte denkt, indem sie das bereits Gesagte zum Objekt

des Denkens und zugleich zum Subjekt der Wiederholung macht?
Der Umstand, dass der philosophische Diskurs sich selbst immer schon vorausgeht, dieses Recht der Philosophie oder diese Notwendigkeit, das bereits Gedachte zu denken, diese Ausschaltung jeglichen Äußeren, ist die Form, die Aristoteles der Geschichtlichkeit der Philosophie im ersten Buch seiner *Metaphysik* verleiht.[16] Zugleich ist es die Form, die er dem Wechselspiel zwischen Erkenntnis und Streben ganz zu Beginn dieses ersten Buchs gibt.
Und schließlich kann man sagen, dass die Erkenntnistheorie und die der Philosophiegeschichte zugewiesene Modalität während der gesamten Geschichte immer wieder in ein Wechselverhältnis getreten sind. Es ging darum, das Äußere zu eliminieren. Und in der Erkenntnistheorie war das Äußere das Streben oder zumindest das durch dieses Streben Symbolisierte. In der Philosophiegeschichte repräsentiert und symbolisiert der Sophist samt allem, was diese Gestalt umgibt, das Äußere.

[17] Ich bin so ausführlich auf diese Passage bei Aristoteles eingegangen, weil sie mir eine gewisse Innerlichkeit der Philosophie zu definieren und vorzuschreiben und ein gewisses Außen des philosophischen Diskurses zu eliminieren scheint – ein Außen, dessen Ausschaltung erst die Existenz der Philosophie ermöglicht; ein Außen, an das sich der philosophische Diskurs in undurchsichtiger Weise anlehnt.
Und wenn wir einräumen, dass die Wissenschaft ihren Ursprung im Inneren des philosophischen Diskurses hat, wird klar, worum es bei diesem Problem letztlich geht. Der Vorgang, der durch Ausschluss ein Außen des philosophischen Diskurses definiert und eine bestimmte Verbindung zwischen Philosophie und Wahrheit herstellt, dieser Vorgang muss charakteristisch für den Willen zum Wissen sein. Und diesen Vorgang gilt es zu finden.

[18] 3. Interessant wird der Text nicht nur durch das, was er umfasst, nämlich die Möglichkeit einer Geschichte der Philosophie, sondern auch durch das, was er ausschließt. Und was er da ausschließt, findet sich in einem anderen Text, im letzten Buch der *Topik*, den *Sophistischen Widerlegungen* (die zweifellos eines der ersten Bücher waren; vgl. Kneale[17]). Denn vor allem dort (wie auch in einigen anderen Texten) sind die Sophisten bei Aristoteles präsent. Die Art, wie Aristoteles über sie spricht, und die Stellung, die er ihnen zuweist, sind ganz anderer Art als seine Darlegungen zu den vorsokratischen Philosophen.

Zunächst einmal ist festzustellen, dass nur selten namentlich von den Sophisten die Rede ist. Nur selten spricht Aristoteles über die Person des Sophisten als solchen. Selten auch, außer in Anspielungen, über den Beruf des Sophisten – über diese bezahlte Lehre, über das zwanglose Verhältnis zu Politik und Moral, über das flüchtige und enzyklopädische Wissen, das ihre Zeitgenossen und Nachfolger den Sophisten so oft zum Vorwurf machten.[18]

Die Rede ist dagegen von der Sophistik, von Sophismen, von sophistischen Argumentationen, Widerlegungen und
[19] Diskursen. Es ist, als wäre die große sokratische und platonische Auseinandersetzung mit den Sophisten beendet; als wäre vom Sophisten nur die abstrakte Gefahr der sophistischen Argumentationen geblieben – Argumentationen, die in jeder beliebigen Diskussion wieder auftreten könnten.

Es ist, als hätten der Sophismus und die Person des Sophisten sich voneinander abgelöst; als hätte sich dieses zu Platons Zeiten noch kaum gesonderte Paar aufgelöst; als wäre der Sophist vertrieben, der Sophismus aber aufgenommen und gezähmt worden. Dennoch ist sogleich anzumerken, dass der Sophismus sich nicht problemlos und einhellig unter die allgemeine Kategorie der falschen Urteile und der irrigen Beweisführungen subsummieren lässt. Er gehört nicht einmal zu den dialektischen Diskussionen. Er nimmt eine marginale und besondere Stellung ein. Und selbst diese Inklusion ist zweifelhaft. Der Sieg über die Sophistik kann weder absolut klar noch endgültig sein.

[20] Und diese leichte Unsicherheit, die man bei Aristoteles bemerkt, wird auch dann nicht verschwinden, wenn die westliche Philosophie sich wieder einmal mit den Sophismen befasst – und das selbst lange nachdem die unerträglichen Sophisten längst vergessen sind.

In der scholastischen Tradition etwa:[19]

1. war die sophistische Diskussion neben anderen logischen Spielen Teil der Übungen.

– Da gab es die *insolubilia*,[20] wenn man aus einem nicht notwendigen Satz das Gegenteil ableiten konnte. Zum Beispiel: *Dico falsum.*

– Da gab es die Sophismen, von denen man gleichermaßen beweisen konnte, dass sie wahr oder falsch waren:

Zum Beispiel: *logica est scientia* – weil man sie durch Wissenschaft erwirbt,

logica non est scientia – weil sie nur *modus sciendi* ist (von Wallerand in den Werken des Siger von Courtrai zitiert).[21]

Die sophistische Übung endete mit einer Intervention des Professors, der zeigte, an welcher Stelle die Argumentation auf einer täuschenden Notwendigkeit basierte. Er musste die Schimäre auflösen und die richtige Lösung vorführen.

Während die unlösbaren Probleme Monstrositäten oder der Logik innewohnende Schwierigkeiten darstellen, waren die Sophismen lediglich vorläufige Effekte, die man auflösen können musste.

[21] 2. Buridan unterscheidet in seinen *Commentarii* zu den *Sophistischen Widerlegungen*:

– die *disputatio doctrinalis*,[22] die zu exakter Wissenschaft führen soll;

- die *disputatio dialectica*, die die Unsicherheit bestimmter Aussagen verringern soll;

– die *disputatio tentativa*, die die Erkenntnisse des Schülers nutzbar machen soll;

– die *disputatio sophistica*, in der man sich nicht um die Wahrheit schert.

Und noch lange nach der Scholastik definierte Peirce in Baldwins *Dictionary of Philosophy* die seriöseste und philosophisch problematischste Form von Sophismus als eine Argumentation, deren Schluss nicht zulässig ist, obwohl die Regeln der Logik scheinbar streng eingehalten wurden.[23]

Welchen Sorgen macht sich denn nun die Philosophie hinsichtlich solcher Schlussformen, die nur Schein sind, die
[22] sich nicht um die Wahrheit scheren, die einen Augenblick lang auf täuschenden Effekten basieren? Warum sollte man sich mit diesem Schattenspiel beschäftigen? Ist es so schwierig, sich von etwas zu befreien, das doch nur eine List und ein grobschlächtiger Trick ist?

Warum beschäftigte man sich so lange mit etwas, das gar nicht existiert? Warum diese Sorge um etwas, das nur Finte, Theater, ehrloser Schaukampf ist? Weshalb bedarf ein Diskurs, der sich nur mit »wahr« und »falsch« befassen sollte, solch einer Moralpolizei? Was hat es mit diesem ethischen Spiel der Redlichkeit und Unredlichkeit auf sich, wo es doch eigentlich nur um »wahr« oder »falsch« gehen sollte?

Um diese Fragen zu beantworten, müssen wir uns die Analyse des Aristoteles anschauen. Wir müssen jenen Augenblick ins Auge fassen, als die Sophismen erstmals in Abwesenheit der Sophisten zurückgewiesen wurden.

[23] Nun ist festzustellen, dass Aristoteles im gesamten Text einen Unterschied zwischen Sophismen und falschen Beweisführungen macht.

So unterscheidet er in 176b30 [der *Sophistischen Widerlegungen*][24] innerhalb der allgemeinen Kategorie der falschen Schlüsse zwischen falschen und scheinbaren Schlüssen und spricht »von einem falschen Schlusse im doppelten Sinne [...] – denn man hat entweder Falsches erschlossen oder keinen wirklichen, sondern nur einen scheinbaren Schluß gezogen«.

Den falschen Schluss, ὁ ψευδής συλλογισμός [*ho pseudes syllogismos*] charakterisiert Aristoteles wenig später. Er hatte ihn auch schon in der *Ersten Analytik* (II, 2) behandelt. Ein Schluss ist falsch, wenn die Konklusion wahr ist, aber aus falschen Prämissen gewonnen wurde, oder wenn die Konklusion selbst falsch ist.

Und diese Form eines falschen Schlusses muss ihrerseits wieder untereilt werden. Die Konklusion kann falsch sein, weil eine der beiden Prämissen falsch ist, oder aber beide Prämissen sind richtig, aber die Konklusion wurde nicht richtig gezogen.

[24] Diesem falschen Schluss stellt Aristoteles den sophistischen Schluss gegenüber, der, wie er immer wieder sagt, nur scheinbar ein Schluss sei.

Der Anfang des Textes [*Sophistische Widerlegungen*]:

»Daß von den Widerlegungen die einen wirkliche Schlüsse (συλλογισμοί [*syllogismoi*]) sind, die anderen nicht, sondern nur so scheinen, ist klar« (164a23-25).[25]

Der Sophist täuscht sich keineswegs absichtlich oder unbeabsichtigt. Der Unterschied zwischen dem Sophisten und dem Unwissenden (oder dem Tier) ist nicht der zwischen einem willentlichen Irrtum (auf den man sich einließe, um den Gegner hereinzulegen) und einem unfreiwilligen Irrtum (dem beide Gesprächspartner verfielen). Der Sophist darf keineswegs als jemand verstanden werden, der einen Irrtum als Falle einsetzte und der sich eines falschen Schlusses wie einer bösartigen Waffe bediente. Er bewegt sich in einer anderen Dimension als der eines wahren oder falschen Schlusses, nämlich in der des Scheinschlusses. Er bewegt sich in der Region des Schattens und des reflektierten Lichts. Er produziert das Trugbild eines Schlusses statt ei-
[25] nes wirklichen Schlusses. Und diese Ungültigkeit, die nicht auf einem Irrtum, sondern auf bloßem Schein beruht, betrifft nicht nur die Argumentation des Sophisten, sondern seine ganze Weisheit, seine ganz σοφία [*sophia*]:

»[...] die Sophistik ist nämlich scheinbare, keine wirkliche

Weisheit – έστι γαρ ἡ σοφιστικη φαινομενη σοφία ουσα δ'ου« (165a21-22).[26]

Und [Aristoteles] fährt fort (darauf werden wir später noch genauer eingehen):

»und der Sophist [ist] ein Mensch, der mit scheinbarer, nicht wirklicher Weisheit Geschäfte macht«, gehört er doch zu den Leuten, »denen es besser paßt, weise zu scheinen als zu sein ohne es zu scheinen« [165a22-24].[27] (Vgl. auch 171b.)

Im Kern dieses Scheins steht das Geld. Es ist dessen Grund und zweifellos auch dessen Symbol. Hier wäre zu klären, was solch ein Scheinschluss ist, diese andere Seite des wahren oder falschen Schlusses, dieses rätselhafte Element, das im Gegensatz zu dem nicht minder rätselhaften wirklichen Schluss steht.

[26] Wie kann der Schein eines Schlusses aufkommen?

Folgt man der Analyse des Aristoteles, vermittelt die Aufzählung all dieser Scheinschlüsse auf den ersten Blick den Eindruck einer gewaltigen Heterogenität, die von der gröbsten List bis hin zu einigen noch recht grobschlächtigen logischen Spielen reicht.

– Es gibt Sophismen, die aus bloßer Homonymie, μανθάνειν [*manthanein*], resultieren.[28]

– Es gibt auch – schlimmer noch – Sophismen, die aus der Verwendung zweier Worte mit unterschiedlicher Aussprache, aber ähnlicher Schreibweise resultieren. Und es gibt Sophismen, die zumindest uns vor echte grammatische oder logische Probleme stellen (vgl. die Verwendung von οὗτος [*houtos*]).

Zu den sophistischen Techniken zählt Aristoteles außerdem den Gebrauch von Aussagen, die man weder mit Ja noch mit Nein beantworten kann (denen sich kein Wahrheitswert zuordnen lässt), und Techniken wie jene, die darin bestehen, dass man sehr schnell spricht oder die Reihenfolge der Fragen umkehrt oder unter all den anderen gestellten Fragen die wirklich wichtige versteckt.

[27] Angesichts dieser Fülle scheint die von Aristoteles vorge-

schlagene Klassifikation zumindest auf den ersten Blick nicht sonderlich hilfreich zu sein, da sie sich nicht an der Form oder am Prinzip, sondern an der erzielten Wirkung orientiert:

- Sophismen, die als Widerlegung erscheinen;
- Sophismen, die den Irrtum des Gesprächspartner aufzuzeigen scheinen;
- Sophismen, die ein Paradoxon zu stützen scheinen;
- Sophismen, die einen sprachlichen Fehler zu begehen scheinen;
- Sophismen, die in wortreiches Geschwätz auszuarten scheinen.

Eine Passage am Anfang der *Sophistischen Widerlegungen* gibt eine allgemeine Erklärung der Sophismen. Sie erweckt den Eindruck großer Allgemeinheit, obwohl sie nur eine ganz kleine Gruppe von Sophismen betrifft:

»[Die] Widerlegung ist ein Schluß mit Widerspruch gegen den Schlußsatz (des Gegners). Die scheinbaren Schlüsse und Widerlegungen aber leisten dieses nicht, scheinen es aber aus allerlei Gründen zu leisten, und hier ist eine Quelle, aus der der Schein entspringt, die natürlichste und gewöhnlichste: wir meinen die Verwendung der Worte. Man kann beim Disputieren nicht die Dinge selbst hernehmen, sondern gebraucht statt ihrer, als ihre Zeichen, die Worte. Daher glaubt man dann, was für die Worte gilt, müsse auch für die Dinge gelten, wie wenn man rechnete und es mit Rechensteinen zu tun hätte. Aber hier fehlt die Gleichheit. Die Worte als ebenso viele Begriffe sind der Zahl nach begrenzt, die Zahl der Dinge aber ist unbegrenzt. Darum muß derselbe Begriff und ein und dasselbe Wort gleichzeitig eine Vielheit von Dingen bezeichnen« (165a4-13).[29]

Lassen wir die Erweiterung beiseite, die man diesem Text geben müsste. Eines ist klar, nämlich die Lokalisierung des sophistischen Effekts. Er wird möglich durch die Tatsache, dass in der Praxis des Diskurses nicht die Dinge selbst *mani-*

puliert werden, sondern deren sprachliche Symbole. Eben deren Bezeichnungen oder Namen.

[28] Diese Symbolisierung ermöglicht zwar den Sophismus, erklärt ihn aber nicht. Der Sophismus entsteht nicht in jener Dimension, wonach die Worte Zeichen sind. Er entsteht in einem bestimmten Unterschied zwischen den Namen und den Dingen, zwischen den symbolischen und den symbolisierten Elementen. Worin besteht dieser Unterschied?

Er liegt nicht darin, dass die Worte eine Bedeutungseffekt hervorbringen, die Dinge aber nicht. Er liegt auch nicht im Unterschied [zwischen] φύσις [*physis*] und νόμος [*nomos*], zwischen dem natürlichen Charakter der Dinge und dem konventionellen Charakter der Worte.

Er liegt in der Tatsache, dass die Zahl der Bezeichnungen begrenzt, die der Dinge aber unbegrenzt ist; dass bei den Worten eine relative Knappheit besteht; dass man keine eindeutige Beziehung zwischen Worten und Dingen herstellen kann. Kurz gesagt, dass das Verhältnis zwischen den Worten und dem damit Bezeichneten nicht der Relation isomorph ist, die ein Abzählung ermöglicht.

Mit anderen Worten, der Sophismus wird möglich durch
[29] eine materielle Eigenschaft der Worte – ihre Seltenheit. Der Sophist benutzt dasselbe Wort, denselben Namen, denselben Ausdruck, um zwei verschiedene Dinge zu sagen, sodass er in der Identität des Gesagten zweierlei sagt.

Wenn wir uns nun an die Definition des Syllogismus erinnern: »Ein Schluß ist eine Rede, in der, wenn etwas gesetzt wird, etwas von dem Gesetzten Verschiedenes notwendig dadurch folgt, daß dieses ist« (*Erste Analytik*, I, 24b18)[30] (und wenn wir uns erinnern, was die Widerlegung des Syllogismus ist, ein Schluss nämlich, der der Konklusion aus der Prämisse widerspricht)[31], dann sehen wir, dass der Sophismus nicht darin besteht, auf der Grundlage logischer Notwendigkeit und weniger akzeptierter Prämissen etwas Neues zu sagen, sondern aus derselben Aussage das bereits Gesagte zu erhalten, in ihrer materiellen Identität, obwohl die Gesprächspartner nicht dieselben Prämissen im Sinn hatten, und dies aufgrund des Zusammentreffens, der Konfusion, der Ähnlichkeit, der Identität der Namen, mit denen die Dinge bezeichnet werden. Aufgrund der zufälligen Überlagerung, die der fundamentalen Seltenheit der Worte geschuldet ist.

[30] Daraus lässt sich der Schluss ziehen, dass der Sophismus kein fehlerhafter Schluss, sondern gar kein Schluss ist – oder vielmehr das Umkehrbild eines Schlusses. Anstelle logischer Notwendigkeit Seltenheit und Zufall; anstelle eines neuen Satzes Wiederholung des Gesagten; und anstelle der zwingenden Wahrheit und der Überzeugung des anderen eine Falle, durch die der Gegner sich im bereits Gesagten, in der Materialität des Gesagten gefangen sieht.

[31] Doch hier erhebt sich sogleich ein Einwand: dass nämlich die materielle Knappheit der Worte im Text des Aristoteles nur einige Sophismen und nicht alle zu erklären scheint. Sie bietet eine Erklärung für Sophismen, die auf der Existenz von Synonymen beruhen (zum Beispiel ein und dasselbe Wort μανθάνειν [*manthanein*] für »lernen« und »verstehen«) oder auf der Existenz von Amphibologien[32] (»Ich möchte, dass der Feind gefangen wird«) oder auf der Existenz von Mehrdeutigkeiten, die (in schriftlichen Texten) auf der Aussprache basieren.[33]

Kurz, sie erklärt die Widerlegungen, die Aristoteles mit dem Diskurs verknüpft sieht, nicht aber die anderen Formen. Aristoteles sagt ja auch ausdrücklich: »hier ist eine Quelle, aus der der Schein entspringt, die natürlichste und gewöhnlichste: wir meinen die Verwendung der Worte« ([*Sophistische Widerlegungen*] 165a5)[34], aber dies sei nicht die einzige Quelle.

Wenn wir uns nun die gesamte Klassifikation der Sophismen anschauen, die Aristoteles vorschlägt, sehen wir, dass hier stets die Materialität des Diskurses in ihren unterschiedlichen Aspekten ins Spiel kommt. Jenseits der Knappheitssophismen (ein einziges gesprochenes oder geschriebenes

Wort, ein einziger Ausdruck für verschiedene Dinge), gibt es:

* Die Sophismen der Auflösung. Der Diskurs besteht aus Worten, die einander folgen, und wenn diese Folge erst einmal gegeben ist, kann man sie beliebig auflösen und anordnen:

A, B, C —————— A und B, C
AB und C

Zum Beispiel: Da 5 gleich (2+3) ist, kann man sagen, 5 sei gerade, weil es 2 ist, und ungerade, weil es 3 ist (SW. 166a33).

• Die Sophismen der Permutation. Der Diskurs besteht aus Elementen, die unter bestimmten Bedingungen ihre Plätze tauschen können.

Sokrates ist weiß
Weiß ist eine Farbe
Also ist Sokrates eine Farbe.

[33] • Die Sophismen der Assoziation. Der Diskurs besteht aus Elementen, die Gruppen bilden und dadurch Sinn ergeben. Aber eine von der ersten Gruppe abgelöste Untergruppe hat gleichfalls Sinn:

Der Inder ist schwarz
Nun ist aber der Inder weiß hinsichtlich der Zähne
Also ist der Inder schwarz und weiß.[35]

• Die Sophismen der Konfusion. Manche aufeinanderfolgende und verschiedene Elemente des Diskurses können miteinander verbunden werden:

Ist A und B ein Mensch?
Ja
Also schlägt man einen Menschen und nicht zwei, wenn man A und B schlägt.

• Die Sophismen des Vorangehens. Der Diskurs ist eine unbegrenzte Folge von Sätzen; zumindest eine Folge, die man stets beliebig verlängern kann, so dass der Gesprächspartner sie nicht von vorne bis hinten und gleichzeitig zu übersehen vermag.

Diskutiert man nun lange genug, kann man den Anschein erwecken, ein Satz wäre bereits bewiesen, obwohl das nicht zutrifft:

- sei es, dass es sich dabei um den Satz handelt, der eigentlich bewiesen werden soll (*petitio principii*),
- sei es, dass der Satz falsch ist (aber dass man dies nicht bemerkt).

In diesem Sinne zählt Aristoteles zu den Sophismen die Fälle, in denen man sehr schnell spricht, den Gegner mit einem Wortschwall überschüttet oder die natürliche Reihenfolge der Fragen durcheinanderbringt.

[34] • Die Sophismen der endlosen Vermehrung. Hier handelt es sich um das Spiel der Abfolge und der Permutation.

• Die Sophismen der Wiederholung. Es gibt Dinge, die bereits gesagt worden sind und die man nicht zu wiederholen braucht, da sie bereits gesagt worden sind.

So gibt es zu ein und demselben Thema eine Reihe von Sätzen, die bereits gesagt wurden. Indem man die Diskussion auf eines dieser Themen lenkt, kann man diese Reihe von Sätzen stets wiederholen, auch wenn sie das Gegenteil besagen.

Zum Beispiel: über die Voraussetzungen der Natur oder des Gesetzes.

• Die Sophismen der Grammatik. Der Diskurs besteht aus Elementen, die sich zum Teil auf die Dinge, aber auch auf den Diskurs selbst beziehen. Zwischen den Elementen des Diskurses bestehen (grammatische) Beziehungen, die nicht die Beziehungen zwischen den Dingen repräsentieren oder nicht damit isomorph sind. Es gibt grammatische Zwänge oder Freiheiten, die keine Entsprechung in den Dingen besitzen.

Etwa die Grammatik des Neutrums oder des Demonstrativpronomens.

[35] Wie man sieht, bewegt sich die Analyse der Sophismen bei Aristoteles vollständig auf der Ebene der Materialität des

Diskurses. Der Sophismus ist eine innerhalb dieser Materialität verbleibende Taktik. Man sieht aber auch, diese spezifische Materialität des Diskurses, die auf den ersten Blick als zahlenmäßige Ungleichheit der Worte und der Dinge erschien, als Knappheit der Namen, erscheint nun in mehreren Dimensionen:

– zunächst einmal geht es nicht allein um die Knappheit der Worte, sondern um die notwendige Abfolge und die möglichen Verschiebungen der Diskurselemente in ihrem wechselseitigen Verhältnis – der lineare Charakter des Diskurses;

– des Weiteren um die Tatsache, dass jede Aussage in einer unermesslichen und letztlich niemals ganz beherrschbaren Abfolge früherer Diskurse steht – der serielle Charakter;

– des Weiteren auch um die Tatsache, dass der Diskurs aus einer Reihe von Ereignissen (dem *Gesagten*)[36] besteht, die, einmal geäußert, nicht mehr verändert werden können. Gesagt ist gesagt. Du hast es gesagt, umso schlimmer für dich – der Ereignischarakter;

– und schließlich um die Tatsache, dass diese Materialität des Diskurses mit Kampf, mit Rivalität, mit der Situation des Wettstreits zwischen den Diskutierenden verbunden ist – der strategische Charakter.

[36] So kann man denn Syllogismus und Sophismus einander folgendermaßen gegenüberstellen:

1. Der Syllogismus ist durch Prämissen gekennzeichnet, die in dem Sinne »gesetzt« worden sind, dass man sie angenommen, zu Recht oder zu Unrecht als wahr anerkannt, also akzeptiert hat. Der Sophismus ist durch Sätze gekennzeichnet, die in dem Sinne gesetzt worden sind, dass sie tatsächlich gesagt wurden. Ob sie anerkannt wurden oder nicht, ob sie tatsächlich akzeptiert wurden oder nicht, spielt keine sonderliche Rolle. Sie sind gesagt worden.

2. Der Syllogismus bewegt sich vollständig zwischen zwei Grenzen: der Übereinstimmung hinsichtlich der Prämissen

und der notwendigen Wahrheit der Schlussfolgerung. Der Sophismus spielt mit grenzenlosen Folgen von Voraussetzungen.

3. Der Syllogismus gehorcht einem Zwang, nämlich dem des Begriffs, das heißt dessen, was die Namen bedeuten. Der Sophismus entfaltet sich als freie Taktik auf der Ebene der Worte, unabhängig von deren Bedeutung.

4. Der Syllogismus produziert einen Wahrheitseffekt (der durch das Einvernehmen der Gesprächspartner sanktioniert wird). Der Sophismus produziert einen Siegeseffekt (der durch die Tatsache sanktioniert wird, dass der Gesprächspartner nichts mehr sagen kann, ohne sich zu widersprechen).

Von daher wird verständlich,

α – dass der Sophismus ein Scheinschluss ist (und nicht bloß ein falscher Schluss).

Er steht im strengen Sinne außerhalb der Schlussformen, er ist gar kein Schluss. Die Operation des Schließens erfolgt auf der Ebene des Bezeichneten (der Begriffe); die Opera-
[37] tion des Sophismus erfolgt auf der Ebene der Materialität der Symbole; und was da auf der Ebene des Bezeichneten geschieht, ist nur der Schatten einer realen Operation (die sich auf der Ebene der Materialität der Symbole vollzieht).

Zweifellos müssen wir die Metapher ganz wörtlich nehmen, die sich am Anfang der *Widerlegungen* findet: »Wie [...] diejenigen, die mit den Rechensteinen nicht umzugehen wissen, von den Kundigen betrogen werden, ebenso machen auch bei den Begründungen die der Wortbedeutungen Unkundigen Fehlschlüsse« (165a14-15).[37]

Zweite Folge:

β – dass der Sophismus sich durch die Einführung des Unterschieds auflöst.

Tatsächlich erlaubt es der Unterschied einerseits, den Begriff zu konstruieren, die Idealität des Sinns zu beherrschen und zu organisieren, nach Gattungen und Arten zu trennen,

Substanzen und Akzidenzien, Subjekte und Attribute zu unterscheiden, kurz: ein ganzes Sinnuniversum, auf dessen Grundlage man wahre oder falsche Aussagen bilden kann. Aber der Unterschied wird auch zum Hindernis für die Identität des Gesagten, für die Verschiebung oder Konfusion der Diskurselemente, für die endlose Rhapsodie ihre Abfolge, indem er sie zerbricht oder kontrolliert.

In all den Kapiteln, in denen Aristoteles die Mittel aufzählt, mit deren Hilfe man den Sophismen entgehen kann, zeigt er die Rolle des Unterschieds auf. Immer wieder sagt er, man müsse unterscheiden.

[38] Denn indem man den Unterschied denkt,[38] vermag man die Materialität des Diskurses zu neutralisieren (und all die Identitäten, Konfusionen, Wiederholungen, die ihren Ursprung letztlich in der Knappheit haben). Indem man den Unterschied denkt, vermag man die Materialität des Diskurses hinter sich zu lassen, das an der Oberfläche verbleibende Schattenspiel der Scheinschlüsse zu zerstreuen, den Schluss auf der Grundlage des Begriffs und seiner idealen Notwendigkeit zu organisieren und den Diskurs transparent für diese Notwendigkeit (und dadurch auch indifferent gegenüber seiner eigenen Materialität) zu machen. Dann stünde der sich entfaltende λόγος [*logos*] im Einklang mit der begrifflichen Notwendigkeit.

Der Unterschied, durch den die materielle Realität des Diskurses verschwindet, ist die Voraussetzung der Apophantik als Feld der Wahrheit oder Falschheit von Sätzen.

[39] Die dritte Folge liegt darin, dass auf diese Weise deutlich wird, inwiefern und warum die Sophistik niemals die Ebene der Apophantik zu erreichen vermag. Der Sophismus ist in Wirklichkeit niemals eine Aussage. Apophantik kann es nur geben, wenn zunächst die Materialität des Diskurses neutralisiert und dann dieser Diskurs gemäß dem Bezugssystem dessen, wovon er spricht, behandelt wird. Es ist falsch, wenn man sagt, das Seiende sei nicht und das Nichtseiende sei (vgl. *Metaphysik*, III, 996b26-30).

Die Sophistik hält sich vielmehr stets auf dem Niveau einer gewissen »Hyletik« des Diskurses. Sie geht von realen Ereignissen (vom wirklich Gesagten) aus. Sie spielt mit materiellen Qualitäten oder Bestimmungen (mit der Identität der Laute, der Trennbarkeit von Worten, mit möglichen Permutationen von Wortgruppen). Und sie führt nicht zu einem wahren Satz, der von allen anerkannt werden muss, sondern zum Verstummen eines der beiden Partner, der nicht weiterreden kann und sich vom Spiel dieser Materialität ausgeschlossen sieht. Beim Sagen der Wahrheit geht es nicht darum, zwei Subjekte zu bewegen, dasselbe zu den-
[40] ken, sondern darum, die Dinge auf der Ebene, auf der sie gesagt wurden, zu verwandeln und eines der sprechenden Subjekte aus dem Diskurs auszuschließen.

Die Apophantik ist durch die Kontinuität des Verhältnisses zum Objekt definiert, die Sophistik durch den Ausschluss des Subjekts.

In der Apophantik ist die Materialität des Diskurses nur reduzierter und indifferenter Schatten. In der Sophistik ist der Schluss nur ein Schatten; aber nicht der Schattenrest, der Schatten, den man hinter sich lässt, sondern die Dunkelheit der Bühne; er ist der Doppelgänger und der Mime, hinter dem man sich versteckt. Und wenn Aristoteles sagt, der Sophismus sei nur ein Scheinschluss, wird nun deutlich, was er damit sagen will: Der Sophist tut nur so, als argumentierte er, aber in Wirklichkeit manipuliert er lediglich Worte. Er stellt sich auf die Bühne eines Schlusses, der im Verhältnis zur Materialität des Diskurses nur eine Komödie und ein Maskenspiel ist. Aristoteles weiß sehr wohl, dass diese Materialität des Diskurses nur ein Schatten ist, nur ein Residuum im Vergleich zur idealen Notwendigkeit der Apo-
[41] phantik. Mit der Folge, dass der Sophist in der Kulisse hinter seinem Schattentheater aus lauter Scheinschlüssen stets nur einen Schattendiskurs führt.

Von daher wird die große Spaltung verständlich, zu der es in der Geschichte der Logik kam:

– eine Logik des Begriffs und des Unterschieds, die den Eintritt in das Spiel der Materialität des Diskurses neutralisiert. Die Schwelle dieser Logik ist das Individuelle und das Begriffliche;
– eine Logik des Diskurses, die den Punkt zu bestimmen versucht, an dem sich auf der Grundlage der Materialität des Gesagten die Entstehung des Sinns und des Immateriellen vollzieht.
Die Schwelle dieser Logik liegt zwischen der Materialität des Diskurses und der Immaterialität des Sinns. Diese Episode in der Logik entfaltete sich von Megara[39] (und der Entdeckung des »Lügners« durch Eubulides) bis zu den Stoikern (und dem Unterschied zwischen φωνή [*phone*] und λεκτόν [*lekton*]).[40]

[42] Schließlich erkennt man auch, wie Aristoteles sich in die von Platon gezeichnete Linie einfügt, aber auch, welche Verschiebung er vornimmt. In *Der Sophist* ging es um eine Analyse der Beziehungen zwischen Simulation, dem Nichtsein und dem Sophisten. Der zentrale Punkt des Dialogs war der Beweis, dass das Nichtsein bedeutsam für den λόγος [*logos*] sein kann. Dort ging es um die Widerlegung des sophistischen Schlusses:
– Wenn eine Sache gesagt worden ist, existiert sie;
– und wenn sie existiert, ist sie wahr;
– deshalb können Nichtsein und Irrtum die Rede niemals berühren.
Worauf Platon den Fremden antworten lässt, es könne auch eine falsche Rede geben, das heißt eine Rede, die sagt, dass Nichtseiendes sei (dass der anwesende Theaitetos fliege)[41] oder dass Seiendes nicht sei – und das ist genau die Definition des Λόγος ἀπόφαντικός [*logos apophantikos*].[42] Und wenn es einen falschen Diskurs geben kann, dann kann es auch jemanden geben, der den falschen Diskurs für einen wahren Diskurs ausgibt.

[43] Es bedurfte der ganzen platonischen Großtheorie des Seins,

des Nichtseins und der Teilnahme, um den Sophisten möglich zu machen. Aber wie man sieht, wird der Sophist möglich durch die Existenz eines falschen Diskurses. Der falsche Diskurs wird möglich, weil man von Nichtseiendem – trotz Parmenides – nicht sagen kann, dass es sei. Unter diesen Umständen ist der Sophismus ebenso wenig ausgeschlossen wie jeder beliebige falsche Diskurs: etwas weniger sogar, handelt es sich doch um einen falschen Diskurs, der sich als wahrer Diskurs darzustellen vermag.

Der eigentliche Ausschluss des Sophismus erfolgt erst bei Aristoteles:

– als er den Sophismus nicht als falschen Schluss definiert, der mit dem Schein von Wahrheit auftritt, sondern als einen Scheinschluss, der daher weder wahr noch falsch ist;

– als er diesen Scheinschluss nicht auf eine Kunst der Täuschung zurückführt, sondern auf ein Spiel mit der Materialität des Diskurses;

– kurz, als er die Kühnheit aufbringt, das Gesagte in seiner Materialität zu einem irrealen Schatten zu machen, der der idealen Realität des λόγος [*logos*] nachgeht.

Anmerkungen

1 Zur Unterscheidung zwischen Wissen und Erkenntnis vgl. M. Foucault, *L'Archéologie du savoir*, Paris 1969; dt.: *Archäologie des Wissens*, Frankfurt am Main 1973, 6. Kapitel.

2 Aubenque legt im Gefolge von Dupréel der sophistischen Argumentation – der sophistischen Widerlegung – entscheidende Bedeutung für das Verständnis der Logik und der Ontologie des Aristoteles bei. Foucault scheint ihm im ersten Teil seiner Argumentation darin zu folgen; vgl. P. Aubenque, *Le Problème de l'Être chez Aristote*, Paris 1962, 2. Kap., »Être et langage«.

3 Aristoteles, *Metaphysik*, IV, 2, 1004b27; zit. nach ders., *Philosophische Schriften in sechs Bänden*, Hamburg 1995, Bd. 5, S. 65.

4 Ebd., I, 3, 984a18-20, S. 10.

5 Ebd., I, 3, 984b7-11, S. 11.

6 Ebd., II, 1, 993b26-32, S. 36f.

7 Ebd., I, 2, 983a13, S. 7: »Denn es beginnen, wie gesagt, alle mit der Verwunderung darüber, ob es sich etwa wirklich so verhält ...«

8 Ebd., I, 2, 982b19-22, S. 6.

9 Ebd., I, 4, 985a14-16, S. 13.

10 Ebd., II, 1, 993b3-5, S. 35.

11 Für Hippias (I, 10) oder Antiphon (I, 6) repräsentierte Nestor die Weisheit und Odysseus die List. Beide sollen in Troja Abhandlungen über die Redekunst verfasst haben; vgl. *Grammatici Graeci*, hg. von R. Schneider, G. Uhlig und A. Hilgard, Leipzig 1878-1910, Reprint Hildesheim 1965.

12 θεῖος ἀνήρ [*theios aner*] – wie der Dichter, der die Pläne des Zeus enthüllt (*Werke und Tage,* 293 f.). Foucault zitiert hier M. Detienne, *Crise agraire et attitude religieuse chez Hésiode*, Brüssel-Berchem 1963, S. 42-51. Notiz auf einer Karteikarte von M. F.: Ἀλήθεια [*Aletheia*] in Hesiods Dichtung. Diese Analysen griff M. Detienne wieder auf in *Les Maîtres de vérité dans la Grèce archaïque*, Paris 1967, S. 25. Siehe auch L. Bieler, *Theios Anêr. Das Bild des »göttlichen Menschen« in Spätantike und Frühchristentum*, 2 Bde., Wien 1935-1936; Reprint Darmstadt 1956, 1976[2].

13 Der privative Ausdruck ἀ-λήθεια [*a-letheia*] als Dekonstruktion des traditionellen Begriffs der Wahrheit als *adaequatio* steht in dieser Vorlesung ständig im Blickfeld und wird am Ende einer regionalen Genealogie zugeordnet. Der Gegensatz zwischen »*Aletheia*« und »*Lethe*« stammt direkt aus M. Detienne, *Les Maîtres de vérité dans la Grèce archaïque*, a. a. O., S. 51 ff. – einem Werk, das M. Foucault intensiv durchgearbeitet und mit zahlreichen Anmerkungen versehen hatte. Er bot Foucault die Möglichkeit, Heidegger kritisch zu umgehen.

14 Aristoteles, *Metaphysik*, I, 7, 988b13-14, a. a. O., S. 22.

15 Ebd., I, 10, 993a14-15, S. 34.

16 W. Jaeger, *Aristoteles. Grundlegung einer Geschichte seiner Entwicklung*, Berlin 1923, S. 1: »Aristoteles ist der erste Denker, der zugleich mit seiner Philosophie seine geschichtliche Selbstauffassung begründet [...] hat.«

17 W. und M. Kneale, *The Development of Logic*, Oxford 1962, S. 13: *De sophisticis elenchis* gilt allgemein als eines der ersten logischen Werke des Aristoteles.

18 H.-I. Marrou, *Histoire de l'éducation dans l'Antiquité*, Paris 1948.

19 Die *Sophistischen Widerlegungen* (*De sophisticis elenchis*) waren das bei den mittelalterlichen Logikern einflussreichste formallogische Werk des Aristoteles. Vgl. W. und M. Kneale, *The Development of Logic*, a. a. O., S. 227. Eugenio Garin schreibt in *Geschichte und Dokumente der abendländischen Pädagogik*, 3 Bde., Reinbek bei Hamburg 1964-1967, Bd. 1, S. 19: »Später, nach 1150, wird Aristoteles mit dem Organon, mit der Physik und der Metaphysik das Gesicht der Pariser Schulen entschei-

dend bestimmen [...], die nun schon seit langem die allzu engen Grenzen der Bischofsschule gesprengt hatten.«

20 Abwandlungen innerhalb der Sophismen des »Lügner-Paradoxons«. Vgl. W. und M. Kneale, *The Development of Logic*, a. a. O., S. 228 f.

21 Siger von Courtrai charakterisierte die Grammatik durch die Bezeichnungsfunktion der Ausdrücke, »*ex parte vocis*«, und die Logik »*per relationem ad res*«, durch ihre Beziehung zu den Dingen. Deshalb hat der Philosoph Vorrang vor dem Grammatiker, da er das Wesen der Dinge betrachtet. Nach Ch. Thurot, *Notices et extraits de divers manuscrits latins pour servir l'histoire des doctrines grammaticales aus Moyen Âge* (1868), Frankfurt am Main 1967, S. 128.

22 Die Disputationen waren Übungen in der geschickten Anwendung der Logik, die mehr als 300 Jahre lang zur Praxis der Universitäten gehörten.

23 Wiederabdruck in C. S. Peirce, *Collected Papers*, 8 Bde., Cambridge 1931-1958, Bd. 3.

24 Aristoteles, *Organon VI, Sophistische Widerlegungen*, zit. n. ders, *Philosophische Schriften in sechs Bänden*, a. a. O., Bd. 2, S. 43.

25 Ebd., 164a23-25, S. 1.

26 Ebd., 165a21-22, S. 2.

27 Ebd., 165a22-24, S. 2.

28 Siehe oben S. 37, 41, Anm. 24, und S. 59. Verweis auf Platon, *Euthydemos*, 275d-277e, das Rededuell zwischen zwei Sophisten und Kleinias.

29 Aristoteles, *Sophistische Widerlegungen*, 165a4-13, a. a. O., S. 1 f.

30 Aristoteles, *Lehre vom Schluss (Erste Analytik)*, I, 24b18, zit. nach ders., *Philosophische Werke in sechs Bänden*, a. a. O., Bd. 1, S. 2.

31 Vgl. ebd., I, 25b40 – 26a1-2; S. 5 f.

32 Lalande (*Vocabulaire philosophique*, Bd. 1, S. 42) weist darauf hin, dass sich im Griechischen und Lateinischen besonders viele Beispiele für Amphibolien oder Amphibologien finden, bei denen die Reihenfolge der Worte nicht mit Sicherheit anzeigt, was Subjekt und was Attribut ist.

33 »Ich denke, dass die Dinge sich nicht nur durch die Hinzufügung einer anderen Sache verändern, sondern auch durch Unterschiede in der Betonung« (Hippias, zit. nach E. Dupréel, *Les Sophistes*, Neuchâtel 1948, S. 14.)

34 Aristoteles, *Sophistische Widerlegungen*, 165a5, a. a. O., S. 2.

35 Die Farbe ist hier kein Wesensmerkmal, sondern eine akzidentielle Eigenschaft des Menschen. Das verweist auf die Debatte zwischen Platonikern und Peripatetikern; vgl. Aristoteles, *Metaphysik*, X, 9, 1058b10-12.

36 Vgl. Cl. Ramnoux, *Héraclite, ou l'Homme entre les choses et les mots*, Paris 1959; insbes. die rituellen Formeln, die heiligen Darstellungen im

Gegensatz zu den gezeigten Dingen. Foucault bezeichnet so – »das Gesagte« (»die gesagten Dinge«) – den Gegenstand der *Archäologie des Wissens* in deren erster, in der Manuskriptsammlung der Bibliothèque Nationale hinterlegter Fassung.

37 Aristoteles, *Sophistische Widerlegungen*, 165a14-15, a. a. O., S. 2.

38 G. Deleuze hatte in *Différence et Repétition*, Paris 1968; dt.: *Differenz und Wiederholung*, München 1992, die Differenz in der Metaphysik des Aristoteles (dt. insb. S. 45-52) und allgemeiner noch in der Philosophie analysiert. Vgl. M. Foucault, »Theatrum philosophicum« (1970), in *Dits et Écrits, 1954-1988*, hg. von D. Defert und F. Ewald, 4 Bde., Paris 1994, Bd. 2, Nr. 80, dt.: »Theatrum philosophicum«, in ders., *Dits et Écrits. Schriften*, 4 Bde., Frankfurt am Main 2001-2005, Bd. 2, Nr. 80, S. 93-122.

39 Die von Euklid, einem Schüler des Sokrates, gegründete Schule von Megara gilt als eines der ersten Zentren zur Erforschung der Logik auf der Grundlage der Umgangssprache. Die Megariter waren die ersten Fachleute für Egaristik. Euklids Nachfolger Eubulides soll das »Paradoxon des Lügners« als eine der Trennungslinien zwischen wahr und falsch formuliert haben.

40 Außer einer Theorie der Stimme im Unterschied zum gesprochenen Wort unterschieden die Stoiker zwischen dem – körperlosen – Bezeichneten (*lekton*) und dem – körperlichen – Bezeichnenden (*phone*), dem sprachlichen Ausdruck und dem ausgedrückten Objekt. Vgl. Sextus Empiricus, *Adversus mathematicos*, VII, 55-63. Vgl. auch Diogenes Laertius, *Leben und Meinungen berühmter Philosophen*, 2 Bde., übers. von O. Apelt, Hamburg 2008, Bd. 2, S. 28-32.

41 Platon, *Der Sophist*, 263a (»Der Theaitetos, mit dem ich jetzt rede, fliegt«), zit. nach Platon, *Sämmtliche Werke*, 3 Bde., Köln 1967, Bd. 2, S. 731; sowie ebd., 240e-241a, S. 699: »Und dies beides ist, glaube ich, auf gleiche Weise für eine falsche Rede zu halten, welche sagt, das Seiende sei nicht, und welche sagt, das Nichtseiende sei.«

42 Λόγος ἀπόφαντικός [*logos apophantikos*] oder Aussage, in Aristoteles, *Organon II (Lehre vom Satz)*, 4, 17a2 f.; dt. zit. nach ders., *Philosophische Schriften in sechs Bänden*, a. a. O., S. 3 f.): »Dagegen sagt nicht jede [Rede] etwas aus [ἀπόφαντικός [*apophantikos*], sondern nur die, in der es Wahrheit oder Irrtum gibt.« Vgl. ders., *Metaphysik*, IV, 7, 1012a, a. a. O., S. 87: »Es scheint nun die Lehre des Herakleitos, welche alles sein und auch nicht sein läßt, alles für wahr zu erklären, die des Anaxagoras dagegen etwas Mittleres zwischen den Gliedern des Widerspruchs zu setzen, so daß alles falsch wird«; sowie *Metaphysik* IX, 10, 1051b3.

Vorlesung 4
(Sitzung vom 13. Januar 1971)

*Der Sophismus und der wahre Diskurs.** – Zur Geschichte des apophantischen Diskurses. – Logische Manipulation gegen sophistische Manipulation. – Materialität der Aussage, Materialität des Satzes. Roussel, Brisset, Wolfson, heutige Sophisten. – Platon schließt die Person des Sophisten aus, Aristoteles die Technik des Sophismus. – Der Sophismus und das Verhältnis des Diskurses zum sprechenden Subjekt.

[1] Beim letzten Mal haben wir gesehen, wie Aristoteles den Sophismus im Verhältnis zur Philosophie aus dem Spiel ausschied; wie er einen philosophischen Diskurs schuf, der mit vollem Recht im Element der Wahrheit war; und inwiefern die sophistische Praxis im Verhältnis zu diesem Diskurs nur Äußerlichkeit und Irrealität war. Ein Schatten.

Nun gibt es bei den Historikern, die sich mit den Sophisten befassen,** eine Tendenz, diese Verbannung zu relativieren, die Distanz zu verringern und dem sophistischen Diskurs
[2] innerhalb des philosophischen Diskurses wieder Realität zu verleihen (Grote, Gomperz für das 19. Jahrhundert; Dupréel).[1] Als könnten die Sophisten ihre Ernsthaftigkeit und Realität nur aus diesem philosophischen Diskurs beziehen – was darauf hinausläuft, den aristotelischen Ausschluss letztlich und implizit nachzuvollziehen, und zwar in der Form: »Die Sophisten haben sich nicht dessen schuldig gemacht, was man ihnen vorwirft. Wenn das zuträfe, wenn sie wirklich gesagt und getan hätten, was man ihnen vorwirft, beließen wir sie natürlich in der bloßen Scheinhaftigkeit, in der man sie gehalten hat. Aber in gewisser Weise sind auch sie Philosophen, auch ihnen geht es in gewisser Weise um den wahren Diskurs, um den Diskurs, der das Seiende sagt und der im Seienden ist. Sie sind also keine bloßen Schatten, die

* Titel des Manuskripts der Vorlesung.
** Im Manuskript ist »Sophistes« mit großem Anfangsbuchstaben geschrieben.

leblos und körperlos jenseits der Grenzen der Philosophie umherstreifen. Sie haben in der Philosophie ihren Ort, ihren Platz, und mithin auch ihre Realität.«

[3] Ich möchte versuchen, eine andere Analyse vorzunehmen, die sich nicht darum bemüht, die Distanz zwischen Sophistik und Philosophie zu verringern und die Sophisten durch die Hintertür der geschichtlichen Neubewertung wieder einzuführen, sondern die beobachtete Distanz und den Ausschluss, den Aristoteles, seine Zeitgenossen und seine Nachfolger verfügt haben, beizubehalten.

Und statt eine Art gemeinsamen Raum zu schaffen, in dem die Begriffe und Probleme der Sophisten mit denen der Philosophen zusammenträfen, möchte ich versuchen, von außen her zu analysieren, was der Diskurs der Sophisten innerhalb einer Gesellschaft wie der griechischen in seiner Existenz- und Funktionsweise gewesen sein mag. Unter welchen Bedingungen solch ein Diskurs existieren und verschwinden konnte. Diese Frage wird uns zu einer ganz anderen Art von Analyse führen – keine geschichtsphilosophischen Analysen mehr, keine Methoden, die bis heute
[4] dazu dienen, die Ausschlussverfahren und die von ihnen hinterlassene Lücke zu erkennen.

In der heutigen Vorlesung möchte ich jedoch auf der Ebene dieses Ausschlusses bleiben. Ich möchte aus der Sicht der Philosophie den Gegensatz betrachten, der in ihren Augen zwischen dem wahren oder falschen Schluss und der Scheinargumentation besteht. Ich möchte zeigen, wie man innerhalb der Philosophie zumindest undeutlich ein gewisses Äußeres zu erkennen vermag, dessen Symbol und dessen bedrohlichster, hartnäckigster und hämischster Bewohner der Sophist ist.

Wie geht Aristoteles bei diesem Ausschluss vor?

Er definiert die Sophistik als eine φαινομένη φιλοσοφία ἀλλ'οὐκ οὖσα [*phainomene philosophia all'ouk ousa*] – eine Philosophie, die kein Sein hat. Aber wie kann sie nicht sein und dennoch scheinen?

Weil es Schlüsse gibt, die keine Schlüsse sind, sondern
[5] Scheinschlüsse. Das Nichtsein dieser Nichtphilosophie hat seinen Daseinsgrund im Nichtsein des Scheinschlusses.

Die *Sophistischen Widerlegungen* führen uns durch eine Vielzahl gänzlich heterogener Schlussformen, Argumentationen, Schwierigkeiten und Fallstricke. So sind es die Wissenden, die lernen, weil die Grammatiker lernen, was ihre Schüler aufsagen.

»Du wünschst mir das Ergreifen des Feindes. Das heißt, du wünschst, dass der Feind von mir ergriffen wird, aber du wünschst auch, dass der Feind mich ergreift.«

Oder auch: »Ist, was zu Athen gehört, Eigentum Athens? Ja. [...] Nun gehört aber der Mensch zu den Sinnenwesen [zum Tierreich]? Ja. Mithin ist der Mensch Eigentum der Sinnenwesen« [17, 176b].

Oder auch: Coriscus[2] ist ein anderer als Sokrates; nun ist aber Sokrates ein Mensch, also ist Coriscus etwas anderes als ein Mensch.

Oder auch: »Man fragt, ob man verloren hat, was man hatte und hernach nicht mehr hat. Denn wer nur einen Würfel verloren hat, wird keine zehn mehr haben« [22, 178a].

Oder auch: Man stellt eine Frage, ohne zu sagen, warum oder in welchem Zusammenhang man sie stellt. Man stellt sehr viele Fragen, bis der Gegner nicht mehr weiß, woran er ist, oder man spricht sehr schnell.

Oder auch: Man benutzt bestimmte grammatische Formen wie das Neutrum (dies) zur Bezeichnung eines Menschen.

[6] Oder auch: Man führt die Diskussion bis an einen Punkt, an dem man eine fertige, im Voraus bereitliegende Argumentation verwenden kann.

Oder auch: Wenn der Gesprächspartner eine von Philosophen, Gelehrten oder sonstigen stammende These vertritt, hält man ihm die volkstümliche These – was οἱ πολλοί [*hoi polloi*] sagen – entgegen und umgekehrt.

Diese recht kindischen Spitzfindigkeiten ordnet Aristoteles zumindest in einem ersten Schritt nicht nach ihrer Form, sondern nach ihrem Ergebnis. Denn gerade weil sie Scheinschlüsse sind, also Schlüsse, die keine andere Realität haben als ihren Schein, besitzen sie kein anderes Prinzip als die Wirkung, die sie erzielen, als den Anschein, den sie erwecken sollen.

Daher die fünfgliedrige Klassifikation, die Aristoteles vorschlägt:

– die Sophismen, die den Anschein erwecken, etwas zu widerlegen, das heißt, das Gegenteil von dem zu beweisen, was der Gesprächspartner vorgebracht hat;

– die Sophismen, die den Anschein erwecken, den Irrtum des Gegners sichtbar zu machen (zum Beispiel zu beweisen, dass eine seiner Prämissen falsch ist) (Irrtum);

– die Sophismen, die den Anschein erwecken, sie zeigten, dass der Gegner eine absonderliche These vertritt, die niemand vernünftigerweise vertritt (Paradoxon);

[7] – die Sophismen, die glauben machen, der Gesprächspartner kenne sich nicht mit der Grammatik aus und begehe sprachliche Fehler;

– die Sophismen schließlich, die glauben machen, der Gegner rede nur daher und reihe nur endlos Wörter aneinander.

Für jede dieser umfassenden Rubriken gibt Aristoteles an, welche der zugehörigen Sophismen am häufigsten benutzt werden, um ein bestimmtes Ergebnis zu erzielen (zum Beispiel die Homonymie zur Erzielung einer Scheinwiderlegung; den Einsatz der Rede allein zur Produktion eines Paradoxons; die Nutzung grammatischer Besonderheiten für sprachliche Fehler).

Wenn wir uns aber fragen, was denn all diese Verfahren gemeinsam haben könnten, die Wortspiele in die Form von Schlüssen bringen oder Diskussionen durch ein Vorgehen verwirren, das wir nur als »unredlich« empfinden können, so ist unschwer zu erkennen, dass es sich dabei um eine materielle Manipulation der Diskurselemente handelt.

* * *

[8] Man hat versucht, diese Manipulationen auch unabhängig von der aristotelischen Klassifikation zu ermitteln und zu klassifizieren:

– solche, bei denen man ein und dasselbe Wort in seiner materiellen Identität wiederholt oder wiederholen lässt, obwohl es nicht dieselbe Bedeutung besitzt (wobei man im Bedarfsfall Mehrdeutigkeiten der Schreibweise nutzt, die bis zum 3. Jahrhundert noch keine Akzente kannte);

– solche, bei denen man die lineare Folge der Worte, aus denen der Diskurs besteht, auflöst, umbaut oder endlos verlängert;

– solche, bei denen man bereits bestehende Folgen aufgreift oder ins Spiel bringt, die man nur Wort für Wort zu wiederholen braucht;

– solche, bei denen man gewisse grammatische Besonderheiten ausnutzt.

[9] Worin besteht nun eigentlich der Unterschied zwischen diesen von Aristoteles und der Philosophie als illegitim eingestuften Manipulationen und jenen Verfahren, die beim wahren Schließen eingesetzt werden?

A – Erste Gruppe von Unterschieden bezüglich der Manipulation selbst und ihrer Regeln.

– Schließlich umfasst jeder (aus der Sicht des Aristoteles) legitime Schluss Manipulationen, die nicht so weit entfernt sind von den in der sophistischen Praxis zu findenden: jedes A ist B, oder jedes B ist C, also ist jedes A C.

Man zerlegt die beiden ersten Aussagen und ersetzt den Schluss der ersten Aussage durch den der zweiten. Doch eine Manipulation setzt stets zwei Dinge voraus:

– zunächst eine Definition der Einheiten, aus denen der Diskurs besteht, und ihrer Zusammensetzung. Subjekt, Prädikat, Satz;

– sodann Regeln für die wechselseitige Ersetzung der Subjekte, Prädikate und Sätze. Also Kategorien, Äquivalenzen, Unterordnungen.

Kurz, eine ganze Grammatik im weitesten Sinne: eine Theorie der Elemente, ihrer Kombination und Substitution.

[10] Der Sophismus stützt sich jedoch nicht auf die elementare Struktur des Satzes, sondern auf die Existenz einer Aussage;[3] auf die Tatsache, dass Worte ausgesprochen worden sind und nun da bleiben, mitten im Diskurs, wie etwas, das produziert worden ist und nun von den Gesprächspartnern nach Belieben wiederholt und neu kombiniert werden kann. Es ist gesagt, es ist gesagt: nicht als eine ideale, reguläre Form, die gewisse Arten von Inhalten aufzunehmen vermag, sondern eher wie eine Trophäe, die die Krieger nach der Schlacht in ihre Mitte, εἰς μέσον [*eis meson*], legen und nun verteilen wollen, nicht ohne Streit und Widerspruch.[4]

Was bedeutet es, dass der Ausgangspunkt des Sophismus εἰς μέσον [*eis meson*], in die Mitte, gesetzt wird, dass sein Gemeinschaftscharakter hinsichtlich der Gesprächspartner sich nicht seiner allgemeinen Form verdankt, sondern seiner Stellung an diesem Ort, in diesem Augenblick, in dieser Mitte?

a – Es bedeutet, dass er als ein Ereignis produziert worden ist, das heißt, dass er sich ein für alle Mal ereignete, dass er als ein Ereignis bestehen bleibt.

Auch wenn die verschiedenen Teile dieses Ereignisses im Blick auf die Form des Satzes keineswegs äquivalent sind, so sind sie doch [unter dem Blickwinkel] des Ereignisses homogen.

[11] In der Aussage »5 ist 2+3« sind 5, 2 und 3 Ereignisse, die sich in derselben Weise ereignet haben. Folglich kann 2+3 nicht als unauflösbar angesehen werden.[5]

Das Ereignis lässt sich in beliebig viele untereinander homogene Teile zerlegen. Es kann keine Theorie der Zuschreibungsarten, keine Regeln für die wechselseitige Substitution der Elemente geben. Die einzigen Unterschiede, die eine Rolle spielen, sind solche

– des Innen und Außen bezüglich des Spiels;
– der Erinnerung oder des Vergessens.

Zugehörigkeit zu einer bestimmten Aktualität, definiert durch die gespeicherten Äußerungen und die Erinnerung: keine unveränderlichen formalen Unterschiede, sondern die fließenden Grenzen des Aktualitätsfeldes.

b – Dass die Aussage εἰς μέσον [*eis meson*] gesetzt wird, bedeutet etwas anderes. Für einen sophistischen Schluss reicht es nicht aus, die Tatsache in den Blick zu nehmen, dass etwas gesagt worden ist, sondern dass es von jemandem gesagt worden ist. Aber das müssen wir uns genauer ansehen.

Wenn eine Aussage einem sprechenden Subjekt zugeschrieben wird, so bezieht sich das nicht auf die von ihm beabsichtigte Bedeutung, seine Bedeutungsabsicht oder seinen Gedanken. Wenn er das Verb μανθάνειν [*manthanein*] benutzt, spielt es kaum eine Rolle, dass er »lernen« sagen wollte.[6]
[12] Diese Intention legt den Gebrauch des Wortes in der Diskussion noch nicht fest, aber radikaler noch, die sophistische Seite, die im Spiel ist, erlaubt es dem sprechenden Subjekt nicht, sich auf (grammatische oder logische) Regeln hinsichtlich des Gebrauchs der Worte zu beziehen, die alle Gesprächspartner akzeptiert hätten. Es gibt keinen Rückgriff auf eine »metasprachliche Schlichtungsebene«. Jedes Subjekt ist durch ein Verhältnis unmittelbarer und mittelbarer Zugehörigkeit an das Gesagte gebunden, entweder weil es dies selbst gesagt oder weil es dem Gesagten zugestimmt hat.

Das sprechende Subjekt ist der Aussage verpflichtet, nicht den Regeln und intendierten Bedeutungen. Und wenn das Subjekt seine Behauptung bis zum Schluss durchhalten kann, gehört sie ihm. Es kann sie in Besitz nehmen und hat gewonnen. Wenn es sie nicht aufrechterhalten kann, verliert es sie und hat verloren. Da spielt es kaum eine Rolle, ob die Aussage wahr oder falsch ist. Es ist gescheitert und deshalb gezwungen, mit seinem Satz zu brechen und auf die Aneignung oder Zuschreibung zu verzichten, womit er dann ausgeschlossen ist.

[13] Sophismen werden nicht bewiesen, sie gewinnen oder verlieren.

Während die legitime logische Manipulation nach Aristoteles ein System gemeinsamer, unveränderlicher, anonymer Regeln voraussetzt, in dessen Rahmen die Einzelnen sich bewegen, um ihre Aussagen zu produzieren und einen als neu und wahr anerkannten Satz festzulegen, bewegt sich der Sophismus auf einer Ebene, auf der ein aus einem bestimmten Erinnerungsfeld entnommenes Diskursereignis einem bestimmten Individuum zugeordnet werden kann, unabhängig von der intendierten Bedeutung oder den formalen Regeln, die bei seiner Formulierung Pate standen.

Jenseits der scheinbaren Anarchie, Unredlichkeit und Naivität des Sophismus spielt die wechselseitige Position des sprechenden Subjekts und des Diskurses eine wesentliche Rolle (Ereignis, Erinnerung, Zuschreibung, Festalten oder Verzicht).

Der geordnete, redliche und erwachsene Charakter des wahren Schlusses impliziert ein bestimmtes, wenn auch sehr allgemeines Verhältnis zwischen den Regeln, dem Subjekt, der gemachten Aussage und der intendierten Bedeutung. Dieses Verhältnis neutralisiert den Ereignischarakter der Aussage.

[14] Ein Verhältnis zwischen Subjekt und Aussage dagegen, das um das Ereignis organisiert ist, um dessen Fortdauer und Wiederholung, um dessen festgehaltene Identität (ohne interne Differenzierungsregel), um dessen Zuschreibbarkeit (gemäß einer Form, die sowohl dem Eigentum als auch dem Delikt nahekommt) – dieses ganze Verhältnis, das den Sophismus, die Philosophie (und die Wissenschaft) kennzeichnet, schließt der philosophische oder wissenschaftliche Diskurs als ungeordnet, moralisch unredlich und psychologisch unreif aus. Logik, Moral und Psychologie wachen über den Ausschluss der betrügerischen und anarchischen Infantilismen des Sophismus.

Der Sophismus ist im strengen Sinne pervers. Die sprechenden Subjekte haben darin ein ungehöriges Verhältnis zum

Körper, zur Materialität ihres Diskurses, ein Verhältnis, das die Ordnung der Erwachsenenmoral missbilligt. Die wahren Sophisten sind heute wahrscheinlich nicht die Logiker, sondern Roussel, Brisset, Wolfson.[7]

[15] B – Zweite Gruppe von Unterschieden im Blick auf die Wirkung, die diese Manipulationen auf die Wahrheit haben. Diesmal betrachte ich zuerst den Sophismus und gehe danach zu den legitimen Schlüssen über.

1. In der Sophistik ist oft von Wahrheit und Widerspruch die Rede:

– wenn ein Satz von einem Gesprächspartner behauptet oder eingeräumt wird, wird er als wahr behauptet; und

– wenn der Gesprächspartner, der eine Aussage formuliert hat, später eine ganz andere Aussagte trifft, sagt man ihm: Halt! Du widersprichst dir.

Ein Beispiel für die Wahrheit: Was du nicht verloren hast, das hast du noch; nun hast du aber keine Hörner verloren, also hast du Hörner.

Ein Beispiel für den Widerspruch, die *Elektra*.[8]

[16] a – Sieht man jedoch genauer hin, erkennt man, dass die aufgestellte oder konzedierte Behauptung gar nicht grundlegend die Wahrheit des Satzes betrifft, sondern den Willen des sprechenden Subjekts, an dem festzuhalten, was es sagt. Die Behauptung gleicht eher einem Schwur als einer Feststellung. Die Erklärung bringt keine Tatsache zum Ausdruck, stellt keine Verbindung zwischen einer Aussage und einer gegenüber dieser Aussage äußeren Realität her, durch die sie verifiziert werden könnte. Sie bindet den Sprecher an das, was er sagt. Es geht darin eher um Treue als um Realität. Für wahr halten heißt im Sophismus sich an das Gesagte halten. Daher die wichtige Tatsache, dass der Sophismus eine bizarre, partielle, begrenzte, brüchige und hinkende Ontologie mit sich bringt.

Das einzige Ding, das der Sophist manipuliert, das einzige Sein, an das er sich wendet, ist das des Gesagten: das der

Aussage in ihrer materiellen Realität. Eine paradoxe Materialität, denn sie umfasst sowohl die Laute als auch die Buchstaben und mithin eine Seltenheit wie die der Dinge; deren lineare und serielle Abfolge und [dennoch] deren Fortbestand.

[17] Wenn aber die Worte inmitten aller anderen Dinge ihre eigene materielle Realität besitzen, können sie unmöglich mit diesen anderen Dingen kommunizieren. Sie können sie nicht bezeichnen oder spiegeln oder zum Ausdruck bringen. Es gibt keine Ähnlichkeit zwischen den Worten und jenen Dingen, von denen sie angeblich sprechen. Ebenso wenig können sie von diesen Dingen angestoßen oder provoziert werden.

Aber da sie die Dinge nicht bezeichnen, kann man über den Diskurs auch keinen Zugang zu den Dingen erlangen. Der Diskurs ist getrennt von dem, worüber er spricht, und zwar schon deshalb, weil er selbst ein Ding ist wie das, wovon er spricht. Die Identität des Dingcharakters sorgt für den Bruch des Bezeichnungsverhältnisses.

Aber wenn der Diskurs keinen Zugang zu den Dingen bietet, wovon sprechen dann die Worte? Worauf verweisen sie? Auf nichts. Wenn man von Seiendem zu sprechen glaubt, spricht man über nichts.

Wenn man aber sagt, das Seiende sei nicht, benutzt man Worte. Und was man sagt, die Tatsache, dass man es sagt, all das existiert. Durch das Sprechen bewirkt man, dass das Seiende existiert. Und ebenso bewirkt man, dass das Nichtseiende existiert, denn man sagt »Nichtseiendes«. Zugleich bewirkt man jedoch auch, dass das Nichtseiende nicht ist, denn die Worte, die man benutzt, [verweisen] auf nichts,
[18] und insbesondere »Nichtseiendes« verweist auf nichts, ebenso wie das Sein, das man ihm zuschreibt oder verwehrt.

So sehen wir, wie sich um die sophistische Praxis jene vorsokratische Ontologie gruppiert, die von den Eleaten ausgearbeitet worden war[9] und von der in *Der Sophist* die Rede ist, als Platon versucht, des Sophisten Herr zu werden.

Dazu muss er diese Ontologie beherrschen. Doch die Paradoxien, die man bei den Sophisten findet, sind kein bloßes Spiel mit Zuschreibungen; sie zeugen nicht vom komplizierten Verhältnis zwischen dem Sein und der Seinsaussage. Sie begründen unter Ausschluss alles anderen das Verhältnis zwischen dem ausgesagten Ereignis und dem, der es sagt. Das ist nicht die für die Wahrheit von Sätzen notwendige Ontologie mit all ihren Schwierigkeiten, es ist die ständig aufgelöste und wieder von vorn begonnene Ontologie, die es ermöglicht, eine Aussage einem Subjekt zuzuordnen.
Der scheinbare Wahrheitseffekt, der sich im Sophismus einstellt, ist in Wirklichkeit eine quasijuristische Verbindung zwischen einem Diskursereignis und einem sprechenden Subjekt. Daher die Tatsache, dass man bei den Sophisten beide Thesen findet: Alles ist wahr (sobald du etwas sagst, ist etwas). Nichts ist wahr (du magst noch so viele Worte benutzen, sie sagen niemals das Sein).

[19] b – Dasselbe könnte man auch über den Widerspruch sagen. Scheinbar bedient sich der Sophismus des Widerspruchs, um die Ungültigkeit einer Aussage aufzuzeigen. Bei genauerem Hinsehen wird aber deutlich, dass es sich hier um etwas ganz anderes handelt. Sich im sophistischen Spiel nicht zu widersprechen heißt dasselbe sagen. Substanziell und identisch dasselbe. Sich zu widersprechen heißt einfach etwas anderes sagen, nicht dasselbe sagen. Wie man leicht sieht, kann man in einer Philosophie des Bezeichneten und des Unterschieds sehr wohl erst eines und dann etwas anderes sagen, ohne sich zu widersprechen. In der Sophistik dagegen, in der nur das ist, was gesagt worden ist, gibt es nur zwei Möglichkeiten: Entweder sagt man dasselbe, oder man sagt nicht dasselbe (man hält am Gesagten fest oder hält nicht daran fest – was im Widerspruch zueinander steht).
So wird auch verständlich, warum die Sophistik, die als Ontologie nur das Wechselspiel zwischen Sein und Nichtsein kannte, als Logik nur den Gegensatz zwischen demselben und dem anderen kennt. Deshalb verwendet sie all diese

Paradoxien des vorsokratischen Denkens, verlegt sie aber allein auf die Ebene des Diskurses.

[20] Der Sophismus spielt zwar mit bekannten Gegensätzen wie Sein/Nichtsein, widersprüchlich/nichtwidersprüchlich, wahr/falsch, aber wir müssen uns klarmachen, wie dieses Spiel funktioniert:

– wahr/falsch funktioniert als Äquivalent für: zugegeben/nicht zugegeben;

– Sein/Nichtsein funktioniert als Äquivalent für: gesagt/nicht gesagt,

– nichtwidersprüchlich/widersprüchlich als Äquivalent für: abgelehnt/nicht abgelehnt.

Wie man sieht, bewegen sich all diese Gegensätze auf der Ebene der Existenz des Diskurses als Ereignisse in einem Spiel. In einem Spiel, das im fundamentalen Gegensatz zwischen Sieger und Besiegtem kulminiert. Sieger ist derjenige, der sich auf der linken Seite des Gegensatzes hält: der auf identische Weise wiederholt, was (wirklich) gesagt worden ist und was er eingeräumt hat, so dass man es ihm in der Folge zuschreiben kann.

Der Sophismus ist eine perverse Manipulation, die ein Herrschaftsverhältnis herzustellen versucht.

Polemisches Anagramm.

Ein so grausamer Diskurs.

Spiele des Begehrens und der Macht.

[21] 2. Apophantischer Diskurs.

Er hat Bezug zum Sein – nicht auf der Ebene, auf der er sich befindet, auf der er Ereignis ist, auf der er sich ereignet, sondern auf der Ebene dessen, was er sagt. Er ist ein apophantischer Diskurs, weil er Seiendes oder Nichtseiendes sagt.

Sodann ist er apophantisch, weil er (wegen seiner Nichtähnlichkeit mit den Dingen) weder von der Wahrheit ausgeschlossen noch (aufgrund der Dinghaftigkeit) in sie eingeschlossen ist. Er ist apophantisch, denn wenn er sagt, dass etwas ist, zeigt sich entweder, dass es ist (dann ist der Diskurs wahr) oder dass es nicht ist (dann ist er falsch). Und wenn er sagt, dass etwas nicht ist, zeigt sich entweder, dass es nicht ist (dann ist der Diskurs wahr) oder dass es ist (dann ist er falsch).

Der Diskurs ist insofern apophantisch, als Realität und Sein nicht zugleich einander treffen und in Widerstreit zueinander treten auf der Ereignisebene, auf der Sein und Nichtsein allerdings das in der Aussage Gesagte sind und Wahrheit (wie auch Irrtum) durch das Verhältnis zwischen diesem gesagten Sein und dem Sein als solchem definiert ist.

Der apophantische Diskurs muss die Materialität und das Ereignishafte der Aussage gewissermaßen präsent halten.

[22] Angesichts dieses Verhältnisses zum Sein wird klar, warum der wahre Satz den Widerspruch ausschließt. Nehmen wir an, etwas ist. Der Satz ist nur dann wahr, wenn er sagt, dass dieses etwas ist. Er ist nicht wahr, wenn er sagt, dass dieses etwas nicht ist. Der Satz kann also nicht wahr sein, wenn er gleichzeitig dessen Sein und Nichtsein behauptet.

Aber wie man sieht, betrifft dieses Widerspruchsverbot nicht mehr die materielle Identität oder Andersartigkeit der Aussage. Sie bezieht sich auf den Akt des Behauptens oder Bestreitens: Man kann etwas nicht zugleich und in derselben Hinsicht behaupten und bestreiten.

[23] Unter diesen Umständen muss man im Geiste stets präsent halten, dass der λόγος ἀπόφαντικός [*logos apophantikos*], von dem Aristoteles spricht, auf einem doppelten System von Gegensätzen basiert:

– Er steht explizit [Lehre vom Satz, 4, 17a2] in einem Gegensatz zur Bitte, zum Gebot, zum Befehl, kurz, zu jenen Formulierungen, die sich nicht auf wahre oder falsche Sätze zurückführen lassen. Der λόγος ἀπόφαντικός [*logos apophantikos*] ist also eine Aussagetyp, der im Gegensatz zu anderen Aussagen steht. Der λόγος ἀπόφαντικός [*logos apophantikos*] ist eine deklarative Aussage.[10]

– Er steht implizit oder jedenfalls auf einer anderen Ebene im Gegensatz zu Aussagen, die gleichfalls deklarative Form haben, aber auf der Ebene ihrer Realität als Ereignisse funktionieren und ins Spiel gebracht werden: als Dinge, die von bestimmten Subjekten produziert worden sind und sich historisch (*hic and nunc*) ereignen.

[24] Auf dieser Ebene ist die Apophantik keine Aussagekategorie mehr. Sie ist eine Operation, ein ständig erneuertes Tun, durch das das Verhältnis einer Aussage zur Realität, zum Sein, zur Wahrheit von der Ebene des Aussageereignisses abgelöst und stattdessen auf das in der Aussage Gesagte und auf das Verhältnis zwischen dem Gesagten und den Dingen als solchen bezogen wird.

Die Apophantik schafft eine Verbindung zwischen Aussage und Sein, die sich allein auf der (stets idealen) Ebene ihrer Bedeutung bewegt. Und aufgrund dieser Beziehung, die ihren Ort in der Bedeutung hat, vermag die Aussage wahr oder falsch zu sein.

Die Apophantik erscheint als eine Operation der Verschiebung des Seins in Richtung der Idealität der Bedeutung. Und sie steht nicht mehr im Gegensatz zu anderen (nichtdeklarativen) Aussagetypen, sondern zu einer entgegengesetzten Operation, die darin besteht, das Verhältnis der Aussage zum Sein allein auf der Ebene des Aussageereignisses zu halten. Wir wollen diese zur Apophantik inverse Operation als sophistische, eristische Operation bezeichnen.[11]

Im Vergleich zum apophantischen Diskurs erscheint die sophistische Manipulation der Aussagen stets als ungehörige Argumentation, als Schatten, als Scheinschluss.

[25] Und im Vergleich zur sophistischen Materialität erscheint die Apophantik stets als Rückgriff auf die Idealität. Füreinander sind beide deshalb stets nur Schatten.

Damit befinden wir uns ohne Zweifel im Herzen des großen Gegensatzes. Wenn der große Gegensatz, von dem her die Logik sich bestimmt, der Gegensatz zwischen deklarativ und nichtdeklarativ ist (die Logik befasst sich zumindest in ihrer klassischen Form ausschließlich mit dem Deklarativen), dann besteht der Gegensatz für Philosophie und Wissenschaft – und man kann zweifellos sagen, für das gesamte westliche Wissen – zwischen Apophantik und sophistischer Kritik. Dieser Gegensatz besteht ohne Zweifel nicht zwischen verschiedenen Aussagekategorien, sondern [zwischen] verschiedenen Ebenen.

[26] Schließlich darf man nicht vergessen: Während der Ausschluss der Sophismen bei Aristoteles bereits vollzogen und man ihrer jedenfalls bei ihm schon so weit Herr geworden ist, dass er sie am Ende der *Topik*, als Anhang in Gestalt eines Katalogs von Monstrositäten und auch in Form von Rezepten und Heilmitteln behandeln kann, weiß man bei Platon sehr wohl, dass die Gefahr des Sophismus und der Sophisten noch keineswegs gebannt ist. Es geht darum, wiederum wie bei Aristoteles, diesen irrealen Schatten des philosophischen Diskurses zu erwähnen; es geht darum, den philosophischen Diskurs innerhalb der und gegen die Sophistik zu begründen.[12] Wie und wann wurde nun Platon des Sophismus Herr? Des Sophismus vielleicht niemals, denn dazu bedurfte es zweifellos der aristotelischen Theorie des Satzes und seiner Theorie der Kategorien. Aber den Sophisten glaubt Platon besiegt zu haben. Und wann?

[27] Errungen wird der Sieg – oder die Herrschaft über den Sophisten – in *Der Sophist*. Und dieser Sieg stützt sich auf zwei Grundlagen: auf die These, dass man in einer Diskussion, die man im Geiste mit sich selbst führt, zur Wahrheit gelangt.[13] Und, damit verbunden, auf die These, dass etwas Falsches sagen heißt, etwas zu sagen, das nicht ist: »Wird also […] Verschiedenes als identisch ausgesagt und Nichtseiendes als seiend, so wird eine solche aus Zeitwörtern und Hauptwörtern entstehende Zusammenstellung wirklich und wahrhaftig eine falsche Rede« (*Der Sophist*, 263d).[14]

Auf der Grundlage dieser beiden Sätze kann Platon den Sophisten als Mann des Scheins und der Täuschung definieren.

[28] Und ebendiese beiden fundamentalen Sätze finden sich auch bei Aristoteles.

In der Metaphysik (IV)[15], als er die wahre Aussage dadurch definiert, dass sie sagt, das Seiende sei und das Nichtseiende sei nicht, und in der Lehre vom Beweis (I, 10, 76b), wo er sagt, Syllogismus und Beweis hätten nichts mit dem äußeren Diskurs zu tun, sondern mit dem, der in der Seele stattfinde: »ὁ εἴσω λόγος, ὁ ἐν τῇ ψυχῇ«. Und Alexander von Aphrodisias kommentierte später: »οὐκ ἐν ταῖς λέξεσιν ὁ συλλογισμός οὗ τὸ εἐναι ἔχει, ἀλλ᾽ ἐν τοῖς σημαινομένοις«.[16] Der Ausschluss der Materialität des Diskurses, die Entstehung einer Apophantik, in der die Bedingungen formuliert wurden, unter denen ein Satz wahr oder falsch sein kann, die Vorrangstellung des Verhältnisses zwischen Bezeichnendem und Bezeichnetem und die dem Denken als Ort des Erscheinens von Wahrheit eingeräumte privilegierte Stellung – diese vier Faktoren sind untereinander verbunden und bildeten die Grundlage für die westliche Wissenschaft und Philosophie in ihrer geschichtlichen Entwicklung.

[29] Schluss

Wenn ich auf dieser Morphologie des Sophismus bestanden habe, wie man sie unter dem heute noch vorherrschenden aristotelischen Blickwinkel betrachten kann, so weil sie es eher ermöglicht, das historische Problem zu definieren, das wir hier lösen möchten:

α – Wie konnte sich das Verhältnis des Diskurses zum sprechenden Subjekt – zumindest innerhalb einer bestimmten Diskurspraxis – so verschieben, dass es den philosophisch-wissenschaftlichen Diskurs hervorbrachte?

β – Wie konnten die Herrschaftsbeziehungen, die in den sophistischen Diskussionen eine Rolle spielten, ausgeschlossen oder eliminiert oder suspendiert werden, so dass ein apophantischer Diskurs entstehen konnte, der vorgibt, sich dem Sein im Modus der Wahrheit zu nähern?

Die Geschichte dieser beiden Veränderungen gilt es nachzuzeichnen. Es ist durchaus wahrscheinlich, dass die Sophisten nur deren letzte Episode darstellen.

Anmerkungen

1 G. Grote, *Aristotle*, London 1872. Grote rehabilitierte die Sophisten schon vor Nietzsche, der nach Andler dessen Schlussfolgerungen übernahm (*Der Wille zur Macht*, ausgew. von P. Gast, Stuttgart 1964, §§ 427 und 437; vgl. Ch. Andler, *La Dernière Philosophie de Nietzsche*, Paris 1931, S. 213). Siehe Th. Gomperz, *Griechische Denker. Eine Geschichte der antiken Philosophie*, 3 Bde., Leipzig 1896-1909; und ders., *Sophistik und Rhetorik. Das Bildungsideal des εὖ λέγειν in seinem Verhältnis zur Philosophie des fünften Jahrhunderts*, Leipzig 1912; E. Dupréel, *Les Sophistes*, Neuchâtel 1948.

2 Coriscus oder Coriscos: ein von Aristoteles häufig erwähnter Mann, der den platonischen Zirkel von Skepsis in der Troas leitete. Sein Sohn Neleus soll die Manuskripte des Aristoteles erhalten haben. Siehe L. Robin, *Aristote*, Paris 1944, S. 11.

3 Vgl. M. Foucault, *L'Archéologie du savoir*, Paris 1969, S. 140-148; dt.: *Archäologie des Wissens*, Frankfurt am Main 1973, 3. Kapitel, S. 115-128, wo Foucault ausführlich auf die Definition der Aussage im Vergleich zu »Proposition«, »Satz« oder »Zeichen« eingeht.

4 Was die Gruppe angeht, liegt in der Mitte, in einem politischen Raum, der das öffentliche vom privaten, außerhalb der Mitte gehaltenen Wort unterscheidet. Vgl. M. Detienne, *Les Maîtres de vérité dans la Grèce archaïque*, Paris 1967, S. 98.

5 Der Sophismus, der 5 als zugleich gerade und ungerade darstellt (*Sophistische Widerlegungen*, 166a30-35), entspricht nicht Foucaults Aristoteles-Kommentar.

6 Das griechische Verb bedeutet gleichzeitig »lernen« und »verstehen« oder »wissen«. Diese Doppeldeutigkeit ist Gegenstand eines berühmten Wortgefechts (Platon, *Euthydemos*, 275a-277d).

7 Mit diesen drei Autoren und Zenon befasste Foucault sich bereits in »Sept propos sur le septième ange«, in ders., *Dits et Écrits, 1954-1988*, hg. von D. Defert und F. Ewald, 4 Bde., Paris 1994, Bd. 2, Nr. 73, S. 13-25; dt.: »Sieben Thesen über den siebten Engel«, in *Dits et Écrits. Schriften*, 4 Bde., Frankfurt am Main 2001-2005, Bd. 2, Nr. 73, S. 17-32. 1970 gab Foucault Brissets *La Grammaire logique* heraus, und Deleuze schrieb ein Vorwort zu Louis Wolfsons *Le Schizo et les Langues* (beide Paris 1970). Hier handelt es sich um zwei unterschiedliche Behandlungen des Diskurses als Sache und nicht als etwas, in dem es um Bedeutung geht. In *Raymond Roussel* (Paris 1963; dt.: *Raymond Roussel*, Frankfurt am Main 1989) hatte Foucault diese Art von Analyse bereits vorweggenommen. Deleuze verweist auf dieselben Autoren und deren Verständnis der Zeichen in *Logique du sens*, Paris 1982; dt.: *Logik des Sinns*, Frankfurt am Main 1993; dort geht es um eine »Umkehrung des Platonismus«.

8 Ein nicht genauer präzisierter Verweis, den Foucault in der Vorlesung möglicherweise erläuterte. Wahrscheinlich meinte er die *Elektra* des Euripides, die sophistischste und pamphletistischste der drei *Elektras* (von Aischylos, Sophokles und Euripides): »Doch wo beschränkt Apollon ist, wer wäre weise da?« (*Elektra*, Vers 972; dt. zit. nach *Elektra*, übers. von K. Steinmann, Stuttgart 2005, S. 55). Wenn Apoll einen Muttermord befehlen kann, läuft das auf den Sophismus hinaus: Man kann nicht gerecht sein, ohne ungerecht zu sein.

9 Die zwei Thesen vereint, deren zweite von Platon und Aristoteles widerlegt wurde:
1. Das Seiende ist, das Nichtseiende ist nicht.
2. Alles ist eins.

10 Siehe W. und M. Kneale, »Aristotle's Theory of Meaning and Truth«, in dies., *The Development of Logic*, Oxford 1962, S. 45-54.

11 Von ἔρις, Disput: »Wissenschaft vom Disput« (*Euthydemos*, 272b). Ein recht technischer Ausdruck, mit dem man die Schule von Megara bezeichnete; siehe Diogenes Laertius, *Vitae*, II, 106.

12 In *La Politique d'Orphée*, Paris 1975, S. 99, schreibt Gilles Susong: »Es waren die Rhetoren und die Sophisten, die die [magisch-religiösen] Diskurse nach deren Zerstörung ablösten, während die vorphilosophischen (orphischen, pythagoreischen) Sekten den Prototyp der platonischen Wahrheit entwickelten, indem sie den täuschenden Schein, Apate, und die Meinung, Doxa, ablehnten und den einzigen Ort privilegierten, an dem weder Täuschung noch Schein herrschen: das Totenreich, das Jenseits.« Susong scheint die Vorlesung von 1971 gehört zu haben und unterstreicht seine Übereinstimmung mit Detiennes Thesen: »Die Tatsache, dass er in seiner großen Vorlesung die wesentlichen Thesen Marcel Detiennes aufgenommen hat, ist äußerst interessant [...]. Denn in *Les Maîtres de vérité* stützt sich meines Wissens zum ersten Mal ein Hellenist – im Blick auf den Kern seines Vorgehens – auf Claude Lévi-Strauss und den Knotenpunkt seiner Methodologie, die Analyse der Mehrdeutigkeit« (ebd.).

13 Siehe Platon, *Der Sophist*, 263a, 264a, 264b.

14 Ebd., zit, nach Platon, *Sämtliche Werke*, 3 Bde., Köln 1967, Bd. 2, S. 732.

15 Aristoteles, *Metaphysik*, IV, 1106a35-38 *et passim*.

16 »Die Modernen, die den Ausdrücken folgen [ταῖς λέξεσιν – *tais lezesin*] und nicht dem, was sie bedeuten [τοῖς σημαινομένοις – *tois semainomenois*], sagen, dass man nicht zu demselben Ergebnis gelangt [wenn man die Ausdrücke durch äquivalente Ausdrücke ersetzt]«, Alexander von Aphrodisias, 3. Jahrh. n. Chr., der zweite große Aristoteles-Kommentator, hg. von M. Hayduck, Berlin 1891. Siehe auch Alexandri Aphrodisiensis, *In Aristotelis Lib. I Commentarium*, hg. von M. Wallies, Commentaria in Aristotelem Graeca, II, 1, Berlin 1881; zit. in W. und M. Kneale, *The Development of Logic*, a. a. O., S. 158.

Vorlesung 5
(Sitzung vom 27. Januar 1971)*

Diskurse, deren Funktion in der griechischen Gesellschaft auf ihrer Verbindung zur Wahrheit basiert. Gerichtliche Diskurse, poetische Diskurse. – Prüfung eines späten Dokuments an der Schwelle zur hellenistischen Zivilisation. – Konfrontation mit der Ilias*: ein quasigerichtlicher homerischer Disput. Ein System aus vier rivalisierenden Positionen. – Souveränität des Richters und wilde Souveränität. – Ein homerisches Urteil oder die berühmte Szene des »Schilds des Achill«.*

Einleitung

[1] – Die Sophistik formal durch ihren retrospektiven Gegensatz zur Apophantik definieren.

– Ein wenig weiter zurückgehen bis jenseits der Sophistik, um nachzusehen, wie sie entstand.

– Zurückgehen, nicht um das vorsokratische Denken wiederzufinden, sondern um die Diskurstypen zu analysieren, die institutionell mit der Wahrheit verbunden waren: nicht was man über die Wahrheit dachte oder sagte, sondern wie sie in der griechischen Gesellschaft ihren obligaten Entstehungsort, ihre obligate Funktion, Verteilung und Form fand.

Die Untersuchung befasst sich mit dem gerichtlichen und dem poetischen Diskurs.

[2] *I – Der Endzustand und der Ausgangszustand*

1. An einem Ende des Prozesses, dem, der uns am nächsten liegt, finden wir Regeln für die Klärung der Wahrheit, die sich nicht sonderlich von unserer Praxis unterscheiden.

Auf ägyptischen Papyri sind diverse juristische Texte bezüglich der griechischen Kolonien Ägyptens und insbesondere Alexandrias erhalten geblieben. In folgender Weise

* Am 20. Januar fand keine Vorlesung statt.

musste eine Zeugenaussage (zu einer straf- oder zivilrechtlichen Frage) nach den Regeln dieser griechischen Verfahrensordnung ablaufen:

1. Der Klagende oder der Beklagte schreiben auf eine Tafel den Namen des herbeizuzitierenden Zeugen, den Gegenstand der Zeugenaussage und die These, die der Zeuge bestätigen soll. Diese Tafel übergibt er dem Richter.

[3] 2. Der Zeuge schwört in der gesetzlich vorgegebenen Form, dass das, was auf den Tafeln geschrieben steht, wahr ist.

3. Dann bezeugt er »die Tatsachen, denen er beigewohnt oder die er gesehen hat« und »fügt keine anderen Zeugnisse hinzu«.

4. Unter den Tatsachen kann es eine Reihe von Elementen geben, die er nicht kennt: Er »bezeugt, was er zu wissen behauptet, und leistet einen Schwur, der ihn von Zeugenaussagen über die Dinge befreit, die er nicht zu wissen behauptet« (*Pap. Ital.*, lig. 222-233).[1]

5. Im Fall einer Falschaussage kann das Urteil abgeändert werden, und der Zeuge wird zur Zahlung des Anderthalbfachen des Streitwerts verurteilt.

Wir sehen: Die Gültigkeit des Urteils beruht – zumindest zum Teil – auf der Wahrheit bestimmter Aussagen. Sind sie falsch, kann das Urteil abgeändert werden. Seine Gültigkeit beruht nicht allein auf seiner den Regeln entsprechenden Form; nicht allein auf der Tatsache, dass die Klage zulässig
[4] war, dass die Verfahrensordnung beachtet und das Urteil in korrekter Weise gefällt wurde. Es ist auch erforderlich, dass die Wahrheit gesagt wurde. Und dass sie in ganz besonderer Weise, nach einem ganz besonderen Muster gesagt wurde: im Blick auf im Voraus bestimmte Elemente, die nach Ansicht des Gerichts einerseits einschlägig für den betreffenden Streitfall und andererseits der Wahrheit oder Falschheit fähig waren. Diese Wahrheit muss von Menschen gesagt werden, die nur als Träger von Wahrheit in den Prozess eingreifen. Sie greifen nicht ein, weil sie durch irgendwelche Interessen mit dem Verfahren oder durch Blutsbande oder

Solidaritätspflichten mit einer der Parteien verbunden wären. Sie greifen allein als Subjekte der Wahrheit oder als Wahrheitssagende ein. Die Rolle des Wahrheitssagenden fällt ihnen nicht aufgrund einer Autorität zu, die sie von Natur aus oder von Rechts wegen besäßen, sondern weil sie gesehen oder gehört haben; weil sie dabei waren; weil sie da waren. Und alles, bei dem sie nicht dabei waren, fällt automatisch außerhalb ihrer Zeugenschaft.

[5] Die Wahrnehmungsbeziehung begründet die rechtliche Wahrheitsaussage. Erst dadurch wird sie möglich. Die Zeugenaussage organisiert sich um die Erfahrung des Sehens. (Ab der römischen Zeit in Alexandria und vielleicht schon davor akzeptierte man auch Zeugenaussagen von Experten – Mediziner, Übergang zum Wissen.)

Um dieselbe Zeit erklärte Demosthenes: »Das Gesetz schreibt vor, dass man bezeugt, was man weiß, Taten, denen man beigewohnt hat; und all das in schriftlicher Form, damit man nichts zurücknehmen oder hinzufügen kann. Zeugenaussagen aufgrund von Hörensagen verbietet das Gesetz, sofern der Urheber der Behauptung nicht verstorben ist« (*Gegen Stephanos*, II, § 6).[2]

Die Aussage über die Wahrheit wird gestützt von zwei Verfahren, die hinzukommen, aber nicht identisch damit sind:

– dem Schwur, die Wahrheit zu sagen, und
– der Bestrafung.

Der Schwur verweist auf Strafen religiöser Art, die Bestrafung auf Strafen, die das Gericht verhängt.

[6] Schließlich wird die Aussage über die Wahrheit noch in das System der Schrift eingebunden. Die Schrift macht es möglich:

– im Voraus festzulegen, worum es in der Zeugenaussage gehen soll (was wahr oder falsch sein kann und worauf die Zeugenaussage sich bezieht);
– den Sinn der Zeugenaussage festzulegen (was darin als wahr behauptet werden soll);
– die Zeugenaussage als Objekt zu konstituieren, das sei-

nerseits bestrafbar und für ein neues Verfahren zugänglich ist; sie als Objekt einer möglichen Anschuldigung zu konstituieren.

Die Aussage über die Wahrheit ist also innerhalb der griechischen Verfahrensordnung ein mehrfach determiniertes Element.[3] Diese Bestimmungen haben zur Folge, dass die Wahrheit nicht überall gesagt wird, nicht jederzeit, nicht im Munde jedes Beliebigen und nicht im Blick auf jeden beliebigen Gegenstand. Die Wahrheitsaussage wird im Blick auf das, wovon sie spricht, lokalisiert. Nur bestimmte bestreitbare Tatsachen können Gegenstand einer wahren oder falschen Aussage sein.

Sie wird hinsichtlich des Subjekts lokalisiert, das sie vorträgt. Sie muss von Subjekten kommen, die nicht selbst zum Gegenstand des Verfahrens gehören, sondern nur dessen
[7] Zuschauer sind. Sie muss von Subjekten kommen, denen man ein Wissen zuschreibt und die nicht in einem Parteiverhältnis zu dem Verfahren stehen, sondern in einem Wissensverhältnis zu den darin relevanten Tatsachen.

Sie ist hinsichtlich ihrer Wirkung lokalisiert, denn zumindest zum Teil bestimmt sie das Urteil, und aus ihrer Falschheit folgt, dass auch das Urteil nicht korrekt ist. Ihre Falschheit kann zu einer Revision des Urteils und einer Anklage führen.

In der klassischen griechischen Verfahrensordnung haben wir also für die Wahrheitsaussagen eine Aufteilung der Bezüge, eine Qualifizierung des aussagenden Subjekts und eine Verteilung der Wirkungen.

2. Wenn wir diesem Endzustand (an der Schwelle zur hellenistischen Zivilisation) den Anfangszustand gegenüberstellen oder zumindest den Zustand, zu dem die ältesten Zeugnisse vorliegen, wie stellt sich dann die Formulierung der Wahrheit in der rechtlichen oder vor-rechtlichen Auseinandersetzung dar?[4]

[8] Der Streit zwischen Menelaos und Antilochos.[5]

– Das Wagenrennen. Es gab durchaus einen »Schauer«,

Phönix, in der Nähe des Ziels aufgestellt, »wohl zu bemerken den Lauf und alles zu verkünden«. Doch nicht an ihn wendet man sich, als es zum Streit kommt.

– Menelaos schlägt vor, den Fall vor die »Fürsten und Pfleger« der Argeier zu bringen, damit sie vor dem Volk ihr Urteil fällten.

– Dann ändert er jedoch seine Meinung: »Aber ich selbst will schlichten.« Er schlägt nun »nach der Sitte« vor, Antilochos solle »zum Erderschüttrer« schwören, dass er den Wagen des Menelaos nicht behindert habe.

– Antilochos entzieht sich, indem er sein Unrecht eingesteht.

Obwohl der Ausdruck »Wahrheit« nicht verwendet wird, geht es in diesem Verfahren dennoch um Wahrheit. Aber sie verteilt sich ganz anders. Ihre Lokalisierung, ihre Aufteilung, ihre Wirkungen und mehr noch das, wodurch sie sich als Wahrheit behauptet, gehorchen einem ganz anderen Gesetz.

[9] Die Wahrheit ist nicht, was man sagt (und auch nicht das Verhältnis zwischen dem Gesagten und dem, was ist oder nicht ist). Sie ist etwas, dem man die Stirn bietet, dem zu trotzen man bereit oder nicht bereit ist. Sie ist die furchterregende Kraft, der man sich ausliefert. Sie ist eine autonome Kraft. Dennoch gilt es, ihre Natur zu verstehen. Sie ist durchaus keine Kraft, die Zwang ausübte und der man sich beugt wie unter ein Joch. Man ist nicht moralisch oder rechtlich gehalten, sich ihr zu unterwerfen. Sie ist eine Kraft, der man sich aussetzt und die ihre eigene Macht zur Einschüchterung besitzt. Sie hat etwas Schreckenerregendes. Die Wahrheit ist kein Gesetz, das die Menschen fesselt, sondern eine Kraft, die sich gegen sie entfesseln kann.

Im klassischen System sagt eine dritte Person die Wahrheit, der Zeuge; und dieser Zeuge muss sagen, dass die Wahrheit auf der Seite einer der Parteien steht.

Hier dagegen ist die Wahrheit die dritte Person. Sie steht weder auf der Seite der einen noch auf der Seite der anderen

Partei. Und das Verfahren läuft nicht so ab, dass man zu bestimmen versuchte, auf welcher Seite die Wahrheit steht, sondern welche der beiden Seiten es wagt, der Macht der Wahrheit, dieser furchterregenden Kraft, die Stirn zu bieten.

[10] Sie hat ihren Sitz also keineswegs im Diskurs. Oder es ist keineswegs der Diskurs, der sie manifestiert. Durch den Diskurs nähert man sich ihr. Der Diskurs bezeichnet in Gestalt des Schwurs und des Fluchs denjenigen, der sich ihrem unerträglichen Blick aussetzt.

Wenn sich im Wahrheitseid etwas enthüllt, dann durchaus nicht, was geschehen ist, durchaus nicht die Dinge selbst, sondern im Gegenteil die schutzlose Nacktheit dessen, der bereit ist, sich von ihr ergreifen zu lassen, oder das Ausweichen dessen, der ihr zu entgehen versucht. Wenn nun eine der Parteien bereit ist, sich der Wahrheit in dieser Weise auszusetzen, so ist dies keineswegs das Ergebnis richterlichen Handelns. Die Macht der Wahrheit wird nicht durch einen Eingriff des Gerichts eingeführt. Eine der Parteien fordert die andere heraus: Akzeptierst du die Wahrheitsprobe oder nicht?

Deshalb ist der Eid, in dem die Wahrheit sich bestätigt, stets
[11] in die Abfolge der Rivalitäten eingebunden. Er ist einer der Peripetien des ἀγών [*agon*], eines der Gesichter des Kampfes.

Das Verhältnis zur Wahrheit ist daher nicht von anderer Art als der Kampf selbst. In gewissem Sinne entfaltet es sich nicht in einer anderen Dimension. Es gilt nicht: Der Streit ist vorüber, nun beginnt die Wahrheit sich zu zeigen. Die Wahrheit konstituiert sich nicht an einem neutralen Ort (dem Geist des Richters*), sondern im Raum des ἀγών [*agon*].[6]

Dennoch bedeutet die Wahrheitsprobe das Ende des ἀγών

* Oder: »dem Geist des Subjekts«; nicht eindeutig zu entziffern (*juge – sujet*).

[*agon*]. In diesem Sinne ist sie einzigartig und lässt sich auf keine andere [Beweisform] zurückführen. Worin besteht ihre operative Kraft?

– Wenn der Beklagte die Probe akzeptiert, ist er sogleich der Sieger.

– Wenn er sie ablehnt, ist er sogleich der Verlierer, und der ihn zu dieser Probe herausgefordert hat, ist der Sieger.

Die Wahrheitsprobe entfaltet ihre Wirkung, ohne dass die Wahrheit sich zeigen müsste. Die Wahrheit bleibt still und im Hintergrund. Sie zeigt sich nur indirekt durch das Tun, den Schwur, den Fluch dessen, der keine Angst hat, sich ihr zu nähern. Als entscheidend erweist die Probe sich dadurch, dass sie eine Verschiebung bewirkt. Sie lässt den Schwörenden in den Raum eines anderen ἀγών [*agon*] eintreten, eines
[12] Kampfes mit den Göttern oder gegen sie. Durch den Fluch überlässt der Schwörende sich der Macht der Götter. Diese Macht wird entscheiden. Aber entscheidet sie auch im Sinne der Wahrheit? Tatsächlich wird nirgendwo gesagt, was dem Schwörenden nach der Eidesprobe geschieht. Man weiß nur, dass er sich in der Macht der Götter befindet, dass sie ihn oder seine Nachkommen strafen können; dass sie ihn an seinem Eigentum oder seinem Körper treffen können; dass sie ihn schützen oder einer schlimmen Strafe unterziehen können.

Mit dem Schwur gelangt man also in ein anderes Universum, in ein Universum, das von der Macht der Götter beherrscht wird. Aber die Götter sind nicht an die Wahrheit gebunden. Wenn der Schwörende einen falschen Eid geleistet hat, läuft er Gefahr, dass der Zorn der Götter ihn vernichtet, aber das ist weder eine sichere noch eine automatische Folge. Und wenn eine Bestrafung erfolgt, bleiben deren Zeitpunkt und Form bis zuletzt verhüllt.

Nur eines ist sicher: Wenn die Götter eines Tages beschließen, ihn zu strafen, wird er ihrem Blitz nicht entkommen können. Der Eid führt also nicht ins unsichtbare Reich einer Wahrheit, die eines Tages ans Licht kommen wird, vielmehr verlagert er den Kampf in eine Region, in der die Gefahren inkommensurabel mit denen des Kampfes und die Gesetze, nach denen er erfolgt, für die Menschen vollkommen undurchschaubar sind.

[13] In diesem Stadium des Vor-Rechts[7] erscheint die Wahrheit innerhalb eines Systems, das aus vier Kämpfen besteht, aus vier Konfrontationen und vier Risiken. Im Einzelnen sind dies:

α – der Kampf, die Gewalt oder der Betrug, die den Anlass zu der Auseinandersetzung gegeben haben (in unserem Beispiel das Wagenrennen);

β – die Konfrontation, die der ersten Gewalttat folgt, die Forderung dessen, der sich verletzt fühlt, wobei die beiden Gegner ihre Rechte geltend machen. Diese zweite Konfrontation folgt auf die erste und ist deren Replik. Sie kann die unterschiedlichsten Formen annehmen und ins Endlose gehen;

γ – die Herausforderung zum Wahrheitseid: Wagst du es, zu schwören? Diese dritte Auseinandersetzung ist eine der Möglichkeiten, die sich nach der zweiten bieten. Die zweite kann die Form einer langen Folge von Vergeltungsaktionen annehmen – oder die Form dieser Herausforderung. Aber die Herausforderung zum Eid hat die Aufgabe, dem Ganzen (der ersten und der zweiten Folge) ein Ende zu setzen. Sie beendet die Auseinandersetzung und kann nur zwei Formen annehmen: ja oder nein;

δ – schließlich die Konfrontation mit den Göttern, die dreifacher Art ist: Sie ersetzt die Auseinandersetzung der beiden Gegner durch die eines einzigen mit den Göttern (die Seite, die zum Eid auffordert, ist aus dem Spiel). Sie tritt an die Stelle aller vorherigen Konfrontationen und eröffnet eine neue unendliche Folge.

[14] Vergleicht man diese Wahrheit mit der, die in der klassischen Periode am Werk ist, erkennt man sämtliche Unterschiede:

α – Im einen Fall wird die Wahrheit in Form einer Feststellung gesagt, im anderen nähert man sich ihr in Gestalt des Eides an.

β – Sie wird von einem Zeugen gesagt, der sich in der Position eines Dritten befindet; im archaischen Recht wird sie als Herausforderung einer Partei an die andere lanciert, die diese Herausforderung annehmen oder ablehnen kann.

γ – Im klassischen Recht sorgt sie für die Entscheidung, bei Homer wird sie zum Besitz eines der beiden Gegner, oder vielmehr, einer der beiden Gegner verfällt ihr und wird ihre Beute.

δ – Im klassischen Recht bildet sie ein Element in der Entscheidung des Richters; im archaischen Recht trifft sie die Entscheidung.

[15] Eine Gemeinsamkeit besteht allerdings, nämlich dass die Wahrheit an eine bestimmte Ausübung von Souveränität gebunden ist. Denn der Richter übt tatsächlich eine gewisse Autorität aus, wenn er die Wahrheit verlangt und sein Urteil wie auch dessen Ausführung von ihr abhängig macht. Und beim homerischen Schwur setzt der Schwörende sich der Souveränität des »Erderschütters« Zeus aus, wenn er die Herausforderung zur Wahrheit annimmt. Doch im klassischen Recht wird die Wahrheit im bereits konstituierten Raum souveräner Herrschaft angerufen, formuliert und bewiesen; sie wird eingeladen, im Raum des Gerichts ans Licht zu treten; und erst dann bestimmt sie den Ansatzpunkt und die Grenzen dieser Souveränität.

Im Vor-Recht dagegen, zwischen zwei Gegnern, die das Souveränitätsverhältnis weder einseitig noch wechselseitig anerkennen, appelliert die Wahrheitsprobe an eine unbegrenzte und wilde Souveränität.

Zwischen den beiden Wahrheiten hat sich das gesamte Machtsystem verändert. Und dass es zwischen diesen beiden Formen juristischer Wahrheit tatsächlich um Macht geht, das beweist und davon zeugt zumindest die Tatsache, dass man selbst in hellenistischer Zeit noch recht oft den »vor-juristischen« Eid findet.

[16] Und wir finden ihn in den Fällen, in denen die Gegner ihren Konflikt außerhalb des juristischen Apparats lösen möchten, den der Staat ihnen zur Verfügung stellt. In einem Text[8] aus dem Jahr 134 v. Chr. heißt es: »Deine Wunde haben nicht wir dir zugefügt, und wir wissen nicht, wer sie dir zugefügt hat. Unsere Brüder Ammonios und Hermokles mögen mit uns schwören, dass unser Eid wahr ist [...]. [Wenn sie diesen Eid ablegen], sollen sie als nichtschuldig gelten, falls nicht, soll die Sache an den Epistatos gehen.«[9]

Hier erkennen wir das Prinzip des homerischen Schwurs, wenn auch gewiss in ganz anderer Form: die Anerkennung des Eides hat den Wert einer Entscheidung, zumindest für die Gegner. Doch dieser Eid hat die Hälfte seiner Wirkungskraft verloren, denn falls die Wahrheitsprobe abgelehnt wird, greift der Richter ein.

Das Problem ist nun, die Veränderung des Systems aus Wahrheit, gerichtlicher Entscheidung und politischer Souveränität zu analysieren.

Wir werden diese Veränderung in zwei Schritten untersuchen:

– die Gesamtheit der Veränderungen, die zu Solon führten;
– die Veränderungen, die zur klassischen Zeit führten, das heißt bis zur Epoche der Sophisten.

[17] *II – Die erste Gruppe von Veränderungen*

Es handelt sich um die Entstehung einer politisch-juristischen Organisation, die zu einer unbekannten Zeit und unter wenig bekannten Bedingungen jene privaten rituellen Verfahren überlagert, die ohne Zweifel charakteristisch für Kriegergesellschaften waren und von denen wir ein Beispiel betrachtet haben.

Bei Homer findet sich ein mehrdeutiges Zeugnis dieser archaischen Organisation (Achills Schild)[10], und schon bald tritt Hesiod dem entgegen.[11] Was die unmittelbar juristischen Dokumente betrifft, handelt es sich im Wesentlichen um das Stadtrecht von Gortyn.

[18] 1. Die Szene auf Achills Schild: zwei vor Gericht Streitende. Der eine behauptet, das Blutgeld bereits gezahlt zu haben, der andere bestreitet das. Beide haben ihre Anhänger.
Die Alten geben ihr Urteil ab. Jeder Redner nimmt den Stab. Zwei Talente Gold sind demjenigen versprochen, der das beste Urteil spricht.
Die Szene zeigt eine Reihe wichtiger Merkmale:
a – Jeder Richter ist mit der Souveränität verbunden, sobald er das Wort ergreift. Sein Urteil abgeben heißt zumindest für eine Zeit souverän sein. Man spricht nur vom Ort der Souveränität aus. Das Wort ergreifen und das Symbol der Souveränität in die Hand nehmen sind zwei miteinander einhergehende und miteinander verbundene Handlungen.
[19] b – Dennoch sieht man, dass diese Souveränität sehr begrenzt und partiell ist. Tatsächlich fällt das »Gericht« kein abschließendes gemeinsames Urteil. Jeder gibt sein Urteil ab, und es gibt ein Urteil, das besser ist als die übrigen. Dieses hat zwei Folgen: Es führt zur Entscheidung, aber es wird auch von einer höheren Autorität belohnt.
Es scheint sich also im strengen Sinne um ein »Wechselspiel« zwischen einer Privatangelegenheit (einem Mord oder einer Schuld) und einer Souveränität zu handeln, die sich selbst nur um den Wettstreit kümmert.
Die Souveränität greift nur indirekt ein, denn sie beurteilt nur die Richter und ist nur symbolisch in dem Stab präsent, den die Richter in der Hand halten.
c – Doch da ist noch mehr. Die Richter befassen sich nicht mit dem Mord. Sie brauchen nicht zu sagen, wer der Mörder ist und welche Strafe ihm auferlegt werden soll. Sie müssen lediglich sagen, ob das Blutgeld bereits gezahlt wurde. Sie müssen entscheiden, ob das Verfahren korrekt und vollständig abgewickelt worden ist oder nicht. Der Eingriff der Richter bezieht sich nicht auf das Delikt, sondern auf die Einhaltung der Rechtsbräuche, die von den Beteiligten bei der Beilegung ihres Rechtsstreits einzuhalten sind. Genauer gesagt, ihr Eingriff bezieht sich auf die Ausführung.

[20] Die Richter befinden sich in der sekundären Position. Sie kontrollieren den Ablauf des rechtlichen Verfahrens, für dessen Einleitung und Peripetien sie keine Verantwortung tragen. Sie müssen nicht sagen, was wahr ist. Sie brauchen nicht die Wahrheit der Fakten zu klären. Sie müssen sagen, was geschehen soll.

d – Rund um die Bühne, auf der die Auseinandersetzung stattfindet, drängen sich die Anhänger der beiden Gegner. Sie möchten ihrer jeweiligen Partei zu Hilfe kommen, werden aber von Wachen zurückgehalten. Ihre Anwesenheit, das Drängen und Zurückhalten sind bedeutsam. In diesem Verfahren agiert nicht ein Individuum, das ein Blutgeld forderte oder zahlte, sondern eine ganze Gruppe, mit der es solidarisch ist. Diese Gruppe wird als ganze siegen oder verlieren. Nicht das Individuum ist das Rechtssubjekt.

Aber was bedeutet die Tatsache, dass die Parteigänger keinen Zugang zu dem Ort haben, an dem Recht gesprochen wird? Eine Individualisierung des Rechts? Zweifellos nicht. Wohl aber die Tatsache, dass an diesem Ort, an dem Recht gesprochen wird, das Wechselspiel der Vergeltung unterbrochen wird und die Gruppen aufhören, aufeinander ein-
[21] zudringen. Der Kampf, ἀγών [*agon*], verlagert sich gleichsam durch eine reale Metathese an einen Ort, der durchaus gewisse Ähnlichkeiten mit einer athletischen Wettkampfstätte hat, samt Auseinandersetzung, Wettstreit, Urteilsspruch, Entscheidung und Preis.

e – Schließlich erscheint ein ἵστωρ [*histor*][12], der kein Zeuge ist, sondern jemand, der »weiß«, der kompetent ist, der sich mit Regeln, Bräuchen und der Beilegung von Differenzen auskennt.

Jenseits der beiden Parteien, über oder neben ihnen, sieht man eine politische Macht hervortreten, die ein Urteil fällt, und zwar in zwei Etappen (die Richter sind Alte und werden ihrerseits beurteilt); eine richterliche Kompetenz, die über ihnen steht, allerdings in der recht ungewissen Gestalt des ἵστωρ [*histor*], ein Urteil, das zwischen ihnen den Ausschlag gibt, aber auf Wahrheit nicht hinsichtlich des Schadens selbst, sondern nur hinsichtlich der Ausgleichsverfahren zielt.

In den Merkmalen dieses homerischen Urteils kann man den Kern der zukünftigen Veränderungen bereits erkennen:

– die mehr oder weniger vollständige Gleichsetzung der politischen und der richterlichen Gewalt (die Abstufungen verschwinden);

[22] – die Substitution des ἵστωρ [*histor*] durch ein geschriebenes Gesetz;

– ein Urteil, das sich auf die als wahr gesicherten Tatsachen bezieht und nicht nur auf die Korrektheit des Verfahrens.

Kurz, die Herausbildung eines Diskurssystems, in dem die Ausübung von Macht (das Recht, eine Entscheidung zu treffen), der obligatorische Bezug auf die Schrift und die Klärung der Wahrheit miteinander verbunden sind.

Aber wir wollen nicht vorgreifen.

2. Die zweite Dokumentationsschicht führt uns ein System vor Augen, das man bei Homer nur in Umrissen erahnt, und lässt erkennen, was dieses System in Frage stellt, was es attackiert und schließlich außer Gebrauch setzen wird.*

* Abrupter Abbruch. Foucault selbst hat »unvollständig« auf die erste Seite geschrieben.

Anmerkungen

1 Zit. nach Cl. Préaux, »Le témoignage dans le droit grecque classique«, in *Recueils de la Société Jean Bodin pour l'histore comparative des institutions*, Bd. XVI: *La Preuve*, Brüssel 1965, S. 206-222.

2 Ebd. (Claire Préaux scheint die Zuschreibung zu Demosthenes nicht in Frage zu stellen. Louis Gernet neigt zu Apollodoros.)

3 Vgl. L. Gernet, »Introduction à l'étude du droit grec ancien«, *Archives d'histoire du droit oriental (AHDO)*, II, 1938, S. 281-289.

4 Das Konzepts des »Vor-Rechts« verweist auf Studien von Louis Gernet, »Droit et pré-droit en Grèce ancienne«, *L'Année sociologique*, 3e série

(1948-1949), Paris 1951, S. 21-119, in denen die von Foucault hier behandelten Fälle analysiert werden; Wiederabdruck in L. Gernet, *Anthropologie de la Grèce antique*, Paris 1968, und ders., *Droit et Institutions en Grèce antique*, Paris 1982.

5 Homer, *Ilias*, XXIII, 340-592, dt. zit. nach ders., *Ilias / Odyssee*, in der Übertragung von Johann Heinrich Voß, München 1976, S. 400-407.

6 Ἀγών [*agon*] war ursprünglich »die zu den Spielen einberufene Versammlung und diente dann zur Bezeichnung der Spiele, später dann des Gerichtsprozesses«; L. Gernet, »Droit et pré-droit en Grèce ancienne«, a. a. O.; ἀγών [*agon*] »bezeichnet den Wettkampf im Stadion oder einen Gerichtsprozess«; G. Sautel, »Les preuves dans le droit grecque archaïque«, in *Recueils de la Société Jean Bodin*, Bd. XVI: *La Preuve*, a. a. O., S. 121.

7 L. Gernet, »Droit et pré-droit en Grèce ancienne«, a. a. O., S. 104: »Die Symbole des Vor-Rechts sind vor allem auf Wirkung ausgelegt: die Hand, die gibt oder empfängt; der Stab, der die Macht bestätigt oder der sie abtritt oder überträgt; das verfluchende Wort, die Gebärde oder Haltung, die eine Verwünschung zum Ausdruck bringen [...], alles wirkt unmittelbar und aufgrund der eigenen Dynamis.«

8 Vgl. Cl. Préaux, »Le témoignage dans le droit grecque classique«, a. a. O., S. 221.

9 Epistatos: Vorsteher, Titel diverser Amtsträger der griechischen Antike, vor allem solcher im Bereich der Justiz.

10 Homer, *Ilias*, XVIII, 497-508. Das hier Beschriebene ist Teil der in drei Kreisen angeordneten Verzierung des von Hephaistos geschmiedeten Schilds: in der Mitte das Universum, dann im ersten Kreis die Stadt und die Gerichtsszene, im zweiten Kreis die Arbeit und das Hirtenleben. Die auf Achills Schild dargestellte Szene ist von zahlreichen Autoren kommentiert worden. Siehe J. Gaudemet, *Les Institutions de l'Antiquité*, Paris 1967, S. 139 f.; H. J. Wolff; R. J. Bonner; G. Smith; A. Steinwenter; G. Glotz und L. Gernet, der diese Szene zu einem »Schulbeispiel« erklärt.

11 Hesiod, *Der Schild des Herakles. Ein Fragment aus Der Heldinnen Geschlecht*, übertr. von J. H. Voss, in *Hesiods Werke und Orfeus der Argonaut*, Heidelberg 1806, S. 163-205.

12 Homer, *Ilias*, XXIII, 486. Diese Passage kommentiert auch J. Gaudemet, *Les Institutions de l'Antiquité*, a. a. O., S. 140, der das Wort *histor* auf die Wurzel *is* = *wid* (lat. *video*) zurückführt; vgl. *Dictionnaire étymologique de la langue latine*, von A. Ernout und A. Meillet, Paris 1951. Detienne verweist insb. auf den Aspekt des »Zeugen« – »derjenige, der *sieht* und *hört* und in seiner Eigenschaft als Erbe des *mnemon* auch ein *Memoirenschreiber* ist«; M. Detienne, *Les Maîtres de vérité dans la Grèce archaïque*, Paris 1967, S. 101, Fn. 80 [Hervorhebungen vom Autor].

Vorlesung 6
(Sitzung vom 3. Februar 1971)

*Hesiod.** – Charakterisierung der Wahrheitssprache bei Homer und im gerichtlichen Diskurs. – Das griechische Ritual des Gottesurteils und die christliche Inquisition. – Lust und Wahrheitsbeweis im Masochismus. – Hesiod als Sänger des krinein *im Gegensatz zum* dikazein *der gabengierigen Richterkönige.* – Dikaion *und* dike *bei Hesiod. – Erweiterung des* krinein *im griechischen Rechtsraum und eine neue Art der Wahrheitsbehauptung. – Drakons Gesetzgebung und die Entschädigung,* – Dikaion *und die Ordnung der Welt.*

[1] In den homerischen Texten finden sich zwei Arten von Urteilen.

In der Gruppe der Krieger geht es kaum um ein Urteil, sondern eher um eine Auseinandersetzung, die durch das Wechselspiel des Eids und der Wahrheitsherausforderung entschieden wird. Im städtischen oder dörflichen Milieu haben wir dagegen den Eingriff einer Autorität, allerdings auf sekundärer Ebene im Blick auf Entschädigungsverfahren, deren Initiative allein bei den Individuen liegt. Die Autorität wacht nicht darüber, dass es eine Entschädigung gibt, sondern darüber, dass die Abwicklung der Entschädigung nach den Regeln erfolgt. Diese beiden Arten von Verfahren entsprechen zweifellos zwei Arten sozialer Gruppen und vielleicht auch zwei verschiedenen Epochen.

[2] Bevor ich weitergehe, möchte ich anmerken, dass die Wahrheitsbehauptung im rechtlichen Diskurs von Anfang an oder zumindest in den archaischsten Formen, die wir kennen, präsent war. Sie wurde nicht nachträglich als fremdes Element dort eingeführt. Von Anfang an sind bestimmte Aussagen in der Weise institutionalisiert, dass sie einer Sprache der Wahrheit verpflichtet sind, einer Sprache mit Bezug zur Wahrheit, einer Sprache, die die Wahrheit ins Spiel

* Titel der Vorlesung im Manuskript.

bringt, wenn auch weniger noch eine Sprache, die in ein offenes, ungewisses, gefahrvolles Wechselspiel mit der Wahrheit tritt.[1]

Und diese Sprache hat keine bloß äußerliche oder dekorative Funktion. Ihre operative Rolle ist von entscheidender Bedeutung, weil von dort aus und um sie herum der Übergang von der Kette der Vergeltungsaktionen zur drohenden Rache der Götter erfolgt.

Es gibt keinen rechtlichen Diskurs, in dem nicht die Wahrheit umginge. In diesem Sinne ist Dumézil zuzustimmen, der in *Servius et la Fortune* sagt: »So weit man in den Ver-
[3] haltensweisen unserer Gattung auch zurückgeht, ist das ›wahre Wort‹ eine Kraft, der nur wenige Kräfte zu widerstehen vermögen […], die Wahrheit erscheint den Menschen schon sehr früh als eine der wirkungsvollsten sprachlichen Waffen, als einer der fruchtbarsten Machtkeime, eines der solidesten Fundamente für ihre Institutionen.«[2]

Man muss sich allerdings klarmachen, dass dieses wahre Wort nicht ursprünglich und gleichsam im Naturzustand gegeben ist. Es hat nicht die unmittelbare, universelle und schmucklose Form der Feststellung einer Tatsache. Man darf sich nicht vorstellen, die gerichtliche Institution berufe sich im Sinne einer Begründung, einer Norm oder einer Rechtfertigung auf ein Ensemble wahrer Feststellungen, die außerhalb ihrer selbst getroffen würden oder getroffen werden könnten. Der gerichtliche Diskurs orientiert sich nicht (letztlich oder erstlich) an einer Wahrheitsaussage, die ihm vorausginge oder äußerlich wäre. Für den gerichtlichen Diskurs stellt sich das Verhältnis zur Wahrheit gemäß seinen eigenen Formen und Regeln her.

Wir haben gesehen:

– Die Wahrheit wird nicht festgestellt, sie wird beschworen: Eid und Verfluchung.

– Das wahre Wort stützt sich nicht auf Gesehenes oder Erfahrenes; es setzt sich in der Zukunft dem möglichen Zorn der Götter aus.

[4] Das wahre Wort enthüllt nicht, was geschehen ist. Indem es auf die Tatsachen verweist, bezeichnet es denjenigen, der das Risiko auf sich nimmt, und schiebt den beiseite, der das Risiko ablehnt.

Und schließlich begründet es keine gerechte Entscheidung, sondern führt durch seine eigene Wirkungskraft die Entscheidung herbei.

In dem System, das wir heute kennen und das schon in klassisch-griechischer Zeit Gestalt annimmt, ist das wahre Wort vor allem das der Zeugenaussage. Es hat die Form der Feststellung; es stützt sich auf das, was geschehen ist, und seine Funktion ist das Enthüllen. Sein Modell oder vielmehr sein nichtsprachliches Äquivalent ist die Wahrnehmung: die Dinge zeigen, als wäre man dabei, als sähe man sie. Das Wort des Zeugen ist Ersatz für Anwesenheit.

In dem System, das man für die homerische Zeit erkennen kann, ist das nichtsprachliche Äquivalent des wahren Wortes das Gottesurteil,[3] die physische Probe: Man setzt sich oder jemand anderen einer unbestimmten Gefahr aus. Den Wahrheitseid zu leisten oder sich der Gefahr von Schlägen, des Blitzes, des Meeres oder wilder Tiere auszusetzen hat dieselbe operative Form und Qualität. In der archaischen
[5] Rechtspraxis wird das wahre Wort nicht mit dem Licht und dem Blick auf die Dinge verknüpft, sondern mit der Dunkelheit des ungewissen zukünftigen Geschehens.

Dass dies tatsächlich die Rolle des wahren Wortes ist, beweist die Tatsache, dass institutionell das Gottesurteil alternativ zum Eid eingesetzt wurde. Wenn die beiden Kontrahenten nicht von gleichem Rang und einer von ihnen nicht eidesfähig war, wurde er dem Gottesurteil unterworfen. Das galt für Frauen (mit der Felsenprobe[4]), für ausgesetzte Kinder und für Sklaven. Die physische Gefahr, der sie sich aussetzten, ihre Folterung, war ihr Wahrheitseid.

Es ist interessant, dass diese Wahrheitsprobe der Sklaven durch die Folter in der griechischen Rechtspraxis noch lange erhalten blieb, aber nach und nach eine andere Funktion erhielt. Im 4. Jahrhundert geht es darum, Sklaven zu einem Geständnis zu bewegen, die möglicherweise Zeugen der Taten ihrer Herren geworden sind, aber aufgrund ihrer Stellung als Sklaven gehindert sind, die Wahrheit zu sagen.

Die Folter wird in den Dienst der Zeugnis-Wahrheit [6] gestellt, doch der Herr hat das Recht, die Probe für seinen Sklaven abzulehnen. Solch eine Weigerung wirkte ein wenig wie die Ablehnung eines Gottesurteils; sie bedeutete jedenfalls einen Minuspunkt, ein negatives Zeichen für die Sache des Herren.

Man könnte eine ganze Geschichte über das Verhältnis zwischen Wahrheit und Folter schreiben.

* * *

Glotz hat möglicherweise alles Wesentliche über das griechische Gottesurteil gesagt, aber aus dieser Perspektive sollte man einmal die Inquisition untersuchen.* Dort wird die Wahrheitsprobe durch das christliche Geständnis kompliziert. Allerdings handelt es sich in der Inquisition nicht allein um Techniken zur Gewinnung des Geständnisses. Es gibt ein ganzes Netz von Disjunktionen, das die inquisitorische Probe stützt:

– Entweder du widerstehst der Probe und gestehst nicht, ein Hexer zu sein. Dann sorgt der Teufel dafür, dass du das Unerträgliche erträgst, und du bist eine Ausgeburt der Hölle. Dann verdienst du jedoch eine andere, eine letzte Folter, die deine Seele aus diesem Körper und dieser fleischlichen Welt entweichen lassen wird, in denen der Teufel herrscht.

– Oder du widerstehst der Probe nicht und gestehst. Dann ist klar, dass du eine Ausgeburt der Hölle bist, und verdienst es, bestraft zu werden. Mit der Strafe, der zu entgehen wir dir versprochen haben, falls du gestehst. Aber da dein Ge-

* Der Märtyrer hält an der Wahrheit fest, bis hin zur Folter und, als zufälliger Möglichkeit, der Rettung durch Gott. (Anmerkungen von M. F.)

ständnis dir Vergebung bringen wird, wirst du als jemand
[7] sterben, dem vergeben ist, und wir werden keine Todsünde begehen, weil es kein reueloser Sünder ist, den wir gelassen vor den Richterstuhl Gottes schicken.

Es ist nicht ausgeschlossen, dass die Autopsie der Leiche, ihre letzte Folter *post mortem*, um die Wahrheit des Lebens und der Krankheit herauszufinden, dieser Art von Vernunft (oder jedenfalls dem Wahnsinn[5]) eine Reihe von Schwierigkeiten bereitete, und zwar wegen des historisch überladenen Verhältnisses zwischen Wahrheit und Folter.

Masochismus. Der Masochist ist nicht derjenige, der seine Lust im Leiden findet. Er dürfte eher derjenige sein, der die Wahrheitsprobe akzeptiert und ihr seine Lust unterwirft. Wenn ich die Wahrheitsprobe bis ans Ende ertrage, wenn ich die Probe, die du mir auferlegst, bis zum Schluss durchstehe, siege ich über deinen Diskurs, und meine Behauptung ist stärker als deine. Das Ungleichgewicht zwischen dem Masochisten und seinem Partner beruht darauf, dass der Partner die Frage in apophantischer Weise stellt: Sage mir, was deine Lust ist, zeige sie mir! Breite sie durch das Raster der Fragen, die ich dir stelle, vor mir aus! Erlaube es mir, sie zu konstatieren. Verwendung der Paradoxie.

Und der Masochist antwortet in der Art eines Gottesurteils: Ich werde stets mehr ertragen, als du mir antun kannst. Und meine Lust liegt in diesem stets verschobenen, niemals erfüllten Überschuss. Sie liegt nicht in dem, was du tust, sondern in diesem hohlen Schatten, den dein Tun ihr vorauswirft.

Auf die apophantische Frage seines Partners reagiert der Masochist nicht mit einer Antwort, sondern mit einer Herausforderung zum Gottesurteil; oder vielmehr hört er eine Herausforderung zum Gottesurteil und antwortet darauf: An der Grenze deines Vorstellungsvermögens hinsichtlich dessen, was ich bin, behaupte ich meine Lust.

[8] ## Die Veränderung

Der Kern der Veränderung besteht im Wesentlichen in der Entstehung eines neuen Typs von Urteil, Verfahren und Urteilsspruch neben einer primitiveren Form.

Dieser Gegensatz scheint in der Existenz zweier Worte auf: δικάζειν [*dikazein*] und κρίνειν [*krinein*]. Er findet sich in einem Text von Hesiod,[6] der auf die Existenz zweier verschiedener Arten von Rechtsprechung zu verweisen scheint, die jedoch offenbar mit dem Gegensatz zwischen guter und schlechter Rechtsprechung zusammenfallen.

»Hier auf der Stelle entscheiden den Streit wir schnurgerad nach den Gesetzen, die Zeus uns zum Segen verliehen. […] doch anderes vieles trugst du als Raub mit fort und priesest lauthals die Herren, stopftest sie mit Geschenken, die gern dir Recht dafür sprachen (βασιλῆας δωροφάγους, ἳ τήωδε δίκην ἐθέλουσι δίκασσαι).[7]

[9] Von diesem Text wollen wir mehrere Dinge festhalten:

a – Den Anlass für den Hinweis auf die zwei gegensätzlichen Arten von Rechtsprechung bildet ein bäuerlicher Streit über Güter und Besitz. Die schlechte Rechtsprechung spricht dem Kläger zu, was ihm nicht gehört; die gute dagegen sorgt dafür, dass jeder bekommt und behält, was ihm gehört.

b – In beiden Fällen gibt es einen Rekurs auf die Autorität, doch im Fall der guten Rechtsprechung scheint dieser Rekurs eine vorgängige Übereinkunft (διακρινώμεθα [diakrinometha]) vorauszusetzen, und sie erfolgt vor einer Autorität, die man nicht kennt. Im Fall der schlechten Rechtsprechung erfolgt der Rekurs vor der Autorität der Könige (der lokalen Oberhäupter, der Oberhäupter der adligen Familien).

Diese Oberhäupter sind empfänglich für jegliche Art von Korruption, während die andere Rechtsprechung in Zeus' Namen erfolgt. [Diese guten Urteile] nehmen, so heißt es im Text, ihren Ausgang bei Zeus, ἐκ Διός [*ek Dios*]. Was auf eine

Autorität zu verweisen scheint und in jedem Fall auf ein anderes Garantiesystem.

[10] Dieser Gegensatz zeigt deutliche Übereinstimmungen mit dem Gegensatz, der sich sehr viel klarer in den Inschriften von Gortyn zeigt.[8]

Das Stadtrecht von Gortyn lässt zwei Arten von Rechtsprechung erkennen:

A – Beim ersten, δικάζειν [*dikazein*], leisten nur die Kläger einen Eid. Jeder Kläger bringt seine Zeugen mit. Aber es sind nicht solche, die wissen oder gesehen haben. Es sind Parteigänger. Auch sie leisten einen Eid. Aber sie schwören nicht, die Wahrheit über den Gegenstand des Streits zu sagen. Sie haben nicht die Aufgabe, die Entscheidung zwischen den beiden Gegnern auf der Basis jenes dritten Elements herbeizuführen, das die Wahrheit darstellt.

Sie leisten denselben Eid wie die von ihnen unterstützte Partei; sie engagieren sich für sie. Bei einem Meineid setzen sie sich derselben Rache der Götter aus. Aber zugleich demonstrieren sie das soziale Gewicht des von ihnen Begleiteten.

Der Urteilsspruch ist keine freie Entscheidung hinsichtlich der Tatsachen und des einschlägigen Rechts. Er stellt lediglich fest, dass die eingesetzten Verfahren den Regeln entsprechend durchgeführt wurden. Insbesondere berücksichtigt er mechanisch die Zahl der Zeugen und das Gewicht ihres Eides.

[11] Bei einem Eigentumsstreit wird die Seite siegen, die *neun* Zeugen beibringt. Der Richter ist durch diese Zeugen gebunden. Der Eid der Parteien bestimmt die Entscheidung (ein wenig wie bei der Herausforderung des Menelaos), aber verschwunden ist hier die Herausforderung des einen durch den anderen wie auch das direkt zur Entscheidung führende Wechselspiel zwischen Ablehnung und Annahme.

– An die Stelle einer Auseinandersetzung zwischen Gleichen tritt hier die soziale Differenzierung der Individuen, ihrer Zugehörigkeit und ihrer Klientel.

– An die Stelle der Herausforderung des einen durch den anderen (die angenommen oder abgelehnt wird) tritt die Konfrontation zwischen zwei sozialen Gruppen.
– An die Stelle der direkten Entscheidungswirkung der angenommenen oder abgelehnten Herausforderung tritt die im Prinzip mechanische Entscheidung einer dritten Autorität.
Bei diesem Verfahren wird die Wahrheit also durch den Schwur der Eidesgemeinschaft bestätigt, und zwar in Gestalt des eingegangenen Risikos: Wenn wir nicht die Wahrheit sagen, setzen wir uns der Rache der Götter aus. Aber sie wird auch durch den Urteilsspruch bestätigt, und hier in Gestalt der Erinnerung: Die Regeln sind beachtet worden. Und von dieser Forderung der Erinnerung können die anwesenden Bestecher die Könige abbringen.

[12] Zukünftige Rache der Götter und genaue Erinnerung der Richterkönige.[9] Drohung der Götter, die sich an jede Beleidigung erinnern; das stets irrtumsanfällige Gedächtnis derer, die sich an alle Regeln erinnern müssen: Im zweifachen Element dieser Erinnerung bewegt sich die Wahrheit dieser Art von Urteil, δικάζειν [*dikazein*].
Wir haben also zwei Zeitfiguren:
– die zukünftige Erinnerung der Götter an den jetzigen Eid der Menschen;
– die jetzige Erinnerung der Könige an die ältesten Regeln.
Die Wahrheit steht zu diesen beiden Figuren nicht in derselben Beziehung:
– Die Wahrheit setzt die Menschen der zukünftigen Erinnerung der Götter aus.
– Sie beruht auf dem aktuellen Gedächtnis der Könige.
Die beiden Beziehungen haben weder denselben Ursprung noch dieselbe Grundlage:
– Bei der einen stellt der Schwörende durch seinen Eid die Beziehung zur Wahrheit her.
– Bei der anderen ist es der Richter-König, der die wahre Gerechtigkeit in seinem Urteil herstellt.

[13] Doch in beiden Fällen hat die Wahrheit die Form des Nichtvergessens: Die Menschen fordern, dass die Könige nicht vergessen, und setzen sich zugleich dem Nichtvergessen der Götter aus. Diese Wahrheit hat nichts mit Verhüllen oder Nichtverhüllen zu tun.[10]

B – Κρίνειν [*krinein*].[11] Das Stadtrecht von Gortyn setzt neben diese Form von Urteil eine weitere: κρίνειν [*krinein*]. Wie es scheint, besaß diese Form des Urteils anfangs Ersatzfunktion, und zwar dort, wo die Bräuche schwiegen oder unzureichend waren, vielleicht wenn es um die Abschätzung eines Schadens ging.

Diese Urteilsform breitete sich rasch sehr weit aus und wurde sogar zur Regel, mit Ausnahme jener Fälle, in denen die andere Form, δικάζειν [*dikazein*], ausdrücklich (durch das Recht) vorgeschrieben wurde. Das κρίνειν [*krinein*] besetzt nach und nach den gesamten Raum der griechischen Rechtspraxis. Worin besteht es? Scheinbar in einer einfachen Verschiebung oder Verdopplung: Der Richter leistet den Eid, entweder weil die Parteien ihn nicht leisten, oder zusätzlich zum Eid der Parteien.

[14] 1. Welchen Charakter und welche Funktion hat dieser Eid?

Oft wird er im Sinne eines Versprechens interpretiert (Dareste[12]): Der Richter verpflichtet sich, das Gesetz zu beachten. Aber abgesehen von der Tatsache, dass es in diesem Fall kein Gesetz gibt, sieht man, dass nach dem Stadtrecht von Gortyn der Richter zumindest in manchen Fällen die Wahrheit der Tatsachen beeiden musste. Handelt es sich demnach um einen assertorischen Eid: Ich schwöre, dass dies wahr ist? (Latte[13]) In vielen Fällen (wie der Aufteilung des Erbes) hätte der assertorische Eid gar keinen Sinn.

Wie es scheint (Gernet), handelt es sich um einen Eid, durch den der Richter sich selbst exponiert, das Risiko auf sich nimmt und sein Schicksal mit der Qualität seines Urteilsspruchs verbindet. Ein wenig so wie später die Amphiktyonen von Delphi, bevor sie sich zu einem Rechtsstreit äußer-

ten:[14] »Aufgerufen, über das Wohl und das Land Apolls zu entscheiden, werde ich in jeder Sache so weit wie möglich
[15] nach der Wahrheit urteilen, ohne Zorn und Hass, und ich werde mich in keiner Weise einem falschen Urteil hingeben. [...] Wenn ich meinen Eid halte, möge mir jede Art von Wohlstand beschieden sein, wenn ich ihn breche, sollen Themis, der pythische Apoll, Lete und Artemis, Hestia und das ewige Feuer mich elend zugrunde gehen lassen und mir jegliches Heil verwehren« (zit. in Glotz).[15]

Der Richter muss die Wahrheit sagen, und durch dieses Verhältnis zur Wahrheit setzt er sich ebenso der Rache der Götter aus wie die Prozessparteien. Hier erscheint eine Wahrheitsbehauptung in der Position des Dritten; sie wird der Wahrheitsbehauptung der Parteien überlagert und übergeordnet; und diese Erklärung eines Dritten bestimmt die Entscheidung. Der Richtereid ist nicht bloß eine zusätzliche Formalität, sondern bedeutet eine vollkommen neue Gestaltung des gerichtlichen Diskurses und der Gerichtspraxis.

2. Was folgt aus dieser neuen Gestaltung?

a – Eine Verschiebung und eine Verringerung der Funktion des Eides der Streitparteien.

Früher setzte der Eid die Parteien dem unerträglichen Blick der Wahrheit und ihrer Rache aus. Jetzt weiß man, dass er wahr oder falsch sein kann. Wie Platon später (*Gesetze**) bemerkt, muss sogar einer der beiden Eide falsch sein. Kann der Eid sowohl wahr als auch falsch sein, kann er nicht mehr als Beweis gelten.

[16] Hesiod: »Es schadet der Böse dem besseren Manne, spricht auf ihn ein mit krummen Worten und schwört einen Eid drauf« (*Werke und Tage*, 195-196). »Horkos, der Hüter des Eids, verfolgt jede Biegung des Rechtes, wenn der Strom-

* Das Manuskript verweist auf *Gesetze* IX, doch in diesem Buch findet sich kein Hinweis auf den Eid. Die Frage wird mit etwas anderen Worten in Buch XII, 948b-949b, behandelt und signalisiert eine Entwicklung seit den berüchtigten Götterschwüren zu Zeiten des Rhadamanthys.

lauf des Rechts sich krümmt nach der Habgier der Männer, die das Gesetz sich biegen zurecht« (*Werke und Tage*, 219).
Aischylos: »Durch Eide sieget nimmermehr, was nicht gerecht« (*Die Eumeniden*, 432).[16]
Die Parteien sind als Träger der Wahrheit disqualifiziert. Sie setzten sich nicht der Macht der Wahrheit aus. Sie behalten sich vor, die Wahrheit zu sagen oder nicht zu sagen. (Und im Blick auf das, was sie beschwören, kann dann der Richter sagen, was falsch oder wahr ist.)
Doch diese Verringerung der Funktion wird von einer Verschiebung begleitet. Der Eid bleibt für die Parteien weiterhin bestehen, aber er fungiert nun als Ritual zur Einführung einer Instanz. Durch den Eid bekunden die Parteien, dass sie auf den Richter zurückgreifen. Sie machen deutlich, dass sie zwei einander widersprechende Thesen vertreten und dass sie zugleich beschließen, ein Urteil zu suchen (und in gewisser Weise auch, den Streit zu akzeptieren).
Zu sagen: »Ich schwöre, dass ich nicht getötet habe«, und: »Ich schwöre, dass er getötet hat«, heißt nicht, eine Wahrheit auszusagen, sondern auf rituelle Weise ein Instanz einzuführen.

[17] Der Eid der Parteien bestimmt bei dieser Urteilsform nicht mehr die Entscheidung; er hat nicht länger die Aufgabe, die Rivalität der beiden Parteien zu beenden. Er hat vielmehr die Funktion, sie auf eine andere Bühne zu versetzen. Gewiss ist der Prozess auch weiterhin ein Kampf (bis in klassische Zeit hinein bezeichnet man ihn weiterhin als ἀγών [*agon*] oder als νεῖκος [*neikos*])[17], aber er wird nun ganz anders organisiert, denn man obsiegt über den Gegner nicht mehr allein durch die Kraft oder das Gewicht des Eides, sondern indem man die Entscheidung des Richters auf seine Seite bringt.
Der Eid der Parteien dient dazu, rituell einen neuen Raum zu eröffnen, in dem der Kampf symbolisch geführt und die Souveränität des Richters akzeptiert wird. (Das wird zumindest negativ durch eine Bestimmung des Stadtrechts

von Gortyn bestätigt: Wenn es keine andere Möglichkeit gibt, weil es keine Gegenseite gibt oder weil die Gegenseite abwesend ist, stützt der Richter sich allein auf den Eid der anwesenden Partei. Der Eid der Prozesspartei ist die letzte Instanz.)

[18] b – Doch der Eid des Richters impliziert eine neue Funktion des Urteilsspruchs. Beim κρίνειν [*krinein*] beschränkt das Urteil des Richters sich nicht darauf, den Sieg einer der beiden Seiten aufzuzeichnen, die anwesenden Kräfte zu vergleichen und zu sanktionieren – es spricht den Sieg zu. In gewissem Sinne ist das Urteil der Sieg. Aber worauf stützt es sich? Welches Prinzip dient ihm als Maß? Wer autorisiert diesen Urteilsspruch? Und welcher Urteilsspruch gilt als gerecht, gut, besser als die anderen?

1 – Natürlich gibt es poetische oder philosophische Texte, die das sagen. Gerecht ist das Urteil, das der δικη [*dike*] entspricht, welches das δίκαιον [*dikaion*] zum Ausdruck bringt;[18] genauer oder rätselhafter das Urteil, das δίκαιον καὶ ἀληθής [*dikaion kai alethes*] zum Ausdruck bringt[19] oder, wie Herodot später sagen wird, das den Parteien Gerechtigkeit κατὰ τὸ ἐὸν [*kata to eon*] widerfahren lässt.[20]

Vielleicht könnte die Kommentierung dieser Texte das Verhältnis zur Wahrheit oder das Verhältnis zu dem Seienden enthüllen, das den Urteilsspruch begründet und das dieses gerechte Urteil manifestiert.

[19] Doch die griechische Rechtspraxis ist sicher ein soliderer Leitfaden.

Es gehört zu den – ständig und bis zum Ende der klassischen Zeit anzutreffenden – Prinzipien dieser griechischen Rechtspraxis, dass jede Handlung von jemandem ausgehen und auf jemanden gerichtet sein muss. So etwas wie den Ankläger oder Staatsanwalt oder Vertreter der Öffentlichkeit gibt es im griechischen Recht nicht. Dort gibt es stets zwei Parteien, deren eine die andere beschuldigt, während diese sich verteidigt.[21]

a – Im Strafverfahren (und das ist eine Konsequenz des ersten Punktes) obliegt es nicht der Stadt oder dem Staat oder dem Gericht, den Verdächtigen anzugreifen. Diese Aufgabe fällt dem Opfer oder seinen Verwandten zu. Bei einem Mord übernimmt ein Verwandter des Toten die Aufgabe, den angeblichen Mörder zu beschuldigen. Und wenn die Erben sich dieser Aufgabe entziehen, können andere Familienmitglieder sich ihrerseits erheben und nicht nur dem Verbrecher sein Verbrechen, sondern auch dem legitimen Kläger sein Versagen vorhalten.

Am anderen Ende des Verfahrens findet sich eine Bestimmung ähnlicher Art: Wenn das Urteil gesprochen ist, fällt dem Gegner die Aufgabe zu, dessen Ausführung zu verlangen oder zumindest symbolisch einzuleiten. (Wenn in Athen eine zweifache Strafe verhängt wurde, zugunsten eines Einzelnen und zugunsten der Stadt, konnte die Stadt ihren Anteil erst dann einfordern, wenn Ersterer den seinen einzufordern begonnen hatte.)

[20] Der Urteilsspruch hat seinen Ort vor dem Hintergrund eines Entschädigungsverfahrens zwischen Individuen. Er legitimiert, begrenzt und organisiert die Entschädigung. Er sorgt dafür, dass ein Verbrechen die gebührende Entschädigung findet. Er konstituiert den Kriminellen nicht als Kriminellen. Die große Frage, um die unser ganzes Strafrecht kreist (ob nämlich der Angeklagte wirklich kriminell sei), ist dem griechischen Recht fremd. Es kennt letztlich nur die Frage: Ist das Verbrechen wirklich durch eine Entschädigung gesühnt worden?

Deshalb ist Drakons Gesetzgebung,[22] die bis Demosthenes und darüber hinaus in Geltung bleiben wird, eine Entschädigungsgesetzgebung:

– Sie präzisiert sorgfältig, wer ein Anrecht darauf hat, eine Entschädigung zu fordern, sie für ausreichend zu erklären oder sie auszusetzen (Kinder und Eltern, Brüder und Schwestern, Vettern, Nachkommen, der Schwiegervater, die Phratrie).

– Sie bestimmt außerdem, wann man ein unmittelbares

Recht auf Entschädigung geltend machen kann (auf der ἀγορά [agora]; auf dem Gerichtsplatz).

– Sie bestimmt schließlich, ob man ein Recht auf Entschädigung geltend machen kann, wenn der Verbrecher sich im Exil befindet oder wenn das Opfer ein Sklave ist.

Hinsichtlich der Natur des Verbrechens, hinsichtlich der Frage, was das Verbrechen an sich ist, bleibt Drakons Gesetzgebung rudimentär:

[21] Tötung in Notwehr (was selbst bereits eine Entschädigung darstellt),

– Mord und

– fahrlässige Tötung.

In Strafsachen hat der richterliche Urteilsspruch hauptsächlich die Aufgabe, die Abwicklung der Entschädigung zu regeln.

b – Und im »Zivilprozess«? So paradox es klingen mag, dort spielt der Urteilsspruch dieselbe Rolle.

Bei Erbstreitigkeiten, wie Gernet sie untersucht hat,[23] wenn jemand einen anderen wegen eines Erbes verklagt, das dieser sich angeeignet hat, sind die beiden Prozessparteien nicht Kläger und Beklagter, sondern zwei symmetrische Gegner. Es gibt hier keinen Kläger, der seinen Rechtsanspruch begründen muss, sondern zwei kämpfende Parteien, die wechselseitig ihre jeweiligen Ansprüche rechtfertigen müssen. In diesem Verfahren gibt es keine Autorität hinsichtlich des Prozessgegenstands. Man kann das Verfahren stets in Frage stellen, indem man neue Argumente einführt. Auch kann stets ein Dritter in den Prozess eingreifen und Ansprüche erheben. Und schließlich tritt die Verjährung erst fünf Jahre nach dem Tod dessen ein, der zum Erbe bestimmt wurde.

In Prozessen über Verträge wird die Nichteinhaltung grundsätzlich als Schaden bewertet.

[22] Der Urteilsspruch hat also nicht die Aufgabe, ein Recht zu deklarieren, das einem Subjekt zustünde. Er gründet nicht in einem subjektiven Recht. Er muss kein Rechtssubjekt

anerkennen.[24] Er soll das Spiel des Gebens und Nehmens regeln. Es geht nicht darum, dass jeder das ihm zustehende Recht anerkannt sieht, sondern darum, dass die Zuweisungen, Kompensationen und Entschädigungen in befriedigender Weise vorgenommen werden.

Die griechische Rechtspraxis muss sich nicht auf die Rechte des Subjekts in ihrer Wahrheit stützen,[25] sondern auf eine Verteilung und eine Entschädigung, die mit der Zuschreibung und Zirkulation der Dinge, ihrem gerechten Kreislauf, übereinstimmen.

c – Deshalb kann man beobachten, dass korrelativ zu dieser Justiz des κρίνειν [*krinein*] ein neuer Begriff aufkommt, der des δίκαιον [*dikaion*], des Gerechten.

In der Ilias kommt δίκαιον [*dikaion*] nicht vor. Δίκη [*dike*] erscheint fünf Mal, und zwar zur Bezeichnung des Streitgegenstands, über den ein Urteil gefällt werden soll, wie auch des Urteilsspruchs selbst.[26] Bei Hesiod erscheint der Begriff mehrmals, und zwar stets in Verbindung mit δίκη [*dike*], insbesondere in der großen Passage in *Werke und Tage*, die dem Glück und Unglück der Stadt gewidmet ist (255-263).[27] In dieser berühmten Passage heißt es, wenn die Könige nicht für Recht nach dem Prinzip des δίκαιον [*dikaion*] sorgen, führt das zu vielfältigem Unglück. Welcher Art ist dieses Unglück, und wie verteilt es sich?

[…] *

[24] Und auch die Kausalität verändert sich. Im homerischen Vor-Recht beruft man sich direkt auf den Willen des Zeus. Bei Hesiod dient Δίκη [*Dike*] als Mittlerin. Wenn die Rechtsprechung der Könige nicht gut ist, verlässt Δίκη [*Dike*] die Erde und ruft die Rache des Zeus herab (sie lässt sich zu Füßen ihres Vaters nieder).

Die Wirkung der Ungerechtigkeit ist in erster Linie die Abwesenheit von Gerechtigkeit. Die Anwesenheit von Ge-

* Seite 23 des Manuskripts ist in die folgende Vorlesung (vom 10. Februar) verschoben worden und wird dort zu Seite 6; siehe unten S. 137f.

rechtigkeit ist Zeichen und Garant des Glücks der Städte. Genau in diesem Sinne konzipierte Aratos die drei Zeitalter.[28] Eines, in dem die Gerechtigkeit auf Straßen und öffentlichen Plätzen präsent war: das Goldene Zeitalter. Im Silbernen Zeitalter hat sie sich auf die Berge zurückgezogen, wo sie leuchtet, wenn die Sonne untergeht. Im Ehernen Zeitalter leuchtet sie nur noch des Nachts am Himmelsgewölbe, wohin sie sich zurückgezogen hat.

Δίκαιον [*dikaion*] ist also mit einer Weltordnung verbunden. Durch ihre Anwesenheit in der Welt stellt Δίκη [*Dike*][29] sicher, dass das Glück der Menschen der Gerechtigkeit der Urteile entspricht. Ihre Abwesenheit führt dazu, dass Stadt und Felder unter den ungerechten Urteilen leiden.

Während das »Gerechte« sich im römischen Rechtsdenken auf das wirkliche Recht des Subjekts bezieht, während der römische Richter mit seinem Urteil wirklich wahres Recht sprechen muss;

[...] *

[26] – Warum hat das Gerichtsurteil nicht in erster Linie die Aufgabe, Recht zu sprechen oder das Recht zu konstituieren, sondern sich vielmehr selbst als Entschädigung, Umverteilung, Kompensation in den Kreislauf der Besitzverteilung einzuschalten? Die Justiz korrigiert eher, als dass sie zuwiese. Siehe Aristoteles.[30]

– Wie *wahr* und *falsch* im Urteil funktionieren und sich verteilen. Welche Rolle beides im Blick auf die Eide der Prozessparteien, auf den Eid des Richters, auf *gerecht* und *ungerecht* spielt.

– Warum Gerechtigkeit im unmittelbaren Sinne und mit vollem Recht politisch ist. Sie ist eines der Mittel, mit deren Hilfe man sicherstellen kann, dass Ordnung im Staat herrscht. Nicht so sehr indem sie jedermann erkennen lässt, was ihm von Natur aus zusteht, sondern indem sie die Bande innerhalb des Staates in der gebührenden Weise

* Seite 25 fehlt.

knüpft, indem sie dafür sorgt, dass der Platz eines jeden in einem harmonischen Gleichgewicht mit dem jedes anderen steht. Daraus folgt: (a) dass die politische Autorität sich um Gerechtigkeit kümmert und (b) dass jeder, der sich um Gerechtigkeit kümmert, sich damit zugleich auch um die Politik des Staates kümmert.

[27] Der rechtliche Diskurs wird unmittelbar als [politischer]* Diskurs anerkannt.

– Warum soll man sagen, was gerecht (δίκαιον [*dikaion*]) ist, und zugleich sagen – singen oder wissen –, was die Ordnung der Dinge ist? Damit ist der Gesetzgeber zugleich derjenige, der die Welt ordnet. Er wacht über sie, und dies gleichermaßen durch seine Gesänge oder sein Wissen, durch seine Vorschriften und seine Souveränität. Und wer die Ordnung der Welt kennt, kann umgekehrt sagen, was für Menschen und Staaten am besten und gerechtesten ist.

Der Begriff des νόμος [*nomos*] erhält zentrale Bedeutung und wird mehrdeutig. Auf der Grundlage der juristischen Form des κρίνειν [*krinein*] erscheint eine besondere Art des Wahrheitsdiskurses, die mit δίκαιον [*dikaion*], mit νόμος [*nomos*], mit der Ordnung der Welt und der Ordnung des Staates verbunden ist. Er ist noch weit entfernt von unserem eigenen Wahrheitsdiskurs, aber der unsrige stammt über zahlreiche Veränderung davon ab.[31]

Wir gehören zu dieser Dynastie des κρίνειν [*krinein*].

[28] Schluss

Mit dem κρίνειν [*krinein*] konstituiert sich im rechtlichen Diskurs und in der Rechtspraxis eine gänzlich neue Art von Wahrheitsbehauptung.

Diese Wahrheitsbehauptung führt zu einer Kommunikation zwischen dem Gerechtigkeitsdiskurs und dem politischen Diskurs, in dem Souveränität ausgeübt wird, und mit

* Das Manuskript wiederholt: rechtlicher.

dem Wissensdiskurs, in dem die Ordnung der Welt zum Ausdruck gebracht wird. Dieser Diskurs findet seine höchste Ausformulierung bei Solon und Empedokles, zwei Königen der Gerechtigkeit, Dichtern des geschriebenen Gesetzes und Meistern der Wahrheit. Es ist diese Art von Wahrheitsbehauptung, die mit den Sophisten verschwindet – oder vielmehr, deren verstreute Teile man bei den Sophisten findet, als zirkulierten sie gleichsam wild in einem Spiel, in dem nichts fest ist und nichts zum Stillstand kommt. Behauptung des Gesetzes gegen die Natur; Behauptung, dass es keine Wahrheit gebe und dass jeder Diskurs wahr sei; Behauptung eines universellen Wissens und dass Wissen nichts sei; Behauptung, dass man Gerechtigkeit lehre und dass man jegliche Sache zum Sieg führen könne. Der Rausch der alten griechischen Wahrheit im Zustand der Zerstückelung.

[29] Der Weg von diesem κρίνειν [*krinein*], das Hesiod besingt und dem δικάζειν [*dikazein*] der gabengierigen Könige entgegensetzt, der Weg von diesem durch das Stadtrecht von Gortyn institutionalisierten κρίνειν [*krinein*] bis zu den Händlern der Diskurse und vernichtenden Argumente war jedenfalls lang. Er führte grob gesagt über drei Etappen:

– Die Schaffung eines schriftlichen Gesetzes, das in gewissem Maße den νόμος [*nomos*] fixierte, der das Gerechte und die Rechtspraxis bestimmt. Es ist die erste große Niederlage, die der Adels- und Kriegerjustiz mit ihren Eiden und Eidesherausforderungen beigebracht wurde. Nun obsiegt nicht mehr, was derjenige sagt, dessen Fluch das größte Gewicht hat, sondern derjenige, der mit dem νόμος [*nomos*] übereinstimmt. Es ist die Zeit des Charondas,[32] des Zaleukos und des Drakon. [Es ist] εὐνομία [*eunomia*].[33]

– Die Schaffung einer politisch-rechtlichen Macht in Gestalt des Stadtstaates, der zumindest im Prinzip alle Bürger gleichermaßen unterworfen sind, auch wenn sie hinsichtlich des Reichtums oder der Geburt ungleich sind. Das ist die Zeit Solons.[34] Das ist ἰσονομία [*isonomia*].[35]

– Schließlich zumindest in manchen Städten die Machtergreifung des Volkes – durch die Tyrannei, trotz ihrer oder in ihrem Gefolge.[36]

[30] Doch nun müssen wir die politische Geschichte nachzeichnen, die das Aufkommen des κρίνειν [*krinein*] – die Einführung eines gerechten und wahren Diskurses durch die Institutionen und Praktiken des Rechts – und dessen Veränderungen zu erklären vermag.

Anmerkungen

1 Im archaischen Griechenland sagt der Richter die Wahrheit; die Redewendung δίκαιος καὶ ἀληθής [*dikaios kai alethes*] findet sich sehr häufig; siehe Euripides, *Die Hilfeflehenden*, 855; Platon, *Gesetze*, IX, 859a; Demosthenes, *Reden* (*Harangues*, II, hg. von M. Croiset, Paris 1925, S. 110-112); Sophokles, *König Ödipus*, Vers 1158 (nach R. Hirzel, *Themis, Dike und Verwandtes. Ein Beitrag zur Geschichte der Rechtsidee bei den Griechen*, Leipzig 1907, S. 108-115; Reprint Hildesheim 1966).

2 G. Dumézil, *Servius et la Fortune*, Paris 1943, S. 243 f.

3 Zum Gottesurteil siehe G. Glotz, *L'Ordalie dans la Grèce primitive*, Paris 1904; ders., *Études sociales et juridiques sur l'Antiquité grecque*, Paris 1906, S. 81-84, 94; G. Sautel, »Les preuves dans le droit grecque archaïque«, in *Recueils de la Société Jean Bodin pour l'histoire comparative des institutions*, Bd. XVI: *La Preuve*, Brüssel 1965, S. 125 f.

4 Die schuldige Frau überantwortete ihr Schicksal den Meeresgottheiten und stürzte sich von einem Felsen ins Meer (Sprung von Leukas).

5 Foucault bezieht sich hier auf die »Theaterdarstellung« des Wahnsinns, mit der man im 17. Jahrhundert experimentierte (siehe Z. Lusitanus, *Praxis medica*, 1637), wie sie in *Histoire de la folie à l'âge classique*, Paris 1961, S. 400-405; dt.: *Wahnsinn und Gesellschaft*, Frankfurt am Main 1969, S. 335-339, beschrieben ist. Danach war es üblich, die Wahrheit des Deliriums als Herausforderung zu akzeptieren. Die von Foucault häufig kommentierte moralische Behandlung des Wahnsinns entspricht genau dem zu dieser Theatralisierung entgegengesetzten Verfahren.

6 Hesiod, *Werke und Tage*, 35-39; dt. zit. nach ders., *Theogonie. Werke und Tage*, hg. von A. von Schirnding, München 1997, S. 85.

7 Hesiod wendet sich hier gegen seinen Bruder Perses, der ihm einen Teil seines Erbes geraubt haben soll. Siehe ebd.

8 Ein epigraphisches Dokument, das aus mehreren Inschriften besteht. Die Hauptinschrift stammt von 450 v. Chr., doch das Stadtrecht von Gortyn

(Kreta) dürfte tatsächlich weitgehend in seinem archaischen Zustand erhalten geblieben sein: fragmentarische Inschriften aus dem 7. und 6. Jahrhundert. Siehe F. Bücheler und E. Zitelmann, *Das Recht von Gortyn*, Frankfurt am Main 1885.

9 L. Gernet, »Le temps dans les formes archaïques du droit«, *Journal de psychologie normale et pathologique*, LIII (3), 1956, S. 379-406.

10 Der verhüllte oder nichtverhüllte Charakter der Wahrheit, ihr mehrdeutiges Wesen, verweist durchaus auf Heideggers Ἀλήθεια [*Aletheia*] und insbesondere auf dessen *Vom Wesen der Wahrheit*, Frankfurt am Main 1943. Doch Foucault greift hier eher das Gegensatzpaar »Aletheia/Lethe« auf, das Detienne (den Foucault in dieser Vorlesung gleichfalls nicht nennt) in *Les Maîtres de vérité dans la Grèce archaïque*, Paris 1967, beschreibt, und umgeht es auf der Grundlage einer Rekonstruktion der gerichtlichen Praktiken. (Siehe »Situierung der Vorlesung«, unten S. 336-354.)

11 Siehe L. Gernet, »Sur la notion de jugement en droit grec«, *Archives d'histoire du droit oriental (AHDO)*, I, 1937, S. 115 f.

12 R. Dareste, B. Haussoullier und Th. Reinach (Hg.), *Recueil des inscriptions juridiques grecques*, Paris 1894; zit. in L. Granet, »Sur la notion de jugement en droit grec«, a. a. O.

13 K. Latte, zit. ebd.

14 Amphiktyonen: Bezeichnung der Delegierten der zu einer politischen und religiösen Konföderation zusammengeschlossenen griechischen Städte; sie kamen alljährlich im Frühjahr in Delphi zusammen (und im Herbst in Anthela in der Nähe der Thermopylen). Die Amphiktyonen verfügten über militärische Kräfte zur Bestrafung von Meineidigen. Siehe J. Gaudemet, *Les Institutions de l'Antiquité*, Paris 1967, S. 176 f.

15 G. Glotz, *Études sociales et juridiques sur l'Antiquité grecque*, a.a.O: S. 145 (Foucault hatte das gesamte Zitat in seine Dokumentation aufgenommen).

16 Diese Kritiken am zugeschobenen Eid sind zitiert in G. Sautel, »Les preuves dans le droit grecque archaïque«, a. a. O., S. 131.

17 Ἀγών [*agon*] oder νεῖκος [*neikos*]: Kampf oder Zank.

18 Δίκαιον [dikaion]: das »Gerechte«; vgl. Hesiod, *Werke und Tage*, 225; der Urteilsspruch nach E. Wolf, *Griechisches Rechtsdenken*, 4 Bde., Frankfurt am Main 1950-1956 [1882].

19 δίκαιον καὶ ἀληθής [*dikaion kai alethes*]: was gerecht und wahr ist; eine Entsprechung dazu findet sich bei den Tragikern.

20 Herodot, *Historien*, I, 97; dt.: hg. von H. W. Haussig, Stuttgart 1971, S. 46: »Der Zudrang [zu Deiokes] wurde immer größer, denn man hörte, dass seine Urteile immer das Rechte trafen [τὰς δίκας ἀποβαίνειν κατὰ τὸ ἐόν]« (dieses und weitere Beispiele in R. Hirzel, *Themis, Dike und Verwandtes*, a. a. O.).

21 Siehe H. Frisch, *Might and Right in Antiquity*, Bd. 1, *From Homer to the Persian Wars*, übers. von C. C. Martindale, Kopenhagen 1949.

22 Aristoteles, *Politik*, Buch II, 1274b15-16; zit. nach ders., *Philosophische Schriften in sechs Bänden*, Hamburg 1995, Bd. 4, S. 75: »Von Drakon hat man zwar Gesetze, aber er gab sie für eine schon bestehende Verfassung.« Diese Drakon zugeschriebenen *nomoi* (Gesetze) oder *thesmoi* (Bräuche) sind unter Historikern umstritten; siehe F. Ruzé, *Délibération et Pouvoir dans la Cité grecque de Nestor à Socrate*, Paris 1997, S. 342-345.

23 L. Gernet, »Sur la notion de jugement en droit grec«, a. a. O., S. 126-129.

24 Ebd., S. 11-144.

25 L. Gernet, Droit et Société dans la Grèce ancienne, Paris 1955, [2]1964.

26 E. Wolf, *Griechisches Rechtsdenken*, a. a. O., S. 85-94, verweist auf fünf Stellen: 19.55, 23.539, 18.479, 16.542 und 16.388.

27 H. Frisch, *Might and Right in Antiquity*, a. a. O., S. 98 f., identifiziert alle Stellen, an denen Hesiod den Ausdruck *dike* verwendet.

28 Aratos, *Phainomena*, ein in der gesamten griechischen Welt äußerst beliebtes astronomisches Gedicht. Siehe M. Detienne, *Crise agraire et attitude religieuse chez Hésiode*, Brüssel–Berchem 1963, S. 30 f.

29 E. Wolf, *Griechisches Rechtsdenken*, a. a. O., S. 34 f.

30 Siehe L. Gernet, Droit et Société dans la Grèce ancienne, a. a. O.

31 Hier denkt man unwillkürlich an Heideggers Kommentar zu Nietzsche: Die Unterscheidung zwischen der »wahren« Welt und der »scheinbaren« Welt »ist ebenso alt wie das abendländische Denken über das Seiende. Es wird in dem Maße geläufig, in dem sich die anfängliche griechische Auffassung des Seienden während der abendländischen Geschichte bis zur Stunde zum Gewöhnlichen und Selbstverständlichen verfestigte. [...] Wir brauchen diese »Zweiweltenlehre« und ihre geschichtlichen Abwandlungen, die sich mit den Hauptstufen der abendländischen Metaphysik decken, hier nicht im einzelnen zu verfolgen«; M. Heidegger, *Nietzsche*, 2 Bde., Pfullingen [4]1961, Bd. 1, S. 540.

32 Die ersten Gesetzgeber, die von den Griechen als Tyrannen oder »Herrscher« bezeichnet wurden, ein Ausdruck, der vor dem 5. vorchristlichen Jahrhundert keine pejorativen Konnotationen besaß: Charondas aus Katane um 600, Zaleukos von Lokri in Unteritalien um 663 und Drakon von Athen um 621. Siehe H. Frisch, *Might and Right in Antiquity*, a. a. O., 116-118; siehe auch M. I. Finley, *The Ancient Greeks: Introduction to their Life and Thought*, London 1963; dt.: *Die Griechen. Eine Einführung in ihre Geschichte und Zivilisation*, München 1976.

33 Εὐνομία [*eunomia*]: Harmonie, gute Verwaltung. Siehe Xenophon, *Oeconomicus*, IX, 14; Herodot, *Historien*, I, 65.

34 Solon, 594-591 v. Chr., Archon von Athen; Aristoteles lässt die Demokratie mit Solon beginnen.

35 Ἰσονομία [*isonomia*]: Gleichheit vor dem Gesetz. Das »Gesetz«, der wahre Souverän im Stadtstaat Athen, mit diesem Ausdruck bezeichnen die Griechen vielfach die demokratische Herrschaftsform. Siehe G. Vlastos, »*Isonomia*«, *American Journal of Philology*, LXXIV, 1953, S. 337-366.
Nach Ed. Will, einer weiteren Quelle von Foucault, bedeutet *isonomia* nicht Gleichheit vor dem Gesetz, sondern gleiche Verteilung (von *nemein*, verteilen); siehe Ed. Will, *Le monde grec et l'Orient*, 2 Bde., Paris 1972, Bd. 1, S. 73. Foucault konsultierte außerdem P. Lévêque und P. Vidal-Naquet, *Clisthène l'Athénien*, Paris 1964.

36 J. R. Dunkle, »The Greek tyrant and Roman political invective of the Late Republic«, *Transactions and Proceedings of the American Philological Association*, XCVIII, 1967, S. 151-171.

Vorlesung 7
(Sitzung vom 10. Februar 1971)

Verteilung des wahren Wortes gemäß dikazein *und* krinein. *– Erscheinen eines Hesiod'schen* dikaion *als Forderung nach einer gerechten Ordnung. – Rolle des Nachbarn im Wechselspiel zwischen Gerechtigkeit und Ungerechtigkeit. – Von der Gottesurteilswahrheit zur Wissenswahrheit. – Die Einführung assyrischen und hetitischen Wissens. Ihre Umwandlung in Griechenland.*

[1] Hesiods Texte und das spätere Stadtrecht von Gortyn lassen einen Gegensatz zwischen zwei Arten gerichtlichen Handelns erkennen: κρίνειν [*krinein*] und δικάζειν [*dikazein*].

– Einen formalen Gegensatz: Im einen Fall leisten die Prozessparteien den Eid, im anderen spricht auch der Richter die rituelle Formel des Schwurs und der Verfluchung.

– Einen Gegensatz in der Art, wie das Urteil zustande kommt: im einen Fall durch die Mechanik des Eides, im anderen durch eine Entscheidung des Richters, der nicht an die Eide der Prozessparteien gebunden ist.

Die ganze Anordnung der Wahrheitssprache ist in der einen Rechtspraxis anders als in der anderen.

a – Im δικάζειν [*dikazein*] wird das wahre Wort von den Prozessparteien ausgesprochen. Der notwendig widersprüchliche Charakter dieser beiden Wahrheitsbehauptun-
[2] gen ist durchaus kein Problem und entwertet sie nicht in ihrem wechselseitigen Verhältnis, vielmehr führt gerade dieser Gegensatz in Form des symbolischen Kampfes, des ἀγών [*agon*], die Entscheidung herbei. Die schwerere Verwünschung trägt unausweichlich den Sieg davon. Zum Urteilsspruch kommt es nicht oberhalb des Gegensatzes der Diskurse, sondern im Wechselspiel und durch das Wechselspiel dieses Gegensatzes. Der Richter wägt nicht gänzlich neutral den Wert der durch die unparteiische Meinung eines Dritten geprüften Beweise ab, sondern das Gewicht der vorgebrachten Behauptungen im Wechselspiel ihres realen Zusammenstoßes.

b – Im κρίνειν [*krinein*] verlagert sich das wahre Wort von der Prozesspartei hin zum Richter. Glaubt man der rituellen Formel der Amphiktyonen,[1] ist es hier Aufgabe des Richters, die Wahrheit zu sagen und sich, falls er nicht die Wahrheit sagt, den Folgen, das heißt der Rache der Götter auszusetzen. Er nimmt nun seinerseits die dem Gottesurteil eigene Wahrheitsform – Probe und Marter – auf sich. Damit verlieren die Eide der Prozessparteien tendenziell ihre deklarative Funktion. Die beiden Prozessparteien erklären, dass sie eine Instanz einführen und sich der Autorität des Richters unterwerfen. Sie erklären, welche Behauptung sie aufstellen, und der Urteilsspruch des Richters hat die Aufgabe, zu sagen, welche wahr oder wahrer oder welche die bessere ist. Hier geht es nicht mehr darum, dass der reale Gegensatz der beiden Behauptungen sich durch seine eigene Dynamik auflöst.
[3] Vielmehr fällt einer dritten Instanz die Aufgabe zu, zwischen beiden zu wählen und zu sagen, welche die bessere ist. Die Wahrheit ist das, was die eine oder die andere Seite sagt, von einem Punkt aus betrachtet, der weder das von der einen noch das von der anderen Seite Gesagte ist.

Aber hier ergibt sich ein Problem: Wenn der Richter sich durch den Eid selbst der Rache der Götter aussetzt, falls sein Urteilsspruch nicht gut ist, fragt sich, an welchem Kriterium er sich orientiert. Auf welcher Grundlage entscheidet er? Welcher Regel unterwirft er diesen dritten Diskurs, um zu einer Entscheidung zu gelangen?

[4]

A – Das Erscheinen des δίκαιον [*dikaion*]

Woran soll sich das Wort des Richters im κρίνειν [*krinein*] orientieren?

Nicht an der Gesamtheit der bestehenden Gesetze, wie dies aus einer Reihe von Bestimmungen hervorgeht, die man im Stadtrecht von Gortys findet oder die sich daraus ableiten lassen. Dort, wo das Gesetz schweigt, wo die Tradition stumm bleibt, wo die dem Kläger zugeschriebene Rolle sich nicht regelgerecht durchhalten lässt, kommt das κρίνειν [*krinein*] ins Spiel.

Das geschieht möglicherweise bei Streitigkeiten zwischen Familien (dort, wo es keine etablierte Tradition gab) (Gernets Hypothese[2]). Möglicherweise kommt das κρίνειν [*kri-*
[5] *nein*] auch dann ins Spiel, wenn es darum geht, einen Schaden oder ein Gut abzuschätzen und eine Teilung vorzunehmen. Kurz, es ist eine berechtigte Annahme, dass die Verwendung des κρίνειν [*krinein*] mit der Entwicklung einer Gesellschaft verbunden ist, in der die ökonomischen Beziehungen immer größere Ausmaße annehmen und immer häufiger über den Rahmen der Familie hinausgehen.

Jedenfalls ist das, wovon der Richter sich bei seinem Urteilsspruch beim κρίνειν [*krinein*] leiten lässt, das, woran er durch seinen Eid gebunden ist, nicht das Gesetz, nicht θεσμός [*thesmos*][3], sondern etwas anderes.

Und dieses andere bezeichnet der Ausdruck δίκαιον [*dikaion*].

Diesen Begriff und diesen Ausdruck gibt es bei Homer nicht. In der *Ilias* und der *Odyssee* erscheint Δίκε [*Dike*] (fünf Mal in der *Ilias*, noch öfter in der *Odyssee*[4]), aber mit der Bedeutung:

– Verdikt oder Urteil (*Il*ias, XVIII, 508; *Od*yssee, XI, 570);
– Ausübung der Gerechtigkeit (*Ilias*, XVI, 542);
– legales oder legitimes Verfahren, eingeführter Verfahrensschritt, nach den Regeln formulierte Klage (*Ilias*, XXIII, 542);
– jedermanns Recht oder Vorrecht (*Ilias*, XIX, 180);
– der den Regeln entsprechende Charakter der Klage oder des Urteils (*Ilias*, XVI, 388).

[6] Δίκε [*Dike*] ist also insgesamt das, was beim Verfahren im Spiel ist, das Verfahren selbst in seiner regelgerechten Durchführung, das daraus resultierende Urteil. Δίκε [*Dike*] ist nicht das, was die juristische Auseinandersetzung leitet, sondern der Ablauf des Verfahren, dessen Wechselspiel und das, was in diesem Wechselspiel im Spiel ist. Geleitet ist δίκη

[*dike*] von θέμις [*themis*], das heißt vom Brauch – Gesetz und Regeln.

B – Hesiods δίκαιον [*dikaion*]

Bei Hesiod dagegen erscheint der Ausdruck δίκαιον [*dikaion*] in Verbindung mit Δίκε [*Dike*], als deren Korrelat.[5] Diese Korrelation zwischen δίκη [*dike*] und δίκαιον [*dikaion*] entfaltet sich in der Passage der *Werke und Tage*, in der es um das Glück oder Unglück der Stadt geht. Wenn die Könige nicht nach dem Prinzip des δίκαιον [*dikaion*] für Gerechtigkeit sorgen, folgt daraus Unglück der unterschiedlichsten Art. Welcher Art ist dieses Unglück, und wie verteilt es sich?

a – Was den Charakter des Unglücks betrifft, so ist es von derselben Art, wie es Meineidige nach den alten homerischen und traditionellen Verwünschungsformeln ereilt: Tod der Individuen, Unfruchtbarkeit der Frauen, des Viehs und der Felder, Krieg und Zerstörung:

»Und es sterben die Völker, und die Frauen gebären nicht mehr, es verderben die Häuser nach dem Ratschluß des Zeus, des Olympiers. Andere Male hat er ihr Heer, das breite, und hat die Mauern vernichtet, oder die Schiffe im Meer raubt ihnen zur Strafe Kronion« (*Werke und Tage*, 243-247).[6]

[7] b – Die Verteilung dieses traditionellen Unglücks verändert sich dagegen. In der Eidesformel zahlt der Meineidige selbst – oder seine Nachkommenschaft oder seine Sippe. Die Rache des Zeus, Garant des Eides, folgt denselben Linien wie die menschliche Vergeltung. Das Blut, γένος [*genos*], und die Sippe definieren die Grenzen, die bevorzugten Ansatzpunkte und die Kommunikationswege der Strafe. Bei Hesiod muss die ganze Stadt für die Ungerechtigkeit ihrer Könige bezahlen. Die möglichen Opfer beschränken sich nicht von vorneherein auf die Verwandtschaftsgruppe. Der ganze Staat oder die Stadt kann betroffen sein.

»Oft auch bekam die ganze Stadt den Frevler zu spüren, wenn er Verbrechen beging« (*Werke und Tage*, 240-241).[7]

[Dike beklagt sich bei Zeus,] »damit dann das Volk abbüße die Frevel der Herren, die leidigen Sinnes anderswohin verbiegen das Recht unter krummem Gerede« (*Werke und Tage*, 262-263).[8]

c – Verändert wird teilweise aber auch die Theologie dieser Sühne. Wenn bei Homer ein Meineid geschworen wurde, bedeutete das eine Verhöhnung des Zeus, der sich ganz direkt dafür rächte, auch wenn die Ausführung der Rache auf sich warten ließ.

[8] Bei Hesiod ist das Verhältnis über Δίκε [*Dike*] vermittelt. Sie ist es, die beleidigt wird und die Erde verlässt, um sich Zeus zu Füßen zu setzen und ihn zur Rache aufzufordern.[9] Schlechte Urteile führen in erster Linie zur Abwesenheit von Δίκε [*Dike*], und ihre Beleidigung erregt dann in einem zweiten Schritt den Zorn des Zeus.

Rechtsdiskurs und Rechtspraxis stehen nicht mehr in einer direkten Beziehung zu Zeus, der die Gebote erlässt, die Eide garantiert und die Meineidigen bestraft. Ihr Verhältnis zu Zeus ist nun zunehmend über Δίκε [*Dike*] vermittelt. Eine Göttin, die in einem seltsamen Zusammenhang mit dem Tun der Menschen steht, denn sie wird von schlechten Urteilen vertrieben, aber die Zahl der schlechten Urteile nimmt zu, weil sie abwesend ist.

[9] d – Doch abgesehen von dieser andersartigen theologischen Kausalität entsteht hier ein ganzes Korrelationssystem neuartigen Charakters, das in mehrfacher Weise gekennzeichnet ist:

– Dem Meineid, dem falschen Eid, dem unvollständigen Urteil und der Gottlosigkeit wird eine ganze Reihe ökonomischer Verhaltensweisen vom Typ unredlicher Kauf oder wirtschaftlicher Betrug gleichgestellt. Es ist, als forderte Hesiod für Transaktionen dieselben sakralen Garantien wie für gerichtliche Eide. Es ist, als wollte er diesen Verhaltensweisen dieselbe rechtlich-religiöse Struktur geben wie Disputen und Rechtsstreitigkeiten.

»Nicht die geraubte Habe gedeiht […]. Wer sich mit der

Gewalt seiner Hände Reichtum verschafft hat oder ihn auch mit der Zunge erbeutet, wie solches ja vielfach vorkommt, wenn die Gewinnsucht den Sinn der Menschen verblendet ganz und gar und wenn Scham von Unverschämtheit verdrängt wird: Leicht einen solchen verdunkeln die Götter und lassen das Haus ihm schwinden, und kurze Zeit nur hält ihm sein Reichtum die Treue. Ebenso wer einen Schützling und wer einen Fremdling mißhandelt [...]« (*Werke und Tage*, 320-327).[10]

– Das System umfasst nun einen neuen Partner, der in diesem Wechselspiel aus Gerechtigkeit und Entschädigung, Ungerechtigkeit und Strafe eine zweideutige Rolle spielt.
[10] Dieses neue Element ist der Nachbar: γείτων [*geiton*]. Einerseits gleicht der Nachbar einem Schatz, einer guten Ernte: einem Geschenk der Götter, einem Lohn für Frömmigkeit und die Beachtung der Regeln.

»Böser Nachbar ist Fluch, ein großer Vorteil der gute. Ehre wird dem zuteil, dem ein guter Nachbar zuteil wird« (*Werke und Tage*, 346-347).[11]

Andererseits ist der Nachbar selbst ein Belohnungsprinzip. Er belohnt und bereichert, und er bringt Unglück.

»Nicht verendet ein Rind, wenn nur der Nachbar nicht schlecht ist. [...] Wer aber selber sich nimmt, von Unverschämtheit geleitet, ist es ein Kleines auch nur, bereitet Kummer dem Herzen« (*Werke und Tage*, 349-360).[12]

– Der Nachbar befindet sich insofern in dieser zweideutigen Lage, als er ein unverzichtbares Element des Austauschsystems darstellt. Eines Austauschs, der – wie in der homerischen Gesellschaft – die Form der Gabe und der Gegengabe besitzt. Doch das Ungleichgewicht (mehr geben, als man empfangen hat) ist hier keine Frage des Ansehens mehr, sondern der Berechnung, des Messens:

»Gut laß dir messen vom Nachbarn und gut auch gib es ihm wieder in demselben Maß, und wenn du vermagst, auch noch besser, daß du in mageren Zeiten auch später das Nötigste findest« (*Werke und Tage*, 349-352).[13]

Gerechtigkeit nimmt Gestalt an im abgemessenen System der Leistungen, der Schulden und ihrer Rückzahlung, statt sich der drohenden und zugleich unbestimmten Rache des Zeus auszusetzen.

[11] Diese gerechte und messbare Schuldenordnung ist schließlich noch mit einer anderen, gleichfalls messbaren Ordnung verbunden, jener der Jahreszeiten, des Wetters, der Ernten, der Sterne und der Tage. Über den Gegensatz zwischen Betteln und Subsistenz stellt sich das Verhältnis zwischen Nachbarschaftsordnung und Schulden einerseits, der Ordnung der Werke und Tage andererseits her.

– Wenn man dem Nachbarn nichts gibt, erhält man in Zeiten der Not auch nichts von ihm. Man hat zur rechten Zeit nichts zum Säen, daher die Not.

– Wenn man nicht sät, hat man zur rechten Zeit auch nichts zu arbeiten und ist dann nicht auf das System der gemessenen Schuld angewiesen, sondern auf das der Bitte ohne Gegenleistung, also aufs Betteln.

»Arbeite [...], wie es den Menschen die ewigen Götter bestimmten, daß du niemals mit Frau und Kindern ächzenden Herzens Nahrung suchst bei den Nachbarn und diese deiner nicht achten. Zweimal gelingt's dir vielleicht, auch dreimal, doch quälst du sie weiter, richtest du nichts mehr aus« (*Werke und Tage*, 399-403).[14]

Die Ordnung der Dinge, der rechte Augenblick für die Arbeit, die günstigen Jahreszeiten und die Glückstage, das sind die Elemente, auf die rechtes Verhalten sich stützen muss. Und geradeso ist es eine natürliche Ordnung, die rechtes Verhalten ihrerseits spontan belohnen wird (siehe die letzten Verse von *Werke und Tage*):

»Glücklich ist und gesegnet der Mann, der all diese Lehren weiß und in Werken verwirklicht, und ganz ohne Schuld vor den Göttern, wenn er die Vögel erforscht und Übertretungen meidet« (826-828).[15]

[12] Über die Beziehung zwischen dem Gebot des Zeus, der Beachtung der rechten Augenblicke, der gerechten Entloh-

nung und dem Wechselspiel der Anleihen und ohne Streit zurückgezahlten Schulden heißt es in der *Theogonie*[16]:

»Dann verband sich Zeus mit der glänzenden Themis (Θέμις); die Horen (Ὥρας) schenkte sie ihm: Eunomia (Εὐνομία) und Dike (Δὶκε) und blühend Eirene (Εἰρήνη), sie, die das Tun und Treiben [ἔργα – *erga* – heißt es im Text[17]] der sterblichen Menschen betreuen« (901-903).

Die Regel, auf die sich das κρίνειν [*krinein*] stützt und die dieser Rechtspraxis als immanente Regel dienen soll, ist also ganz anders als das, was das alte Recht des zugeschobenen Eides regelt. Letztere kennt nur die formale Regel (θέμις [*themis*]). Nun aber soll sich das κρίνειν [*krinein*] auf eine Gerechtigkeit stützen,

α – die mit der Ordnung der Welt (und nicht mehr nur mit dem Zorn der Götter) verbunden ist;

β – die mit der Zeit der Zyklen und der Rückerstattungen verbunden ist (der Zeit der versprochenen Rückgabe und Wiederkehr, der Rückzahlung der Schulden und der Wiederkehr der Jahreszeiten, des Übergangs zum gleichen Punkt und nicht mehr zur drohenden, mehr oder weniger aufgeschobenen Rache der Götter);

[13] γ – die mit dem Versprechen verbunden ist, mit dem Zeitpunkt der Fälligkeit, dem Datum, an dem die Schuld zurückgezahlt werden muss;

δ – die schließlich mit dem Messen verbunden ist: mit der Messung der zeitlichen Zyklen, der Dinge, ihrer Menge und ihres Werts.

Im System der Herausforderungswahrheit war die Zeit die des blitzartigen Ereignisses, des Blitzes, der zuschlägt, ohne dass man ihm ausweichen könnte, aber zu einem Zeitpunkt, den man nicht vorauszusehen vermag. Die Rache des Zeus bleibt nicht aus, aber man weiß nicht, wann sie kommt. Zahlung, Lohn und Vergeltung kommen, aber stets in Gestalt eines Ungleichgewichts. Als Agamemnon seinen Frieden mit Achill schließt, bietet er ihm weitaus mehr an, als er ihm genommen hat.

Im System des gerichtlichen Urteils erfolgt die Rückerstattung in der Form des Gleichgewichts und des Maßes, und die Ereignisse finden zu Zeitpunkten statt, müssen zu Zeitpunkten stattfinden, die im Voraus festgelegt sind und die man genau messen kann. Die beiden Maßsysteme sind nicht unabhängig voneinander, denn wie Hesiod sagt, gibt man etwas mehr zurück als das Maß, damit man zu gegebener Zeit erneut um Hilfe bitten kann.

[14] Diese vier Elemente des Maßes und des »etwas mehr«, der Fälligkeit und des »erneut« prägen das δίκαιον [*dikaion*], das die dem κρίνειν [*krinein*] immanente Regel bildet.

Wie wir sehen, liegt dem Erscheinen des δίκαιον [*dikaion*] eine ganze Reihe neuer ökonomischer Beziehungen zugrunde, die es erforderlich machen und ermöglichen: die bäuerliche Verschuldung (mit deren Implikationen im Blick auf die Auflösung des γένος [*genos*] des kollektiven Eigentums, auf die Entstehung eines kleinen individuellen Besitzes, auch auf die Übervölkerung; auf das Fehlen des Geldes und eines Normalmaßes).

Werke und Tage, ein Gedicht über solche bäuerlichen Schulden, die dank der Wiederkehr der Jahreszeiten und der festgesetzten Tage getilgt oder verlängert werden; die wegen der Maße nun unbestimmt sind, da es noch kein Geld gibt. Kalender und Maß: Zyklus der Zeit und Geldsymbol werden durch die bäuerliche Verschuldung notwendig. Und darüber muss das κρίνειν [*krinein*] Auskunft geben.

[15] C – Die Korrelation zwischen δίκαιον [*dikaion*] und ἀληθής [*alethes*][18]

An die Stelle des zugeschobenen Eides tritt (zumindest nach und nach) das messende Urteil. Zugleich tritt an die Stelle der Wahrheitsherausforderung, der Wahrheit im Sinne des Gottesurteils, die Wissenswahrheit. (Die Wahrheit, die wie ein Blitz zuschlägt oder schützt. Die Wahrheit, die man weiß.)

1. Soll ein Urteil gerecht sein, soll das κρίνειν [*krinein*] von der Art des δίκαιον [*dikaion*] sein und dadurch geregelt werden, ist es erforderlich,

– dass es die genaue Wiederkehr der Zeiten und die genaue Messung der Dinge berücksichtig und sich darauf stützt. Es reicht nicht mehr, sich an die Regeln zu erinnern, Themis im Gedächtnis zu bewahren. Man muss sich an die Jahreszeiten und die Fristen erinnern. Man muss die Güter genau gemessen haben. Diese Messung muss vorgenommen worden sein, und man muss sich daran erinnern.

Eine Erinnerung anderer Art: In der Rechtsprechung des zugeschobenen Eides galt es, die Regeln, die Bräuche und die Gebote des Zeus im Gedächtnis zu bewahren. Und man musste sich zur rechten Zeit daran erinnern, um sie bei der richtigen Gelegenheit anzuwenden. Wie man sieht, handelt es sich hier um ein exegetisches Gedächtnis.

[16] Beim κρίνειν [*krinein*] bedarf es außerdem einer neuen Art von Gedächtnis, eines Gedächtnisses, welches das Maß über die Zeiten in Erinnerung behält, damit die Wiederkehr der Zeit dieselben Maße zurückbringt. Eines rechenfähigen Gedächtnisses, das sich nicht an die Gelegenheit erinnert, wohl aber an Identischem festhält. Schrift.

– Soll das Urteil gerecht sein, muss es andererseits die Wahrheit zum Ausdruck bringen, muss es sagen, was sein soll (wie die Aufteilung erfolgen soll), und zugleich was ist (die identischen Elemente, die wiederkehrenden Daten, die Wiederkehr der Zeit).

Auch hier finden wir eine bedeutsame Veränderung: Im zugeschobenen Eid behauptete eine einzige Formulierung die Wahrheit, brachte die Entscheidung, setzte den Schwörenden der Rache der Götter aus. Im messenden Urteil findet sich gleichfalls noch eine knappe Formel, die sagt, was ist und was sein soll. Aber die Elemente sind nicht mehr dieselben:

– Das messende Urteil bezeichnet nicht mehr den Protagonisten, sondern enthüllt die Dinge.

– Das messende Urteil erlegt eine Entscheidung auf, es beruht auf einer Souveränität.

[17] Die Enthüllung des Wahren und die Ausübung von Souveränität sind eng miteinander verbunden und ersetzen gemeinsam die Bezeichnung des Kämpfenden und das freiwillig von ihm eingegangene Risiko.

Das κρίνειν [*krinein*] hat demnach drei grundlegende Merkmale:

– die Erinnerung an das Identische und sein Maß;
– die Enthüllung des Wahren,
– die Ausübung von Souveränität.

Wir befinden uns bereits in dem Raum, in dem die Sophisten und Platon miteinander streiten werden.

2. Doch noch ein weiteres Merkmal ist hier zu nennen: dass nämlich dieses δίκαιον καὶ ἀληθες [*dikaion kai alethes*], das dem Urteil als Regel dient, weit über seine Lokalisierung in der Rechtspraxis hinausgeht. Wenn die gerichtliche Entscheidung richtig oder gerecht ist, weil sie das Maß und die Zeit im Gedächtnis behält, ist jedes andere Wort, das sie im Gedächtnis behält, gleichfalls richtig. Und noch allgemeiner wird jede Handlung und jede Person richtig oder gerecht sein, die Maß und Zeit im Gedächtnis behält.

[18] Das hat zwei Konsequenzen:

– Es ist nun nicht mehr nur Sache des Richterkönigs, gerecht zu sein, sondern jedermanns Sache. Und er ist insofern gerecht, als er dem, was gerecht ist, Aufmerksamkeit schenkt, ihm sein Ohr leiht und es im Gedächtnis behält. Gerechtigkeit ist nicht mehr nur das, was gesagt wird, sondern auch das Gehörte. Und der gerechte Mensch ist nicht mehr nur derjenige, der ein gerechtes Urteil fällt, sondern der Mensch, jeder Mensch, der auf die Gerechtigkeit hört.

»Perses, du aber laß dir davon das Herz nun bewegen: Höre du jetzt auf das Recht (δίκης ἐπάκουε [*dikes epakoue*] und schlag die Gewalt aus dem Sinn dir« (*Werke und Tage*, 274-275).[19]

Der Schuldner, der die Dinge genau nimmt; der Landarbeiter, der alles zu seiner Zeit macht; der Mensch, der weiß, was er zu gegebener Zeit tun muss oder nicht tun darf, und all das, ohne den Stab der Souveränität in Händen zu halten – der ist ein gerechter Mensch. Er ist sogar Vorbild und Norm für denjenigen, der Recht zu sprechen hat.

»Der vor allen ist gut, der selber alles erkannt hat, wohlüberlegt (νοήσῃ [*noese*]), was später und bis zum Ende am besten« (*Werke und Tage*, 293-294).[20]

»Halte die Maße ein; denn alles hat seine Stunde« (*Werke und Tage*, 694).[21]

[19] – Aber wenn einerseits jeder Mensch gerecht sein kann, sofern er auf das wahre Wort des Maßes und der Ordnung hört, dann sind umgekehrt der wahre Kreislauf der Dinge, ihre realen Proportionen, die Wiederkehr des Kalenders und all das die Gerechtigkeit in der Verteilung der Dinge.[22] Zeus wacht nach Hesiod darüber, dass der Reichtum der Ernte genau der Arbeit der Menschen entspricht. Und er erlaubt ihnen auch, gelegentlich etwas zu vergessen. Hat man nicht zur rechten Zeit gesät, kann man, weil Zeus es so will, dennoch eine gute Ernte haben ...

Das Thema der gerechten Welt findet sich noch lange in der Dichtung und der »philosophischen« Prosa des 6. und 5. Jahrhunderts:

Anaximander: Die Dinge lassen einander Gerechtigkeit widerfahren.

Heraklit: Wenn die Sonne von ihrer Bahn abwiche, würde sie von den Erinnyen verfolgt und bestraft.

[20] Das δίκαιον [*dikaion*], wie es sich in der Rechtspraxis abzeichnet, reicht weit darüber hinaus. Es wird zur Regel des alltäglichen Lebens und begründet die Ordnung der Welt. Es schreibt vor, was man im Alltag tun muss, und zeichnet den Weg der Dinge vor. Man muss darauf hören, wenn man handeln will, wie es sich gehört. Aber wenn man die Dinge betrachtet, ist es das δίκαιον [*dikaion*], das man sieht.

Das Verhältnis zu ihm hat die Form des Wissens. Die Gerechtigkeit orientiert sich nicht so sehr an einer behaupteten und riskierten Wahrheit; vielmehr ist sie mit einer Wahrheit verbunden, die man weiß. Gerecht sein heißt nicht mehr nur die Regeln anwenden und die Wahrheit riskieren. Es heißt nicht vergessen, dass man die Wahrheit kennt. Es heißt nicht die Wahrheit vergessen, die man kennt.

Deshalb vermag auch Hesiod einen gerichtlichen Diskurs zu führen. Gewiss fällt er kein Urteil im rechtlichen Sinne. Er äußert Ansichten: über die Könige des Rechts, über einen Bauern wie Perses. Er vermag zu sagen, was an der Gerechtigkeit gerecht ist. Er vermag Urteile über Gerichtsurteile zu fällen, Ansichten über Entscheidungen zu äußern. Er vermag über die Richter zu urteilen. Das κρίνειν [*krinein*] gewinnt plötzlich und zweifellos schon im Augenblick seiner Entstehung eine Breite, in der man noch nicht zwischen belehrender Dichtung, Aussagen über die Natur und politischer Forderung unterscheiden kann.

[21] Dieser Diskurs zeigt in seinem gesamten Verlauf zwei Gesichter: das der Gerechtigkeit und das der Wahrheit. Ganz zu Beginn des Gedichts wendet Herodot sich unvermittelt an Zeus: »Halt ein nach dem Recht die Gesetze Du! Doch ich will dir, Perses, wahrhaftige Dinge erzählen« (*Werke und Tage*, 9-10).[23]

3. Hier ergibt sich allerdings ein Problem. Welcher Art ist diese Wahrheit in Gestalt des Wissens, die das κρίνειν [*kri nein*] erfordert und auf das es sich stützt? Folgt man Hesiod, aber auch seinen Nachfolgern, ist es die Wahrheit der Tage und Daten, der günstigen Augenblicke, der Bewegungen und Konjunktionen der Gestirne, die Wahrheit des Wetters, der Winde und der Jahreszeiten, das heißt eines bestimmten astronomischen Wissens. Zugleich ist es die Wahrheit der Entstehung der Götter und der Welt,[24] ihrer Abfolge und wechselseitigen Stellung, ihrer Organisation als Weltsystem. Theogonie. Das Wissen um den Kalender und den Ursprung. Das Wissen um Zyklen und um den Anfang.[25]

[22] Nun lassen sich diese beiden Arten von Wahrheit historisch

und geographisch gut lokalisieren: Sie entstanden und entwickelten sich in den Großreichen des Euphrat und des Nahen Ostens, bei den Hetitern und den Assyrern in Babylon.[26] Und sie entstanden dort in einem direkten Zusammenhang mit der politischen Macht.

Und tatsächlich: (a) Die Struktur des Staates und das Verwaltungssystem erforderten die genau Beachtung eines Kalenders, in dem die für Entscheidungen, Arbeiten, Schlachten oder Aussaat günstigen und ungünstigen Tage verzeichnet waren. (b) Sie erforderten außerdem die Messung von Mengen und ein Äquivalenzsystem für die Steuern und zumindest auch für Dienste und Pachtabgaben.[27] (c) Und schließlich wurde die königliche Macht als zugleich politische und magisch-religiöse Struktur nach einem einheitlichen indoeuropäischen Ritual in regelmäßigen Abständen und zu festgesetzten Zeit durch Zeremonien erneuert, in denen man die Genealogie, die Leistungen der Ahnen, die Großtaten des Königs selbst rezitierte. Eine Art Neuanfang auf der Grundlage eines Anfangs. Das waren die kraftspendenden Heldenepen der königlichen Macht.

Die großen Wissenstypen, die sich bei den Assyrern entwickelt hatten: das aus Beobachtung gewonnene und magische Wissen um Tage und Gestirne, das technische Wissen über Mengen und deren Messung, das mythisch-religiöse Wissen um die Ursprünge, diese drei Arten von Wissen waren in einer Gesellschaft mit relativ hochentwickeltem Staatsapparat mit der Ausübung von Macht verbunden.[28]

Nun sind dies genau die Arten von Wissen, an die das δίκαιον [*dikaion*] appelliert, auf das sich wiederum das κρίνειν [*krinein*] stützt. Wir wissen, welchen Sinn dieser Apell hat:

(1) Forderung nach einer politischen Macht (oder einem *Analogon* politischer Macht), die über der von den traditionellen Oberhäuptern ausgeübten Macht steht oder sich gegen sie richtet;

(2) Vereinnahmung der gesamten mit diesem Wissen verbundenen Macht durch Individuen;

(3) Bezug auf vorgängige oder äußerlich gebliebene Strukturen von jenseits der dorischen Invasion.

[24] Hier ist jedoch sogleich anzumerken, dass im 7. und 6. Jahrhundert zwar ältere mythische Formen wiederkehren oder erneut auftauchen, dass die bei der dorischen Invasion verödete Schrift wieder an Kraft gewinnt und dass ein ganzes Netz kosmologischer und magischer Korrespondenzen aus dem Orient verpflanzt wird, aber dieses Wissen nimmt sogleich eine neue Form an. Es ist nun sozial nicht mehr bei jenen lokalisiert, die die politische Macht innehaben, die sie im Auftrag ausüben oder die ihr als Werkzeug dienen.

Es ist von nun an in Griechenland nicht mehr das Wissen von Funktionären, Schreibern[29], Buchhaltern und Astrologen der Macht. Es ist nun das Wissen, das jeder braucht, um gerecht sein und von jedermann Gerechtigkeit fordern zu können. Das Wissen verlagert sich von der Machtausübung hin zur Kontrolle der Gerechtigkeit.

Zugleich ist es auch nicht mehr an das Geheimnis gebunden (oder zumindest tendiert es dahin, sich von der Form des Geheimnisses zu lösen), und einer notwendigen Linie folgend, strebt es tendenziell auf den öffentlichen Platz – nicht weniger als die Gerechtigkeit.

[25] Schließlich ist noch anzumerken, dass diese drei großen Richtungen des orientalischen Wissens bis zu einem gewissen Punkt das griechische und abendländische Wissen organisieren werden:

(1) das Wissen vom Ursprung, von der Genese und der Abfolge: das Wissen der Kosmologien, der Philosophie und der Geschichte;

(2) das Wissen über Mengen, über Zählen und Messen: das mathematische Wissen, das physikalische Wissen;

(3) das Wissen um das Ereignis, die Gelegenheit, den Augenblick: das technische Wissen der Agronomie, der Medizin; magisches Wissen.[30]

Anmerkung: Die ersten beiden Wissensarten organisierten schließlich die abendländische Wissenschaft: Ursprung und

Messung; Abfolge und Menge; Ordnung der Zeit und numerische Ordnung.*

Umgekehrt wird das Wissen um den Augenblick immer stärker an den Rand gedrängt: stoische Logik, magische Erkenntnis; eine medizinische Tradition, die zur klinischen Medizin führt, die die Kenntnis des Augenblicks, der medizinischen Gelegenheit, durch die Verräumlichung der pathogenen Herde ersetzt.

In der militärischen, politischen und revolutionären Strategie entwickelte sich dann erneut das Wissen um das Ereignis, den Augenblick, die Gelegenheit.

Es könnte sein, dass die Psychoanalyse [...]**

* Auf einer Karteikarte findet sich ohne Nachweis das Zitat: »Vom 5. Jahrhundert an trennt sich die Welt der Geometer und Astronomen von der Welt der Polis. Der Physiker des 5. Jahrhunderts ist ein panhellenischer Mensch, der auf diesem Wege, wie man bei Anaximander sieht, den Sophisten vorausgeht und sowohl mit den überkommenen Religionen als auch den staatsbürgerlichen Überzeugungen zusammenstößt. [...] Damit erschien ein Universum der Geographie, das eines qualitativ undifferenzierten Raumes, der nichts mehr gemein hat mit dem staatsbürgerlichen Raum.« (Die Quelle könnte G. Vlastos sein, ein schon bei Nietzsche anzutreffender Gedanke.)

** Die Fortführung des Satzes und der übliche »Schluss« am Ende jeder Vorlesung fehlen. Aus den Notizen von Hélène Politis geht der Sinn des Hinweises auf die Psychoanalyse hervor (siehe Lacans Vorstellungen zur Verzögerung und zum Augenblick in der Entwicklung der logischen Strukturen).

Anmerkungen

1 Siehe oben S. 121 und S. 132, Anm. 14.

2 L. Gernet, *Recherches sur le développement de la pensée juridique et morale en Grèce*, Paris 1917, S. 449; Hinweis von G. Sautel, »Les preuves dans le droit grecque archaïque«, in *Recueils de la Société Jean Bodin pour l'histore comparative des institutions*, Bd. XVI: *La Preuve*, Brüssel 1965, S. 147-160.

3 *Thesmos* ist ursprünglich nicht das geschriebene Gesetz, *nomos*, sondern die Einführung eines Brauchs, entweder durch ein Richterkollegium oder durch einen Gesetzgeber (Drakon ist ein Thesmothet, Solon ein Nomo-

thet). Aber Solon verwendet beide Ausdrücke als Synomyme. *Thesmos* erscheint im 5. Jahrhundert. Siehe P. Vinogradov, *Outlines of Historical Jurisprudence*, London 1920, Bd. 1, S. 73, 75; J. Gaudemet, *Les Institutions de l'Antiquité*, Paris 1967, S. 185-192.

4 H. Frisch, *Might and Right in Antiquity*, Bd. 1, *From Homer to the Persian Wars*, übers. von C. C. Martindale, Kopenhagen 1949, S. 46f.; E. Wolf, *Griechisches Rechtsdenken*, 4 Bde., Frankfurt am Main 1950-1956 [1882], S. 85-94.

5 Hesiod, *Werke und Tage*, 243-247, dt. zit. nach ders., *Theogonie. Werke und Tage*, hg. von A. von Schirnding, München 1997, S. 101.

6 Ebd., 243-247; a. a. O., S. 101.

7 Ebd., 240-241; a. a. O., S. 101.

8 Ebd., 262-263; a. a. O., S. 103.

9 Ebd., 256-262; a. a. O., S. 103.

10 Ebd., 320-327; a. a. O., S. 107.

11 Ebd., 346-347; a. a. O., S. 109.

12 Ebd., 349-360; a. a. O., S. 109-111.

13 Ebd., 349-352; a. a. O., S. 109.

14 Ebd., 399-403; a. a. O., S. 113.

15 Ebd., 826-828; a. a. O., S. 147.

16 Hesiod, *Theogonie*, 901-903; dt. zit. nach ders., *Theogonie. Werke und Tage*, a. a. O., S. 73.

17 Foucault hat die Übersetzung von *erga* durch Mazon unterstrichen. Vernant weist darauf hin, dass der Ausdruck in *Werke und Tage* gut fünfzig Mal vorkommt, meist in der Bedeutung von »landwirtschaftliche Arbeit«; siehe M. Detienne und J.-P. Vernant, *La Cuisine du sacrifice*, Paris 1979. Ch. H. Kahn, *Anaximander and the Origins of Greek Cosmology*, New York 1960, S. 191-193, weist darauf hin, dass die Horen die Jahreszeiten sind, die später zu den astronomischen Horen werden, den Schwestern der Moiren, die über das Schicksal der Menschen bestimmen.

18 Eine Karteikarte mit der Überschrift »Über Gerechtigkeit und Wahrheit« verweist auf drei Werke: R. Hirzel, *Themis, Dike und Verwandtes. Ein Beitrag zur Geschichte der Rechtsidee bei den Griechen*, Leipzig 1907; V. Ehrenberg, *Die Rechtsidee im frühen Griechentum*, Leipzig 1921; G. Glotz, *L'Ordalie dans la Grèce primitive*, Paris 1904.

19 Hesiod, *Werke und Tage*, 274-275; a. a. O., S. 103. Perses ist ein Bruder von Hesiod, zu dessen Gunsten die »Könige« von Thespis, zweifellos bestechlich und »gabengierig«, eine ungleiche Teilung des väterlichen Erbes vorgenommen hatten. Der Prozess zieht sich durch *Werke und Tage* (siehe oben S. 131, Anm. 7) und ebenso Hesiods Zorn.

20 Ebd., 293-294; a. a. O., S. 105.

21 Ebd., 694; a. a. O., S. 137.

22 Siehe J.-P. Vernant, »Travail et nature dans la Grèce ancienne«, *Journal de psychologie normale et pathologique*, LII (1), 1955, S. 18-38.

23 Hesiod, *Werke und Tage*, 9-10, a. a. O., S. 83. Die von P. Mazon herausgegebene Ausgabe der französischen Übersetzung (*Les Travaux et les Jours*, Paris 1928) weist darauf hin, dass ähnliche Worte sich am Anfang der *Theogonie* (28) finden: Hesiod besingt nur die Wahrheit.

24 Zum Vergleich die Analyse von M. Detienne, *Les Maîtres de vérité dans la Grèce archaïque*, Paris 1967, S. 26: »In Werke und Tage ist *Aletheia* zweierlei: Zunächst ist sie die Aletheia der Musen, in deren Namen der Dichter sie zum Ausdruck bringt [...]; sodann ist sie die Aletheia, die der Landmann aus Askra besitzt. Eine ›Wahrheit‹, die diesmal explizit durch das ›Nichtvergessen‹ der Lehren des Dichters definiert ist.«

25 W. Jaeger, *Die Theologie der frühen Griechischen Denker*, Stuttgart 1953.

26 G. Vlastos, »Equality and justice in early Greek cosmology«, *Classical Philology*, XLII, (Juli) 1947; B. L. van der Waerden, *Ontwakende wetenschap: Egyptische, Babylonische en Griekse wiskunde*, Groningen 1950; dt.: *Erwachende Wissenschaft*, Bd. 1: *Ägyptische, babylonische und griechische Mathematik*, übers. von H. Habicht, Basel 1956; O. Neugebauer, *The Exact Science in Antiquity*, Kopenhagen und London 1951.

27 Marshall Clagett, *Greek Science in Antiquity*, New York 1955, [2]1963.

28 Vgl. Nietzsches Gedanken, wonach der politische Chor einen Chorführer forderte, nämlich den Tyrannen, der die Ankunft der Demokratie vorbereitete. Das 6. Jahrhundert war für Nietzsche die große Offenbarung der orientalischen Zeit, die sich des griechischen Volks bemächtigte.

29 Vgl. Marshall Clagett, *Greek Science in Antiquity*, a. a. O.

30 Vgl. Ch. H. Kahn, *Anaximander and the Origins of Greek Cosmology*, a. a. O., S. 208 f.; J.-P. Vernant, »Géométrie et astronomie sphérique dans la premiere cosmologie grecque«, *La Pensée*, 109, Juni 1963, S. 82-92; Wiederabdruck in ders., *Mythe et Pensée chez les Grecs*, Paris 1966. (Siehe unten S. 190, Anm. 9.)

Vorlesung 8
(Sitzung vom 17. Februar 1971)

*Das Hesiod'sche δίκαιον [*dikaion*] (Fortsetzung). – Tyrannei und Geld: zwei Übernahmen aus dem Orient. – Die griechische Transformation: Verlagerung der Wahrheit vom Gottesurteil hin zum Wissen; Verlagerung des Wissens vom Bereich der Macht hin zum Bereich der Gerechtigkeit. – Die Wiederkehr zweier Traumgestalten: der heilige Antonius und Faust. – Agrarkrise und politische Veränderungen im 7. und 6. Jahrhundert. – Hopliten und Bauern. – Handwerker. – Homerische Wahrheitsherausforderung und orientalisches Machtwissen entwickeln sich zum Wahrheitswissen.*

[1] Ich möchte auf zwei Punkte zurückkommen:

1. das Wesen des δίκαιον [*dikaion*], von dem Hesiod spricht und das er gegen die Ungerechtigkeit der gabengierigen Könige einfordert:

a – Es ist die Gerechtigkeit der exakten Gegenleistung: Man gibt am festgesetzten Tag genau das zurück, was man erhalten hat.

b – Es ist die Gerechtigkeit des gemeinsamen Maßes: Man muss messen, was man verleiht oder was man ausleiht, um es im genau gleichen Maß zurückzuerhalten oder zurückzuerstatten (bis auf einen ganz kleinen Unterschied: man muss ein wenig mehr zurückgeben, um sich erneut etwas leihen zu können).

c – Es ist die Gerechtigkeit des wechselseitigen Einverständnisses; es ist nicht die Gerechtigkeit der angewendeten Regel, sondern die der freiwilligen Übereinkunft, die man mit seinem Nachbarn trifft und zu der es gehört, dass beide dieselben Maße und denselben Kalender verwenden.

[2] Schließlich ist es die Gerechtigkeit, die mit der von den Göttern verfügten Ordnung der Welt übereinstimmt; es ist die Gerechtigkeit, die die Gelegenheiten, den rechten Augenblick, die alltäglichen Vorschriften über günstige und ungünstige Zeiten beachtet.

Solch eine Gerechtigkeit ist von ganz anderer Art als jene,

die in den Auseinandersetzungen homerischen Typs am Werk war:

– Sie ist nicht mit der Ausübung einer bestimmten Souveränität und einem bestimmten Augenblick verbunden, an dem sie rituell vollzogen wird. Es ist eine Alltagsgerechtigkeit, die jedermann ins Werk setzen kann, wenn er arbeitet und tauscht.

– Sie besteht nicht mehr darin, dass man sich an uralte Regeln erinnert, die Konflikte lösen und die Gleichheit wiederherstellen sollen. Sie besteht darin, dass man sich an Mengen, an Augenblicke, an Gesten erinnert, die für die Aufrechterhaltung der Gleichheit sorgen sollen.

– Sie impliziert keine Wahrheitsherausforderung, die von der einen Seite lanciert und von der anderen angenommen wird. Sie setzt eine Wahrheit von der Form der Beobachtung und der Messung voraus, eine Wahrheit von der Form der ergriffenen Gelegenheit und der festgestellten Gleichheit.[1]

[3] – Und schließlich setzt sie eine Äquivalenz zwischen der Gerechtigkeit des Zeus und der Wahrheit der Menschen voraus, denn wenn die Gerechtigkeit der Menschen darin besteht, der Wahrheit der Dinge in all ihren Verästelungen zu folgen, der genauen Ordnung der Gestirne, der Tage und Jahreszeiten, dann ist diese Ordnung nichts anderes als das Gebot des Zeus und sein souveränes Gesetz.

Hesiod begann *Werke und Tage* mit einer Anrufung des Zeus: »Halt ein nach dem Recht die Gesetze Du! Doch ich will dir, Perses, wahrhaftige Dinge erzählen« (damit es gerecht zugeht). Die Wahrheit der Welt als sichtbare Form zwischen diesen beiden Arten von Gerechtigkeit (*Werke und Tage*, 9-10).[2]

Im Vergleich zur Gerechtigkeit, die souverän von den traditionellen Oberhäuptern, den Königen der Gerichtsbarkeit, den Mächtigen mit den unvollständigen Urteilssprüchen ausgeübt wird, verlangt die Hesiod'sche Gerechtigkeit, die von den Geboten des Zeus zur Ordnung der Welt und von dort zur bäuerlichen Wachsamkeit und Genauigkeit, zum

Wechselspiel zwischen gutem Einvernehmen und zurückgezahlten Schulden übergeht, eine deutliche Übertragung der Souveränität. Sie fordert sie, konstatiert sie aber nicht, denn zur Zeit der *Werke und Tage* war die Gerechtigkeit noch in den Händen der Richterkönige institutionalisiert. Was Hesiod in seinem Gedicht fordert, ist eine Gerechtigkeit, die auf einem neuen Wissen basiert (dem des Kalenders
[4] und der natürlichen Zeitabläufe); auf einer neuen Praxis des Messens (der Messung des Austauschs und der Rückerstattung, auf so etwas wie Geld); auf einer neuen Verteilung der Souveränität. Die Suche nach einer neuartigen politischen Souveränität, einem monetären Maß und einem Wissen über Dinge und Zeiten findet sich in Hesiods Texten in enger Verbindung.

2. Das Vorbild für dieses Wissen, dieses monetäre Maß und diese politische Form finden die Griechen im Orient: in den Reichen und Staaten am Euphrat, in Lydien, an der kleinasiatischen Mittelmeerküste.[3] (Übernahme und erneutes Hervortreten.)

Wichtig ist nun aber, dass diese Übernahmen im 7. und 6. Jahrhundert erfolgen, in ungeregelter Reihenfolge und mit einer Reihe wesentlicher Veränderungen.

Tatsächlich übernehmen die Griechen von Asien nur die all gemeinen Formen einer absoluten Macht, die dem Geburtsadel und der vielköpfigen Macht der γενή [*gene*] auferlegt wird. Doch bei den Griechen hat diese Form von Macht nur vorübergehenden, prekären Charakter. Sie spielt eine Rolle bei der Zerstörung der Aristokratie und der Gründung des Stadtstaats, aber nachdem die »Tyrannis« diese Aufgabe erfüllt hat, verschwindet sie.[4]

[5] Was das Geld angeht, so übernimmt Griechenland diese Technik aus Lydien. Doch in den asiatischen Reichen ist die Währung vor allem ein in den Händen des Staates befindliches Werkzeug zur Festlegung von Steuern und Abgaben (die kommerzielle Verwendung ist sekundär). Auch in Grie-

chenland verwendete man das Geld ohne Zweifel für den erstgenannten Zweck (in der Zeit der Tyrannis), aber schon sehr bald in erster Linie für geschäftliche Zwecke und in den Beziehungen zu den Kolonien. Das Wissen schließlich, das Griechenland aus dem Orient übernahm, war in seinem Ursprung mit dem Staat verbunden.

Die Einrichtung eines präzisen Kalenders war notwendig für die Eintreibung der Steuern, für die Ausführung der Bewässerungsarbeiten, für die Bestimmung der Aussaat- und Erntezeiten und damit auch für die Bestimmung der Zeiten, in denen man Krieg führen konnte. (Im Zentrum stand hier das Problem des Kalenderabgleichs. Der Mondkalender bestimmte die Monate, aber die zwölf Mondmonate ergaben noch kein volles Sonnenjahr. Es gab eine beständige Abweichung, die man in kleinen Schritten ausglich und dann mit einem Schlage durch die Einfügung eines dreizehnten Monats.

[6] In Reichen mit großer geographischer Ausdehnung konnten solche Berechnungen und die daraus resultierenden Entscheidungen nur zentral erfolgen. Auch das kosmologische oder theogonische Wissen war mit der politischen Macht verbunden. Alle vier Jahre musste man die königliche Souveränität durch magisch-religiöse Zeremonien mit neuer Kraft erfüllen. Indem man die Genealogie des Königs und die Großtaten der Ahnen oder des Gottes rezitiert, dessen Inkarnation er darstellte, und indem man von den Fundamenten der Welt und der Monarchie erzählt, erneuert man die Macht des Königs. Der Gesang ist insofern wahr, als er der politischen Souveränität Kraft verleiht.

Da das Wissen mit diesen zwei Arten politischer Macht und dem Staatsapparat verbunden ist, befindet es sich natürlich in den Händen von Beamten: Das Wissen ist eine Dienstleistung des Staates und ein politisches Instrument. Daher sein unausweichlich geheimer Charakter. Es darf nicht in Umlauf geraten, darf nicht verbreitet werden. Es ist direkt an den Machtbesitz gebunden.

Und dieser unmittelbar geheime Charakter des Wissens äußert sich in einer bestimmten Verteilung zwischen Schriftlichem und Mündlichem. Das Wissen über die komplizierte, schwer zu handhabende piktographische Schrift der assyrischen Tontafeln, die allein dazu dient, Ergebnisse, Tabellen, Rechnungen aufzuzeichnen, wurde mündlich und zweifellos in esoterischer Weise innerhalb der Zunft der Schreiber weitergegeben.

[7] Genau dort setzt die griechische Transformation an.[5] Das Wissen wird vom Staatsapparat und der direkten Ausübung von Macht losgelöst. Es wird in seiner direkten Anwendung losgelöst von der politischen Souveränität und wird zum Korrelat des Gerechten, des δίκαιον [*dikaion*] als göttlicher und menschlicher Naturordnung.

Das Wissen, das zuvor das Geheimnis effektiver Macht war, wird nun zur manifesten, gemessenen Ordnung der Welt, die in ihrer Wahrheit alltäglich von allen Menschen ausgeführt wird. Und die Wahrheit, die zuvor Erinnerung an die Regeln der Ahnen, Herausforderung und angenommenes Risiko war, nimmt die Form des Wissens an, das die Ordnung der Dinge enthüllt und sich daran ausrichtet.

Es gab also zwei miteinander zusammenhängende Transformationen. Die eine ließ die Wahrheit als Wissen über Dinge, Zeit und Ordnung entstehen, die andere verlagerte das Wissen aus dem Bereich der Macht in den der Gerechtigkeit.

[8] Das war zweifellos eines der wichtigen Phänomene in der Herausbildung der griechischen Zivilisation. Einerseits findet sich die an politische und priesterliche Funktionen gebundene Rechtspraxis, die von daher einer kleinen Zahl von Individuen, nämlich traditionellen Oberhäuptern vorbehalten war, mit der Wahrheit verknüpft. Sie ist nun nicht mehr ausschließlich Entscheidung und Anwendung überkommener, im Gedächtnis bewahrter Regeln, an die sich Weise, Experten, Exegeten im rechten Augenblick erinnern und die von den Richterkönigen in gebührender Weise angewendet

werden. Vielmehr tendiert diese Gerechtigkeit nun dazu, sich ganz auf die Wahrheit auszurichten.

In ihrer Grundlegung, ihrem ersten Wort, muss Gerechtigkeit nun das Gesetz, νόμος [*nomos*][6], das Gesetz der Menschen sein, das nur dann nicht übertreten werden darf, wenn es mit der Ordnung der Welt übereinstimmt.

Die Entscheidung des Gerichts muss nun gerecht sein, der Urteilsspruch muss δίκαιον [*dikaion*] und ἀληθής [*alethes*] zum Ausdruck bringen: was gerecht und wahr ist, was der Ordnung der Welt und der Dinge entspricht, was diese Ordnung wiederherstellt, falls sie gestört wurde.

Die Gerechtigkeit stützt sich von nun an auf Wahrheit und wird von ihr getragen. Und die Wahrheit selbst ist die genaue Ordnung, die gebührende Verteilung, ist Zyklus und strenge Rückerstattung.

[9] Andererseits – und nicht weniger wichtig – ist das Wissen, das mit der Macht verknüpft war, das in den asiatischen Staaten Instrument und bis zu einem Grade auch Bedingung der Machtausübung war, nun stattdessen mit dem δίκαιον [*dikaion*] verbunden. Seine Hauptaufgabe besteht jetzt darin, gerechte Verhältnisse sicherzustellen, einen Beitrag zur Wiederherstellung der Ordnung zu leisten, die Dinge wieder an ihren Platz in Raum und Zeit zu rücken. Das Wissen dient nicht mehr in erster Linie dem Triumph, dem Herrschen und Regieren, sondern soll eine gebührende Rückerstattung ermöglichen und sogar erzwingen. In der Wahrheit sein heißt nun eher in der Gerechtigkeit als an der Macht sein.

Natürlich ist das nur eine Art von Gradient. Die Verbindung zwischen Gerechtigkeit und Wahrheit und die Trennung von Wissen und Macht werden niemals vollständig vollzogen. Immer wieder werden sie in Frage gestellt. Aber insgesamt kann man sagen, dass die Stellung einer Wahrheitsherausforderung oder [die] eines Machtwissens (das eine oft im archaischen Griechenland, das andere im archaischen Orient [anzutreffen]) vom Abendland zurückgewiesen wird. Und die beiden Gestalten der Gerechtigkeit, jene,

[10] der die Wahrheit fremd ist, und jene, die nur die grenzenlose Willkür ihrer Macht auszuüben versteht, diese beiden Gestalten gehören zu den hartnäckigen und zugleich stets unterdrückten Träumen des Abendlandes.
Diese beiden ersehnten, präsenten, aber immer nur an der Grenze gegenwärtigen Traumgestalten sind die des heiligen Antonius und die entgegensetzte des Faust.[7] Der heilige Antonius, der Gerechte ohne Wahrheit, der Unschuldige, die absolute Gerechtigkeit des Herzens im Schmutz des Nichtwissens, der eben deshalb in Gestalt der Versuchung jeglicher Unordnung der Welt zum Opfer fällt. Und der andere, Faust, der Mann, der auf den Gipfel des Wissens gelangt und dadurch seine Macht ins Unendliche gesteigert sieht. Diese Macht ist Mephisto. Er unterwirft sich scheinbar Fausts großem Wissen[8] und gibt sich als dessen Diener. Aber die abendländische Fabel will, dass Begehren und Unschuld den Einklang zerstören.

[11] A – Die Agrarkrise des 7. und 6. Jahrhunderts

Nach den einander folgenden Wellen der dorischen Wanderung fand sich der Boden in ungleiche, aber unveräußerliche Parzellen verwandelt. Er konnte im Prinzip weder verkauft noch angeeignet werden.[9] Allenfalls konnte es geschehen, dass kein Erbe da war oder dass Flächen aufgegeben wurden.
Diese Ungleichheit verstärkte sich zweifellos mit der Zeit und gab Anlass zu heftigen Konflikten:
1. Verarmung der ärmeren Schichten aufgrund des demographischen Drucks. Deshalb: Kultivierung arider Böden; Rodung bewaldeter Flächen; kurzfristige Bewässerung ohne Gesamtplan, da es keine staatliche Organisation gibt, was zu einer Verringerung der Durchschnittsproduktivität der kultivierten Flächen führt. Und Schwierigkeiten, die Zeit bis zur nächsten Ernte zu überbrücken, und die Notwendigkeit, sich etwas zu leihen.

2. Die Reichen hatten mit Sicherheit dieselben Probleme mit der Aufteilung des Bodens, wenn es zum Erbfall kam. Das beweisen die Vorkehrungen, die man an diversen Orten traf, um solche Schwierigkeiten zu vermeiden. Ein nach Theben emigrierter Bakchiade,[10] Philolaos, ließ Gesetze über die »Zeugung« oder jedenfalls über die Erbfolge verabschieden. In Korinth selbst ließ ein anderer Bakchiade (Pheidon) Maßnahmen treffen, die die Zahl der Domänen und die der Familien konstant halten sollten.[11]
Aber [die Reichsten*] reagieren darauf in anderer Weise. Sie gehen Schritt für Schritt von der Viehzucht (die zweifellos [bei ihnen**] die bevorzugte Form von Landwirtschaft war) zum Anbau von Oliven und zur Produktion von Olivenöl über, einem landwirtschaftlichen Erzeugnis, das sich transportieren lässt.
Von dieser Verarmung und dieser Transformation zeugt die Veränderung der Ernährung bei den Griechen (von der Fleischkost in homerischer Zeit zur pflanzlichen Nahrung).[12]

Diese Situation wurde noch durch die gemeinsame Lösung verstärkt, die Reiche und Arme zu deren Entspannung fanden: die Verschiebung von Individuen und die Kolonisierung.

Zur Rechtfertigung der Bündnissysteme, der territorialen oder finanziellen Forderungen, der Steuern und Tribute
[13] wurde die Kolonisierung später als Gemeinschaftswerk der Stadtstaaten dargestellt. M. Nilsson[13] nimmt an, dass die aus verschiedenen Gebieten stammenden Kolonisatoren sich in einer Hafenstadt (wie Korinth oder Milet) sammelten und sich mit einem Schiffseigner einigten, um sich in einem Weizenanbaugebiet oder an einem Ort niederzulassen, der als Handelsstation dienen konnte. In jedem Fall, selbst wenn es

* Manuskript: sie.
** Manuskript: den Reichen.

sich um eine hauptsächlich agrarische Kolonie handelte, stimulierte sie den Austausch zwischen dem Olivenöl der Metropole und dem Getreide dieser neuen Territorien. Daraus erwuchs eine neue Verarmung der Ärmsten.

[14] Mit zwei Folgen:

1. Obwohl die Kolonisierung den demographischen Druck verringerte, verschlechterte sich die Lage der Armen. Gewiss, Grund und Boden können weder verkauft noch angeeignet werden. Doch wegen des persönlichen Charakters der Bindung im griechischen Vor-Recht und auch wegen der zugleich symbolischen und substantiellen Beziehung zwischen dem Eigentümer und seinem Besitz bei Zahlungsunfähigkeit wurde der Boden entweder mit Schulden belastet (dem Gläubiger stand dann ein Sechstel der Einnahmen zu), oder der Schuldner wurde versklavt.[14]

2. So wird verständlich, was [die Armen*] zur Abwehr dieser ständigen Verschlechterung forderten:

a – Die Schaffung eines Systems zur Berechnung der Zeit, mit dessen Hilfe sie den besten Zeitpunkt für Aussaat und Ernte und den vereinbarten Zeitpunkt für die Rückzahlung von Schulden bestimmen konnten.

Der religiöse Kalender, der das Jahr ordnete, war ein Mondkalender, der nicht mit dem Sonnenjahr und dem System der Sonnwenden und Jahreszeiten übereinstimmte. Daher die Suche nach einem Sternenkalender und einem Tableau meteorologischer Wahrscheinlichkeiten, wie man sie in *Werke und Tage* findet.

[15] b – Die Schaffung eines Maßsystems, das es ermöglichte, die Ernte zu beziffern, ein bestimmtes Tauschverhältnis einzuhalten und zu berechnen, was man schuldete. Ein neues System, das die Bauern umso dringender benötigten, als die Maße bis dahin aus Einheiten wie der Anzahl von Tieren und goldenen oder erzenen Objekten bestanden, die sich allein im Besitz der Reichen befanden.

* Manuskript: sie.

c – Die Schaffung einer neuen Form von Macht, die das Eigentum der Armen schützte und die Gewalt der Reichen verhinderte (und all die Angriffe, die sie auf das unveräußerliche Eigentum oder das Leben der Freien führen konnten).
Zugleich und in engem Zusammenhang suchten die Ärmsten nach einem Wissen, einem Maßsystem und einer Form von Souveränität. Das geschichtliche Problem liegt nun in der Frage, wie es der Klasse der armen Bauern unter diesen Umständen gelang, solch ein Wissen zu erlangen, solch ein Maßsystem zu schaffen und eine neue Form von Souveränität herauszubilden.
Denn an dem Punkt, an dem wir uns befinden, haben die Kleinbauern keine Verbündeten mehr. Es fehlt an einer mittleren Schicht aus Händlern und Kaufleuten. Es gibt nur zwei Klassen.

[16] B – Die Armee

Zwei zum Teil miteinander verbundene Faktoren ermöglichten es den Kleinbauern, Widerstand zu leisten und einen partiellen Sieg zu erringen:
1. Der erste Faktor ist eine der Entwicklungen der Eisenzeit.
Die Dorer hatten die Techniken des Feuers mitgebracht. Doch lange Zeit blieb deren Bedeutung recht beschränkt. Die Kolonisierung eröffnete neue Rohstoffquellen für Erze und vor allem neue Techniken der Eisenverarbeitung. Deshalb sank der Preis für Eisengegenstände ganz beträchtlich. Die Möglichkeiten einer soliden und zugleich billigen Bewaffnung nahmen zu. Und es entstand eine neue Art von Armee aus Infanteristen, die in der Linken einen Schild und in der Rechten einen Speer oder ein Schwert hielten. Daraus ergab sich auch eine neue Strategie: die einer eng geschlossenen Front aus nebeneinander in Reihe und in großer Zahl aufgestellten Kriegern – im Unterschied zum Einzelkampf der Streitwagenlenker.

Diese neue Strategie erschütterte zweifellos nicht nur das Kräfteverhältnis zwischen den Stadtstaaten, sondern auch die Machtverhältnisse innerhalb dieser politischen Einheiten.

[17] a – Zwischen den Stadtstaaten: Anfang des 7. Jahrhunderts veränderten sich die Kräfteverhältnisse zwischen den Städten, die sich eigentlich kaum Städte nennen konnten, aufgrund der Hoplitenstrategie. Der Krieg zwischen Chalkis und Eretria,[15] der Griechenland spaltete, war noch in traditioneller Weise geführt worden. Die Bakchiaden von Korinth wurden vielleicht deshalb im Krieg mit Kerkyra geschlagen, weil sie die neue Strategie nicht übernahmen. Eines ist nahezu sicher: Argos errang 699 seinen vernichtenden Sieg über Sparta durch den Einsatz von Hopliten, und zwar unter Führung eines Tyrannen.

b – Auch innerhalb der Stadtstaaten veränderten sich die Machtverhältnisse. Das Volk (λαός [*laos*], δῆμος [*demos*]) wird unerlässlich für die Verteidigung des Kollektivs. Der isolierte, allein von seinen Dienstleuten umgebene Krieger bildet nicht länger die militärische Grundeinheit. Aber »das Volk« muss wohlhabend genug sein, um Waffen kaufen, erhalten und ersetzen zu können. Es gibt eine wirtschaftliche Schwelle, unterhalb deren der Bauer nicht einmal mehr Soldat sein kann. (Nicht mehr sein kann und nicht mehr sein will – diese Erfahrung machten möglicherweise die Bakchiaden.)

Die neue Strategie erfordert außerdem eine enge Übereinstimmung und Harmonie zwischen den Soldaten – mit dem Schild in der Linken schützt der Hoplit seinen linken Nebenmann und wird von seinem rechten Nebenmann geschützt. Sie müssen in einer Linie marschieren, ihre Bewegungen koordinieren, gemeinsam vom Speer zum Schwert übergehen. Die Wechselseitigkeit des Dienstes und der Hilfe, die Synchronisierung der Bewegungen, die spontane Regulierung des Ganzen, um schließlich zur Harmonie zu gelangen, sind Voraussetzungen der Hoplitenstrategie. Die-

se von jedem akzeptierte und von allen spontan realisierte oder zumindest durch wechselseitige Anpassung schnellstmöglich erreichte Ordnung sicherte die Macht der Stadt.
2. Während die Kraft des assyrischen Staats ihre Verkörperung in einer königlichen Souveränität fand, die man regelmäßig durch magisch-religiöse Zeremonien erneuern musste, und während diese Kraft durch ein Wissen um die Weltordnung und die Ursprünge gesichert wurde, deren Träger Schreiber und Dichter am Hofe waren, fand die Kraft des in Entstehung begriffenen Stadtstaats ihre Verkörperung in der von den Männern in der Kampfformation spontan akzeptierten und realisierten Ordnung. Hier garantiert also nicht ein Wissen den Erhalt des Kollektivs, sondern etwas, das zugleich individueller Mut und Akzeptanz der Ordnung ist: ἀρετή [*arete*].[16]

[19] C – Die Entstehung des Handwerks

Die Bewaffnung bringt auch die Entwicklung des Handwerks mit sich. Aber es ist vor allem der Handel, der die Entwicklung des Handwerks im Griechenland des 7. und 6. Jahrhunderts voranbringt. Wie es scheint, veranlasste in erster Linie der Handel mit Kleinasien und den Kolonien auf Sizilien und in Italien die Städte in Griechenland und Ionien, Objekte herzustellen, die nicht für den unmittelbaren Gebrauch, sondern für den Tausch bestimmt waren.
Wahrscheinlich rekrutierten sich die Handwerker aus den Reihen der armen, von ihrem Land vertriebenen Bauern, die in die Stadt kamen, um dort nach einer Möglichkeit zu suchen, in die Kolonien zu gelangen. Sie hätten nicht die Mittel gehabt, um Handwerker zu werden, wenn es keine Reichen gegeben hätte, die ihnen Rohstoffe, Werkzeuge und Lebensmittel vorstreckten – Vorleistungen, die sie nach den Vorgaben ihrer Auftraggeber in genau bestimmten Exportgütern zurückerstatteten.[17] Ein ganz anderes Produktionsverhältnis bildet sich hier heraus, das auf einer Vorleis-

tung des Unternehmers gegenüber seiner Arbeitskraft basiert und nicht mehr auf Verschuldung, Pacht und Versklavung.

An diesem Punkt kommt es innerhalb der Aristokratie zu einem Bruch.[18] Die handeltreibenden Grundbesitzer verfügen über landwirtschaftliche Erzeugnisse, die exportiert
[20] (und gegen andere Güter getauscht) werden können. Problem der Kommerzialisierung in einer Mittelmeerwelt, in der es kaum mehr in die Zirkulation einzubringen gibt als Olivenöl, Getreide und Wein.

Umgekehrt nehmen die wohlhabenden landwirtschaftlichen Kolonien in Italien und am Schwarzen Meer lieber handwerkliche Erzeugnisse an (weil man sie bei der Entfaltung der Nachfrage variieren lassen kann und weil die städtische Zivilisation noch nicht sehr weit entwickelt war). Deshalb mehrten die Händler von handwerklichen Erzeugnissen ihren Wohlstand auf Kosten der handeltreibenden Grundbesitzer.

Zwischen diesen beiden Gruppen innerhalb der Aristokratie besteht ein Interessenkonflikt, nicht aber zwischen Bauern und Handwerkern. Zunächst einmal, weil es sich um dieselben Personen handelt. Es sind dieselben Kleinbauern, die im Winter oder in freien Augenblicken ihre Ressourcen durch diese Arbeit ergänzen. Zweitens weil die Handwerker, die sich in der Stadt niederlassen, zu Käufern landwirtschaftlicher Erzeugnisse werden, während die Bauern bei den Handwerkern kaufen können, sofern sie wohlhabend genug sind.

Daraus ergibt sich ein Klassenbündnis zwischen einer Fraktion der Aristokratie und den Handwerkern und Bauern gegen die grundbesitzende und handeltreibende Aristokratie.

Möglicherweise war die Sklaverei zu einer bestimmten Zeit ein Instrument in diesem Kampf, da manche Grundbesitzer ihre ländlichen Sklaven und Landarbeiter-Handwerker nut-
[21] zen wollten, um mit dem herstellenden Gewerbe konkurrieren zu können. Jedenfalls gehörten Maßnahmen für oder

gegen die Sklaverei in dieser Zeit zu den wichtigsten Elementen der politischen Kämpfe. Und bis ins 5. Jahrhundert vermochten Kleinbauern und Handwerker die Sklaverei am Rande der griechischen Ökonomie zu halten.

Mit dem Handwerk in Griechenland und Ionien erscheint ein Wissenstyp, dessen Verteilung – wenn nicht gar Inhalt – ganz anders geartet war als in den asiatischen Staaten. Dort war das Wissen an die Ausübung einer bestimmten politischen Funktion oder einer besonderen Rolle innerhalb des Staates gebunden. Gewinnung und Verarbeitung von Metallen und die Herstellung kostbarer Objekte waren einer Gruppe von Sklaven vorbehalten, unter Anleitung und Verantwortung von Staatsbeamten, die das Wissen geheim halten und das Monopol bewahren sollten.

Der griechische Handwerker hat selbst Zugang zu den Verarbeitungstechniken. Er kennt sie, weil er sie gelernt oder weil er selbst solche Verfahren entdeckt hat. Und weil er sie kennt, kann er sie auch an andere weitergeben. Er ist im Besitz eines Wissens über Stoffe und Augenblicke, Eigenschaften und Gelegenheiten, Möglichkeiten und Veränderungen. Er vermag mit seinen Händen zu tun, was einst die Götter taten. Und die Götter taten stets nichts anderes, als in handwerklicher Weise die Welt herzustellen.

[22] D – Die politischen Transformationen des 7. und 6. Jahrhunderts

Durch ein Bündnissystem zwischen einer Fraktion der Aristokratie und der noch unscharfen Gruppe der Handwerker-Bauern kam es zu den großen politischen Umbrüchen des 7. und 6. Jahrhunderts – Umbrüche, die wir in höchst unterschiedlichem Maße kennen:

– Von einigen kennen wir nur das Endergebnis (die verfrühte Demokratie auf Chios).

– Von anderen wie der lykurgischen Reform in Sparta haben wir nur mythische Berichte.

– Von [wieder] anderen besitzen wir nur ein paar historische Bruchstücke (wie über die Tyrannis des Kypselos und des Periandros in Korinth).[19]

– Über spätere Umbrüche besitzen wir eine kontinuierlichere historische Dokumentation (Athen).

Jedenfalls können wir an diesen Transformationen mit einiger Sicherheit mehrere grundlegende Merkmale ausmachen:

[23] a – Sie kamen durch einen Kampf zustande, an dem zwei Gruppen beteiligt waren: οἱ πολλοί, οἱ πλοῦτοι [*hoi polloi, hoi plutoi*] – worunter die Griechen die Armen und die Reichen verstanden.

Alle Zeugnisse stimmen hier überein. Wann immer im 7. und 6. Jahrhundert ein Tyrann die Macht übernahm, stützte er sich auf die Unbedeutendsten, die Armen, auf das, was man δῆμος [*demos*] zu nennen begann. So etwa Theagenes von Megara, der das Volk gedrängt haben soll, die Herden der Reichen abzuschlachten.[20] So auch Kypselos von Korinth. Und wenn im Blick auf Pisistratos von drei Parteien die Rede ist, dürfte ihr Unterschied wohl geographischen Charakters gewesen sein, und bei der Partei, die Pisistratos unterstützte, könnte es sich gut um die Handwerker gehandelt haben (Silberminen in Laurion).

Dieser Gegensatz war in den Augen der Griechen die Grundlage der großen Transformationen des 7. und 6. Jahrhunderts, aber auch noch lange danach:

Platon: Jeder Staat besteht aus mindestens zwei einander feindlich gesonnenen Staaten, derjenige der Armen und derjenige der Reichen (*Der Staat*, 422e).[21]

[24] Aristoteles: »Daher der Schein, als ob die Hauptteile des Staates mit dem Unterschied von reich und arm zusammenfielen« und die »Vorstellung, als ob sie sich unter den Teilen des Staates konträr gegenüberständen« (*Politik*, IV, 1291b).[22]

b – Die bewaffnete Macht der Hopliten ermöglichte in mehr oder weniger gewaltsamer Weise die Verdrängung der

Aristokratie und die Entstehung einer neuen Form von Macht.

Oft kommt es vor, dass ein Heerführer nach einem siegreichen Krieg von seinen Soldaten an die Macht gebracht wird. [Z. B.] Orthagoras, der erste Tyrann von Sikyon [*Politik*, V, 12, 1315b 12ff.].

Mehrere Tyrannen waren Polemarchen, bevor sie an die Macht kamen (Orthagoras; Kypselos von Korinth). Es ist nicht ganz klar, ob die Funktion des Polemarchen schon zu dieser Zeit militärischer Natur war. Jedenfalls verweist die berüchtigte Garde, die den Tyrannen umgab, auf den militärischen Charakter der von ihm ausgeübten Macht und auf seinen Rückhalt in der Bevölkerung.

Pheidon war bereits seit fünf oder sechs Jahren Tyrann von Argos, als er Sparta 669 bei Hysiae eine vernichtende Niederlage beibrachte, indem er seine Hopliten gegen ein noch aristokratisch geprägtes Heer einsetzte.[23]

[25] c – Die Transformationen erfolgten – in offenbar unterschiedlichem Maße – zugunsten der Bauern und der Handwerker:

α – Zugunsten der Bauern, denn es kam praktisch immer zu einer Veränderung des Bodenregimes:

– entweder zu einer gewaltsamen Wiedererlangung der Weideflächen;

– oder zu einer Beschlagnahme der Böden, wobei die alten Besitzer ins Exil getrieben wurden;

– oder zu einer Aufhebung der Schulden (wie bei Solon);

– oder zu einer Um- oder Neuverteilung des Bodens nach mehr oder wenige egalitären Grundsätzen (eine Reform, die in der Tradition dem Lykurg zugeschrieben wird).

Wahrscheinlich handelte es sich stets um eine Reihe von Maßnahmen, bei denen entweder die Umverteilung des Bodens oder der Schuldenerlass im Vordergrund stand. Bei Kypselos von Korinth kam es hauptsächlich zu einer Umverteilung des Bodens (wobei die Geldzirkulation die Ablösung der Schulden ermöglichen sollte). Bei Solon dagegen kam es zu einem Schuldenerlass und einer Befreiung des Bodens, nicht aber zu einer Neuverteilung (und selbst wenn die Bauern ihren Grund und Boden zurückerhielten, hatten sie nicht das Recht, die Olivenbäume zu fällen).

[26] β – Die erste wichtige Maßnahme zugunsten der Handwerker war die Einschränkung der Sklaverei, die eine Konkurrenz für die Handwerker darstellte (Periandros untersagte den Import von Sklaven). [Außerdem:]

– die Entwicklung der städtischen Zivilisation: der Bau großer Aquädukte (wie das des Theagenes in Megara); die Umgestaltung von Korinth (in der Zeit des Periandros); Samos (die Bautätigkeit des Polykrates)[24];

– Schaffung dessen, was man noch nicht als Industrie bezeichnen kann, wohl aber als exportorientiertes Handwerk: Homogenisierung der Produktion, Massenproduktion von Keramik in Korinth.

Förderung des Handwerks: Solon, der keineswegs zu den radikalsten Reformern gehörte, verfügte, dass niemand Hilfe von seinen Kindern verlangen konnte, wenn er ihnen kein Handwerk beigebracht hatte (wobei τέχνη [*techne*] niemals für landwirtschaftliche Tätigkeiten verwendet wurde).[25] Er gab allen Handwerkern das Bürgerrecht, die sich mit ihren Familien in Athen niederließen.

Jedenfalls verdankten Korinth im 6. und Athen im 5. Jahrhundert ihre politische Macht der Entwicklung des Handwerks.

[27] Ganz allgemein kann man sagen, dass die politischen Transformationen, zu denen es im 7. und 6. Jahrhundert in Griechenland kam, einen partiellen und oft nur vorläufigen Sieg der Bauern und der Handwerker darstellten. Eine Faktion der Aristokratie hatte sich aufgrund ihrer Interessen entweder mit den Handwerkern (wie bei Kypselos oder Pisistratos) oder mit den Bauern verbündet (wie Solon).

Und diese Allianz erklärt die politischen Formen, die diese Transformationen annahm: das heißt die Tyrannis (die trotz der Legende des Kypselos niemals wirklich von Männern aus dem Volk ausgeübt wurde) oder den Eingriff eines Reformers oder einer Gruppe von Reformern, die die Herrschaft des geschriebenen Gesetze einführten.

Wie lebhaft die Opposition auch gewesen sein mag, die man später nachgezeichnet hat, so darf man doch nicht vergessen, dass die Tyrannen sich in ihrer Herrschaft oft innerhalb des rechtlichen Rahmens bewegten, zuweilen ohne Zweifel um ihn zu bewahren (Pisistratos)[26]; dass oft auch die Tyrannis am Ende zur Schaffung eines schriftlich niedergelegten Rechts führte und gelegentlich als Übergang [zur Demokratie] diente (Solon, Pisistratos, Klisthenes).

[28] ## Schluss

Im Zuge dieser Transformationen kommt es in der griechischen Gesellschaft zu einer Neuverteilung des Verhältnisses zwischen dem Rechts- und dem Wissensdiskurs; der Beziehungen zwischen Gerechtigkeit, Maß, Ordnung und Wahrheit.

Die aus der griechischen Tradition stammende Wahrheitsherausforderung und das Machtwissen, dessen Vorbild über Ionien aus dem Orient gekommen war, passen sich nun einem Wahrheitswissen an und verwandeln sich in ein Wahrheitswissen, das in seinen Wurzeln mit der Gerechtigkeit, der Verteilung und der Ordnung verbunden ist und sich auf eine Moral der ἀρετή [*arete*] und eine Technik der Pädagogik stützt.[27]

All das werden wir uns genauer ansehen, und zwar im Einzelnen drei Punkte:

– die Einführung des Geldes nicht bloß als Tauschmaß, sondern ganz wesentlich als Instrument der Verteilung, der Aufteilung und der sozialen Verbesserung;

– die Einführung des νόμος [*nomos*], des geschriebenen Gesetzes, das nicht bloß eine politische Verfassung ist, sondern der Diskurs der sozialen Ordnung;

– und schließlich die Schaffung eines Gerichtswesens nach religiösem Vorbild.

Anmerkungen

1 Siehe M. Detienne, *Crise agraire et attitude religieuse chez Hésiode*, Brüssel-Berchem 1963; Hesiod, *Werke und Tage*, 765-768.

2 Hesiod, *Werke und Tage*, 243-247, dt. zit. nach ders., *Theogonie. Werke und Tage*, hg. von A. von Schirnding, München 1997, S. 83.

3 H. Michell, *The Economics of Ancient Greece*, Cambridge ²1963 (ursprünglich New York 1940).

4 P. N. Ure, *The Origin of Tyranny*, Cambridge 1922.

5 Ein Gedanke, der von B. L. van der Waerden in die Geschichtsschreibung eingeführt und von J.-P. Vernant aufgegriffen wurde; siehe B. L. van der Waerden, *Ontwakende wetenschap: Egyptische, Babylonische en Griekse wiskunde*, Groningen 1950; dt.: *Erwachende Wissenschaft*, Bd. 1: *Ägyptische, babylonische und griechische Mathematik*, übers. von H. Habicht, Basel 1956.

6 Die älteste Erwähnung des *nomos* findet sich bei Hesiod: »Denn ein solches Gesetz erteilt den Menschen Kronion«; *Werke und Tage*, 276; a. a. O., S. 103. Siehe H. Frisch, *Might and Right in Antiquity*, Bd. 1, *From Homer to the Persian Wars*, übers. von C. C. Martindale, Kopenhagen 1949.

7 Der Vergleich zwischen Antonius und Faust findet sich bereits in Flauberts *Tentation de saint Antoine*; dt.: *Die Versuchung des heiligen Antonius*; siehe M. Foucaults »Postface à Flaubert« (1964), in ders., *Dits et Écrits, 1954-1988*, hg. von D. Defert und F. Ewald, 4 Bde., Paris 1994, Bd. 1, Nr. 20, S. 295-325; dt.: »Nachwort«, in *Dits et Écrits. Schriften*, 4 Bde., Frankfurt am Main 2001-2005, Bd. 1, Nr. 20, S. 397-422.

8 »Dr. Faustus, der Glückliche, dessen Glück darin bestand, sein Leben noch einmal leben zu dürfen, verkörpert in glanzvoller Weise die deutschen Humanisten der Reformationszeit, deren Denken sich am platonischen Gedanken der Wiedererinnerung orientierte [...]. Neben [dieses Symbol] tritt der theologische Konflikt um die Willensfreiheit und die Verdammung der Auserwähltheit«, schreibt Pierre Klossowski in *Un destin si funeste*, Paris 1963, S. 12.

9 Ed. Will, »La Grèce archaïque«, in [Actes de la] Deuxième Conférence internationale d'histoire économique / Second International Conference on Economic History (Aix-en-Provence 1962), Paris 1965, Bd. 1, S. 41-76.

10 Ein Klan, der zwischen dem 8. und dem 7. Jahrhundert die Macht in Korinth übernahm. Die Bakchiaden, die ihre Abstammung von Bakchis herleiteten, wurden schließlich von Kypselos, dem Begründer der Tyrannei, gestürzt. Siehe Ed. Will, *Korinthiaka. Recherches sur l'histoire et la civilisation de Corinthe des origines aux guerres médiques*, Paris 1955, S. 317.

11 Aristoteles, *Politik*, II, 6, 1265b.

12 Ed. Will, »La Grèce archaïque«, a. a. O., S. 62.

13 M. P. Nilsson, *The Age of the Early Greek Tyrants*, Belfast 1936; A. French, »The economic background to Solon's reforms«, *Classical Quarterly*, N. S. VI (1-2), 1956, S. 11-25.

14 Ed. Will, »La Grèce archaïque«, a. a. O., S. 63-73.

15 Zwei Städte auf Euböa, um die ein Erbfolgestreit zwischen den Nachfolgern von Königen entbrannte. In diesem Kampf spaltete sich Griechenland in zwei große Koalitionen. Letzte vorhoplitische Schlacht. Siehe A. P. Andrewes, *The Greek Tyrants*, London 1956, S. 12-14 und 39-42.

16 Ἀρετή: Tugend, Ehre, Vortrefflichkeit, als moralischer oder intellektueller Wert verstanden; siehe J. Tricot in: Aristoteles, *La Politique*, hg. von J. Tricot, Paris 1962, S. 385 (ἄριστος [*aristos*]: herausragender Mann). »Theognis und Pindar, aristokratische Dichter, wenden sich gegen den Gedanken, ἀρετή [*arete*] sei erlernbar« (H.-I. Marrou, *Histoire de l'éducation dans l'Antiquité*, Paris 1948, [6]1964). Siehe auch W. Jaeger, *Paideia: die Formung des griechischen Menschen*, Berlin und Leipzig 1936. Anmerkung: J. Tricot übersetzt *paideia* nicht mit »éducation« (»Bildung«), sondern mit »haute culture« (»Hochkultur«.)

17 M. P. Nilsson, *The Age of the Early Greek Tyrants*, a. a. O.

18 Siehe Ed. Will, »La Grèce archaïque«, a. a. O.; A. French, »The economic background to Solon's reforms«, a. a. O.

19 Siehe P. N. Ure, *The Origin of Tyranny*, a. a. O., S. 257-264; Aristoteles, *Politik*, V, in dem alle Berichte über die Tyrannen dargestellt werden.

20 A. French, »The economic background to Solon's reforms«, a. a. O.

21 Siehe Platon, *Der Staat*, IV, 422e, zit. nach ders., *Sämtliche Werke*, 3 Bde., Köln 1967, Bd. 2, S. 128: »Jeder [Staat] bildet sehr viele Staaten… Denn zwei sind es in jedem Fall, die einander feindlich gegenüber stehen: einer der Armen und einer der Reichen«.

22 Siehe Cl. Mossé, *La Fin de la démocratie athénienne*, Paris 1962, S. 234 ff.

23 A. P. Andrewes, *The Greek Tyrants*, a. a. O., S. 39-42. Die Schlacht bei Hysiae war wahrscheinlich der erste große Sieg einer Hoplitenarmee. Pheidon gilt als der erste Tyrann, der keine Leibgarde besaß, zweifellos weil er sich auf die Hopliten stützte.

24 M. P. Nilsson, *The Age of the Early Greek Tyrants*, a. a. O.; P. N. Ure, *The Origin of Tyranny*, a. a. O.

25 Ed. Will, »La Grèce archaïque«, a. a. O., S. 74-94.

26 M. I. Finley, *The Ancient Greeks: Introduction to their Life and Thought*, London 1963; dt.: *Die Griechen. Eine Einführung in ihre Geschichte und Zivilisation*, München 1976.

27 Nach den Notizen der Hörerin Hélène Politis ging Foucault in der Vorlesung ausführlicher auf die Rolle von ἀρετή [*arete*] und παιδεία [*paideia*] bei der Reorganisation des griechischen Wissens ein, als das Manuskript dies erkennen lässt.

Vorlesung 9
(Sitzung vom 24. Februar 1971)

Die Einführung des Geldes. Ein Geld oder verschiedene Währungen? – Die drei Funktionen des griechischen Geldes: Metathese der Macht, Simulacrum, soziale Regulierung. – Das Geld als Einsetzung des* dikaion kai alethes.

[1] ## 1 – Die Einführung des Geldes

Bei Hesiod haben wir die noch dunkle Suche nach einem Maß beobachtet – einem Maß, dessen Bedeutung und Funktion kaum spezifiziert sind, weil es sich um die Messung der Zeit, des Kalenders der landwirtschaftlichen Rituale und um die quantitative und qualitative Abschätzung der Erzeugnisse handelt; außerdem gilt es nicht nur das Wann und Wieviel zu bestimmen, sondern auch das »weder zu wenig noch zu viel«.[1] Die Messung als Berechnung und das Maß als Norm.

Diese Maße wurden im 7. und 6. Jahrhundert eingeführt, in der Zeit der Tyrannis und oft von den Tyrannen selbst.

Herodot (VI, 127) berichtet, dass Pheidon, Tyrann von Argos, ein Maßsystem für den Peloponnes erfand.[2] Jedenfalls wurde Ägina unter seiner Herrschaft an Argos angeschlossen, und es erschienen Münzen aus Ägina.[3]

Kypselos führte den Gebrauch des Geldes in Korinth ein.[4]

Und in dieser Zeit wurde die euböische Drachme festgelegt (65 Silberkörner).

[2] Bei Solon wissen wir noch am wenigsten über diese wichtige Tätigkeit des Messens:

– Neudefinition der individuellen Besitztümer;

– Schätzung der Einkünfte jedes Einzelnen,

– Zuweisung eines bestimmten Anteils an der politischen Macht im Verhältnis zum jeweiligen Besitz;

* Titel der Vorlesung im Manuskript.

– ein monetäres Urmaß wird in Verkehr gebracht.[5]

Ob nun Tyrann oder Gesetzgeber,[6] wer die Macht hat, der hat auch die Macht über das Messen: des Grund und Bodens, der Dinge, des Vermögens, der Rechte, der Macht und der Menschen.[7]

Hier sei nur, für dieselbe Zeit oder ein wenig später, erinnert an:

– die realisierten (oder geplanten) städtebaulichen Maßnahmen des Hippodamos von Milet[8] und die Einführung des gitterförmigen Grundrisses der Städte;

– die kartographischen Arbeit, die zu dieser Zeit unternommen wurde (und die von Anaximander gezeichnete Weltkarte)[9];

– die pythagoreischen Forschungen zu den geometrischen und musikalischen Proportionen.[10]

[3] Bevor das griechische Maß als Prinzip der Quantifizierung, der Harmonie, des klassischen Nicht-Übermaßes Eingang in das abendländische Bewusstsein fand, war es – das dürfen wir nicht vergessen – eine umfangreiche soziale und polymorphe Praxis des Abschätzens, der Quantifizierung, der Äquivalenzbildung, der Suche nach adäquaten Proportionen und Verteilungen.[11]

Und man sieht deutlich, in welcher Weise dieses Ins-Maß-Setzen mit dem Problem der bäuerlichen Verschuldung, der Übertragung landwirtschaftlichen Grundbesitzes, des Ausgleichs von Schuldforderungen, der Äquivalenz zwischen landwirtschaftlichen und handwerklichen Erzeugnissen, der Verstädterung und der Schaffung einer Staatsform zusammenhängt.

Im Kern dieser Messpraxis erscheint die Institution des Geldes.

A – Interpretationen

Nach der traditionellen Interpretation erwächst der Gebrauch des Geldes aus der Entwicklung einer Handelsökonomie:

– Danach lösten sich die Bauern im Umkreis des Mittelmeers nach und nach von der Subsistenzwirtschaft;

[4] – durch die Entstehung und das Wachstum des Land- und vor allem Seehandels (mit allem, was an Distanzen, Verzögerungen und Unvorhergesehenem damit verbunden ist) soll dann der Gebrauch einer anerkannten Währung notwendig geworden sein: eines Stücks abgewogenen und durch ein Siegel authentifizierten Metalls – zunächst auf privater, dann auf staatlicher Ebene.

Der kommerzielle, internationale, im Handel begründete Ursprung des Geldes. Eine merkantilistische Interpretation, die das Geld von Anfang an auf Vertretungsfunktionen beschränkt und damit jenem »Fetischismus« aussetzt, der darin besteht, gleichsam in einem fundamentalen philosophischen Urirrtum das Zeichen für die Sache selbst zu nehmen.[12]

Diese Interpretation berücksichtigt vielleicht einige frühe Gebrauchsformen des Geldes in Lydien oder in Phönizien.[13] Aber das ist keineswegs das Vorbild, nach dem das Geld in Griechenland übernommen und verwendet wurde. Dafür spricht eine Reihe von Tatsachen:

a – So findet sich das Geld zwar in der Mehrzahl der großen Handelsstädte institutionalisiert, doch einige Städte, deren Handel nicht gleich null war, übernahmen es nicht. Und wie es scheint, wurden viele bedeutende Transaktionen zwischen Einzelnen sehr lange in Gestalt von Tauschgeschäften abgewickelt.

b – Umgekehrt beziehen sich die ersten Äquivalenzabschätzungen, die man bei Homer aufkommen sieht, nicht auf Tauschobjekte, sondern auf sakrale Gegenstände. Es sind Dreifüße, es sind Rinder.[14]

[5] Außerdem erscheinen diese Gegenstände nicht in beliebiger Zahl (wie es der Fall wäre, wenn sie allein der Berechnung dienten), sondern in bestimmten Mengen (9, 12, 100), die rituellen Zahlen entsprechen, wie sie bei Opferhandlungen ins Spiel kommen.

Man darf daher annehmen, dass die Äquivalenzberechnung, auch wenn sie einem Austausch vom Typ des Handels dienten, nicht mehr die Abschätzung eines identischen Werts zum Vorbild und zur Grundlage nahmen, sondern die Erkenntnis einer religiösen Substituierbarkeit. Die Geldform zeichnet sich nicht im abstrakten Himmel der Ware und deren Vertretung ab, sondern im Wechselspiel der Opfer und Simulacra.

c – Außerdem kommt das Geld erstmals in größerem Umfang innerhalb des Stadtstaats in Gebrauch: Einnahme von Steuern zweifellos, Verteilung von Geld durch den Tyrannen, Abschätzung von Vermögen, Klassifizierung der Bürger und Hierarchie ihrer politischen Rechte gemäß ihrem Vermögen.

[6] Wie es scheint, war der Gebrauch des Geldes zu einem wesentlichen Teil also durch andere Faktoren als den Handel bedingt. Aber was hat es mit dieser Geldpraxis auf sich, deren Dimensionen zum Teil auf religiöse Rituale, zum Teil auf soziale Regulierung verweisen?

B – Ein Beispiel

Über die Institution des Geldes in Korinth wissen wir mehr als an anderen Orten.[15] Eine Legende berichtet, Kypselos, der der Sohn eines Handwerkes und einer Nachfahrin der Bakchiaden gewesen sein soll, hätte gegenüber Zeus folgendes Gelöbnis abgelegt: Wenn ich die Macht in Korinth übernehme, werde ich dir den gesamten Grund und Boden der Stadt geben. Als er an der Macht war, habe er allen Grundbesitzern eine Abgabe von einem Zehntel ihres Vermögens auferlegt, so dass sich nach zehn Jahren das Äquivalent des gesamten Vermögens der Stadt im Tempel des Zeus angesammelt hatte.

In Wirklichkeit dürften sich die Dinge etwa so zugetragen haben: Kypselos, der als Polemarch dank der aus Kleinbauern bestehenden Hoplitenarmee große Siege errungen hatte,
[7] soll die alte Bakchiaden-Aristokratie vertrieben und eine

Neuverteilung des Grundbesitzes vorgenommen haben, und zwar nicht des ganzen Bodens, sondern eines Teils davon. (Kein Text sagt dies ausdrücklich, doch Solon, der kurz nach Kypselos lebte, spielt auf einen demagogischen Tyrannen an, der den Boden aufgeteilt habe.)

Diese partielle Neuverteilung des Bodens löste allerdings nicht das Problem der bestehenden Schulden und erst recht nicht das der neu hinzukommenden. Daher die Abgabe von zehn Prozent nicht auf den Besitz, sondern auf die höchsten Einnahmen, und diese Abgabe machte es möglich, direkte Zuwendungen an die Armen zu zahlen, die großen Bauprojekte zu finanzieren, bei Handwerkern in Vorleistung zu gehen – und dadurch die Rückzahlung der Schulden an die Reichen zu sichern.

Doch dieses komplexe System (Neuverteilung des Bodens, Abgaben auf die Einnahmen, Verteilung an die Armen, Befriedigung der Gläubiger) wäre auf der Basis von Naturalzahlungen unmöglich gewesen. Es war erforderlich, in die Verteilungen und Umverteilungen ein gleich bleibendes Substitut einzuführen. Und höchstwahrscheinlich diente hier das lydische Geld als Vorbild (und das Geld aus Argos oder vielmehr aus Ägina).

[8] Aber auch wenn Materie und Form des Substituts diesen orientalischen Ursprung hatte, liegt der entscheidende Punkt doch darin, dass dieses System in seiner allgemeinen Ausrichtung auf religiöse Ursprünge zurückging. Dieses System: kollektiver Beitrag, Abgabe eines Zehntels, Umverteilung an die Beteiligten, ist das Schema des rituellen Opfers (man stellt das Opfer; Gott, der Tempel, die Priester erhalten ein Zehntel, dann erfolgt die Umverteilung: eine Umverteilung, die deren Nutznießern neue Kraft und eine aus dem Opfer selbst stammende Macht verleiht).

Das Spiel – Opfer, Teilung, Abgabe, Umverteilung – ist eine religiöse Form der Stärkung der Individuen und der Gruppe, die hier auf eine soziale Praxis übertragen wurde, in der es um die Lösung eines Klassenkonflikts ging.

Hinzu kommt noch, dass Korinth nicht über eigene Silberminen verfügte. Will nimmt an, dass die erste Metallzufuhr in dieses System durch das Einschmelzen kostbarer Objekte erfolgte, die den enteigneten reichen Familien gehört hatten; Objekte, die zugleich taxierte Schätze und Kultobjekte waren.[16] Diese Objekte ließen sich nur dank der Hilfe und des Eingriffs einer externen religiösen Autorität auf das
[9] Kollektiv übertragen, die mächtiger war als der Familienkult. So erklärt sich der Eingriff des Zeus, der den Besitz der korinthischen Reichtümer für sich beanspruchte. Die Kultobjekte wurden dem staatlichen Zeuskult geopfert. Und so verband sich dieses Verwendung des Metalls mit der Suche nach Bodenschätzen: Kolonisierung der Adriaküste und Süditaliens, wo silberhaltige Erze zu finden waren. Und gestützt auf dieses Geld, entwickelte sich der Handel – ein Vorgang, der mit der Herrschaft der Nachfahren des Kypselos und vor allem des Periandros zusammenfiel.

[10] Die Politik des Kypselos lässt sich also als ein System mit zwei Eingängen lesen:

– Ökonomische Lesart: die zumindest partielle Umverteilung des Bodens, das Festhalten an den Schuldforderungen, die Schaffung einer durch eine strenge Besteuerung kontrollierten Geldzirkulation, Verlagerung der wirtschaftlichen Hauptaktivität von der Landwirtschaft zum Handel und vom Land zum Meer, die Entwicklung der Kolonisierung auf der Suche nach Rohstoffen.

– Religiöse Lesart: ein rituelles Opfer, bei dem die Teilnehmer Gott den ihm zustehenden Teil überlassen; Stärkung des sozialen Körpers durch die Umverteilung der solcherart geopferten und sakralisierten Reichtümer; die Verdopplung und Verlagerung, die dem Staatsgott Zeus die Objekte gibt und opfert, die bereits den Gottheiten des γένος [*genos*] gegeben und geopfert und dadurch bereits von ihnen geheiligt worden waren.

Wir sehen: Die Begegnung, die Kreuzung, die Überlagerung der beiden Operationen bildet ein einzigartiges Raster. Und dort beginnt das Geld zu existieren, zu zirkulieren, in einem beiden Transformationen gemeinsamen Raum zu funktionieren, einem von den beiden Transformationen definierten Spiel-Raum. Geld gibt es, wenn dasselbe Objekt Opfer und Steuer, Lohn der Ärmsten und rituelle Umverteilung, Anteil des Tempels oder des Feuers und Zwangsmaßnahme oder Raub der Macht, magische Stärkung des sozialen Körpers und alltägliche Tätigkeit der Töpfer an ihrer Töpferscheibe ist.

Bei der Wahl dieses Beispiels ist mir sehr wohl bewusst, was ein Beispiel ist.

Vielleicht ist das Geld schlechthin nicht mit einem Male entstanden. Was da zwischen dem 8. und dem 6. Jahrhundert an den Rändern des Mittelmeers erschien, sind vielleicht verschiedene Arten von Geld:

– ein lydisches, mit dem Staatsapparat verbundenes Münzgeld;

– ein phönizisches, mit den kommerziellen Praktiken verknüpftes Münzgeld;

– ein griechisches, mit einem Klassenkonflikt und Klassenallianzen verbundenes Münzgeld, dessen Einführung durch eine bäuerliche Verschuldung, die Entstehung einer Handwerkerschaft, die Bildung eines zumindest in Ansätzen so zu verstehenden Volksheeres und eine Spaltung innerhalb der Interessen der reichen Klasse (zwischen landwirtschaftlichem und handwerklichem Handel) gekennzeichnet war.

So signalisiert denn das Erscheinen des Geldes in den korinthischen Reformen des Tyrannen Kypselos vielleicht nicht das Erscheinen des Geldes in seiner abstrakten Allgemein-
[12] heit. Aber ohne Zweifel ist die monetäre Allgemeinheit erst das Ergebnis einer späteren Homogenisierung, die mit einem neuen historischen Prozess zusammenhing (der in großem Maßstab erfolgten Entwicklung einer Handelsökonomie).

Jedenfalls zeigt uns diese historische Analyse, dass das merkantile Wesen des Geldes keineswegs dessen geschichtliche

Wurzel darstellt. Der Anfang des Geldes ist durchaus kein feierlicher Ursprung, der bereits dessen kommerzielle und metaphysische Natur in sich trüge.
Das Geld ist nicht »im Warentausch« geschaffen worden, allenfalls könnte man sagen, es habe sich dort »entwickelt« (Marx, *Das Kapital* [I, 2, IV]).[17]

C – Drei Funktionen des griechischen Geldes[18]
Die Macht wird bewahrt und verlagert: die *Metathese der Macht*.
a – Das Geld ist mit der Ausübung von Macht verbunden, aber das geschieht nicht in einfacher Weise ([nicht] weil man das Geld, das man bekommt, behält und Macht ausübt). Vielmehr weil manche die durch das Geld institutionalisierte Macht ergreifen.[19]
[13] Aber es handelt sich nicht um eine Machtergreifung durch die Besitzenden (die hatten sie bereits) oder durch neue Besitzer, sondern um ein Bündnis zwischen einer bestimmten Art von Besitzenden und der Mehrheit der armen Bauern und der Handwerker.
Das Erscheinen des Geldes ist mit der Herausbildung eines neuen Typs von Macht verbunden, einer Macht, deren *raison d'être* der Eingriff in die Eigentumsordnung, in das Spiel der Schulden und Abgeltungen ist. Deshalb erscheint es stets zeitgleich mit einer »außergewöhnlichen« Form von politischer Macht: Tyrann, Gesetzgeber.
c – Welche Funktion hat das Geld in dieser Ergreifung oder dieser Umverteilung der Macht?
Der Tyrann Kypselos greift in die Geldinstitution ein,
– weil er sich weigert, den Boden systematisch und vollständig neu zu verteilen;
– weil er keinen Schuldenerlass verkündet, sondern am Spiel der Schuldforderungen und den Verschuldungszyklen festhält;
[14] – weil er die verarmten Bauern ins Handwerk oder die Lohnarbeit holt.

Als Solon später in Athen seine große Reform durchführt, spielt das Geld eine ganz ähnliche Rolle. Trotz unterschiedlicher Gegebenheiten: Solon verkündet einen Schuldenerlass, greift aber nicht in die Besitzverhältnisse ein. Um die Spannungen zu verringern, fördert er das Handwerk (indem er ausländische Handwerker in die Stadt ruft) und den Export (Verbot des Fällens von Olivenbäumen).
In beiden Fällen wird dem Geld eine bestimmte politische Rolle zugewiesen.
– Es soll die sozialen Ansprüche begrenzen, die seit Hesiod ständig gestiegen sind und die durch die Bildung der Hoplitenheere gefährlicher werden.
– Es soll [die Macht] von einer landwirtschaftlichen Aristokratie hin zu einer stärker auf Handel und handwerklicher Produktion basierenden Aristokratie verschieben.
– Schließlich sollte es [die Macht] stärken, indem es den Regierenden die beiden Instrumente der Steuer und der Lohnarbeit in die Hand gab, gemeinsam mit dem Recht, Münzen zu prägen.

[15] Was da dem Münzgeld aufgeprägt ist, in Korinth ein Pferd, in Ägina eine Schildkröte und später in Athen eine Eule, was da eingeschrieben ist, das ist nicht das Zeichen in seiner allgemeinen semiologischen Natur, sondern ein Kampf um die politische Macht; eine Verschiebung, ein Halten und eine Stärkung dieser Macht.
Natürlich darf man das Erscheinen dieser Prägung in ihrer Funktion nicht vernachlässigen, aber statt sie mit dem sprachlichen Zeichen zu vergleichen, wie es seit Turgot[20] üblich ist, vergleicht man sie besser mit den Symbolen und Ritualen der Macht.

[16] 2 – Das Geld-Simulacrum

Sagen wir einmal ganz schematisch:
a – Im archaischen Griechenland war das Symbol der Macht das Zepter, der Befehlsstab,[21] der in der Versammlung zirku-

lierte, wenn jeder einzelne die Pflicht hatte, das Wort zu ergreifen, seine Meinung zu äußern, sich an einer Entscheidung zu beteiligen, einen Eid zu leisten und sich der bei Meineid verwirkten Strafe auszusetzen.

Die solcherart manifestierte Macht (eine zugleich geteilte und unter den Oberhäuptern der Gruppen zirkulierende Macht) war jene, die ihnen aus ihrem Grundbesitz, ihren Gütern, dem Umfang ihrer Ernten, der Größe ihrer Häuser, der Ansammlung von Dreifüßen und reichen, im eigenen Haus gewebten Stoffen erwuchs. Das Zepter symbolisierte die Macht in einer Gesellschaft, in der Politik und Wirtschaft eng miteinander verbunden waren.

b – In einer handeltreibenden Gesellschaft wie der von den klassischen Ökonomen untersuchten ist das Geld das Zeichen einer abwesenden Ware. Und die sichtbare Zirkulation des Geldes, in der sich die Handelskreisläufe und die Äquivalenzen zwischen den Waren manifestieren, verbirgt die wahren politischen Verhältnisse. Durch das Geldzeichen entsteht der Eindruck, der Reichtum zirkuliere und verteile
[17] sich auf Wegen, die zugleich die der Natur und des Geschicks, der Notwendigkeit und des Glücks sind; doch in Wirklichkeit bleibt die Macht erhalten.

Das Ökonomische und das Politische hängen miteinander zusammen, sind aber gegeneinander verschoben. Ihre Abhängigkeit wird verdeckt, und das Geldzeichen ist das Instrument ihrer Abhängigkeit, ihrer gegenseitigen Verschiebung und der Verdunklung dieser verschobenen Abhängigkeit.

In der griechischen Gesellschaft des 7. und 6. Jahrhunderts ist das Geld nicht mehr ganz wie das Zepter ein magisch-politisches Symbol, aber es ist auch noch lange nicht der verdunkelnde Repräsentant, der es in der klassischen Ökonomie ist. Es ist das Instrument einer Macht, die im Begriff steht, sich zu verschieben (und sich dabei zugleich zu erhalten) und die durch eine Reihe neuer Regulierungen den Fortbestand einer Klassenherrschaft sichert.

[18] In diesem Augenblick ist das Geld kein wirkendes Symbol mehr und noch kein repräsentatives Zeichen. Man muss es als eine erstarrte Abfolge einander überlagernder Substitutionen begreifen [...]:*

– Es bewirkt eine religiöse Substitution: Es ermöglicht die Erhebung einer Abgabe und eine Umverteilung.

– Es bewirkt eine ökonomische Substitution: Vermögen, Investition.

– Es bewirkt eine politische Substitution: einer sozialen Gruppe durch eine andere.

– Es bewirkt eine weitere Substitution: An die Stelle eines angestrebten sozialen Umsturzes setzt es eine leichte Machtverschiebung.

Vom erzählten Mythos bis hin zur politischen Operation findet sich eine ganze Serie von Substitutionen. Diese Substitutionen überlagern und ersetzen einander. Das ist das Simulacrum. Reale Operationen, unbestimmte Serien – die eine Fixierung bewirken (aber keine Repräsentation).

Während das Zeichen »repräsentiert«, ersetzt das Simulacrum eine Substitution durch eine andere. Gerade seine Wirklichkeit als Simulacrum hat es dem Geld lange Zeit ermöglicht, nicht nur ein ökonomischen Instrument zu bleiben, sondern etwas, das aufgrund einer Art Ladung oder inneren Kraft aus der Macht hervorgeht und zu ihr zurückkehrt: ein Objekt, das auf religiöse Art davor geschützt wird, gottlos, gotteslästerlich, ehebrecherisch zu sein.

Für diesen überladenen Charakter des Geldobjekts kann man mehrere Belege anführen:[22]

– In Griechenland wurden Falschmünzer wie Gotteslästerer behandelt; die großen religiösen Zentren [fungierten] als Depot- und Kreditbanken;

[20] – die Aufteilung der Einnahmen aus den Bergwerken von Laurion unter den Bürgern Athens (Themistokles wandte sich dagegen);

* Das Manuskript fügt hinzu: die sich wechselseitig substituieren.

– die Verteilung des Tributs, den die Verbündeten Athens in Anerkennung der Oberhoheit der Stadt zahlten, an den δῆμος [*demos*], eine Verteilung, die in Gestalt von Vergütungen an jene Bürger erfolgte, die ihre politischen und richterlichen Funktionen wahrgenommen hatten;
– oder auch die Verteilung von Geld durch römische Kaiser, die damit ihre Souveränität zum Ausdruck brachten und bewahrten;
– oder auch in christlicher Zeit die Geldgeschenke an die Herrscher und die Verteilung von Geld;
– das Wechselspiel zwischen Einkommen und Mildtätigkeit in der christlichen Ethik.
Eine Erklärung für die Funktionsweise des Geldes ergibt sich nicht aus einer Theorie des Signifikanten, sondern aus einer Analyse des Simulacrum. Das Geld war zuerst Simulacrum und erst dann Zeichen.
[21] Und vielleicht kann man noch weiter gehen. Erst als Simulacrum ist das Geld Zeichen. Wenn es als Zeichen in einer Handelsökonomie in Funktion gesetzt wird, so ist dies eine Folge seiner realen Geschichte als Simulacrum. Simulacrum einer Natur der Dinge; Simulacrum eines Wertes, den es besitzen soll; Simulacrum einer realen Äquivalenz. Was Marx den »Fetischcharakter« genannt hat. Zusammenfassend können wir sagen, das Geld ist als Simulacrum mit der Macht verbunden.[23]

[22]
3 – Das Geld als Maß

Das Geld erscheint also in einer Gestalt, deren Zeichnung die Form eines religiösen Rituals hat und dessen wesentliche Punkte folgende sind:
– Gabe und Versammlung,
– Opfer und Aufteilung,
– Umverteilung,
– Kräftigung der Teilnehmer.
In seinen griechischen Ursprüngen steht das Geld dem ri-

tuellen und stärkenden Konsum näher als dem Austausch zweier Waren.

a – Das Geld ist also zu allererst ein Instrument der Regulierung zwischen den verschiedenen Elementen, die den Stadtstaat konstituieren:[24] Durch die Verteilung von Geld in Gestalt von Geschenken oder Gaben verhindert man, dass die Armen allzu arm werden; durch die Erhebung von Steuern bei den Reichen verhindert man, dass sie zu reich werden.

[23] Das Geld ist durchaus μέτρον [*metron*], ein Messinstrument, aber in dem Sinne, dass es das Übermaß, πλεονεξία [*pleonexia*], das Zuviel verhindert.

Aber es verhindert auch allzu große Armut und grenzenlose Verschuldung. Es ermöglicht es den Armen, ihre Schulden zurückzukaufen und der drohenden Versklavung zu entgehen. Wenn das Geld μέτρον [*metron*] ist, so nicht, weil es ein Maß für den Wert unterschiedlicher Dinge bereitstellt, sondern weil es dem Reichtum und der Armut eine Grenze setzt. Maß ist das Geld nicht als Definition einer gemeinsamen Quantität, sondern als Ausschluss zweier entgegengesetzter Arten von Übermaß (Reichtum und Armut).

Solons Formel »weder zu viel noch zu wenig«[25] ist der eigentliche Faden der Institution Geld.

b – Es ist auch in dem Sinne μέτρον [*metron*], als es die Möglichkeit bietet, die zweifache politische Gewalt zu verhindern, die ein Übermaß an Reichtum und ein Übermaß an Armut begleitet. Die Institution des Geldes erlaubt es den Armen, ihre Schulden zurückzuzahlen; sie eröffnet die Möglichkeit, ihnen Arbeit anzubieten und einen Lohn zu zahlen (oder Lebensmittel zu kaufen, die dann verteilt werden).

[24] Doch zugleich bietet sie den Reichen die Möglichkeit, große politische und soziale Umstürze zu verhindern. Sie garantiert ihnen letzten Endes und dank des abverlangten Opfers, dass sie den größten Teil ihres Bodens und ihrer Reichtümer behalten.

Wer das Geld einführt, der reguliert soziale Konflikte. Er

steht wie Solon[26] gleichsam an der Grenze zwischen den Parteien und weicht weder der einen noch der anderen Seite. Er hält den Schild zwischen sie, der sie daran hindert, miteinander zu kämpfen.

[*] *c – Das Geld

– sorgt dafür, dass Ordnung und Gerechtigkeit herrschen;
– es erlaubt, die Wahrheit dessen, was man schuldet und was etwas wert ist, festzustellen; es realisiert δίκαιον καὶ ἀληθής [*dikaion kai alethes*]; aber zugleich spielt es eine fundamentale Rolle im Spiel der Macht;
– es setzt die Institution des Staates voraus: Steuern, Abgaben, Akkumulation, Festsetzung des Wertes, Verteilung;
– es ermöglicht die Aufrechterhaltung einer Klassenmacht.

Es bietet jedermann die Möglichkeit der wahren Abschätzung, des Messens; es ermöglicht Gerechtigkeit (das Maß als Nicht-Übermaß).

Nicht-Übermaß ist Wahrheit – eine zutiefst griechische Gleichsetzung. Das Verhältnis des Geldes zur Wahrheit ist also folgendermaßen beschaffen:

– Indem es Übermaß verhindert,
– indem es das Gleichgewicht herstellt (und für Gewaltlosigkeit sorgt)[27];
– indem es die Ordnung des Staates sichert,

ermöglicht es den Dingen, sich in ihrer Wahrheit zu enthüllen.

Es bringt also nicht deshalb die Wahrheit zum Ausdruck, weil es die Dinge quantitativ misst, vielmehr sorgt es dafür, dass die Dinge ihren Wert haben und sich in ihrer Wahrheit zeigen, weil es das Übermaß ausschließt. Das Geld als Maß: Erst im Element des Maßes (des Nicht-Übermaßes) sind die Dinge wahr. Das Maß praktizieren (das heißt, sich quantifi-

* Nichtpaginierte Zusammenfassung, die – nach dem verwendeten Papier zu urteilen – in Montreal anlässlich eines Exposees an der McGill University geschrieben wurde.

zierbarer Zeichen bedienen) heißt das Übermaß verhindern und das Gleichgewicht herstellen.

[25] [Man kann feststellen, dass der Staat noch spät im griechischen Denken als ein Gebilde galt, das aus Reichen und Armen bestand.[28]

Der Staat, IV, 422e: Jeder Staat besteht aus zwei Staaten, die einander feindlich gegenüberstehen: dem der Reichen und dem der Armen.[29]

Aristoteles, *Politik* [VI, III, 15]: Die beiden unterschiedlichsten Klassen im Staat sind die Reichen und die Armen.[30]

Lange Zeit galt das Übermaß an Reichtum und Armut als zerstörerisch für den Staat:

Der Staat, VIII, 550e: Reichtum schließt Tugend aus.[31]

Der Staat, IV, 421d: Wenn der Handwerker zu arm ist, kann er nicht einmal mehr arbeiten, weil er keine Werkzeuge mehr besitzt.[32]]

D – Schließlich sehen wir, dass die Institution des Geldes nicht mit dem Wert der Dinge in ihrer Wahrheit zusammenhängt, sondern mit δίκαιον [*dikaion*], der Gerechtigkeit, die im Staat herrschen und seinen Untergang verhindern soll.

Oder vielmehr steht das Geld deshalb in einem Verhältnis zur Wahrheit, weil es ein Instrument der sozialen Regulierung, Verbesserung und Korrektur ist. Das Geld ermöglicht
[26] es Tyrannen wie Kypselos oder Gesetzgebern wie Solon, den Staat gemäß der ihm eigenen Ordnung leben zu lassen.

Das Geld ist die Harmonie und die reale Kraft des Staates.

Lange Zeit sollte die mit der Eule versehene athenische Tetradrachme[33] in der gesamten ionischen Welt die sichtbare und zirkulierende Kraft des Stadtstaates sein.

Die Wahrheit des Geldes ist untrennbar mit der Kraft und Stärke des Staates verbunden; sie ist gleichsam die andere Seite der dort herrschenden δίκη [*dike*].

Damit das Geld in anderer Weise befragt wird (nicht mehr nach dem, was es im Staatskörper vermag, sondern nach dem, was es im Warentausch repräsentiert), damit es als (natürliches oder konventionelles) Zeichen erscheint, damit man es fragt, ob es wirklich oder scheinbar den Wert der Dinge repräsentiert, bedarf es einer Reihe von Veränderungen:

– Es bedarf natürlich der Entwicklung einer Geldwirtschaft auf der Ebene des Mittelmeerraums, mit den Problemen der Äquivalenz;

– es ist erforderlich, dass es zu einer Reihe monetärerer Manipulationen wie der Abwertung des Hippias kommt;[34]

– es ist außerdem erforderlich, dass die (auf der Grundlage der Geldwirtschaft erfolgte) Akkumulation individueller Vermögen zu einem neuen Ungleichgewicht führt.

[27] Dann verlässt das Geld endgültig den zweifachen Bereich des δίκαιον [*dikaion*] und des Simulacrum, des Opfers und der gerechten Verteilung, des religiösen Rituals und der sozialen Befriedung, um als – natürliches oder willkürliches – Zeichen zu erscheinen und manipuliert zu werden – als ein Zeichen, das es ermöglicht, in Wahrheit zu messen, oder das lediglich den Austausch begehrter Dinge ermöglicht. Dann wird die Frage nach dem monetären Signifikat möglich (und in Wirklichkeit sogar notwendig) und ebenso die nach seiner Wahrheitsfunktion.

Mitte des 4. Jahrhunderts findet sich in der *Politik*[35] des Aristoteles eine aufschlussreiche Passage. Dort unterscheidet er:

– eine natürliche Krematistik im Blick auf die Hauswirtschaft (die darin besteht, durch Anbau Reichtümer zu erwerben) – Reichtümer, die notwendig begrenzt sind. Der Gebrauch des Geldes ist in dieser Wirtschaft nicht ausgeschlossen, dient aber anderen Zwecken als sich selbst: Sie dient dem Erwerb dessen, was man braucht.[36] Das Geld ist hier durch zwei Merkmale gekennzeichnet: Es wird etwas anderem untergeordnet, und es wird in begrenzten Mengen erworben.

[28] – Eine Krematistik im strengen Sinne, die ausschließlich und damit auch in unbegrenzter Menge nach Geld strebt. Sie basiert auf dem Tausch. Sie wird kritisiert und ist keines-

wegs natürlich. In gewissem Sinne ist sie nicht wahr, und dennoch stellt man im Blick darauf die Frage: Ist das Geld nicht der wahre Reichtum, da es doch die Möglichkeit bietet, alle Reichtümer zu erwerben und jeden Tausch vorzunehmen? Die Dinge sind hier so viel wert wie ihr zahlenmäßiges Äquivalent.

Ist das Geld nicht »pure Dummheit«?[37] Etwas rein Konventionelles und »bar jeglicher Natürlichkeit«, da man es per Dekret zu entwerten und das Metall zu demonetarisieren vermag und da man wie Midas vor einem Haufen Gold verhungern kann.

Die zweifache Problematik des Geldes (willkürlich/natürlich, Wahrheit / Illusion) ist mit dessen später Funktionsweise als Zeichen verbunden. Vorher war seine Wahrheit – allerdings in nichtapophantischer Weise – mit δίκη [*dike*] und νόμος [*nomos*] verbunden – einem νόμος [*nomos*], der noch nicht auf Konvention beruht.[38]

Anmerkungen

1 Eine Solon zugeschriebene Formel, die für die Mittelschichten günstig war, im Unterschied zu der aristokratischen Formel »nicht zu viel«, die eine Ober-, aber keine Untergrenze festlegte; siehe G. Thomson, »La Philosophie d'Eschyle«, vervielfältigtes Dokument, Paris, CERM.

2 P.N. Ure, *The Origin of Tyranny*, Cambridge 1922, S. 154 und 183: »Im ersten Drittel des 7. Jahrhunderts eröffnete die Herrschaft des Pheidon das Zeitalter der Tyrannis [...]; Platon und Aristoteles interpretierten dann die Tyrannis erstmals als Folge militärischer Siege, weil sie das sehr späte Beispiel des Dionysius von Syrakus vor Augen hatten.« (Notiz von M. Foucault auf einer Karteikarte bezüglich der Entwicklung der Sklavenarbeit in Griechenland. Die Tyrannen sollen die manuelle Arbeit gefördert haben, doch die Zeit der handwerklichen Arbeit begann unter der Tyrannis bereits durch Unternehmen abgelöst zu werden. Die Sklaverei breitete sich nach dieser Karteikarte erst mit den Perserkriegen aus.) Tatsächlich berichtet Aristoteles (*Politik*, V, 10, 23-35), dass Phidon sein Königtum in eine Tyrannis umwandelte.

3 A.P. Andrewes, *The Greek Tyrants*, London 1956, S. 78-83.

4 Ed. Will, »Réflexions et hypothèses sur les origines du monnayage«, *Revue numismatique*, 5. Folge, 17, 1955.

5 Ed. Will, »La Grèce archaïque«, in [*Actes de la*] *Deuxième Conférence internationale d'histoire économique / Second International Conference on Economic History (Aix-en-Provence 1962)*, Paris 1965, Bd. 1, S. 74-94; Ch. Hignett, *History of the Athenian Constitution to the End of the Fifth Century B.C.*, Oxford 1952.

6 Entscheidend sei, schriebt Finley, dass »der griechische Gesetzgeber Regeln aufstellte, nach denen das Gemeinwesen sich selbst regieren sollte«; M. I. Finley, *The Ancient Greeks: Introduction to their Life and Thought*, London 1963; dt.: *Die Griechen. Eine Einführung in ihre Geschichte und Zivilisation*, München 1976, S. 29.

7 »Es heißt, Lykurg habe das Studium der Arithmetik in Sparta verboten, weil es demokratisch und volksnah sei, und er habe stattdessen die Geometrie eingeführt, weil sie besser zu einer strengen Oligarchie und einer institutionalisierten Monarchie passe. Denn die Arithmetik, die Zahlen benutzt, sorgt für eine Gleichverteilung der Dinge, während die Geometrie, die Proportionen benutzt, die Dinge nach Verdienst verteilt. Die Geometrie ist daher keine Quelle der Verwirrung für den Staat; sie umfasst ein Prinzip der Verteilung zwischen Guten und Bösen, die ihren Anteil nicht durch Zufall oder Gewicht erhalten, sondern aufgrund des Unterschieds zwischen Laster und Tugend« (Plutarch, *Moralia*, Buch VII, 719a-b.) Ein Zitat, das Foucault in seine vorbereitenden Notizen aufnahm.

8 Hippodamos von Milet (zweite Hälfte des 5. Jahrhunderts v. Chr.) soll nach Ed. Will (*Le monde grec et l'Orient*, 2 Bde., Paris 1972) an der Umgestaltung von Piräus gearbeitet und nach B. Gille (*Les Mécaniciens grecs*, Paris 1980, S. 50f.) auch Thurium auf Rhodos erbaut haben.

9 Ch. H. Kahn, *Anaximander and the Origins of Greek Cosmology*, New York 1960; J.-P. Vernant, »Géométrie et astronomie sphérique dans la premiere cosmologie grecque«, *La Pensée*, 109, Juni 1963, S. 82-92; Wiederabdruck in ders., *Mythe et Pensée chez les Grecs*, Paris 1966; Nietzsche und Rhode haben Anaximander kommentiert, was auch an einige Zitate aus W. Jaeger, *Die Theologie der frühen Griechischen Denker*, Stuttgart 1953, denken lässt, die Foucault für seine vorbereitenden Notizen kopierte.

10 Siehe CH. Mugler, *Platon et la recherche mathématique de son époche*, Straßburg und Zürich 1948.

11 G. Vlastos, »Equality and justice in early Greek cosmology«, *Classical Philology*, XLII, (Juli) 1947, S. 164-168.

12 Althusser und seine Schüler unterzogen die Genese der Geldform bei Marx einer erneuten Untersuchung und kritisierten den »Fetischismus« als anthropologische Verdinglichung sozialer Beziehungen (des Geldes): »Die Kategorie des Dings ist Marx äußerst fremd« (L. Althusser, *Pour Marx*, Paris 1966, S. 237 [in der dt. Ausgabe nicht enthalten]).

13 H. Michell, *The Economics of Ancient Greece*, Cambridge ²1963, S. 311-314.

14 Der Erste, der die These entwickelte, war wahrscheinlich B. Laum, *Heiliges Geld. Eine historische Untersuchung über den sakralen Ursprung des Geldes* (1924), Berlin 2006; siehe ders., *Über das Wesen des Münzgeldes*, Staatl. Akad. Braunsberg 1929. Ed. Will verweist auf Laum, insb. in »De l'aspect éthique des origines grecques de la monnaie«, *Revue historique*, CCXII (2), 1954, S. 211 f.

15 M. Foucault stützt sich im Folgenden hauptsächlich auf Edouard Will, dessen *Korinthiaka. Recherches sur l'histoire et la civilisation de Corinthe des origines aux guerres médiques*, Paris 1955, bis heute ein wichtiges Referenzwerk darstellt.

16 Ed. Will, »Réflexions et hypothèses sur les origines du monnayage«, a. a. O.

17 Hinweis auf die Transformation der Bewegungen W-G-W in G-W-G, die damals von den Althusserianern intensiv kommentiert wurde. Foucault verweist an anderer Stelle auf die diplomatische Funktion von Marx-Zitaten.

18 Hier sei an die drei Funktionen des Weltgeldes bei Marx erinnert: als »allgemeines Zahlungsmittel, allgemeines Kaufmittel und absolut gesellschaftliche Materiatur des Reichtums überhaupt«; K. Marx, *Das Kapital*, Bd. I, 3. Kapitel, »c) Weltgeld«, in *MEW*, Bd. 23, Berlin 1962, S. 157.

19 P. N. Ure: »Die Tyranneien in Griechenland basieren auf der Geldwirtschaft«; *The Origin of Tyranny*, a. a. O. (Anm. von M. Foucault).

20 Siehe Turgots Artikel »Étymologie« in der *Encyclopédie*, der nach Foucault die erste systematische Parallele zwischen Geld und Worten zieht (M. Foucault, *Les Mots et les Choses*, Paris 1966, S. 90; dt.: *Die Ordnung der Dinge*, Frankfurt am Main 1971, S. 151).

21 Homer, *Ilias*, II, 100 ff.; I, 234-239, 245 f.; XVI, 501-506.

22 B. Laum, *Heiliges Geld*, a. a. O.; Ed. Will, »De l'aspect éthique des origines grecques de la monnaie«, a. a. O., S. 211-213.

23 Zu einer wachsenden Konzeptualisierung des Simulacrum – im Unterschied zum Zeichen und Symbol – kommt es seit den 1960er Jahren zwischen Klossowski, der es mit der »ewigen Wiederkunft« verbindet, Deleuze, der es mit »Differenz und Wiederholung« verknüpft und Foucault. Siehe P. Klossowski, *Un destin si funeste*, Paris 1963; G. Deleuze, *Différence et Repétition*, Paris 1968; dt.: *Differenz und Wiederholung*, München 1992; M. Foucault, »La prose d'Actéon« (1969), in ders., *Dits et Écrits, 1954-1988*, hg. von D. Defert und F. Ewald, 4 Bde., Paris 1994, Bd. 1, Nr. 21, S. 326-337; dt.: »Die Prosa des Aktaion«, in *Dits et Écrits. Schriften*, 4 Bde., Frankfurt am Main 2001-2005, Bd. 1, Nr. 21, S. 434-449.

24 Ed. Will schlägt in »Réflexions et hypothèses sur les origines du monnayage«, a. a. O., für »Regulierung« den griechischen Ausdruck *nomisma*,

»Instrument zur Abschätzung des Wertes« vor, aus der Wurzel *NEM*, *nemesis, nomos, nomisma, nomizein*. Deleuze leitet daraus das Thema des »Nomadischen« her: *Differenz und Wiederholung*, a. a. O., S. 60, Fn. 7.

25 Siehe oben Anm. 1.

26 Anspielung auf ein Gedicht von Solon; siehe G. Vlastos, »Solonian justice«, *Classical Philology*, 41, 1946, S. 65-69.

27 Demosthenes wird sagen, dass jede Gewalt Ungerechtigkeit schafft, siehe ebd.

28 Siehe Cl. Mossé, *La Fin de la démocratie athénienne*, Paris 1962, S. 234-239.

29 Siehe oben S. 167 und S. 172, Anm. 21.

30 Siehe ebd., Anm. 22.

31 Platon, *Der Staat*, VIII, 550e, zit. nach ders., *Sämtliche Werke*, 3 Bde., Köln 1967, Bd. 2, S. 300: »Oder steht Tugend zu Reichtum nicht in dem Verhältnisse, dass sie gleichsam auf zwei Waagschalen liegen und die eine in eben dem Maße sinkt, als die andere steigt?«

32 Ebd., IV, 421d, a. a. O., S. 126: »Und dann auch, wenn er vor Armut sich keine Geräte anschaffen kann oder sonst etwas, das zu seiner Kunst gehört ...«

33 Im Wörterbuch *Robert* heißt es über das Geschlecht des Wortes: »Die Académie gebraucht hier das Feminimum, die meisten Archäologen benutzen dagegen das Maskulinum.«

34 H. Michell, *The Economics of Ancient Greece*, a. a. O., S. 331 f.

35 Aristoteles, *Politik*, I, 3, 1253b und Buch I, 9, 1257a-b.

36 Das heißt, dem glücklichen Leben »ἀγαθὴν ζωήν« [*agathen zoen*] (ebd., I, 8, 1256b32).

37 Aristoteles, *Politik*, I, 9, 1257b; siehe auch Pseudo-Aristoteles, *Oikonomica*, II, 2, 1347a8-11, 1348b22-30.

38 M. Ostwald, *Nomos and the Beginnings of the Athenian Democracy*, Oxford 1969.

Vorlesung 10
(Sitzung vom 3. März 1971)

Der νόμος *[*nomos*].* Die zeitgleiche Einführung des schriftlich niedergelegten Rechts und des Geldes (*nomos *und* nomisma*). – Geschriebenes Recht und Aussageritual (*nomos *und* thesmos*). – Die vier Stützen des* nomos*. Korinthisches Geld und athenischer* nomos*. Hesiod'sche* eunomia *und Solon'sche* eunomia*. – Ökonomie und Politik. – Rückkehr zum Simulacrum, zum Geld, zum Gesetz. Was ist ein von niemandem ausgesprochener* nomos*?*

[1] In dem Kampf, der im 7. und 6. Jahrhundert entbrannte, war das Geld nach dem Vorbild Korinths als ein subtiles und detailliertes Instrument erschienen. Es bot die Möglichkeit, trotz einer Aufteilung des Bodens die damit verbundene Verschuldung und Ungleichheit aufrechtzuerhalten. Es bot die Möglichkeit, dass die (nur wenig verschobene) politische Macht in den Händen der Mächtigen blieb.

Die andere große, zur selben oder fast zur selben Zeit wie das νόμισμα [*nomisma*][1] eingeführte Institution ist der νόμος [*nomos*], den man oft auch als geschriebenes Recht bezeichnet.

[2] Für das Geld habe ich zu zeigen versucht, dass es zunächst nicht als Zeichen in die Tauschpraxis eingeführt wurde, sondern dass es vor allem eine Rolle in den sozialen Verteilungsprozessen spielte, in denen es als Simulacrum fungierte.

Für das Recht möchte ich nun zu zeigen versuchen, dass es ursprünglich nicht als Schrift eingeführt wurde; dass die Schrift nicht den entscheidenden Unterschied ausmacht;[2] dass das geschriebene Recht innerhalb eines Geschehens erscheint, in dem es um Macht und Machtkämpfe geht.

Der Gegensatz zwischen Geschriebenem und Nichtgeschriebenem ist ein später Gegensatz. Nicht er vermag jenen νόμος [*nomos*] zu erklären, der in klassischer Zeit so viele

* Titel der Vorlesung im Manuskript.

griechische Stadtstaaten kennzeichnete. Das »neue Recht« bildet in anderer Hinsicht einen Gegensatz zum alten.

[3] Geschriebenes und ungeschriebenes Recht

*A – Der θεσμός [*thesmos*]*

Der θεσμός [*thesmos*] war eine ungeschriebene Regel. Das heißt allerdings nicht, dass es eine mündliche Regel war, die sich im Element des λόγος [*logos*], der Rede oder der Stimme, entfaltet hätte.

α – Dass der θεσμός [*thesmos*] nicht schriftlich niedergelegt war, bedeutet sehr viel präziser, dass er im Gedächtnis bewahrt wird und dass man sich an ihn erinnern muss, falls die Ereignisse oder Umstände dies verlangen.

Beispiel: Wenn es bei Homer darum geht, das Heer der Achäer nach Griechenland zurückzuführen, will die *Regel*, dass man sich zum Rat versammelt; wenn es zu einem Streit kommt, will die Regel, dass man den Beweis durch zugeschobenen Eid einsetzt. Das gute Oberhaupt ist derjenige, der sich im rechten Augenblick an die Regel zu erinnern vermag, der zu erkennen weiß, wann der Augenblick für die Anwendung der Regel gekommen ist.

[4] β – Ein weiteres Kennzeichen des θεσμός [*thesmos*] liegt in der Tatsache, dass es ausgesprochen – und zwar auf rituelle Weise ausgesprochen – werden muss, wenn es ins Spiel kommen soll. Jenseits dieses jeweils besonderen Auftretens besitzt es keine Existenz oder zumindest keine Aktualität. Das Gedächtnis, in dem es bewahrt wird, ist keine stumme und stets wache Präsenz.

Wenn der θεσμός [*thesmos*] funktionieren soll,[3] reicht es nicht aus, dass er im Gedächtnis bleibt oder in den Bräuchen verankert ist. Er muss auch als θεσμός [*thesmos*] ausgesprochen werden, mit allen Gesten und Zeichen der Souveränität, die dazugehören. Es gibt keine stille und stetige Herrschaft des θεσμός [*thesmos*]; seine Wirkung ist an das rituelle Ereignis seiner Äußerung gebunden.

γ – Drittes Merkmal des θεσμός [*thesmos*]: Er ist in ein strenges System der Zugehörigkeit und des Besitzes eingebunden. In der archaischen griechischen Gesellschaft ist das Gedächtnis nicht so sehr Sache des individuellen oder kollektiven Bewusstseins, sondern eine Form von Eigentum und von Macht. Was verdient, im Gedächtnis behalten zu werden, wird wegen seiner Wirkkraft eifersüchtig in abgeschlossenen Gruppen bewahrt, die sich des-
[5] sen als Machtinstrument bedienen. Das Gedächtnis fungiert als Schatz und als Macht in Gestalt des Geheimnisses.

Daher diese Gedächtnisinstitutionen, die von Gruppen geschaffen werden, in denen solche Geheimnisse nach strengen Ausschlussregeln und mit ganz speziellen mnemotechnischen Verfahren weitergegeben werden – Diskursgemeinschaften:

– so etwa die Aöden-Gruppen;
– oder in den Tempeln die »Wächter des Gesagten«.

Aufgrund der rechtlichen Regeln waren die Inhaber des Diskurses auch die Inhaber der Macht und des Reichtums. Das Regelgedächtnis war eines der Reichtümer der großen Familien, einer ihrer Vorräte, eine Form der Ausübung und der Bewahrung von Macht. Es gab »Exegeten«, die sagen konnten, wann der rechte Augenblick zur Anwendung einer bestimmten Regel gekommen war oder ob eine Regel in diesem Augenblick angewendet werden musste. Doch diese Exegeten waren durchaus keine neutralen Experten, die ein Gesetz auslegten, das in derselben Weise für jeden galt.

[6] Die Exegeten gehörten zu oder waren verbunden mit einer Form von Familienbesitz. So findet man in Athen noch spät die ἐξηγηταί Εὐμολπίδων [*exegetai Eumolpidon*].[4]

(Nebenbei sei angemerkt, dass diese archaische Form der Auslegung nicht mit der Schrift verbunden ist, mit der Suche danach, was etwas besagen will, mit seiner Reaktualisierung im λόγος [*logos*], sondern darin besteht, einen Zusammenhang zwischen dem Augenblick, dem Gedächtnis und der Regel herzustellen, und dies im Sinne von Machtausübung.)

Zusammenfassend können wir sagen, das wesentliche Moment des θεσμός [*thesmos*] liegt keineswegs in seinem mündlichen Charakter, sondern darin, dass seine Wirkkraft stets an das Aufblitzen des Augenblicks gebunden ist und dass seine Bewahrung durch die Zwillingsformen des Eigentums und des Gedächtnisses als Instrumenten der Machtausübung gesichert wird.

[7] *B – Der νόμος [*nomos*]*

[Der *nomos*] lässt sich ebenso wenig mit dem geschriebenen Recht gleichsetzen wie der θεσμός [*thesmos*] mit der mündlichen Überlieferung.

Sieht man sich die Texte etwas genauer an, stellt man fest, dass νόμος [*nomos*] mehrere Institutionen ganz unterschiedlicher Art bezeichnet:

α – Natürlich ist das geschriebene Recht und präziser noch die Gesetzesinschrift ein öffentlich vor aller Augen in Steintafeln oder Mauern eingraviertes Recht, das jeder sich ansehen kann, wenn er will und wenn dies nötig ist.

Euripides lässt in *Die Hilfeflehenden* (Vers 424) einen Herold aus Theben mit Theseus diskutieren, der erklärt, dass es in Athen

– geschriebene Gesetze gibt;
– dass dank ihrer das Volk dort die Herrschaft ausübt;
– dass für Reiche und Schwache gleiches Recht gilt.

Und dies im Gegensatz zum Tyrannen.

β – Aber νόμος [*nomos*] bezeichnet auch ein nichtschriftliches Recht. So spricht Herodot vom νόμος [*nomos*] der Skythen im Blick auf eine Reihe von Regeln, die offensichtlich nicht schriftlich niedergelegt sind.[5] Vor allem aber ist oft von den Gesetzen Spartas die Rede, von denen es (stets im lobenden Sinne) heißt, sie seien nicht niedergeschrieben, sondern würden durch die Erziehung, das Beispiel, durch

Ratschläge, die Bräuche der Ehre und den Stolz der Menschen von einem zum anderen weitergegeben.

[8] Die Schrift ist also nur eine der möglichen Formen des νόμος [*nomos*], gegenüber und neben der παιδεία [*paideia*]. Erziehung und Schrift sorgen gemeinsam oder alternativ für die Sicherung, den Schutz und die Aufrechterhaltung der παιδεία [*paideia*], deren Natur sich weder im einen noch im anderen erschöpft (im Gegensatz zum θεσμός [*thesmos*], der auferlegt worden ist und an den man sich erinnert).

C – Vielleicht muss man sogar noch weiter gehen: Es trifft zwar zu, dass der νόμος [*nomos*] geschrieben ist und die Schrift für die Unantastbarkeit des Gesetzes steht, für dessen heiligen Charakter in demokratischen Stadtstaaten wie Athen, aber das Gesetz konnte nach Besprechung, Diskussion, Abwägung und Wahl geändert werden. (In manchen Fällen waren sogar Strafen für denjenigen vorgesehen, der eine Veränderung eines grundlegenden Gesetzes vorgeschlagen hatte, diesen Vorschlag aber nicht durchzubringen vermochte – im Gegensatz zum θεσμός [*thesmos*], der wirklich unantastbar war: Wenn man im 4. Jahrhundert von einem unantastbaren Gesetz sprechen wollte, nannte man es θεσμός [*thesmos*].)

Wie daraus hervorgeht, ist das Gesetz dem Diskurs, dem λόγος [*logos*] ausgesetzt und kann vom λόγος [*logos*] berührt oder auf dessen Grundlage gefunden werden.

[8'] *D – Und schließlich hat νόμος [*nomos*] die Bedeutung von »Natur«, einem Handeln, das mit der Natur im Einklang steht[6] oder zumindest mit dem, was sich gehört: eine Verwendung an der Grenze seiner Übereinstimmung mit der Natur.

Berührungsfläche Natur–Gesetz.

Pindar lobt Xenokrates aus Akragas, weil er Pferde nach dem νόμος [*nomos*] (dem Brauch, der Natur) gezüchtet habe.[7]

* Diese Seite war Gegenstand zahlreicher Umarbeitungen.

Pindar: Chiron lehrte Jason, Heilmittel nach dem Gesetz anzuwenden.

Hippokrates: Es gibt Gesetze, die ausdauernd und mutig machen, wo die Natur feige machte.

(Zum Beispiel: Die Gleichsetzung erfolgt in Gestalt des »wie es sich gehört«, gemäß, passend, Harmonie, Anpassung.)

Die Wahrheit erscheint dort und von dort aus.

Daher die einander kreuzenden und entgegengesetzten Bedeutungen:

Schrift ⟶ Veränderung durch den λόγος [*logos*]
Natur ⟶ Pädagogik

Vier Elemente, die sich unter dem Einfluss politischer Veränderungen voneinander trennen werden.

[9] Das gibt Anlass zu mehreren Bemerkungen:

α – Über diese vier* Stützen des νόμος [*nomos*] (die Schrift, den Diskurs, die Pädagogik, die Natur**) kann man von außen erkennen, wie sich einige Merkmale des νόμος [*nomos*] im Unterschied zu den Eigenschaften des θεσμός [*thesmos*] abzeichnen.

In Stein gemeißelt, für alle sichtbar, ohne dass jemand es formulieren müsste, wird der νόμος [*nomos*] von niemand Besonderem mehr ausgesprochen, er spricht vielmehr selbst und in eigenem Namen, er, der keinen anderen Namen hat als den seines historisch-mythischen Begründers. Wird er im Angriff oder Spiel des λόγος [*logos*], im öffentlichen Diskurs, in der Diskussion eingesetzt, so gehört er auch dort niemandem; vielmehr können alle ihn sich öffentlich aneignen oder sich ihm unterwerfen oder ihn verändern. Von der Pädagogik weitergegeben, durch Beispiele auferlegt, die

* Ein ursprüngliches »drei« ist überall zu »vier« korrigiert worden, wobei der – unleserliche – vierte Ausdruck »Natur« sein dürfte.

** Wo die Natur im Folgenden erwähnt wird, ist sie in einer anderen Tinte eingefügt. In der am Collège de France vorgetragenen Fassung findet sich das Wort »Natur« nicht.

sich im Dunkel der Zeiten verlieren, gehört er auch dort niemandem. An die Natur angepasst, fällt er in deren Bereich.

In allen vier Fällen findet sich ein Bruch jenes Aneignungssystems, das den θεσμός [*thesmos*] kennzeichnete. In allen
[10] vier Fällen auch ist der νόμος [*nomos*] losgelöst von der besonderen Machtausübung und von dem besonderen Ereignis, mit dem der θεσμός [*thesmos*] verbunden war. Der νόμος [*nomos*] ist gleichsam immer da, in Stein gemeißelt, im λόγος [*logos*] ins Spiel gebracht, durch den Brauch weitergegeben, in der Natur lesbar.*

* »In der Natur lesbar«: Aber es bleiben die ausgelassene Seite samt den beiden folgenden.
Wir rekonstruieren ein Fragment der mit drei Elementen arbeitenden Fassung, das uns diese Erörterung zu erhellen scheint und das an diesem Tag vorgetragen worden sein dürfte:
»Diese drei Institutionen, die Schrift, die Pädagogik und die öffentliche Diskussion, manifestieren und garantieren zugleich
– die Enteignung der juristisch-politischen Regel, ihre Befreiung (oder Loslösung) von der Form Gedächtnis–Geheimnis–Schatz
– und ihre Etablierung als zugleich kollektive und permanente Form.
Alle drei verweisen also auf eine grundlegende Neuverteilung der politischen Macht und der Bedingungen ihrer Ausübung.
Die Frage ist, welcher Art diese Neuverteilung war. Denn dort und nicht in der Schrift findet sich die Wurzel des νόμος [*nomos*].
Nur als Hinweis: Diese drei Institutionen (Schrift, Pädagogik, Diskussion) sind das, worauf der νόμος [*nomos*] sich stützt. Über ihn verweisen sie auf eine bestimmte Form politischer Macht, deren Prinzip es zu erfassen gilt.
Auf ihrer Grundlage entstand und entwickelte sich das abendländische Wissen und wurde in der ihm eigenen Form weitergegeben.
Die Einführung des νόμος [*nomos*] und die damit einhergehende Machtverschiebung sind daher von entscheidender Bedeutung, wenn wir den Entstehungsort dieses Wissens und seine Funktionsweise verstehen wollen. Natürlich spiegeln sich im Wissen nicht einfach nur Machtverhältnisse und erst recht nicht nur Produktionsverhältnisse, doch der Ort und die Bedingungen seiner Entstehung lassen sich nicht davon trennen.
Alle Diskussionen, die im 5. Jahrhundert in Griechenland im Blick auf die Frage aufkamen, ob dem λόγος [*logos*], der Schrift oder der Pädagogik der Vorrang gebühre, all diese Diskussionen über die Frage, was grundlegend sei (die Schrift, das Wort oder die Bildung), all diese Diskussionen sind nur möglich dank einer Fehleinschätzung. Einer Fehleinschätzung der

[11] β – Diese semantische Organisation löst sich schon sehr bald auf:

zum Beispiel: die Sophisten: Pädagogik ≠ Natur

Sokrates: geschriebenes Recht – ungeschriebenes Recht.

Diese Auflösung war eine Reaktion auf die Entstehung der Philosophie. Durch die Einführung eines fünften Elements, eines Paars: das Sein – die Wahrheit als Prinzip der Implikation (oder Komplikation) dieser vier Elemente:

– wenn der λόγος [*logos*] die Wahrheit sagt, entspricht er dem Sein der Natur;

– wenn die Worte in gewisser Weise am Sein teilhaben, wird die Wahrheit gelehrt.

Folgen:

α – Von nun an sieht man, wie die großen philosophischen Fragen des Abendlandes aufkommen:

[12] – Unter welchen Voraussetzungen vermag der λόγος [*logos*] die Wahrheit zu sagen?

– In welchem Maße hat die Sprache Anteil am Sein?

β – Aus der Wahrheit als Wirkung wird Wahrheit als Voraussetzung.

Im Denken des 6. Jahrhunderts war das Wahre die allgemeine Wirkung dieser Disposition. Ab dem 5. Jahrhundert ist das Wahre die Voraussetzung. Weil man im Besitz der Wahrheit ist, hat man gute Gesetze, entspricht die Pädago-

Tatsache, dass es in dieser veränderlichen Verteilung zwischen Schrift, Wort und Pädagogik letztlich stets um Macht geht.
So sind Platons Texte über Schrift, λόγος [*logos*] und παιδεία [*paideia*] nicht als Verdrängung der Schrift zu verstehen, sondern als ein ganz bestimmter historischer Kampf um die Macht.«

a. Man erkennt hier ein Zitat von Derrida: »Der Schein wird durch die Analyse einer Verdrängung und einer historischen Unterdrückung der Schrift seit Platon hervorgerufen. Diese Verdrängung stellt den Ursprung der Philosophie als *episteme* dar, der Wahrheit als Einheit von *logos* und *phone*« (J. Derrida, »Freud et la scène de l'écriture«, in ders., *L'Écriture et la Différence*, Paris 1967, S. 293; dt.: »Freud und der Schauplatz der Schrift«, in ders., *Die Schrift und die Differenz*, Frankfurt am Main 1972, S. 302).

gik der Natur, stimmen die geschriebenen Gesetze mit dem λόγος [*logos*] überein und stimmt der λόγος [*logos*] wiederum mit der Natur überein.

Der Weg durch das semantische Feld ist möglich auf der Grundlage der Wahrheit und des Seins.

γ – Das semantische Feld isoliert sich als Institution, als sozialer Einschnitt: Die Philosophie, die Wissenschaft, der Diskurs der Wahrheit [sind]:

– unabhängig von der Macht,
– Begründer der Macht,
– Kritiker der Macht.

Aber in Wirklichkeit hatte es sich auf der Grundlage der Macht organisiert.

[13] ## *Ökonomie und Politik

Für das Geld war Korinth das Beispiel, dass wir am wenigsten schlecht kennen. Für den νόμος [*nomos*] bietet Athen zweifellos das noch am wenigsten fragmentarische historische Material.

*1. Νόμος [*nomos*] *und εὐνομία [*eunomia*]*

Als erstes ist festzustellen, dass die Einführung des νόμος [*nomos*] mit etwas verbunden war, das schon sehr bald εὐνομία [*eunomia*] genannt wird.[8]

α – Auf den ersten Blick ist Νόμος [*Nomos*] das Gesetz und Εὐνομία [*Eunomia*] die gute Gesetzgebung. Wenn Solon sich rühmt, in Athen εὐνομία [*eunomia*] hergestellt zu ha-
[14] ben, so will er damit sagen, dass er die mangelhaften Gesetze der früheren Zeit durch ein gutes Gesetzessystem ersetzt habe.

Und wenn Hesiod in noch früherer Zeit sagt, Εὐνομία [*Eunomia*] sei eine Schwester von Εἰρήνη [*Eirene*] und Δίκε

* M. F. hat hier einen ersten Paragraphen gestrichen, der den Titel »Die Schrift und der Tyrann« trug.

[*Dike*][9], so will er damit sagen, die gute Gesetzgebung werde von Frieden nach außen und Gerechtigkeit im Innern begleitet.

β – Nun lässt sich diese Bedeutung von εὐνομία [*eunomia*] als gute Gesetzgebung allerdings nicht aufrechterhalten, denn der Ausdruck εὐνομία [*eunomia*] erscheint im Griechischen lange vor dem Wort νόμος [*nomos*] und lange vor der Institution, die mit dem Ausdruck νόμος [*nomos*] bezeichnet wird (*Odyssee*, XVII, 487).

Außerdem verwendet Solon, dem die Einführung der athenischen εὐνομία [*eunomia*] zugeschrieben wird und der sie sich selbst zuschreibt, den Ausdruck νόμος [*nomos*] nicht. Außer vielleicht in einem Text, doch man kann annehmen (Vlastos[10]), dass dort ὁμοῦ [*homou*] verwendet wird.

Nicht εὐνομία [*eunomia*] ist von νόμος [*nomos*] abgeleitet, und zwar im Sinne einer Verbesserung, einer Anpassung, die zu der an sich neuralen [guten oder schlechten) Institu-
[15] tion des νόμος [*nomos*] hinzuträte, vielmehr hat sich νόμος [*nomos*] als Institution nach und nach vom Prinzip der εὐνομία [*eunomia*] abgelöst. Die εὐνομία [*eunomia*] ging dem νόμος [*nomos*] voraus; sie war dessen Bildungselement. Weil man nach εὐνομία [*eunomia*] strebte, führte man den νόμος [*nomos*] ein.

γ – Es besteht zweifellos ein direkter Zusammenhang zwischen εὐνομία [*eunomia*] und der Wurzel NEM[11], die sich auch in νόμος [*nomos*] findet, deren alte Bedeutungen εὐνομία [*eunomia*] jedoch besser bewahrt hat. Diese Wurzel NEM bezeichnet die Verteilung und die Aufteilung.

(Bei Homer der Gegensatz zwischen ὕβρις [*hybris*] und εὐνομία [*eunomia*].)[12]

Diese Bedeutung findet sich eindeutig in Hesiods Text, in dem Εὐνομία [*Eunomia*] als Schwester von Εἰρήνη [*Eirene*] und Δίκε [*Dike*] erscheint. Und in dem alle drei als Töchter der Ὧραι [Horai]: der Stunden, der Jahreszeiten, der zeitlichen Rhythmen bezeichnet werden. Aus diesen regelmäßigen und regelmäßig beobachteten Augenblicken erwächst der Friede zwischen den Nachbarn, zwischen Gläubigern und Schuldnern, zwischen den Reichsten und den Armen; zugleich erwächst daraus auch die Gerechtigkeit, der gerechte Anteil, der jedermann zukommt; und daraus erwächst als zentrale Gottheit die gleichmäßige Verteilung der Dinge, der Reichtümer und des Bodens.

[16] Die εὐνομία [*eunomia*], die Hesiod besingt und deren Herrschaft er verlangt, ist also keine gute Verfassung, kein Ensemble von gerechten und allseits anerkannten Gesetzen, sondern eine gerechte Verteilung der Güter, eine gute Verteilung der Reichtümer und ihrer Zirkulation, eine regelmäßige Bewegung im Wechselspiel der Ausgaben, der Einnahmen und der Verteilung. Aus dieser Forderung nach εὐνομία [*eunomia*] entsteht schließlich der νόμος [*nomos*] als juristisch-politische Struktur des Stadtstaats, und dies durch eine Operation, deren Ablauf sich in Solons Werk gut erkennen lässt.

*2 – Solons εὐνομία [*eunomia*]*

Solon charakterisiert sein Werk selbst als Einführung einer εὐνομία [*eunomia*][13] im Gegensatz zur δυσνομία [*dysnomia*], die vor ihm herrschte. Was diese δυσνομία [*dysnomia*] ist, erkennt man deutlich in seiner zweiten Elegie. Die Armen werden wegen ihrer Schulden zu Sklaven gemacht; sie werden aus ihrem Besitz vertrieben. Die *Besitzenden* dagegen werden von der Gewalt bis ins Innerste ihrer Häuser verfolgt. Das Böse überwindet alle Schranken und Mauern und gelangt bis zum Herd, dem Allerheiligsten der Familie und des Besitzes.

[17] Die δυσνομία [*dysnomia*]: zweifache Bewegung der Austreibung und der Invasion, gewaltsamer Umsturz der Teile. Die εὐνομία [*eunomia*] als Heilmittel gegen solche δυσνομία [*dysnomia*] erhält bei Solon einen zweifachen Aspekt.

a – Der ökonomische Aspekt:

– Erlass zumindest der Schulden, die auf Grund und Boden lasten; und zweifellos Rückkehr von Bauern auf den befreiten Grund. Aber keinerlei allgemeine Neuverteilung des

Bodens, sondern Aufrechterhaltung der Aufteilung in ihrer bisherigen Ungleichheit. Und auch ein Teil des befreiten Bodens konnte nicht sehr lange im Besitz der Bauern bleiben, die ihn wiedererlangt hatten: Tatsächlich verboten die Gesetze die Rodung von Olivenbäumen;

– Förderung des Handels und des Handwerks: des Handels zugunsten der Besitzer von Olivenhainen (Plutarch sagt, niemand habe ausländische Waren kaufen dürfen, der nichts im Austausch dagegen anzubieten hatte); des Handwerks, das Keramik für den Export produzierte.

β – Der politische Aspekt:

– Verteilung der politisch-juristischen Macht in Abhängigkeit von der ökonomischen Verteilung des Reichtums;

– Unterscheidung von vier Zensusgruppen (vier Kategorien von Bürgern, deren politische Rechte, deren Zugang zu Ämtern, zur Beratungs- und Entscheidungsmacht durch ihr Vermögen bestimmt sind);

– Schaffung verschiedener Gerichte, vor denen jeder Bürger einen Prozess gegen jeden anderen anstrengen kann.

Solons Reform[14] verdient aus mehreren Gründen Beachtung.

1. In dieser εὐνομία [*eunomia*], dieser guten und regelmäßigen Aufteilung, die an die Stelle des ungeregelten Kampfes zwischen Reichen und Armen tritt, wird letztlich nicht das Vermögen verteilt, sondern die juristisch-politische Macht.

[*] *Positive Aspekte**

Im Vergleich zum archaischen Prinzip der Machtverteilung handelt es sich hier natürlich um eine Verteilung nach dem Reichtum, allerdings mit zwei fundamentalen Unterschieden:

a – Alle Bürger haben Anteil, selbst die ärmsten. Selbst der

* Eine auf Französisch geschrieben Seite, die anlässlich eines Referats im März 1972 an der State University of New York in Buffalo hinzugefügt wurde. Nach 1972 schrieb Foucault solche Referate auf Englisch.

ärmste Bürger ist Teil des Systems. Die Macht ist nicht mehr Eigentum einiger weniger. Sie gehört allen. Sie kommt allein aus der Gesamtheit. Und wendet sich auf sich selbst an.
b – Im archaischen System sorgte dieselbe Verteilung für die Aufteilung des Reichtums und der Macht.
Bei Solon finden wir zwei Prinzipien:
– Wer sich zu viel Macht aneignet, wird vom Staat bestraft.
– Wer sich zu viel Reichtum aneignet, muss damit rechnen, von Zeus bestraft zu werden.

[19] *Negative Aspekte**
Die von Solon eingeführte εὐνομία [*eunomia*] war ein Weg, die geforderte Aufteilung des Reichtums (die ἰσομοιρία [*isomoiria*][15]) durch eine Aufteilung der politischer Macht zu ersetzen: Während die Menschen Grund und Boden verlangten, gab man ihnen Macht. Macht als Ersatz für Reichtum in der Ausübung von εὐνομία [*eunomia*].
Anmerkung: In gewissem Sinne entgegengesetzt zum Vorgehen des Kypselos [zwanzig Jahre zuvor in Korinth]. Der hatte eine umfangreiche ökonomische Umverteilung vorgenommen, mit deren Hilfe er die Macht in den Händen der Klasse zu halten vermochte, die sie bereits innehatte (bis auf eine gewisse Verschiebung). Im Kern dieser Operation stand das Geld als Simulacrum.
Solon dagegen teilt bis zu einem gewissen Punkt die Macht, um den Reichtum nicht umverteilen zu müssen. Die εὐνομία [*eunomia*] bewirkt diese Aufteilung, indem sie eine Neuverteilung vermeidet.
Dass die beiden Lösungen entgegengesetzter Art sind und die des Solon klar im Gegensatz zu der des Kypselos steht, wird in einer der Elegien Solons deutlich,[16] in der er den
[20] reichsten Athenern vor Augen führt, dass auch er selbst – als Tyrann – den Boden neu hätte aufteilen können. Wichtig für

* Später aus Symmetriegründen dem ursprünglichen Text hinzugefügter Zwischentitel.

uns ist indessen, dass εὐνομία [*eunomia*] und νόμισμα [*nomisma*] zwei Institutionen sind, die einander gegenüberstehen, die in zwei unterschiedliche Richtungen wirken, deren Wirkung aber dieselbe ist:

– Wo die Reichen zu einem ökonomischen Opfer gezwungen werden, tritt das Geld in den Vordergrund und ermöglicht über den Tyrannen den Machterhalt.

– Wo die Reichen zu einem politischen Opfer gezwungen werden, ermöglicht ihnen εὐνομία [*eunomia*] die Bewahrung der ökonomischen Privilegien.

Natürlich verlangen die beiden Institutionen einander wechselseitig. Die εὐνομία [*eunomia*] dient dazu, dort die ökonomische Umverteilung zu begrenzen, wo das Geld die Hauptrolle spielt; und das Geld erlaubt es, dort die Umverteilung der Macht zu begrenzen, wo die εὐνομία [*eunomia*] dies erfordert.

Kypselos sorgte für Gehorsam gegenüber dem Gesetz, und umgekehrt führte Solon Reformen durch oder bewirkte Veränderungen im attischen Geldwesen, die in Athen zur Entwicklung einer Geldwirtschaft führten.

[21] 2. Das zweite Merkmal der Solon'schen εὐνομία [*eunomia*] liegt darin, dass die Ersetzung der ökonomischen durch die politische Verteilung zu neuen, komplexen Beziehungen zwischen Ökonomie und Politik führte.

Das war der Reform des Kypselos nicht gelungen. Die politische Macht hatte einfach die Form der Tyrannei angenommen. Solons Reform ist in ökonomischer Hinsicht weitaus weniger elaboriert. Aber sie entfaltet möglicherweise eine historisch weitaus größere Wirkung.

Worin bestehen diese neuen Beziehungen zwischen Ökonomie und Politik?

Auf den ersten Blick besteht eine exakte Korrelation zwischen der Größe des Reichtums und dem Umfang der Teilhabe an der Macht. Die einzelnen Bürger werden nach ihrem Vermögen vier Zensusklassen zugeordnet (wobei das Vermögen entweder quantitativ gemessen wird: Pentakosiomedimnen,[17] oder qualitativ bewertet wird: Ritter, Besitzer von Rindern).

Bleibt man damit nicht noch ganz nah bei der archaischen Gruppe, in der die Mächtigen stets auch die Reichsten und die Reichen auch mit vollem Recht die Mächtigen waren? Ich glaube nicht, und zwar aus zwei Gründen.

[22] α – Zunächst einmal gibt es hier einen wichtigen Unterschied: Der Ärmste ist nach Solons Reform nicht derjenige, der gar keine Macht hätte. Er ist vielmehr derjenige, der den kleinsten Anteil an der Macht hat; der keine andere Macht hat, als an der Versammlung teilnehmen zu dürfen;[18] der jeden anderen Bürger vor Gericht ziehen und der im Falle einer Verurteilung vor der Volksversammlung Berufung gegen dieses Urteil einlegen kann. Es gibt also – abgesehen von Sklaven und Ausländern – niemanden, der nicht ein wenig Macht besäße.

Und damit erscheint ein vollkommen neuer Begriff: der Stadtstaat, die πόλις [*polis*], als Gesamtheit der Bürger, insofern sie einen Anteil an der Macht innehaben und die Macht insgesamt durch sie alle ausgeübt wird.

Die Macht ist daher nicht mehr etwas:

– das ausschließlich von einigen wenigen gehalten wird;

– das von anderen ausschließlich ertragen wird;

– das punktuell und augenblicklich in Gesten, in Worten, in Anordnungen oder in rituellen Abgaben zum Ausdruck kommt.

Die Macht wird vielmehr ständig von allen Bürgern ausgeübt. Die Gesamtheit eines Gesellschaftskörpers beginnt als der Ort zu erscheinen, an dem Macht sich auf sich selbst bezieht. Die Macht geht aus einem Körper hervor, auf den sie Anwendung findet.

[23] β – Doch es gibt noch einen weiteren Unterschied zwischen der archaischen Form von Macht und Solons εὐνομία [*eunomia*]. In den archaischen Formen hat man in dem Maße

Macht, wie man Vermögen besitzt. Und Macht bedeutet die Möglichkeit, Vermögen zu erwerben. Wer die Macht gut ausübt, wird durch eine Gabe der Götter reich. Wer durch verwerfliche Mittel reich wird, verliert seine Macht, die Götter verdammen ihn.

Macht und Reichtum werden im selben Zuge nach demselben Prinzip verteilt. Bei Solon bemisst sich der Anteil an der Macht zwar am Vermögen, doch die Aufteilung des Vermögens und die Aufteilung der Macht erfolgen nicht durch dieselben Mechanismen.

Ob man reich oder arm ist, hängt von Faktoren ab, die außerhalb der εὐνομία [*eunomia*] liegen, vom Zufall, vom Glück oder Missgeschick, vom Willen der Götter. Dass aber der Reiche mehr Macht erhält als der Arme, das bewirkt jenes Prinzip, dem wir nun endlich begegnen: der νόμος [*nomos*].

Solon sagt in seinen Texten: Wenn jemand diese Rechte missbrauchen und durch Machtmissbrauch ein Unrecht begehen sollte, wird die ganze Stadt darunter leiden. Des-
[24] halb sieht der νόμος [*nomos*], der die Macht verteilt, dessen Bestrafung vor. Wenn sich dagegen jemand maßlos und auf ungerechte Weise bereichert, mögen die Götter ihn strafen, ihn oder seine Nachkommen, ganz nach den alten Glaubensvorstellungen; der νόμος [*nomos*] hat damit nichts zu tun.

Νόμος [*nomos*] ist der Name, den ein Prinzip der Verteilung von Macht erhielt, das dazu dient, die Prinzipien der Verteilung von Reichtum aufrechtzuerhalten (indem es [sie] verbirgt).

Νόμος [*nomos*] ist die Form, die die Zäsur in Politik und Ökonomie annimmt: eine Zäsur, die – deutlich erkennbar – die Fiktion einer realen Zäsur darstellt, denn die Verteilung der politischen Macht unter den *fünf** Zensusklassen repro-

* Solons Reform unterscheidet vier Zensusklassen. Weist Foucault die Metöken, die einer Steuer unterworfen sind, einer eigenen fünften Klasse zu – oder ist es einfach ein Irrtum?

duziert, erneuert, institutionalisiert ökonomische Ungleichheiten; und vor allem hat die Einführung eines νόμος [*nomos*], eines unantastbaren Gesetzes, das die Verteilung der Macht vorschreibt, die Aufgabe, eine bestimmte Art von ökonomischen Beziehungen aufrechtzuerhalten.

[25] Wir hatten die Hauptfunktion des Geldes mit dem Ausdruck »Simulacrum« umschrieben. Als ein der Form nach religiöses Simulacrum, als Substitut und metallener Träger der Abgaben, der Zerstörungen und der Umverteilungen, die dem Gesellschaftskörper auf magische Weise neue Kraft verliehen, ist das Geld das Simulacrum der unter allen Bürgern verteilten Macht, während es um den Preis eines gewissen ökonomischen Opfers sicherstellt, dass die Macht in den Händen einiger Bürger verbleibt. In den Händen der Athener ließ die mit dem Bild der Eule versehene Tetradrachme[19] allenfalls das Simulacrum einer Macht aufleuchten, die in anderen Händen lag.

Wir können den νόμος [*nomos*] nun durch die Zäsur charakterisieren: einen offenkundige Bruch zwischen ungleichen ökonomischen Chancen und der Unbeweglichkeit einer politischen Struktur, die für eine gleichmäßige und beständige Machtverteilung sorgt; einen Bruch, der verbirgt, dass die politische Machtverteilung die Art der Aneignung von Reichtum aufrechterhält und erneuert.

Unter dem Geld stößt man nicht auf die abstrakte, semiologische Form des Zeichens, sondern auf den Schein eines Simulacrums, das zwischen Macht und Reichtum changiert.

[26] Unter dem Gesetz stößt man nicht auf die gravitätische Würde der Schrift, sondern auf die Zäsur, die die Abhängigkeit des Politischen vom Ökonomischen verdunkelt.

Geld und Gesetz nehmen zweifellos einen unterschiedlichen Platz ein, spielen aber komplementäre Rollen im Wechselverhältnis zwischen Politik und Ökonomie, zwischen Macht und Reichtum. Ein Wechselverhältnis, das es natürlich in allen Gesellschaften gibt, dessen ökonomische Transformationen im 7. und 6. Jahrhundert aber gemeinsam mit dem daraus resultierenden Klassenkampf die archaischen Formen bis aufs äußerste angespannt hatte.

[27] Schluss

In dieser Stellung als Zäsur zeigt der νόμος [*nomos*] eine Reihe von Eigenschaften:
Er ist ein Diskurs, der von niemand Besonderem gehalten werden kann. Weder von den Besitzern des Reichtums (weil er ihn konstatiert, registriert und in politische Ausdrücke übersetzt, aber nicht daran teilhat) noch von den Inhabern der Macht (weil er sie verteilt).
Er muss daher von nirgendwo oder von einem mittleren Ort oder von einem gemeinsamen Ort her sprechen,
– an dem er von einem Orakel verkündet wird (Sparta)
– oder vom Gesetzgeber
– oder von der Versammlung.
Diese Stimme aus dem Nirgendwo, diese Stimme aus der Mitte oder diese Stimme aller [Bürger] institutionalisiert sich nun je nach den Umständen (das heißt nach den bestehenden Kräfteverhältnissen)
– entweder als unveränderliche, unantastbare Schrift, unantastbar wie die unantastbare Aneignung des Reichtums, die dadurch geschützt wird;
– oder als öffentlich und von allen in der Weise gehaltener Diskurs, dass jeder, so arm er auch sein mag, unabhängig von den wirtschaftlichen Verhältnissen Macht auszuüben vermag;
– oder als Pädagogik, die Gleichgültigkeit gegenüber Reichtum und Ungleichheit, dafür aber Achtung vor dem Gesetz lehrt;
– oder als Natur.*

[28] Schrift, Debatte, Pädagogik und Natur* basieren alle drei [*sic*] auf dieser Zäsur, in der der νόμος [*nomos*] seinen Platz

* Natur: nichtdatierbare Hinzufügung. Siehe oben S. 199, Fußnote*.

findet. So kann man denn von der Pädagogik, der Diskussion oder Schrift erwarten, dass sie diese Verdunklung ans Licht bringen, deren indirekte Auswirkung sie auf der Grundlage der Konstituierung einer politischen Macht sind, die die Form des Staates hat. Ihre ethische Gleichgültigkeit gegenüber dem Reichtum, ihre relative Unabhängigkeit von der Ausübung politischer Macht verleihen ihnen nicht nur keinerlei Souveränität oder Freiheit [...], vielmehr sind sie nichts anderes als die Verdunklung, die ihre Existenz begründet und ihr Funktionieren sicherstellt.

In den babylonischen Gesellschaften wurde die Aneignung der Macht durch den Souverän durch das rituelle Rezitieren der Legenden, Genealogien und Theogonien erneuert und gesichert. Aber wie wird dieser νόμος [*nomos*] mit neuer Kraft erfüllt, der Macht nicht aneignet, sondern verteilt? Woher bezieht er seine Autorität und seine Kraft, da er doch von niemandem ausgesprochen wird?

[29] Hier zeichnet sich die Notwendigkeit eines Diskurses ab, der nicht den Souverän besingt, sondern den νόμος [*nomos*], das Verteilungsprinzip, seinen Wert und seine Weisheit, den Ursprung, in dem er gründet, die Ordnung, die er nicht nur unter den Menschen herrschen lässt, sondern auch unter den Gestirnen, den Meeren, den Tieren und den Pflanzen.

Einige Eigenschaften dieses Diskurses, der mit dem νόμος [*nomos*] an die Stelle des alten Souveränitätsgesangs tritt, lassen sich ohne weiteres ausmachen:

– Er braucht nicht mehr die im Gedächtnis bewahrten Leistungen und Ereignisse zu nennen.

– Er muss von der Dauerhaftigkeit der Verteilung unter den Dingen und den Menschen sprechen

– Er muss sie nicht mehr als geheime Wahrheiten des Gedächtnisses in Erinnerung rufen, wie die Musen sie ins Gedächtnis holen; er muss sie als eine neue Art Wahrheit sichtbar machen.

– Er braucht sich nicht mehr in die Sphäre einer Souveränität zu versetzen, die es zu rekonstruieren gilt.

– Er muß von diesem weißen Strand, von dieser Zäsur her sprechen, in der die Beziehungen zwischen dem Politischen und dem Ökonomischen einer Fehleinschätzung erliegen.
Dort befindet sich der Ort eines erkennenden und neutralen Subjekts, die Form einer enthüllten Wahrheit und der Inhalt eines Wissens, das nicht mehr auf magische Weise an die Wiederholung eines Ereignisses, sondern an die Entdeckung und Bewahrung einer Ordnung gebunden ist.
Dort, an diesem Strand, zeichnet sich die Gestalt dessen ab, der unter einer Wahrheit, ohne Reichtum oder Macht, das Gesetz der Dinge enthüllen wird, um einem Menschengesetz Kraft und Stärke zu verleihen, das zugleich eine Fehleinschätzung darstellt.

* * *

[In einer Art Kurzschrift verfasste Notizen auf Blättern mit dem Briefkopf der State University of New York in Buffalo und daher anekdotische Stütze des Schlusses der Vorlesung.]

Εὐνομία [*eunomia*], grundlegender Begriff.
Νόμος [*nomos*], das ist die institutionelle Regel.
Εὐνομία [*eunomia*] kann
– aristokratisch oder
– demokratisch sein.
Ἰσονομία [*isonomia*] bedeutet letztlich Demokratie.
Diese εὐνομία [*eunomia*]
– unterscheidet sich einerseits zutiefst vom assyrischen Machtbesitz:
• Der König ist die Macht, die ganze Macht; nur er hat Macht, während hier niemand die Macht hat;
• Gegensatz zwischen εὐνομία [*eunomia*] und τύραννος [*tyrannos*].
– Andererseits hat sie [εὐνομία [*eunomia*]] dieselben Wirkungen, denn es geht stets um die Schaffung von Ordnung, darum, die Natur fruchtbar und die Menschen gerecht zu

machen, die Schuldigen zu bestrafen und Kriege zu verhindern.

Nun ist die Macht [bei] den indoeuropäischen Völkern auf zwei Arten mit der Sprache verbunden:

α – Sie wird durch Sprache ausgeübt
- Befehl
- Urteile
- Prophetie.

β – Sie gründet in der Sprache: Die Sprache verkündet, gründet, verstärkt sie.

So wird verständlich, dass der Souveränitätsdiskurs bei Assyrern und Griechen nicht derselbe sein kann
- weder in seiner Funktion
- noch in seiner Verteilung.

γ – Bei den Assyrern

wird der Souveränitätsdiskurs gesichert durch das Double der königlichen Macht
- ihre religiöse Verdopplung (die Priester)
- ihr familiäres Double (der Bruder).

Er erzählt von den Leistungen des Königs und seiner Ahnen in ihrer Verbindung zum Himmel und zur Erde. Genealogie.

Er ist zyklisch; er muss geheim bleiben.

δ – In Griechenland

muss der Souveränitätsdiskurs dauerhaft sein
- die Dauerhaftigkeit der Schrift,
- die Dauerhaftigkeit des Gedichts.

Er darf niemandem gehören, da es sich um die Verteilung aller handelt.

Er muss aus dem »Nirgendwo« gesprochen werden, oder vielmehr aus dem Zentrum, der Mitte.

Er darf sich nicht der heroischen Verdopplung bedienen, das Ereignis wiederholen, den Helden wiedererscheinen lassen.

Er muss auf einem anderen Dualitätsregister spielen: dem der Ordnung der Dinge, der Ordnung der Menschen. Die

Rückkehr der einen und der anderen. Die Wahrheit sagen, für Gerechtigkeit sorgen.

Das Paar Wahrheit–Gerechtigkeit.

Die Verinnerlichung des Zyklus.

Die εὐνομία [*eunomia*] ist die Form der politisch-ökonomischen Zäsur.

Die ἰσονομία [*isonomia*] des Kleisthenes noch mehr.

Von dort aus erfolgt in Athen der Bruch. Jedenfalls ist εὐνομία [*eunomia*] das Prinzip der Aufteilung politischer Macht. Der νόμος [*nomos*] ist die Regel dieser Aufteilung.

νόμος [*nomos*] und νόμισμα [*nomisma*]

Aufteilung und Maß

Aber wie wird der Diskurs des νόμος [*nomos*] sich manifestieren und ausgeübt werden?

- In den babylonischen Zivilisationen: rituelle Rezitation.
- [Im] archaischen Griechenland: das Ereignis.

Hier ständiges Rezitieren, nicht Spur, sondern ἐς ἀεί [*es aei*].

[Dieses Rezitieren] ist nicht Eigentum einiger weniger oder Privileg der Schreiber, sondern [Eigentum] aller: λόγος [*logos*].

Weder Gedächtnis noch Geheimnis, sondern Verteilung an alle, Pädagogik.

Schließlich hat dieser Gesetzesdiskurs die Aufgabe, die Ordnung der Dinge erscheinen zu lassen und wiederherzustellen, eine Ordnung, die nicht die des Reichtums, der Güter, der Chancen ist, sondern eine Ordnung anderer Art. Eine dauerhafte Ordnung, die jedem über den λόγος [*logos*] zugänglich ist.

Die Reichtümer haben ihre eigene Ordnung oder vielmehr ihr Maß: νόμισμα [*nomisma*].

Die Stadtstaaten haben ihre Ordnung oder vielmehr ihr Gesetz: νόμος [*nomos*].

Die Wahrheit ist Ordnung (minus Reichtum, minus Ökonomie).

Das Geld ist Maß minus Ordnung
minus Ordnung, Gerechtigkeit.

Anmerkungen

1 Νόμισμα [*nomisma*]: Geld. Siehe Aristoteles, *Nikomachische Ethik*, V, 11: »ὅτι οὐ φύσει ἀλλὰ νόμῳ ἐστί« (weil es eingesetzt, νόμῳ, und nicht von Natur aus, οὐ φύσει, ist); B. Laum, *Heiliges Geld. Eine historische Untersuchung über den sakralen Ursprung des Geldes* (1924), Berlin 2006, S. 128, verweist auf den Unterschied zwischen *nomisma* als Mittel der Bewertung: »was gilt«, und *chremata*: Reichtum; er übersetzt *nomos* mit »Verteilungsordnung«, Verteilung (ebd., S. 36).

2 Foucaults Zuhörer hörten hier eine Anspielung an ein gerade erschienenes Buch heraus: J. Derridas *L'Écriture et la Différence*, Paris 1967; dt.: *Die Schrift und die Differenz*, Frankfurt am Main 1972.

3 Siehe P. Vinogradov, *Outlines of Historical Jurisprudence*, London 1920, Bd. 2, S. 76-87; H. Frisch, *Might and Right in Antiquity*, Bd. 1, *From Homer to the Persian Wars*, Kopenhagen 1949.

4 Die Eumolpiden-Exegeten waren mit der Athener Priesterfamilie verbunden, den Eumolpiden, die den Eleusis-Kult einführten; siehe ebd. Am Ende übernahmen die Exegeten die Rolle von Rechtsberatern.

5 Siehe Herodot, *Historien*, IV, 105; F. Heinimann, *Nomos und Physis. Herkunft und Bedeutung einer Antithese im griechischen Denken des 5. Jahrhunderts*, Basel [1]1945, [2]1965.

6 T. A. Sinclair, *A History of Greek Political Thought*, London 1951.

7 Pindar, *Fünfter Olympischer und Vierter Pythischer Siegesgesang*.

8 »In ethymologischer Hinsicht muss *eunomia* nicht mit *nomos*, sondern mit *nemein* in Verbindung gebracht werden. Bei Homer findet man *eunomia* (*Odyssee*, XVII, 487), nicht aber *nomos* [...]. Es ist nicht das Gesetz, sondern das Denken des Gesetzgebers [...]; *eunomia*, *dysnomia* bringen eine moralische Haltung seitens des Bürgers zum Ausdruck« (V. Ehrenberg, *Aspects of the Ancient World*, Oxford 1946, S. 74-86; Zitat bei M. F.).

9 Hesiod, *Theogonie*, 900-902.

10 G. Vlastos, »Ἰσονομία Πολιτικὴ«, in J. Mau und E. G. Schmitt (Hg.), *Isonomia. Studien zur Gleichheitsvorstellung im griechischen Denken*, Berlin 1964.

11 E. Laroche, *Histoire de la racine NEM en grec ancien*, Paris 1949. Laroche verweist insbesondere auf die mit diesem Stamm verbundenen ethischen Begriffe.

12 Ὕβρις [*hybris*]: Fehlen von Ordnung, Entfesselung von Kräften – ein Thema, mit dem M. Foucault sich in *Wahnsinn und Gesellschaft* befasst. Ed. Will meint, der Begriff lasse sich nicht ins Französische übersetzen. Er umfasse das Feld der Beziehungen zwischen den Menschen und ihrer Beziehungen zu Gott; siehe Ed. Will, *Le monde grec et l'Orient*, 2 Bde., Paris 1972, Bd. 1, S. 598.

13 Foucault verwendet eine Reihe von Zitaten, die aus folgenden Arbeiten stammen: W. Jaeger, »Solon's Eunomia, *SPAW*, Berlin 1926. – G. Vlastos, »Solonian justice«, *Classical Philology*, 41, 1946. – I. M. Linforth, *Solon the Athenian*, Berkeley [1]1919. – P. Lévêque und P. Vidal-Naquet, *Clisthène l'Athénien*, Paris 1964.

14 Ed. Will, »La Grèce archaïque«, in *[Actes de la] Deuxième Conférence internationale d'histoire économique / Second International Conference on Economic History (Aix-en-Provence 1962)*, Paris 1965, Bd. 1, S. 79-94.

15 Ἰσομοιρία (ἡ) [*isomoiria*]: »gleiche Teile«, daher »Rechtsgleichheit«; siehe P. Lévêque und P. Vidal-Naquet, *Clisthène l'Athénien*, a. a. O.

16 Solons zweite Elegie, zit. in I. M. Linforth, *Solon the Athenian*, a. a. O.

17 Pentakosiomedimnen (*pentakosiomedimnoi*): jene Bürger, die über Einnahmen von 500 Scheffel Getreide verfügen. (Erste Klasse der Bürger: *pentakosioi*.)
Nur die zwei ersten Zensusklassen eröffneten den Zugang zur Macht. Die Archonten wurden aus ihren Reihen gewählt. Diese beiden Klassen bestanden nur aus einem Fünftel der Bürger, deren Felder mehr als 500 Scheffel Getreide produzierte.

18 Ed. Will schreibt: »Es ist nicht bekannt, ob die Theten, die letzte Klasse, überhaupt Zugang zur *ecclesia* hatte, zu der Versammlung, in der die Richter gewählt wurden« (*Le monde grec et l'Orient*, a. a. O., Bd. 1, S. 65).

19 Siehe oben S. 192, Anm. 33.

Vorlesung 11
(Sitzung vom 10. März 1971)

Das Reine und das Unreine: die homerische Waschung als Übergangsritus. – Umkehrung des Befleckungsstatuts im 7. und 6. Jahrhundert. – Nomos, Geld und neue religiöse Praktiken. – Das Verbot als demokratischer Ersatz für das Luxusopfer. – Demokratisierung der Unsterblichkeit. – Kriminalität und Wille zum Wissen.*

[1] ## Die Einführung der juristisch-religiösen Kategorie des Unreinen

Die Reinigung ist ein archaischer Ritus. Er wird sich im Verlaufe einer Entwicklung, die wir werden nachzeichnen müssen, in zwei Gegensätzen äußern, denen er ursprünglich fremd war:
Kriminalität/Unschuld
Unwissenheit/Wissen

I – Die Kategorie des »Reinen« bei Homer

1. Auf den ersten Blick scheinen Reinigungsriten die Regel nach einem Mord, einem Blutbad, einem Kampf und einer Verwundung gewesen zu sein. Staub und Blut, das sind die Unreinheiten, die man abwäscht.
– Achill kehrt blutig aus dem Kampf zurück; er geht zu Odysseus und Diomedes, die anordnen, dass man ihn wasche.[1]

[2] – Als Odysseus und Diomedes von ihrer Expedition in die Reihen der Trojaner zurückkehren, tauchen sie ins Meer und baden dann in einer Wanne (*Ilias*, XXII, 572-576).
2. Dass diese rituelle Geste dazu dienen soll, eine Befleckung zu tilgen, ist allerdings nicht bewiesen. Der Ritus der Waschung verweist ebenso auf Dinge, die noch geschehen werden, wie auf Dinge, die geschehen sind.

* Titel der Vorlesung im Manuskript.

Der Krieger wäscht sich nach der Schlacht, weil er vor einer neuen Tätigkeit oder einer Tätigkeit sakralen, religiösen oder rituellen Charakters steht.

– Agamemnon lässt Achill ein Bad bereiten, weil er ihm ein Mahl anbietet.

– Diomedes und Odysseus waschen sich nach der Rückkehr aus der Schlacht, bevor sie Athene ein Trankopfer darbringen.[2]

Ganz allgemein findet eine Waschung statt, wenn man von einer gewöhnlichen oder alltäglichen zu einer rituellen Tätigkeit übergeht.

– Bevor Penelope in den oberen Gemächern zu Athene betet, wäscht sie sich und legt saubere Kleidung an.[3]

[3] Nachdem Agamemnon Chrysothemis übergeben hat, will er dem Apoll eine Hekatombe opfern und befiehlt seinen Soldaten, sich zu waschen [*Ilias*, IX, 285-327].

Dass es nicht darum geht, einen Makel abzuwaschen oder ein Verbrechen zu tilgen, beweist eine andere Passage der *Ilias* noch deutlicher: die Beschreibung der Bestattungszeremonien für Patroklos:

– Achill lässt den Leichnam des Patroklos sorgfältig waschen (der das Opfer ist und nicht der Mörder). Er soll nicht beschmutzt (ἠσχυμμένος [*eschymmenos*]) im Hades ankommen [*Ilias*, XVIII, 179-180]. Doch Achill selbst weigert sich, sich zu waschen, bevor er nicht seine Pflichten gegenüber Patroklos erfüllt hat.

Die homerische Waschung wäscht nicht den Mörder oder den Schuldigen und gibt ihm nicht seine ursprüngliche Reinheit zurück. Sie hebt vielmehr die verschiedenen Augenblicke und die verschiedenen Tätigkeitsebenen voneinander ab.

[4] Die Waschung erfolgt, wenn man in einen Ritus eintritt, wenn der Augenblick des Opfers gekommen ist, wenn der Hilfesuchende, der Fremde, am Herd empfangen wird. Umgekehrt findet keine Waschung statt, wenn man weiterhin in der Trauer bleibt; sie kann nicht vorgenommen wer-

den, solange man nicht die geforderten Pflichten erfüllt hat.

Die Waschung löst Kontakte; sie isoliert Augenblicke, Orte, Tätigkeiten; sie markiert die Schwelle, die überschritten wird, das neue Register, in dem sich das Handeln bewegt, sie verhindert gefährliche Kommunikation und unzulässige Kontinuität: zwischen Blutbad und Festmahl, zwischen Außenwelt und Herd, zwischen dieser Welt und dem Hades, zwischen dem Alltäglichen und der göttlichen Sphäre, zwischen Leben und Tod.

Die Waschungsriten kreisen keinen Ort ein, um ihn zu isolieren, keinen bereits bestehenden Schmutzkern, sie markieren vielmehr Diskontinuitäten eines komplexen und heterogenen sozioreligiösen Raumes und einer ebensolchen Zeit; und sie machen deutlich, dass es zu einer Verschmutzung kommt, wenn zwei heterogene Regionen absichtlich oder unbeabsichtigt in Kontakt miteinander geraten.

[5] 3. Hier ist anzumerken, dass der Verbrecher nicht schlechthin eine dieser unterschiedlichen Regionen darstellt, die es zu isolieren gilt. Bei Homer wird der Mörder nicht als solcher zum Gegenstand einer Sonderbehandlung.

– Als Telemach sich bereitmacht, zu beten und Trankopfer darzubringen, kommt Theoklymenes, der ein Mörder ist. Telemach empfängt ihn wie jeden anderen Hilfesuchenden.[4] Lykophron dient Ajax, ohne dass der Mord, den er begangen hat, ihm einen besonderen Status einbrächte.[5] Zweifellos war Theoklymenes gezwungen, die Stadt zu verlassen, aber nur deshalb, weil die Eltern und Freunde seines Opfers zu zahlreich und zu stark für ihn waren.

Unser übliches Schema lautet: 1. Verbrechen – 2. Befleckung – 3. rituelle Tilgung – 4. wiedergewonnene Unschuld. Aber dieses Schema gilt nicht für die homerische Zeit. Hier haben wir es vielmehr mit Diskontinuitäten zu tun, die durch
[6] die Waschung rituell manifestiert und aufrechterhalten werden. Daher die Gefahr des Vergessens, der Gewalt, der ungebührlichen Kommunikation zwischen diesen getrenn-

ten Regionen; und in diesem Fall dann auch Befleckung; eine Befleckung, die in der Weise erfolgt, dass (a) die betroffene Region durch das befleckt wird, was in sie eindringt, und (b) dass das eindringende Objekt in der Region, in die es nicht hätte eindringen dürfen, seinerseits befleckt wird.

Es handelt sich also unmittelbar um eine zweifache Befleckung. Es kommt zu einer völligen Umkehrung des Schemas: Aus der Befleckung wird die ursprüngliche Tatsache oder zumindest die unmittelbare Folge des Verbrechens; die Abtrennung ist die notwendige Folge davon; und der Reinigungsritus schließlich soll die Befleckung tilgen.

Diese Umkehrung ist wichtig für die Herausbildung einer Moral der Schuld. Aber sie ist auch wichtig für die Herausbildung eines bestimmten Willens zum Wissen.

[7] II – Wie es zu dieser Umkehrung kommt

Sie ist mit einer ganzen Reihe von Veränderungen im religiösen Leben des 7. und 6. Jahrhunderts verbunden.[6]

1. Verstärkung des Ritualismus in den Volksklassen. Natürlich gab es auch schon vor der hier betrachteten Zeit zahlreiche bäuerliche Riten, die zweifellos stark zwingenden Charakter hatten. Aber wie es scheint, verstärkten und organisierten sie sich ab dem 7. Jahrhundert beträchtlich.

α – Bedeutung und Gewissenhaftigkeit der Riten bei Hesiod. Neben den homerischen Riten gab es noch eine Vielzahl von Verboten wie dem, in einer Flussmündung zu baden, sich bei einem Festessen die Nägel zu schneiden, ein Kind von zwölf Monaten oder zwölf Jahren auf ein sakrales Objekt zu setzen.[7]

β – Aber vor allem die Orphik verstärkte eine Reihe ritueller Vorschriften, indem sie sie organisierte.[8]

Worin lag diese Verstärkung?

[8] a – Diese Art von Riten, die von Generation zu Generation weitergegebenen werden, unterscheiden sich (eher in der

Form und der Aneignungsweise als in ihrem Inhalt) von den rechtlich-religiösen Regeln, die als exklusiver und geheimer Privatbesitz der großen Familien galten.
b – Diese Vorschriften sind bekannt. Ihre Einhaltung lässt sich leicht beurteilen, auch wenn es vielleicht nicht immer leicht ist, sie zu befolgen. Jeder kann selbst erkennen, ob er richtig gehandelt hat. Jeder kann sein eigener Richter sein. Jeder kann über sich selbst ein Urteil religiöser Art fällen.[9]
c – Diese Riten ermöglichen es jedem, selbst verantwortlich für den Erfolg oder Misserfolg seiner Ernten zu sein. Durch den Ritus kann man sein Glück oder Unglück, sein gutes Einvernehmen oder seinen Zwist mit den Göttern in die eigene Hand nehmen. Der Erfolg der eigenen Unternehmungen hängt nun nicht mehr von der Gottesfürchtigkeit oder Gottlosigkeit der Mächtigen oder Könige ab. Ein gut befolgter Ritus macht es möglich, ganz direkt von den Göttern geliebt zu werden. Dazu muss der Ritus allen offenstehen.
[9] d – Hier ist allerdings anzumerken, dass diese Rituale ganz anderer Art sind als die bekanntesten und am weitesten verbreiteten Kulthandlungen: die Opfer.[10]
Keine Rinder-, Schaf- oder Ziegenopfer, die nur im Kult wohlhabender Viehzüchter vorkommen können. Nicht einmal Opfergaben, die zweifellos oft verkleidete Steuerabgaben waren, wenn es darum ging, Nahrungsmittel an einen heiligen Ort zu bringen, der einer großen Familie gehörte. Statt solcher Opfer Gesten, Waschungen, Verbote, willkürliche Riten, an die es sich eher zu erinnern galt als an die zu opfernden Objekte.
(Das Verbot als Ersatz für das Luxusopfer, wo Letzteres ökonomisch nicht möglich ist.)
Der willkürliche Charakter des Ritus entspricht offensichtlich seiner sozialen und politischen Funktion. Gewiss vermag diese Funktion den einzelnen Ritus nicht zu erklären (wohl aber eine Analyse der magischen Bedeutung). Doch der willkürliche Charakter hat selbst eine Funktion. Des-

halb schwächt er sich keineswegs ab oder wird rationalisiert, sondern verstärkt sich zuweilen sogar noch ganz beträchtlich. Gegenüber der Regel, die die Mächtigen besitzen, verbergen, von außen auferlegen – und die das Spiel der wenn auch sakralisierten Zurschaustellung der Reichtümer
[10] entfaltet –, gegenüber dieser Regel errichtet das Ritual ein Regelsystem, das allen zugänglich ist, das jedermann selbst anzuwenden vermag, das einer eigenen Kontrolle unterliegt und sich endlich durch ein in seiner Form willkürliches magisches Verhältnis vom Besitz und vom Opfer der Reichtümer losgelöst hat.

2. Der andere Aspekt der religiösen Veränderung, zu der es im 7. und 6. Jahrhundert kommt, ist das Erscheinen religiöser Formen, die der Aneignung durch die reichen Familien entgehen.

In erster Linie der Dionysoskult.[11] Ein Kult, dessen volkstümlicher Charakter bekannt ist:

α – die Bedeutung der agrarischen Riten und der agrarischen Bezüge in dem ihm gewidmeten Kult;

β – das Zeugnis gewisser Legendenelemente, die von der Invasion des Dionysos erzählen, der gegen die Stadttore anstürmte und die Städte überschwemmte. So versucht Pentheus, der König von Theben, die Tore seiner Stadt vor der dionysischen Invasion zu schließen. Am Ende wird er von den Mänaden zerrissen (*Die Bakchen* von Euripides).

γ – die Organisation in Kultgruppen, den Thiasen, Bruderschaften, die spontan entstehen [*] oder durch Bekehrungsbemühungen, aber jenseits jeder Zugehörigkeit zu den Gruppen, die traditionell als Träger der Regel und des Geheimnisses der Kulte fungierten.

Unter all diesen Einzelmerkmalen des Dionysoskults ist hervorzuheben: (a) dass die Zugehörigkeit dort individuel-

* Eingeschobenes, nichtpaginiertes Blatt, mit anderer Tinte und in anderer Schrift geschrieben.

len Charakters ist, ob nun Jung oder Alt, Mann oder Frau, Fremder oder Bürger; (b) dass das Zeichen der Zugehörigkeit sich dort individuell in der Trance zeigt; (c) dass zum Opfer eine gleichberechtigte Beteiligung aller gehört; der Gott ἰσοδαίτης [*isodaites*][12], (d) dass das Geheimnis sich nicht im Besitz einer Familie oder eines Priesters, sondern aller Teilnehmer befindet; (e) dass die Verbindung zu Gott individueller Art ist (auch wenn das Individuum sich darin auflöst).
Wir sind hier sehr fern von den Spielen der Götter und der Menschen bei Homer:

– Kampf
– Blendung
– Substitute.

[11] 3. Zugleich kommt es zu einer Verschiebung im Kult der großen Götter und in der Funktionsweise der damit verbundenen Rituale. Schon zwischen den homerischen Göttern und denen, deren Geschichte Herodot erzählt, gibt es einen bedeutsamen Unterschied.
Die homerischen Götter hatten zweifellos die Welt unter sich aufgeteilt und ließen dort ihre Macht und ihren Zorn regieren. Aber sie hatten auch die Funktion, einzelne Völker zu schützen und zu umsorgen. Es gibt Götter, die die Achäer beschützen, und solche, die die Trojaner beschützen. Und unter denen, die die Achäer beschützen, gibt es wiederum solche, die die Bewohner von Argos beschützen usw. Doch der Schutz der verschiedenen Gruppen ist in aller Regel durch ein Oberhaupt vermittelt. Dieses Oberhaupt zieht durch seine Geburt oder durch seine Opfergaben (oder im Gegenteil durch seine Beleidigungen) die Güte oder den Hass des Gottes auf die Gruppe.

[12] Bei Hesiod[13] scheinen die Götter nicht durch solche genealogischen Privilegien oder speziellen Vorlieben gebunden zu sein. Hesiod erzählt der Reihe nach von der Geburt der Götter, von der Aufteilung ihrer Macht, von der dynastischen Hierarchie, die sich unter ihnen einstellt, und von der

Verehrung, die man den einzelnen Göttern je nach der Herrschaft schuldet, die sie über die Welt ausüben. Hesiods Götter sind an Kräfte und Zuständigkeitsbereiche gebunden, die jedoch gewiss noch nicht in der Einheit des κόσμος [*kosmos*] gedacht werden. Aber sie sind nicht mehr in das System familiärer Verpflichtungen gegenüber ihren aristokratischen Abkömmlingen eingezwängt.

4. Es lässt sich nur schwer ausmachen, welche Prozesse dieser Kampf um die Aneignung der alten Kulte und für die Herrschaft gewisser neuer religiösen Formen durchlaufen hat. Sehr leicht erkennen lässt sich dagegen in diesem Bereich zumindest das Ergebnis der großen Reorganisation der politischen Macht während des 7. und 6. Jahrhunderts. Es war dieselbe Herausbildung einer neuen politischen Macht, die die Einführung des Geldes, die Etablierung eines νόμος [*nomos*] und eine neue Art religiöser Praxis ermöglichte.[14]

[13] a – Charakteristisch für die Machtergreifung der Tyrannen oder die neue, von den Gesetzgebern eingeführte Machtverteilung ist die Tatsache, dass sie niemals im Namen der Volksgötter – des Volksgottes – erfolgte. Es gibt keine »dionysische« Gesetzgebung oder Macht, ebenso wenig, wie es eine erschöpfende Aufteilung des Reichtums gibt (wir dürfen nicht vergessen, dass Dionysos gelegentlich den Beinamen ἰσοδαίτης [*isodaites* – Gott des Teilens] trug).

Die Machtergreifung erfolgt im Namen der traditionellen Götter, deren Kult in den Händen der Aristokratie lag. Zum Beispiel im Namen des Zeus (in Korinth) oder im Namen der Athene (zu der Zeit, als Pisistratos aus dem Exil zurückkehrte). In Sparta oder in Kyrene erfolgte die Gesetzgebung im Namen des Apoll.

b – Dies allerdings mit zwei bedeutsamen Veränderungen:

α – Sie werden von außen eingeführt und fungieren als Schiedsrichter zwischen den Parteien, zumindest scheinbar frei von ihren Bindungen an die großen Familien.

Um den Übeln abzuhelfen, von denen Sparta heimgesucht

[14] wurde, soll Apoll in Sparta interveniert haben. Pisistratos organisiert bei seiner Rückkehr nach Athen einen Zug, der eindeutig signalisieren soll, dass sie beide von außen kommen, um wieder Frieden herrschen zu lassen.

Daher die bedeutsame Verschiebung in der Lokalisierung der Kulte: das politische Gewicht, das in beiden Städten Kultzentren gerade deshalb erlangen, weil sie außerhalb der Städte liegen – vor allem Delphi und Olympia. Interessant ist auch, dass diese Verschiebung eher zu einer Verdopplung führt. Einerseits findet man in den Städten Kultorte, die dem Zeus gewidmet sind, insofern er in Olympia ist, oder dem Delphischen Apoll (das Delphinion), als müsste man den Gott in seiner Exteriorität gegenüber den verschiedenen Parteien ehren, die sich die Stadt untereinander streitig machen. Andererseits bleiben die großen Kultzentren, die außerhalb der Stadt liegen und ihr die Gesetze vorschreiben (bevor sie ihr eine Politik vorgeben) in den Händen der aristokratischen Familien, die weiterhin den Kult dort sicherstellen.

Der interne Gott der Stadt wird von außen reimportiert, und die für den Kult zuständige Familie sorgt weiterhin dafür, dass der Kult an diesem externen Ort ausgeübt wird.

[15] β – Die zweite wichtige Veränderung im Kult der großen Götter liegt darin, dass sie als Götter der Stadt erscheinen.

Ganz Korinth wird dem Zeus gegeben, und Athene, die mit Pisistratos zurückkehrt, ist nicht nur eine traditionelle Göttin der großen Familien der Stadt, sie ist die Göttin der Handwerker.

Der Kult (mit seinen Traditionen und Geheimnissen) als Besitz einer Familie, das Spiel der Schulden, Abgaben und Dienste, das sie mit ihrem Ahnengott unterhielt, all das wird nun (zumindest teilweise) ersetzt durch eine wechselseitige Zugehörigkeit zwischen dem Gott und der Stadt. Die Feste sind das Symbol dafür.

Doch die aristokratischen Familien sind damit nicht ihrer Kultprivilegien beraubt. Sie stehen institutionell der Aus-

übung dieses oder jenes Kultes vor, der einst der ihre war, aber nun der Kult der Stadt ist.
Die großen Bauprojekte, der Bau der Tempel (des Zeus in Korinth, der Athene in Athen), das System der Opfergaben und Kollektivopfer bilden das ökonomische Korrelat zu diesen Kulten, die nun den Charakter von Staatskulten annehmen.

[16] Zusammenfassung

Die Verstärkung der zugleich volkstümlichen und individuellen rituellen Vorschriften und ihre Indienstnahme durch religiöse Gemeinschaftsbewegungen (wie die Orphik) führen zu einer gewissen religiösen Qualifizierung des Individuums, die von der Strenge und Genauigkeit der Einhaltung abhängt: das Reine und das Unreine.
Die kraftvolle Entwicklung des Dionysoskults zwingt – nicht ohne heftige Kämpfe – zu einer Anpassung der religiösen Strukturen und zu einem Miteinander der traditionellen Gottheiten und dieser neuen Formen.
Am Ende wird der Eingriff der solcherart neu ausgerichteten und zur Rechtfertigung der neuen politischen Macht herangezogenen Religion die Integration dieser religiösen Qualifizierungen des Individuums in das Rechtssystem des Staates ermöglichen.[15] Der Staat oder zumindest die Regulierung des Staates sorgt von nun an für die Aufteilung zwischen dem Reinen und dem Unreinen.

[17] III – Die individuelle Befleckung

Die Entstehung einer Geldwirtschaft, die Herausbildung einer neuen Art von politischer Macht, die Schaffung der beschriebenen religiösen Strukturen, all das führt zu einer bestimmten rechtlichen Definition des Individuums. Diese rechtliche Definition verleiht der neuen Aufteilung zwischen Reinem und Unreinem Gestalt.[16]

Wie erfolgt diese rechtliche Definition des Individuums? Im Wesentlichen durch eine Gesetzgebung, die in der Regel in einem Zusammenhang mit den großen politischen Veränderungen der Zeit steht.

Diese Gesetzgebung betrifft:

- das Erbrecht
- die Begräbnisriten
- den Mord.

Wie man sieht, betrifft sie auf die eine oder andere Weise den Tod. Indem die politische Macht sich den Zugriff auf den Tod sichert, indem sie das Ereignis und seine Folgen regelt, zeichnet sie die Gestalt der Individualität:[17]

[18] 1. Wir wollen kurz auf die Gesetze bezüglich des Erbrechts und der Bestattung eingehen.

a – Sie nehmen dem γένος [*genos*], der Familie im weitesten Sinne, einen Teil ihre kollektiven Anrechte auf das Erbe. Sie geben dem Einzelnen die Möglichkeit, den individuellen Charakter seines Besitzes zu bewahren, indem er ihn auf seine direkten Erben überträgt oder bei Bedarf auf adoptierte Nachfolger. Die Individualität beginnt sich als Form des Eigentums abzuzeichnen (und das im Zusammenhang mit der Entwicklung des Handels und der Notwendigkeit, den Boden nicht endlos aufteilen zu müssen). Es handelt sich durchaus nicht um eine demokratische Maßnahme.

b – Bei der strengen Reglementierung der Begräbnisriten geht es nicht um eine Luxusmaßnahme, sondern um etwas anderes. Worum handelt es sich?

- Verbot von Stieropfern [auf dem Grab eines gerade Verstorbenen];
- Verbot von allzu hohen Grabhügeln und einer Herme auf der Spitze;
- Begrenzung der Dauer und des Umfangs der Trauer;
- Verbot des Singens von Klageliedern für längst Verstorbene oder ihrer Beweinung.

Wie man sieht, ist das alles nicht sonderlich ökonomisch. Es geht darum, alle magisch-religiösen Vorgänge zu begren-

zen, durch die man die Existenz des materiellen und stets zum Verschwinden bereiten Schattens des Toten oder seiner Ahnen verlängert, stärkt oder aufrechterhält. Je zahlreicher
[19] die Totenspeisen, die Tränen, die Loblieder, die Riten sind und je öfter man sie wiederholt, desto mehr verlängern sie dieses Leben. Mit der Folge, dass nur die Reichen – aufgrund ihres Reichtums – Recht auf das Überleben haben.
Die Begrenzung der Traueraktivitäten bedeutete, dass jene Unsterblichkeit für alle nun Raum fand und rechtlich wie auch rituell möglich wurde, welche die orphischen Lehren damals im Volk verbreiteten. Solons Bestattungsgesetze enteignen die privilegierte Unsterblichkeit der Heroen und Aristokraten (oder zumindest jene Form des Lebens *post mortem*, das allein durch Reichtum, durch ökonomische Macht gesichert werden konnte). Sie verleihen deren möglicher Verallgemeinerung Gestalt.
(Häufig wird gesagt, der Glaube an die Unsterblichkeit sei eine von der herrschenden Klasse verbreitete Ideologie, die den Armen ein Leben erträglich machen sollte, das im Jenseits seinen Lohn fände. In Wirklichkeit muss die Unsterblichkeit als eine Klasseneroberung angesehen werden: Das beweisen Solons Gesetze. Die ideologischen Effekte von der Art »Opium des Volkes« kommen erst später hinzu.)

[20] 2. Der wichtigere Teil betrifft die Gesetze bezüglich des Mordes. Sie gingen in Athen auf Drakon zurück.[18] Sie wurden zwar zweifellos verändert, aber die Athener führten sie auch weiterhin auf Drakon zurück.
Sie umfassen:
a – Die Anerkennung der Tötung des Mörders als legitim – womit zweifellos nur eine bereits bestehende Praxis sanktioniert wurde. Entscheidend ist jedoch, dass diese Praxis nicht mehr durch die traditionellen Regeln gerechtfertigt wird, sondern durch das staatliche Gesetz als solches. Indem das Gesetz als Strafe für den Mord den Mord festlegt,

begrenzt es die Folgen des Mordes darauf – auf diesen einen reziproken Tod. Es verwirft damit das alte endlose Ungleichgewicht der Blutrache. Ein einziger Vergeltungsakt und alles ist blockiert. Es schließt den Blutpreis, die Verstümmelung, aus.

b – Eine bestimmte Qualifizierung als Mord, nicht nur auf der Ebene der Wirkung (Tod eines Menschen), sondern auf der Ebene der Tat als solcher:

- vorsätzliche Tötung
- unbeabsichtigte Tötung
- Tötung in legitimer Selbstverteidigung.

Mord ist nun nicht mehr einfach die Tötung eines Menschen, sondern eine Tat, die zwar den Tod herbeigeführt hat, aber auch ganz anders qualifiziert werden und als solche mehr oder weniger kriminell sein kann.

[21] c – Die Einführung von Ausschlusspraktiken. Wer eines Mordes beschuldigt wird, darf nicht mehr an Zeremonien, an Festen, an der ἀγορά [*agora*] teilnehmen.[19]

– Wer unabsichtlich einen Menschen tötet, muss ins Exil gehen. Er kann zurückkehren, wenn die Familie des Opfers (oder dessen Phratrie, falls er keine Familie hat) damit einverstanden ist.

– Doch ein im Exil lebender Mörder darf nicht getötet werden. Wer ihn tötet, gilt als Mörder eines Staatsbürgers.

Auch hier greifen Drakons Gesetze alte Regeln der Gastfreundschaft auf. Allerdings mit zwei wichtigen Veränderungen:

In manchen Fällen wird das Exil obligatorisch (während es einen Ausweg darstellte, wenn der Mörder es mit einer übermächtigen Partei zu tun hatte). Und es findet seine Rechtfertigung nun in der Tatsache, dass der Mord (sofern er nicht in legitimer Selbstverteidigung geschah) zu einer qualitativen Unreinheit beim Täter führt, einer Unreinheit, die gefährlich und unerträglich für den Staat ist.

Diese Unreinheit ist aber so beschaffen, dass sie sich außerhalb des Stadtstaates nicht überträgt. Der Staat verhängt sie.

Nur innerhalb des Staates und für den Staat ist sie gefährlich. Außerhalb der Stadt ist sie gleichsam entschärft.

[22] d – Und schließlich das letzte Merkmal dieser Drakon'schen Gesetze: Das Urteil oder die Versöhnung erhalten die Bedeutung einer Reinigung. Aber nicht mehr jener Reinigung, die heterogene Bereiche der Existenz voneinander trennt und isoliert und hinsichtlich deren eine Befleckung stets möglich ist. Es handelt sich vielmehr um eine Reinigung, die eine vorgängige, dem Verbrechen selbst zugeordnete Befleckung tilgt und die ermöglicht, wieder zu vereinen, was diese Befleckung zu trennen gezwungen hatte.

Auf dem Weg über die Befleckung, die Unreinheit, die Abtrennung, das Urteil und die Reinigung vermag die neue politische Macht den familiären Vergeltungsaktionen und der endlosen Folge der wechselseitigen Morde Einhalt zu gebieten. In der alten homerischen Rechtsprechung, im δικάζειν [*dikazein*], wie es das Stadtrecht von Gortyn vorsah, griff die Macht nur im Blick auf den regelgerechten Charakter der Verfahren ein. Nun dagegen bewegt sich der Eingriff der Macht auf der Ebene einer juristisch-religiösen Qualifizierung der Taten und derer, die sie begangen haben.

Das Schema hat sich umgekehrt: Die Befleckung wird zum ersten Element (der Befleckung mit Blut), dann [folgt] die Reinigung.

Früher hatte der Tod wegen des Übergangs Anlass zur Reinigung gegeben. Nun gibt der Tod Anlass zur Befleckung. Alles dreht sich um den kleinen unauslöschlichen Fleck.

[23] Fassen wir zusammen:

Die neue politische Macht, die sich durch das Werk der Gesetzgeber oder der Tyrannen und als Sanktion der Klassenkämpfe des 7. Jahrhunderts herausbildet, diese neue Macht

– sichert den Reichen die Erhaltung ihres Besitzes durch das Erbrecht; es schützt sie durch Gesetze bezüglich der Bestattungen, die ganze Vermögen verschlangen, vor ihren eigenen zerstörerischen Traditionen;

– aber zugleich und eben dadurch geben [diese Gesetze]

allen die Möglichkeit zu einem – und das Recht auf ein – Weiterleben oder jedenfalls auf gleiche Chancen des Weiterlebens;

– schließlich setzen sie den Kämpfen zwischen den Familien ein Ende und schützen sie auch dort vor der Selbstzerstörung. Aber all das bringt eine juristisch-moralische Qualifizierung des Individuums mit sich, [die] in den Händen der politischen Macht liegt (vermittelt über Richter und Gerichte).

Im Schnittpunkt all dieser Maßnahmen zeichnen sich mehrere Dinge ab:

α – ein Rechtssubjekt, das seinen Willen über seine konkrete Existenz hinaus geltend macht;

β – eine Identität, die über den Tod hinaus fortbestehen kann;

γ – eine spezielle Grundlage an juristischen und moralischen Qualifikationen.

[24] Die Individualität erscheint zumindest vermittelt als Wirkung dieser Verschiebung, dieser Neuverteilung, dieser Neuorganisation der politischen Macht.

Indem die politische Macht die Kontrolle über die ökonomischen und sozialen Folgen des Todes übernahm, zeitigte sie als Wirkung die Form von Individualität, die wir heute noch kennen.

* * *

[*] * Der Gegensatz zwischen rein und unrein passte sich dem Gegensatz zwischen unschuldig und kriminell an.

Diese Entwicklung ist natürlich gut bekannt. Der Übergang vom blutbefleckten, aber nicht beschmutzten homerischen Helden zum Orest des Aischylos, den nur die Intervention der Großgötter von seiner Befleckung zu befreien vermag, ist oft untersucht worden.[20] Die Verbindungen zwischen Reinheit und Unschuld oder [die] zwischen Unreinheit und

* Nichtpaginierte eingeschobene Seite.

Verbrechen sind durchaus keine archaischen Spuren, sondern im Gegenteil Neubildungen relativ jungen Datums innerhalb des juristisch-religiösen Systems der Griechen. Entscheidend ist es hier jedoch, zu verstehen, dass diese Transformation nicht die Folge einer Rationalisierung oder einer Individualisierung ist, sondern einer Reihe komplexer Prozesse. Dazu gehören

– die Stärkung der Rituale als Prinzip (autonomer) religiöser Qualifizierung der Individuen;

– die in großem Maßstab erfolgende Organisation von Volkskulten in kollektiven Formen;

– die Umwandlung der Familienkulte in die Staatsreligion oder deren Integration in die Staatsreligion;

– der juristisch-religiöse Status, den das Individuum erhält (in der Weitergabe des Besitzes durch die Gesetze des Erbrechts, im Recht auf Überleben durch die Bestattungsgesetze);

– der Eingriff des Staates in die Ausgleichsverfahren, die auf einen Mord folgen. Gesetzliche Ausschlussmaßnahmen (Tod, Exil) ersetzen die traditionelle Vergeltung (die zugleich Regeln gehorcht und endlos ist).

Der Ausschluss erscheint als das letzte und entscheidende Element, durch das sich ein sozialer Raum nun vollends abzeichnet und in sich selbst schließt (der, wie wir an anderer Stelle gesehen haben, vor jedem Austausch Ort der Geldzirkulation und der Ausübung der εὐνομία [*eunomia*] ist, der guten ökonomisch-politischen Aufteilung).

Durch den Ausschluss bildet sich gleichfalls vollends und schließt sich in sich selbst die Individualität als Grundlage einer rechtlichen und religiösen Qualifizierung, die das Reine und das Unreine definiert.

Nicht weil der soziale Raum sich gebildet und in sich geschlossen hat, wird der Verbrecher daraus ausgeschlossen; vielmehr ist der mögliche Ausschluss der Individuen eines seiner Bildungselemente.

Und auch nicht weil man zuerst die Vorstellung von der

Unreinheit des Verbrechers entwickelt hätte, kommt die Praxis des Ausschlusses auf. Die Ausschlusspraxis ist nicht die Folge der Aufteilung in *rein* und *unrein* in der griechischen Praxis, sie ist konstitutiv dafür. Wie sie auch konstitutiv für den Gegensatz zwischen Vernunft und Wahnsinn oder für den Gegensatz zwischen *kriminell* und *nichtkriminell* ist.[21] Und der Beweis dafür, dass der Ausschluss konstitutiv für die Unreinheit ist (und nicht die Folge einer Theorie oder einer Theologie oder einer Moral oder einer Magie der Unreinheit), dieser Beweis liegt in der Tatsache, dass kein griechischer Text sagt, wie die Unreinheit übertragen wird: über welchen Träger oder auf welchem Weg und mit welchen Wirkungen.

Das Unreine ist das, was nicht toleriert werden darf: was den Staat in Gefahr bringt;[22] was ihn zu zerstören droht. Der Glaube an die Unreinheit (ein Glaube, der übrigens kaum ausformuliert wird und keine Phantasiegestalt besitzt) ist die Folge einer Praxis: jener Praxis, in der der Eingriff der politischen Macht in die Auswirkungen des Mordes Gestalt annimmt.

In welcher Beziehung steht all das zur Wahrheit? Tatsächlich sind wir dieser Frage nun denkbar nahe. Der unreine Verbrecher ist derjenige, der sich nicht mehr nähern darf:

– Er darf sich nicht dem Raum nähern, in dem die Riten stattfinden;

– er darf sich nicht dem öffentlichen Platz nähern, auf dem sich das städtische Leben entfaltet;

– er darf sich nicht der Stadt selbst nähern.

Er ist durch den νόμος [*nomos*] ausgeschlossen worden, aber er ist auch vom νόμος [*nomos*] ausgeschlossen, von dem Ort und von den Formen, an dem und in denen er ausgeübt wird. Er wird aus dem Verteilungsprinzip ausgeschlossen.

[27] Das Unreine kann keinen Zugang zur Wahrheit haben. Wenn aber die Unreinheit die individuelle Qualifizierung ist, die das Verbrechen bewirkt, sobald es begangen wird,

und wenn die Unreinheit das Prinzip des gefährlichen Kontakts und der Herd ist, von dem aus das Übel sich im gesamten Raum des νόμος [*nomos*] ausbreitet, wird verständlich, wie wichtig es ist, dass man weiß, ob das Verbrechen begangen worden ist und von wem. Bei Homer oder jedenfalls in der archaischen Zeit war die faktische Wahrheit des Verbrechens nicht erstes Element und Voraussetzung des ganzen Verfahrens. Entscheidend war, dass die Herausforderungen und Entschädigungen ihren korrekten Verlauf nahmen. (Wenn ein Verbrechen begangen worden war und die Familie keine Vergeltung dafür übte, fiel der Zorn der Götter auf sie. Aber man konnte Zuflucht beim zugeschobenen Eid suchen: Bist du bereit zu schwören, dass du nicht getötet hast? Wenn du es tust, werden die Götter sich mit dir arrangieren.)

[28] Wenn dagegen das Verbrechen eine Befleckung bewirkt und die Befleckung den Staat erreicht, muss man unbedingt wissen, ob tatsächlich ein Verbrechen begangen worden ist.

Anmerkungen

1 *Ilias*, XXIII, 31-73. Alle Beispiele bei Homer zitiert Foucault in derselben Reihenfolge wie in der Arbeit von Louis Moulinier, »Le Pur et l'Impur dans la pensée et la sensibilité des Grecs jusqu'à la fin du Ive s. av. J.-C.«, Paris, Diss. Sorbonne, 1950.

2 *Ilias*, XXII, 550-579.

3 *Odyssee*, IV, 750-769, und XVII, 45-50.

4 *Odyssee*, XV, 260-285: »bei der Gottheit«.

5 *Ilias*, XV, 423-464.

6 L. Moulinier, »Le Pur et l'Impur …«, a. a. O., S. 44; G. Glotz, *La Solidarité de la famille dans le droit criminel en Grèce*, Paris 1904, S. 232.

7 M. P. Nilsson, *Greek Folk Religion*, Philadelphia 1940.

8 »Die Orphik ist ein ›neuer Geist‹, der in alte Religionen eingebracht wurde« (L. Moulinier, *Orphée et l'Orphisme à l'époque classique*, Paris 1955, S. 60f.).

9 Nach Moulinier gibt es keinen bezeugten orphischen Kult.

10 Anspielung auf Nietzsche, in dessen Augen Ritual und Askese Substitute des Opfers sind.

11 A.-J. Festugière, »Les mystères de Dionysos«, *Revue biblique*, XLIV (3), 1935; Wiederabdruck in ders., *Études de religion grecque et hellénistique*, Paris 1972, S. 13-23.

12 Ἰσοδαίτης [*isodaites*]: der gleichmäßig an alle verteilt; Beiname des Bacchus.

13 Hesiod, *Theogonie* (wo er die Genealogie der Götter besingt statt das den Menschen auferlegte Arbeitsgesetz, das er in *Werke und Tage* besingt).

14 Ed. Will, »De l'aspect éthique des origines grecques de la monnaie«, *Revue historique*, CCXII (2), 1954.

15 M. I. Finley, *The Ancient Greeks: Introduction to their Life and Thought*, London 1963; dt.: *Die Griechen. Eine Einführung in ihre Geschichte und Zivilisation*, München 1976, S. 31: »Die Tyrannis war im Übergangsstadium von der personalen [...] Herrschaft zum klassischen Stadtstaat oft das entscheidende Phänomen. Nichts von alledem war beabsichtigt oder geplant.«

16 H. Frisch, *Might and Right in Antiquity*, Bd. 1, *From Homer to the Persian Wars*, Kopenhagen 1949, S. 122-128.

17 Hier findet sich das Thema, das seinem Buch *Naissance de la clinique*, Paris 1963; dt.: *Die Geburt der Klinik*, München 1973, zugrunde liegt.

18 H. Frisch, *Might and Right in Antiquity*, a. a. O.

19 Antiphon, *Discours, suivis de fragments d'Antiphon le sophiste*, II, γ, 8, hg. und übers. von L. Gernet, Paris 1954 [1923].

20 Aischylos, *Orestie*, übers. von J. G. Droysen, in ders., Sophokles, Euripides, *Die großen Tragödien*, Düsseldorf 1995; zu dieser Entwicklung siehe L. Moulinier, »Le Pur et l'Impur...«, a. a. O.

21 Hier verweist Foucault nicht nur auf die Aufteilung von *Histoire de la folie*, Paris 1961; dt.: *Wahnsinn und Gesellschaft*, Frankfurt am Main 1969, von der er in der ersten Vorlesung ausging, sondern kündigt auch *Surveiller et Punir*, Paris 1975; dt.: *Überwachen und Strafen*, Frankfurt am Main 1976, an, dessen Materialien er 1970-1971 erstmals zum Gegenstand eines Seminars machte.

22 Antiphon, *Discours...*, a. a. O.

Vorlesung 12
(Sitzung vom 17. März 1971)

Verbrechen, Reinheit, Wahrheit: eine neue Fragestellung. – Die Tragödie des Ödipus. Entstehung des Augenzeugen. – Nomos und Reinheit. Reinheit, Wissen, Macht. – Der Ödipus des Sophokles und der Ödipus von Freud. – Was der Platz des Weisen verbirgt. – Was ist ein Diskursereignis? – Nietzsches Brauchbarkeit.

[1] I – Die rechtlich-religiöse Überlagerung des Verbrechens und der Reinheit impliziert ein neues Verhältnis zur Wahrheit.

α – Die Unreinheit ist nun eine durch das Verbrechen konstituierte individuelle Qualifizierung;

β – diese Unreinheit ist das Prinzip gefährlicher Kontakte, die sich im gesamten Raum der Stadt ausbreiten;

γ – Daher ist es wichtig, zu wissen, ob das Verbrechen begangen worden ist und von wem.

Der Nachweis der Wahrheit wird zu einer politischen Aufgabe. Die Unreinheit und ihre Folgen bringen die Forderung mit sich, herauszufinden, was geschehen ist.

KREON: [...] Es hieß der König Phoibos unzweideutig uns, der Stadt Befleckung, hier im Land ernährt, hinauszujagen, nicht zu pflegen Ungesühntes.

ÖDIPUS: Durch welche *Säubrung*? Welcher Art sei dieses Weh?

[2] KREON: Es landverjagend oder auch mit Morde Mord abstrafend; Blutschuld sei es, was dies Land bestürmt [...] [*König Ödipus*, Verse 96-101].[1] Ob dessen Tode leget zweifellos der Gott uns auf, die Mörder durch das Schwert zu züchtigen.[2]

ÖDIPUS: Wo aber sind sie? Wer vermag hervorzuspähn der alten Untat schwerlich unterschiedne Spur?

KREON: Im Lande, sprach er. Doch Gesuchtes läßt allein sich finden; stets entfliehet Unbeachtetes [Verse 106-111].[3]

In archaischer Zeit war die Suche nach dem tatsächlichen Geschehen kein primäres Element, welches das weitere Vorgehen bestimmt hätte. Und dies aus zwei Gründen:

1 Entscheidend war, dass die Herausforderungen und Entschädigungen ihren korrekten Verlauf nahmen. Die Szene mit dem Schild – Nicht: Gab es ein Verbrechen? Sondern: Gab es eine Entschädigung? Das Urteil bezog sich nicht auf den Tatbestand, sondern auf das Verfahren.

[3] Der zugeschobene Eid dient nicht der Enthüllung der Wahrheit, sondern soll den Schwörenden einer zweifachen Gefahr aussetzen. Wenn er das Verbrechen begangen hat und schwört, es nicht begangen zu haben, wird er für diesen zweifachen Frevel bestraft werden. Aber den Beweis des tatsächlichen Geschehens überlässt man den Göttern, die es durch ihre Rache ans Licht bringen werden.

Im Streit zwischen Menelaos und Antilochos beruft man sich nicht auf den ἵστωρ [*histor*].[4] Aber welche Mühe gibt man sich in *König Ödipus*, den Zeugen zu finden.

2 Erst als das Verbrechen zu einer Befleckung führt und die Befleckung den Staat berührt[5] und als der Ausschluss erforderlich wird, muss man wissen:

– ob
– durch wen
– wie.

a – Drakons Gesetze bestimmen, dass festgestellt werden soll, ob ein Verbrechen vorliegt, und dass Ermittlungen angestellt werden, falls es sich um ein unbeabsichtigtes Verbrechen handelt. Natürlich übernimmt hier noch nicht die ganze Stadt die Aufgabe des Beweisens. Die Zeugenaussagen kommen von den Parteien, und die Zeugen sind Mitspieler.

[4] Die Wahrheit wird noch in der Form des Kampfes erfasst. Aber das Urteil, das über den Sieg einer Partei entscheidet, bezieht sich auf das Geschehene; nicht nur auf die Einhaltung eines Verfahrens, sondern auf die Realität eines Tatbestandes.

β – Es ist charakteristisch, dass sich unter den Tatsachenbeweisen noch lange auch Anzeichen von Reinheit finden. In den Plädoyers [der klassischen Zeit] sagen Beschuldigte oft: Ich bin unschuldig,

– denn man hat mir nicht verboten, die ἀγορά [*agora*] zu betreten;[6]

– denn ich habe keinen Schiffbruch erlitten;

– denn mich hat kein Unglück getroffen.

Es ist eher das Zeichen, dass der Beweis zwar präsent ist, aber als Zeichen der Wahrheit. So eng sind die Folgen der Unreinheit und die Realität des Tatbestandes miteinander verbunden. Die Realität des Tatbestandes muss bewiesen werden, wenn man den Folgen der Befleckung entgehen will.

Umgekehrt bestätigen oder widerlegen die Folgen der Unreinheit (oder deren Ausbleiben) die Realität des Tatbestandes.

[5] γ – Die ganze Tragödie des Ödipus ist durchdrungen von dem Bemühen der gesamten Stadt, die rätselhafte Streuung der menschlichen Ereignisse (Morde, Pest) und der göttlichen Drohungen in [festgestellte] Tatsachen zu verwandeln. In dem Augenblick, da das μίασμα [*miasma*][7] über die Stadt herrscht, gilt es, etwas zu wissen. Gilt es, ein Rätsel zu lösen. Und der Priester sagt es Ödipus: Man wendet sich an ihn, weil er es verstanden hatte, der grausamen Sängerin zu antworten.[8]

Die Folgen der Unreinheit stellen sogleich auch Wissensfallen auf. Doch dieses Wissen ist nicht das um die anzuwendenden Regeln. Es ist nicht das Wissen, das auf die Frage antwortet: Was ist zu tun? Es antwortet vielmehr auf die Frage: Wer?

Der Priester und Ödipus sprachen anfangs noch im Sinne der Frage: Was ist zu tun? Obwohl die Antwort der Sphinx eindeutig anzeigt, dass Ödipus der Mann ist, der die Ant-
[6] wort auf die Frage nach dem Wer darstellt. Das Orakel des Apoll korrigiert die Frage. Oder vielmehr, auf die Frage,

was zu tun sei, antwortet es, man müsse nach dem Wer suchen. Und dies nicht, um einen komplexen Reinigungsritus zu beginnen, sondern um den Ausschluss herbeizuführen: Exil oder Tod.

Aber nicht Teiresias wird sagen, wer dieser Wer ist.[9] Natürlich weiß er es, und in gewisser Weise sagt er es auch. Aber er benennt ihn nicht, und er hat ihn nicht gesehen. Seinem Satz fehlt der Name wie seinem Gesicht der Blick.

Auf die Frage »Wer?« antwortet nicht der Seher, sondern derjenige, der gesehen hat. Oder vielmehr diejenigen, die gesehen haben:

– der Knecht, der die Geburt des Ödipus gesehen und als einziger Zeuge den Tod des Laios überlebt hat;

– der Bote, der Ödipus als Kind gesehen hat und nun genau derjenige ist, der die Botschaft vom Tod des Polybios überbringt.

Um die Frage nach dem Wer zu beantworten, bedarf es keiner Weisheit. Zwei eingeschüchterte Dienstleute genügen, um die von Apoll gestellte Frage zu beantworten. Unter all diesen Blinden haben sie gesehen. Und die Wahrheit, die weder die Priester noch die Könige kennen, die von den Göttern und den Sehern teilweise geheim gehalten wurde, diese Wahrheit befindet sich in der Hütte eines Sklaven, der Zeuge gewesen war: ἵστωρ [*histor*].

[7] ## Schluss

1. Wir sehen: Die Befleckung ist mit der Wahrheit verbunden. Die juristische und soziale Praxis, deren Element die Befleckung darstellt, impliziert als notwendigen Bestandteil die *Klärung einer Tatsache*: Man muss wissen, ob eine Verbrechen begangen wurde und von wem.[10] In archaischer Zeit[11] überließ man es den Göttern, ein Verbrechen irgendwann einmal zu rächen, falls es zu einem Verbrechen gekommen war, und das Ereignis dieser Rache brachte das Ereignis des Verbrechens ans Licht und sorgte zugleich für

eine Sühne, die jegliche menschliche Vergeltung überstieg. Es gab hier zwei Ereignisse, deren eines das andere nachträglich an den Tag brachte, und es gab den Zeitpunkt der Sühne. Zwischen beiden eine Zeit reinen Wartens – Unentschiedenheit, unbestimmte Drohung.

Nun jedoch verlangt der Reinigungsritus, dass die faktische Wahrheit geklärt wird. Der Übergang vom Verbrechen zu seiner Bestrafung [erfolgt] durch Vermittlung einer nachgewiesenen Realität und eines gebührlich festgestellten Tatbestands. Die Wahrheit ist hier kein Lichtblitz zwischen zwei Ereignissen mehr, deren eines an den Tag kommt und das andere vernichtet, sondern bildet den einzig legitimen Übergang von der Befleckung zu deren Tilgung.

Das *Ereignis* wird in eine *Tatsache* verwandelt.

[8] 2. Und die Wahrheit wird zur primären oder zumindest vorgängigen Bedingung der Reinigung. Im archaischen System brachte der Blitz der göttlichen Rache einen Augenblick lang das Licht der Wahrheit mit sich. Diese Wahrheit leuchtete nur im Ereignis auf. (Der Ritus betraf nicht die Wahrheit, sondern das Verhältnis der Menschen zu den Göttern.)

Jetzt dagegen ist sie für den Ritus erforderlich und ist Bestandteil des Ritus. Die Unreinheit wird nur über die Klärung der Wahrheit wieder rein oder vielmehr von der Reinheit getrennt werden. Die Wahrheit findet ihren Platz im Ritus. Der Ritus räumt der Wahrheit einen Platz ein. Und die Wahrheit hat eine Reinigungsfunktion. Die Wahrheit trennt. Das ist die Reinigungsfunktion der Wahrheit.

Die Wahrheit erlaubt es nun, ausschließen: zu trennen, was auf gefährliche Weise vermischt ist; Inneres und Äußeres gebührend zu verteilen; die Grenzen zwischen Reinem und Unreinem zu bestimmen.

Die Wahrheit ist nun Teil der großen rechtlichen, religiösen, moralischen Rituale, die der Staat erfordert. Ein Staat ohne Wahrheit ist ein bedrohter Staat. Bedroht von den Gemischen, den Unreinheiten, den nicht vollzogenen Ausschließungen. Der Staat braucht die Wahrheit als Teilungsprinzip. Er braucht den Wahrheitsdiskurs ebenso wie die Diskurse, die die Aufteilungen aufrechterhalten.

[9] II – Doch die juristisch-religiöse Struktur der Reinheit enthält noch ein anderes Verhältnis zur Wahrheit, das man so charakterisieren könnte:

α – Das Unreine bedroht durch seine Unreinheit alles in seiner Umgebung. Es ist eine Gefahr für die Familie, für den Staat und für dessen Reichtum. Wo das Unreine ist, da »schwankt die Stadt [...]; vorzutauchen strebet sie aus Tiefen blutger Wogen schon umsonst das Haupt, hinschwindend stets mit jedem Keim der Erdenfrucht, hinschwindend auf den Triften, mit der Weiber auch fruchtlosem Kreißen« (*König Ödipus*, Verse 24-27).[12] Überall, wo der νόμος [*nomos*] regiert, das heißt im gesamten Raum, der die Stadt bildet, stellt der Verbrecher eine Gefahr dar. Seine Befleckung kompromittiert die Ordnung der Dinge und der Menschen.

β – Deshalb muss man ihn aus dem νόμος [*nomos*] ausschließen, aus diesem »sozialen Raum«, der die Stadt definiert. »Den Mann verwehr ich, wer er sei, hier irgendwo [...] euch aufzunehmen oder anzureden je – noch je des Gottesdienstes noch des Opfermahls ihm teilzugeben noch der heilgen Reinigung; und stoß ihn jeder aus dem Haus« (*König Ödipus*, Verse 236-241).[13]

[10] Das Unreine ist in seinen Wirkungen koextensiv mit dem νόμος [*nomos*], und deshalb muss auch das Gebiet, aus dem es ausgeschlossen wird, koextensiv mit dem νόμος [*nomos*] sein.

γ – Aber inwiefern ist [der Verbrecher] unrein? Worin besteht diese Unreinheit? Welche Tat qualifiziert ihn als unrein? Es ist die Tatsache, dass er willentlich oder unbeabsichtigt den νόμος [*nomos*] missachtet hat.

Beim homerischen Helden kam es zu der Strafe, weil er entweder (in einem Augenblick der Verblendung) die Regel vergessen oder weil er die Eifersucht der Götter geweckt hatte.

Unter der Herrschaft des νόμος [*nomos*] besteht das Vergehen in der Missachtung eines Gesetzes, das da ist, allen bekannt und für alle lesbar, öffentlich in der Stadt ausgestellt und selbst noch in der Ordnung der Natur entzifferbar. Unrein ist derjenige, dessen Augen für den νόμος [*nomos*] verschlossen sind. Er ist unrein, weil er ἄνομος [*anomos*] ist.

[11] δ – Aber sobald man unrein ist, weil man blind für den νόμος [*nomos*] war; sobald man unrein ist, sobald man ein Element der Unruhe für den νόμος [*nomos*] darstellt, vermag man ihn nicht mehr zu erkennen. Man wird blind für dessen Regelhaftigkeit.

Der νόμος [*nomos*] als Verteilungsprinzip, als Prinzip der gerechten Verteilung, ist für den Unreinen grundsätzlich unzugänglich. Die Enthüllung der Ordnung der Dinge, die es ermöglich, den νόμος [*nomos*] zu artikulieren und die dessen Rechtfertigung darstellt, diese Enthüllung ist dem Unreinen unmöglich. Umgekehrt ist Reinheit die Voraussetzung für den Zugang zum Gesetz, für die Möglichkeit, die Ordnung der Dinge zu sehen und den νόμος [*nomos*] auszusprechen.

Diesen mittleren Ort, der, wie wir gesehen haben, den fiktiven Ort darstellt, den ein Gesetzgeber wie Solon einnimmt, diesen mittleren Ort vermag nur der einzunehmen, der rein ist.

Reinheit ist die Voraussetzung für die Möglichkeit, den νόμος [*nomos*] als Entfaltung der Ordnung zu artikulieren
[12] und zu sehen. Die Trennung der Reinheit von der Unreinheit ist also in vierfacher Weise mit dem νόμος [*nomos*] verbunden.

– Die Unreinheit entfaltet ihre Wirkung im Raum des νόμος [*nomos*] (deshalb ist das Exil an sich schon eine Reinigung) (Aufteilung, Trennung, Nichtvermischung).

Die Unreinheit muss aus dem νόμος [*nomos*] ausgeschlos-

sen werden, und das in Abhängigkeit vom νόμος [*nomos*] selbst. Das Gesetz selbst sagt, dass sie ausgeschlossen werden muss.
– Aber zu der Unreinheit ist es nur deshalb gekommen, weil man sich bereits durch Unwissenheit oder Verblendung aus dem νόμος [*nomos*] ausgeschlossen hat. Und man ist blind für den νόμος [*nomos*], weil man unrein ist.
– Und schließlich sind die Beziehungen der Unreinheit zum νόμος [*nomos*] über das Wissen vermittelt. Wer das Gesetz artikulieren will, darf nicht unrein sein. Aber um rein zu sein, muss man das Gesetz kennen.
Hier entfaltet sich eine ganze Wahrheitsethik, der wir bis heute noch nicht entronnen sind, auch wenn uns von diesem furchterregenden Ereignis allenfalls noch gedämpfte Echos erreichen.

* * *

[13] Um diese Zusammengehörigkeit von Reinheit und Enthüllung der Ordnung kreist eine Reihe von Gestalten, die wichtig für das griechische Denken waren.

1. Die Gestalt des Weisen.
Diese Figur hat ihren Ort im Prinzip der Verteilung politischer Macht. Nicht dort, wo sie gewaltsam und mit Zwang ausgeübt wird, sondern dort, wo das Gesetz formuliert wird. Der Weise hat seinen Platz in der Mitte. Es kommt vor, dass er – wie Solon – keine Macht ausübt und lediglich das Gesetz formuliert. Und wenn manche Tyrannen sich in dieser Position befinden, so insofern, als sie die Macht (nach den Mythen) sich selbst ausüben lassen, keine Leibgarde benötigen und der νόμος [*nomos*] ohne jede Gewalt durch sie hindurchgeht.
Aber der Weise ist zugleich derjenige, der die Ordnung der Dinge kennt. Der die Welt kennt, weil er sie bereist, weil er ferne Informationen gesammelt, weil er den Himmel und die Verfinsterungen beobachtet hat.

Und schließlich ist der Weise durch keinerlei Verbrechen befleckt.

[14] Hier wird ein bestimmter Platz definiert, der des Gründers der politischen Macht (mehr noch als ihres Besitzes), des Kenners der Ordnung der Welt* (mehr als des Bewahrers der überkommenen Regeln), des Mannes mit sauberen Händen (mehr noch als dessen, der immer wieder die Herausforderung der Vergeltung annimmt). Hier wird erkennbar, dass dies eine fiktive Gestalt ist, unter deren Maske ökonomische und politische Operationen bewahrt werden.

2. Eine weitere Gestalt, die der Volksmacht.

Diese Macht, deren negative Gestalt sich bei Platon, bei Aristoteles und in geringerem Maße bei Aristophanes oder Thukydides abzeichnet, ist eine Macht, die den νόμος [*nomos*] nicht achtet, sondern ihn durch den Diskurs, durch Diskussion, durch Wahlentscheidung, durch einen veränderlichen Willen verändert. Die Volksmacht kennt den νόμος [*nomos*] nicht. Sie ist vom Wissen ausgeschlossen (vom politischen Wissen und vom Wissen über die Dinge).

Wenn es auch zutrifft, dass die Verfahren nun nicht länger ausschließlich in den Händen der großen Familien liegen, so befindet sich das Wissen über das Gesetz, über den νόμος [*nomos*], über die gute Ordnung der Welt jetzt an diesem fiktiven Platz, den allein die Weisen einzunehmen vermögen.

* Die partielle Mitschrift der Vorlesung wird hier deutlicher: »Hier wird ein bestimmter Platz definiert, der des Gründers der politischen Macht mehr noch als ihres Besitzers, und des Kenners der Ordnung der Welt mehr noch als des Bewahrers der überkommenen Regeln, des Mannes mit sauberen Händen mehr noch als dessen, der immer wieder die Herausforderung der Vergeltung annimmt. Das definiert den Zusammenhang, von dem aus sich die gesamte Erkenntnis entfaltete, wie die Griechen sie praktizierten: die juristische Erkenntnis des Gesetzes, die philosophische Erkenntnis der Welt, die moralische Erkenntnis der Tugend ..., und die Figur des Weisen ist die Maske, hinter der ökonomische Operationen bewahrt, erhalten und in politische Institutionen umgewandelt werden.«

[15] Aber sie [die Volksmacht] ist nicht einfach unwissend. Sie ist eindeutig unrein, da sie ἄνομος [*anomos*] ist. Die Volksmacht hört nur auf ihre Interessen und Wünsche. Sie ist gewalttätig: Sie zwingt allen ihren Willen auf. Sie ist mörderisch. Und besonders gern tötet sie den Weisen als denjenigen, der den Platz innehat, an dem die Gesetze sprechen. Die Volksmacht ist ihrem Wesen nach verbrecherisch – verbrecherisch im Verhältnis wozu, da doch der Wille aller darin zum Ausdruck kommt? Verbrecherisch im Verhältnis zum νόμος [*nomos*], zum Gesetz als Daseinsgrundlage des Staates.*

Der Weise als reiner Bewahrer des Wissens und des νόμος [*nomos*] muss also den Staat vor sich selbst beschützen und ihm verbieten, sich selbst zu regieren.[14] Die Weisheit: ein fiktiver Ort, der wie ein reales Verbot wirkt.

3. Zwischen beiden der Tyrann,
die Gestalt des effektiven Inhabers der Macht:
– eine absolut negative Gestalt, wenn sie in die Nähe der Volksmacht kommt und sie verkörpert;
– eine Gestalt, die in dem Maße positiv wird, wie sie sich vom Weisen überzeugen lässt.

[16] Dieser Zusammenhang zwischen Wissen und Macht, diese durch die Reinheit vermittelte Verbindung des νόμος [*nomos*] mit dem Wahren sind ganz anderer Art als die eben beschriebene Verbindung zwischen Reinheit und Ereignis.

Wir haben gesehen, dass die Unreinheit das Wissen vor die Frage nach dem Tatbestand stellte oder genauer vor die Frage: »Wer hat es getan?« Und dass es von entscheidender Bedeutung für die Reinheit war, dass man das Verbrechen

* Der mündliche Vortrag fügt hinzu:
»Der Mord an Sokrates, über den das aristokratische Denken des 4. Jahrhunderts reflektiert, ist dieser Ausschluss des Weisen durch die Volksmacht.«

klärte. (Die Tatsachenwahrheit, die es erlaubt, die Unreinheit auszuschließen, und die Reinheit, die es ermöglicht, zur Erkenntnis der Ordnung zu gelangen.)

Wir sehen nun, dass die Reinheit von wesentlicher Bedeutung ist, wenn es darum geht, nicht die Tatsachen, sondern die Ordnung der Welt zu erkennen. Wer unrein ist, kann die Ordnung der Dinge nicht erkennen.

In dieser zweiten Art von Beziehung (bei der es nicht mehr um die Tatsachen, sondern um die Ordnung geht; nicht mehr um die Unreinheit, die Wissen erfordert, sondern um die Unreinheit, die Wissen verhindert) begegnen wir erneut
[17] Ödipus. Ödipus hat (wie im Text mehrfach gesagt wird) die Stadt verbessert, wieder ins Lot gebracht (ὀρθός [*orthos*]).[15] Diese Ausdrücke werden traditionell verwendet, um das Werk des Nomotheten zu bezeichnen. Er tat dies, indem er ein Rätsel löste, also durch sein Denken, sein Wissen usw. Er wurde jedoch unrein, weil er blind für den fundamentalsten νόμος [*nomos*] war – Vater und Mutter.[16] Und nun weiß er nicht mehr, was er tun soll, denn ohne sein Wissen hat seine Unreinheit ihn aus dem νόμος [*nomos*] vertrieben. Er weiß nicht mehr, was die Ordnung der Dinge und die menschliche Ordnung sind.

Der Mann, dessen Denken die Stadt im Lot hielt, weiß nicht mehr.

Daher der Aufruf an alle, die wissen können: von Gott bis hin zum Hirten. Er entfernt sich selbst von den Quellen des Wissens. Er ist nicht länger in der Mitte der Stadt. Und jedes Mal, wenn eine Nachricht eintrifft und ein Bruchstück des Wissens erscheint, erkennt er (durchaus zu Recht), dass man dabei ist, ihm ein wenig von seiner Macht zu nehmen.

Der Streit mit Kreon steht im Mittelpunkt der Tragödie. Die Reinheit stellt eine Verbindung zwischen Wissen und Macht her. Die Unreinheit verdunkelt das Wissen und vertreibt die Macht.

[18] Und schließlich ist Ödipus, indem er die beiden Formen der

Beziehung zwischen *Reinheit* und *Wahrheit* miteinander verbindet, derjenige, der die faktische Wahrheit noch nicht erkennt, obwohl alle sie bereits zu erkennen vermögen. Und er erkennt sie nicht, weil er unrein ist und im Zustand der Unreinheit die Ordnung der Dinge und der Menschen nicht erkennt. (Er denkt an ein Komplott, er droht, er will Kreon ins Exil treiben oder töten, er ist ungerecht, wie er selbst erkennen wird, als die Wahrheit sich ihm aufzwingt ...)

* * *

Vielleicht verweist die Geschichte von Ödipus auf eine bestimmte Form, die Griechenland der Wahrheit und ihren Beziehungen zur Macht und zur Unreinheit verlieh.* Ödipus erzählt uns vielleicht nicht vom Schicksal unserer Triebe und unseres Begehrens. Aber möglicherweise zeigt sich darin ein bestimmtes Zwangssystem, dem der Wahrheitsdiskurs in den westlichen Gesellschaften seit Griechenland gehorcht.

Das politische, juristische und religiöse Erfordernis, das Ereignis, seine Wiederkehr, sein wiederholtes Aufscheinen durch die Zeiten hindurch, seine Ungleichgewichte in der Tatbestandsaussage der Zeugen in gesicherte und ein für alle
[19] Mal bewahrte Tatbestände umzuwandeln; das politische, juristische und religiöse Erfordernis, das Prinzip der Machtverteilung im Wissen über eine Ordnung der Dinge zu gründen, zu dem allein die Weisheit Zugang verschafft (das Erfordernis also, den νόμος [*nomos*] auf einer Wissenstugend zu gründen, die nichts anderes als die Achtung vor dem νόμος [*nomos*] ist) – das sind die dem Wahrheitsdiskurs auferlegten historischen Zwänge, das sind die dem von Ödipus erzählten Wahrheitsdiskurs zugewiesenen historischen Funktionen.

Freud, der in Richtung der Beziehungen zwischen Begehren und Wahrheit ging, glaubte, dass Ödipus ihm etwas über universelle Formen des Begehrens sagte.[17] In Wirklichkeit sagt er

* Ab Seite 18 des Manuskripts erwecken die Änderungen und Umformulierungen den Eindruck, als handelte es sich nicht um ein und denselben Vortrag, sondern um verschiedene Referate. (Siehe den Anhang, S. 252 f.)

etwas über die historischen Zwänge unseres Wahrheitssystems (jenes Systems, gegen das Freud sich wandte). (Irrtum der Kulturalisten im Blick auf Freud Irrtum.)[18]

Wenn wir einer ödipalen Determinierung ausgesetzt sind, so nicht auf der Ebene unseres Begehrens, sondern auf der Ebene unseres Wahrheitsdiskurses. Diese Determinierung ist es, die den Blitz des Ereignisses unter das Joch der festgestellten Tatsache zwingt; und die das Erfordernis der Verteilung [der Macht] dem gereinigten Wissen unterwirft – welches das Gesetz reinigt.

Das System des Signifikanten, der das Ereignis markiert, um es in ein Verteilungsgesetz einzubringen, ist ein durchaus wichtiges Element dieses ödipalen Zwangs, und dieses Element gilt es umzustürzen.

Aber vielleicht spielt diese ödipale Determinierung gar nicht die wichtigste Rolle bei der Determinierung des Wahrheitsdiskurses, wie er in den westlichen Gesellschaften abläuft. Das wichtigste Element ist möglicherweise folgendes: In der großen politischen Umgestaltung und Neuverteilung des 7. und 6. Jahrhunderts wurde ein fiktiver Ort festgelegt, an dem die Macht in einer Wahrheit gründet, die nur bei garantierter Reinheit zugänglich ist.

[21] Dieser fiktive Ort wurde ausfindig gemacht durch eine Projektion auf der Basis eines Klassenkampfes, einer Machtverschiebung, eines Wechselspiels der Bündnisse und Transaktionen, die der großen Forderung des Volkes nach einer vollständigen und egalitären Aufteilung des Bodens ein Ende setzten. Dieser fiktive Ort schließt die Erkenntnis des zugleich politischen und ökonomischen Charakters der Prozesse aus, die es möglich machten, ihn zu definieren.

Dieser Ort kann sich selbst nur als historisch gemacht verkennen. Über diesen Ort entspinnt sich ein Diskurs,

– der sich im Blick auf seinen Inhalt, im Blick auf das, was er sagt, als Diskurs gibt, der die Ordnung der Welt und der Dinge bis hin zur singulären Tatsache enthüllt;

– der sich im Blick auf seine Funktion, im Blick auf seine

Rolle, als Gerechtigkeitsdiskurs gibt, der politische Beziehungen zwischen den Menschen steuert oder ihnen als Vorbild dient und die Möglichkeit eröffnet, alles Anomische auszuschließen;

– der sich im Blick auf das Subjekt, das ihn hält, als Diskurs gibt, zu dem man nur durch Unschuld und Tugend Zugang findet, das heißt außerhalb des Feldes der Macht und des Begehrens.

Fiktion: Von diesem erfundenen Ort aus wird sich ein Wahrheitsdiskurs entfalten (der sich Schritt für Schritt zu einem philosophischen, einem wissenschaftlichen, einem politischen Diskurs spezifizieren wird) –*

* * *

[*] **1. Es ging darum, Diskursereignisse zu analysieren, wie man sie nennen könnte,[19] also Ereignisse, welche die Art

* Nach diesem Gedankenstrich ist der Rest der Seite durchgestrichen. Wir halten es für erhellend, diese Passage als Fußnote wiederzugeben:
»Und dieser fiktive Ort wird, damit dieser Diskurs gehalten wird, nacheinander oder gleichzeitig qualifizieren:
– den Weisen (als Nomotheten, als denjenigen, der das Gesetz ausspricht, als Enthüller und Begründer der Ordnung);
– den Theologen (als Interpreten des Wortes Gottes, als Enthüller des Denkens, des Willens, des Seins Gottes);
– den Wissenschaftler (als Entdecker der Weltwahrheit, der Aussagen über die Dinge oder deren Beziehungen macht);
– den Philosophen (der Aussagen über Form und Begründung jeglicher möglichen Wahrheit macht).
Wenn dieser fiktive Ort sie qualifiziert, die Wahrheit zum Ausdruck zu bringen, so geschieht dies unter zwei Voraussetzungen:
– einerseits sich gegenüber der Ausübung von Macht zurückzuhalten. Sie können sie begründen, sie können sagen, welche die gute Machtverteilung ist, aber unter der Voraussetzung, dass sie sich nicht daran beteiligen und außerhalb der tatsächlichen Ausübung von Macht bleiben;
– andererseits sich die restriktiven Bedingungen der Reinheit, der Unschuld, der Nichtkriminalität aufzuerlegen.«

** Hier beginnen drei nichtpaginierte Seiten in einer etwas anderen Schrift. Gehören Sie zu dieser Vorlesung und sollten sie die gestrichene Passage ersetzen, oder handelt es sich um eine Wiederaufnahme bei anderer Gelegenheit? Das ist schwer zu entscheiden.

der Aneignung des (politisch-juristischen) Diskurses, seine Funktionsweise, die Wissensformen und Wissensinhalte betreffen, denen er die Rolle zuweist, die er in den Klassenkämpfen spielt.

Zwei Bemerkungen:

Unter *Ereignis* verstehe ich keine abgrenzbare Einheit, der man eindeutig zeitliche und räumliche Koordinaten zuordnen könnte. Ein Ereignis[20] besitzt stets eine Streuung und stellt eine Mannigfaltigkeit dar. Es erstreckt sich hierhin und dorthin und hat zahlreiche Köpfe.

Unter einem Diskursereignis verstehe ich kein Ereignis, das in einem Diskurs oder einem Text stattfände, sondern ein Ereignis, das zerstreut ist zwischen Institutionen, Gesetzen, politischen Siegen und Niederlagen, Forderungen, Verhaltensweisen, Revolten und Reaktionen. Eine Mannigfaltigkeit, die man in dem Maße als Diskursereignis erkennen und charakterisieren kann, wie sie mehrere Dinge definiert:

– die Stellung und die Rolle eines Diskurstyps;
– die Qualifizierung dessen, der ihn halten soll;
– den Gegenstandsbereich, mit dem er sich befasst;
– die Art von Aussagen, zu denen er Anlass gibt.

Insgesamt ist das Diskursereignis niemals ein Text. Man findet es nicht in einem Text.

2. Wir wollen zu klären versuchen, ob die Entstehung der Wahrheit, wie man sie bei Platon und Aristoteles findet, nicht als Diskursereignis behandelt werden könnte,

– das heißt jenseits jeder Suche nach dem Ursprung: jenseits jeder Suche, die selbst noch die Grundlage für die Möglichkeit von Geschichte jenseits der Geschichte [finden] möchte;

– das heißt von einer Reihe niederer, externer Prozesse aus: der Verschuldung der Bauern, dem Trick bei der Einführung des Geldes, der Verschiebung der Reinigungsriten – niedere, kleine Ursprünge;

– das heißt auch auf der Grundlage einer [anderen] Ge-

schichte als der des Kampfes, den die einander entgegengesetzten sozialen Klassen um die politische Macht führten. Insgesamt geht es um den Versuch, die Wahrheit als Folge dieses Kampfes auf der Ebene der Diskurspraktiken zu zeigen.
[Es geht darum,] dieses ganz Andere wiederzufinden, von dem Nietzsche gesprochen hat.

3. [Es geht nicht darum,] eine Verbindung zwischen diesen Kämpfen und ihrer Auswirkung im Diskurs zu suchen, die sich auf der Ebene des Ausdrucks und/oder der Spiegelung bewegte. Vielmehr ist aufzuzeigen:
– wie der Klassenkampf zu einem bestimmten Zeitpunkt auf einen bestimmten Diskurstyp (das orientalische Wissen) zurückgreifen kann:
– wie diese Diskurstypen zum Einsatz eines Aneignungskampfes werden; oder
– wie der Klassenkampf den fiktiven Ort des Diskurses und die (reale oder ideale) Qualifizierung dessen definiert, der ihn halten kann und soll; oder
– wie solch eine Art von Gegenständen zum Objekt des Diskurses als Instrument dieses Kampfes werden muss; oder
– wie dieser Diskurs eine Verdunklung des Kampfes bewirkt, der ihn erst möglich gemacht hat.

Die Gesamtheit dieser Beziehungen im Sinne von Bedingungen der Möglichkeit, von Funktion, von Aneignung, von Kodierung gilt es zu analysieren. Und nicht [im Sinne] einer Spiegelung.*

* Dieses abrupte Ende kann ein Anzeichen dafür sein, dass hier einige Seiten fehlen. Ein Fragment des mündlichen Vortrags entspricht sehr genau den zusammenfassenden Notizen der Hörerin Hélène Politis. Wir fügen es hier als Anhang an.

Anhang
Fragment der Mitschrift der mündlichen Vorlesung

Die Geschichte von Ödipus ist charakteristisch für eine bestimmte Form, die Griechenland der Wahrheit und den Beziehungen gab, die zwischen Wahrheit und Macht einerseits, Wahrheit und Reinheit andererseits bestanden. Vielleicht sollte man sagen, die Ödipusgeschichte erzählt nicht vom Schicksal unseres Begehrens und unserer Institutionen. Vielleicht sagt die Ödipusgeschichte eher etwas über ein bestimmtes System von Zwängen, dem der Wahrheitsdiskurs in der westlichen Welt seit den Griechen gehorcht. Und dieses System von Zwängen, das die Ödipusgeschichte manifestiert, könnte man schematisch folgendermaßen beschreiben:

Einerseits das politische, juristische und religiöse Erfordernis, das Ereignis, seine Wiederkehr und seine Gestalten durch die Zeiten hindurch, das in Wirklichkeit in der Tatbestandsaussage der Zeugen ein für alle Mal festgestellt und bewahrt wird. Das Ereignis der Form der festgestellten Tatsache zu unterwerfen, das ist der erste Aspekt der ödipalen Wahrheit.

Andererseits das gleichermaßen politische, juristische und religiöse Erfordernis, das Prinzip der Machtverteilung im Wissen über eine Ordnung der Dinge zu gründen, zu dem nur Weisheit und Reinheit Zugang gewähren. Anders gesagt, der zweite Aspekt des ödipalen Wahrheitssystems soll darin bestehen, den *nomos* in einem Tugendwissen zu gründen, das selbst schlicht und einfach Achtung vor dem *nomos* ist. Die Wahrheit wird danach nur demjenigen zuteil, der den *nomos* achtet, und er findet zur Wahrheit des *nomos* nur dann, wenn er rein ist.

Die Umwandlung des blitzartig aufscheinenden Ereignisses in eine festgestellte Tatsache und der Zugang zur Wahrheit, den nur erhält, wer den *nomos* achtet, das sind die beiden großen historischen Zwänge, die dem Wahrheitsdiskurs der westlichen Gesellschaften seit Griechenland auferlegt sind, und von der Geburt, der Herausbildung dieser historischen Zwänge erzählt *König Ödipus*.

Deshalb irrte Freud sich, als er das Hauptaugenmerk auf das

Verhältnis zwischen Begehren und Wahrheit legte. Er glaubte, Ödipus sage ihm etwas über universelle Formen des Begehrens, aber in Wirklichkeit erzählte die Ödipusgeschichte ihm mit leiser Stimme von dem historischen Zwang, der auf unserem Wahrheitssystem lastet, jenem System, zu dem Freud selbst gehörte. Wenn die Kulturalisten der Freud'schen Analyse des Ödipus den Vorwurf machen, Freud hätte ihm viel zu große universelle Bedeutung beigemessen, wenn sie sagen, der Ödipus[konflikt] finde sich nur in bestimmten europäischen Gesellschaften, dann irren sie sich zweifellos, doch ihr Irrtum betrifft lediglich Freuds eigenen Irrtum.

Freud glaubte, Ödipus sage ihm etwas über das Begehren, aber in Wirklichkeit spricht Ödipus über Wahrheit. Es ist durchaus möglich, dass Ödipus nicht die Struktur des Begehrens definiert; vielmehr erzählt er ganz einfach die Geschichte unserer Wahrheit und nicht vom Schicksal unserer Triebe. Wir sind einer ödipalen Determinierung unterworfen, nicht auf der Ebene unseres Begehrens, sondern auf der Ebene unseres Wahrheitsdiskurses. Als Freud den Wahrheitsdiskurs des Begehrens hörte, glaubte er, das Begehren sprechen zu hören, aber es war das Echo seines eigenen Wahrheitsdiskurses, es war die Form, der sein Wahrheitsdiskurs unterworfen war.

Hier zeichnet sich ein System von Zwängen ab – und jene Determinierung, die den Blitz des Ereignisses unter das Joch der festgestellten Tatsache zwingt. Sie unterwirft das Erfordernis der universellen, regelmäßig wiederholten Verteilung dem gereinigten und reinigenden Wissen über das unveränderliche Gesetz. Bedenkt man dazu noch, dass das System des Signifikanten zweifellos eines ist, mit dem man das Ereignis markieren kann, um es in das Verteilungssystem einzubringen, erkennt man, dass der Signifikant es möglich macht, das blitzartige Ereignis unter das Joch der festgestellten Tatsache zu zwingen und zugleich die Notwendigkeit der Verteilung auf das gereinigte Wissen über das Gesetz zurückzuführen. Das System des Signifikanten ist das wichtigste instrumentelle Element in diesem ödipalen Zwang. Deshalb ist es notwendig, die Reihenfolge des Signifikanten umzukehren.

So habe ich versucht, das Verhältnis zwischen der Wahrheit und dem Reinigungssystem in geschichtlichen Begriffen zu analysieren, doch das Projekt einer Analyse des »Willens zum Wissen« ist nicht verwirklicht.

Diese Analyse ging von der Hypothese aus, das aristotelische Modell scheine charakteristisch für die klassische Philosophie zu sein. Es impliziert, dass der Wille zum Wissen nichts anderes als Neugier sei, dass Erkenntnis immer schon in Form der Wahrnehmung markiert sei und schließlich dass es einen ursprünglichen Zusammenhang zwischen Erkenntnis und Leben gebe.

Nach Nietzsches Modell verweist der Wille zum Wissen dagegen auf etwas ganz anderes als Erkenntnis; danach steht hinter dem Willen zum Wissen keine vorgängige Erkenntnis, die der Wahrnehmung ähnelte, sondern Trieb, Kampf, der Wille zur Macht. Nach Nietzsches Modell ist der Wille zum Wissen außerdem nicht von Anfang an mit der Wahrheit verbunden. Vielmehr erzeugt der Wille zum Wissen Illusionen, Lügen und zahlreiche Irrtümer und entfaltet sich in einem Raum der Fiktionen, in dem die Wahrheit lediglich eine Wirkung darstellt. Außerdem ist der Wille zum Wissen nicht in der Form der Subjektivität gegeben, und das Subjekt ist lediglich ein Produkt des Willens zum Wissen, im zweifachen Spiel des Willens zur Macht und der Wahrheit. Schließlich setzt der Wille zum Wissen keine bereits vorhandene Erkenntnis voraus. Die Wahrheit ist nicht im Voraus gegeben, sie wird wie ein Ereignis produziert.

Wir hatten uns vorgenommen, die Brauchbarkeit des nietzscheanischen Modells zu prüfen und die vier in Nietzsches Analyse zu findenden Prinzipien anzuwenden:

1 – Das Prinzip der Exteriorität: Hinter dem Wissen steht etwas anderes als Wissen.

2 – Das Prinzip der Fiktion: Wahrheit ist nur eine Wirkung der Fiktion und des Irrtums.

3 – Das Prinzip der Streuung: Nicht ein Subjekt ist Träger der Wahrheit, vielmehr kommt Wahrheit durch eine Mannigfaltigkeit von Ereignissen zustande, die sie konstituieren.

4 – Das Prinzip des Ereignisses.

Das σύμβολον [*symbolon*]

Weissagung	(1) *Apoll* Strafe ist unerlässlich Es fehlt: der zu Bestrafende	*Teiresias* Ödipus ist es
Hören Erinnerung	(2) *Jokaste* Nicht du bist es (a) Es war ein Räuber an der Wegkreuzung (b) Und er musste in jedem Fall von seinem Sohn getötet werden, der abgeschoben worden war	*Ödipus* Ich bin es Ich habe an der Wegkreuzung getötet Nachdem ich vor meinen Eltern geflohen war
Zeugenaussage	(3) *Korinther* Ich habe ihn von dem erhalten, dem man ihn übergeben hatte	*Knecht* Ich habe ihn von seinen Eltern Laios und Jokaste erhalten

Das σύμβολον [*symbolon*] war Ödipus selbst. Von einem übergeben, von einem anderen erhalten. Dieser halben Geschichte, die sich im Besitz der Knechte befindet, entspricht die andere Hälfte, die im Besitz der Herren ist. Nur die Götter kennen die ganze Geschichte. König Ödipus zwar zwischen den Göttern, die alles wussten, und den Knechten gefangen, die alles gesehen hatte. Er selbst wusste nichts.

Es bedarf der Aussage dieser Augenzeugen, damit die Prophezeiung Wirklichkeit wird.

Aber plötzlich verliert er die Macht. Bis dahin war er der Tyrann, dessen Macht sich auf γνώμη [*gnome*], τέχνη [*techne*] erstreckte. Er ist der unwissende König. Und daher dem Rad des Schicksals ausgeliefert.

Da er die Stadt nicht wirklich ins Lot gebracht hat, kann er die Herrschaft nicht länger ausüben. Siehe Kreons letzte Äußerung: »Sieger sein verlerne jetzt!«[a]

a. Diese Passage findet sich später auch in »La vérité et les formes juridiques« (1974), in M. Foucault, *Dits et Écrits, 1954-1988*, hg. von D. Defert und F. Ewald, 4 Bde., Paris 1994, Bd. 2, Nr. 139, S. 538-646; dt.: »Die Wahrheit und die juristischen Formen«, in *Dits et Écrits. Schriften*, 4 Bde., Frankfurt am Main 2001-2005, Bd. 2, Nr. 139, S. 669-792.

Auf der Grundlage dieser Prinzipien habe ich meine Analyse unternommen.

Was das Exterioritätsprinzip anlangt, habe ich niemals versucht, den Text vom Text selbst her zu analysieren.

So weit wie möglich habe ich auf das Prinzip der Exegese oder des Kommentars verzichten: Ich habe nie versucht herauszufinden, welches Ungesagte in der Textur des Textes selbst anwesend oder abwesend war.

Ich habe versucht, das Prinzip der Textualität aufzuheben, indem ich mich in die Dimension der Geschichte versetzte, das heißt, ich habe die Diskursereignisse, die stattfinden, nicht im Inneren des Textes oder mehrerer Texte ausfindig zu machen versucht, sondern in der Tatsache der Funktion oder der Rolle, die verschiedenen Diskursen innerhalb einer Gesellschaft zugewiesen werden.

Den Text zu verlassen, um die Funktion des Diskurses innerhalb einer Gesellschaft ausfindig zu machen, das nenne ich das Prinzip der Exteriorität.

Was das Fiktionsprinzip anlangt, habe ich zu zeigen versucht, wie die Wahrheit als Wirkung aus etwas entstehen konnte, das nicht nur nichts mit der Wahrheit zu tun hatte, sondern das wir aus der Sicht der so konstituierten Wahrheit nur als nichtwahr, illusorisch oder fiktiv erkennen können.

Ich habe zu zeigen versucht, wie Maß und Messung auf der Grundlage von Geld entstanden; und dass die Erkenntnis der Ordnung der Dinge und der Ordnung der Menschen, welche die Einheit der Dinge mit den Menschen garantierte, nur als Vorwand auf der Basis einer ökonomischen und politischen Zäsur entstand.

Anmerkungen

1 Sophokles, *König Ödipus*, 96-101; zit. nach Aischylos, Sophokles, Euripides, *Die großen Tragödien*, Düsseldorf 1995, S. 399.

2 Die Wahl zwischen Exil und Tod ist in Attika üblich. Die Strafe für Verwandtenmord ist dagegen in jedem Fall der Tod. Wenn Apoll erklärt, der

Schuldige müsse getötet werden, so ist damit klar, dass der Täter zur Familie des Laios gehört.

3 Sophokles, *König Ödipus*, 106-111, a.a.O., S. 400.

4 Ἵστωρ [*histor*]: der Schiedsrichter, der weiß. Siehe oben S. 112, Anm. 12, und *Ilias*, XXIII, 335-337.

5 L. Moulinier: »Strafen bedeutet, die ganze Stadt von der Befleckung zu befreien«; »Le Pur et l'Impur dans la pensée et la sensibilité des Grecs jusqu'à la fin du IVe s. av. J.-C.«, Paris, Diss. Sorbonne, 1950, S. 85.

6 Antiphon, *Herode* [5. Rede: Über den Mord an Herodes], § 10; in ders., *Discours, suivis de fragments d'Antiphon le sophiste*, hg. und übers. von L. Gernet, Paris 1954 [1923].

7 Ed. Will unterscheidet *miasma* – ein Begriff vorgeschichtlichen Ursprungs (den es nach Moulnier aber bei Homer noch nicht gibt) – im Sinne von konkreter Befleckung (wörtlich: Schmutz, auf die sich die Befleckung beschränkt) bei Homer und Hesiod von *agos* (Sophokles, *König Ödipus*, Vers 1426), das zugleich Befleckung und Fluch bedeutet. Der Mörder ist *miaros*, das heißt von einem unsichtbaren Makel gezeichnet, der einen Bruch zwischen dem Menschen und dem schafft, was *hieros*, heilig, ist und einer transzendenten Ordnung angehört. Wer sich dem Heiligen nähern will, muss sich *katharos*, rein, machen. Siehe Ed. Will, *Le monde grec et l'Orient*, 2 Bde., Paris 1972, Bd. 1, S. 522-525.

8 »Auch nun [...] umflehen dich nur diese Zufluchtsuchenden, uns Hilfe schnell zu finden, sei sie angezeigt durch Götterausspruch oder durch der Menschen Rat«; Sophokles, *König Ödipus*, Verse 41-43, siehe ebd., Verse 41-45, a.a.O., S. 398.

9 »Nichts erfährst du doch von mir«, ebd., Vers 333, S. 406.

10 Foucault kannte damals offenbar nicht das Buch von B. Knox, *Oedipus at Thebes*, New Haven, Conn., und London 1957, das die Tragödie des Sophokles auf der Grundlage des gerichtlichen Ermittlungsverfahrens behandelt, wie es im 5. Jahrhundert in Athen üblich war, und auch im Blick auf die imperialistische Politik Athens.

11 Moulinier schreibt: »Erst das Drama teilt uns mit, dass Orest und Ödipus befleckt sind [...]. Die Befleckungen gehen nach Homer und Hesiod in die schriftlichen Legenden ein. Davor sagte man uns nichts davon« (»Le Pur et l'Impur...«, a.a.O., S. 60f.).

12 Sophokles, *König Ödipus*, Verse 24-27, a.a.O., S. 397.

13 Ebd., Verse 236-241, S. 403f.

14 Siehe V. Ehrenberg, *Sophocles and Pericles*, Oxford 1954; dt.: *Sophokles und Perikles*, München 1956.

15 *König Ödipus*, Vers 39 (ὀρθῶσαι [*orthosai*], Vers 46 (ἀνόρθωσον [*anorthoson*]), Vers 50 (ὀρθὸν [*orthon*]), Vers 51 (ἀνόρθωσον [*anorthoson*].

16 L. Moulinier: »Die Unreinheit des Ödipus hat zwei Ursachen, den Mord

und den Inzest, aber sexuelle Reinheit ist keine griechische Vorstellung« (»Le Pur et l'Impur…«, a. a. O., S. 199).

17 Sigmund Freud, *Die Traumdeutung* (1900), *Gesammelte Werke*, Bde. II/III, London 1942.

18 Wahrscheinlich eine Anspielung auf B. Malinowski, *Geschlecht und Verdrängung in primitiven Gesellschaften*, übers. von H. Seinfeld, Reinbek bei Hamburg 1962, S. 19: »Indem die Psychoanalyse […] stillschweigend annahm, der Ödipuskomplex bestehe in allen denkbaren Gesellschaftsformen, schlichen sich gewisse Fehler in die anthropologischer Arbeit der Psychoanalytiker ein.«

19 Der Begriff des Diskursereignisses ist zu dieser Zeit relativ neu in Foucaults Analyse und erscheint in »Sur l'archéologie des sciences. Réponse au Cercle d'épistémologie« (1968), in ders., *Dits et Écrits, 1954-1988*, hg. von D. Defert und F. Ewald, 4 Bde., Paris 1994, Bd. 1, Nr. 59, S. 696-731; dt.: »Über die Archäologie der Wissenschaften. Antwort auf den *Cercle d'épistémologie*«, in *Dits et Écrits. Schriften*, 4 Bde., Frankfurt am Main 2001-2005, Bd. 1, Nr. 59, S. 887-931. Vorher hatte M. Foucault stattdessen vom »Diskurs als Ereignis« gesprochen.

20 Die Beschreibung des Ereignisses ist von grundlegender Bedeutung für G. Deleuze, *Logique du sens*, Paris 1969; dt.: *Logik des Sinns*, Frankfurt am Main 1993, S. 76: Das Ereignis ist »eine Gesamtheit von Singularitäten, von singulären Punkten, die eine mathematische Kurve auszeichnen, einen physischen Dingzustand, eine psychologische und moralische Person.«

Vorlesung über Nietzsche*

Wie man die Geschichte der Wahrheit mit Nietzsche denken kann, ohne sich auf die Wahrheit zu stützen

Die Erkenntnis hat keinen Ursprung, sondern eine Geschichte. Auch die Wahrheit ist erfunden worden, allerdings erst später. – Nietzsche löst die Verschränkung von Wissen und Wahrheit ungeniert auf. – Subjekt–Objekt, Produkte und nicht Grundlagen der Erkenntnis. Markierung, Zeichen, Wort, Logik: Instrumente statt Ereignisse der Erkenntnis. – Eine Erkenntnis, die sich im Raum der Überschreitung entfaltet. Das Wechselspiel zwischen Markierung, Wort und Wille. Erkenntnis als Täuschung. – Wahrheit als Moral. Was artikuliert den Willen und die Wahrheit: Freiheit oder Gewalt? – Die Paradoxien des Willens zur Wahrheit. Es gibt keine Ontologie der Wahrheit. Illusion, Irrtum, Lüge als Kategorien der Verteilung der nichtwahren Wahrheit. – Aristoteles und Nietzsche: zwei Paradigmen des Willens zum Wissen.

I – Die »Erfindung« der Erkenntnis

»In irgend einem abgelegenen Winkel des in zahllosen Sonnensystemen flimmernd ausgegossenen Weltalls gab es einmal ein Gestirn, auf dem kluge Thiere das Erkennen erfanden. Es war die hochmüthigste und verlogenste Minute der ›Weltgeschichte‹« (1873).[1]

Der Ausdruck *Erfindung*[2] findet sich auch in zahlreichen anderen Texten. Überall steht dieser Ausdruck im Gegensatz zum Ursprung. Aber er ist nicht bedeutungsgleich mit Anfang.[3]

Dass die Erkenntnis eine Erfindung ist, bedeutet:

1. Dass sie nicht Teil der menschlichen Natur ist, dass sie nicht den ältesten Trieb des Menschen darstellt; vor allem aber dass ihre Möglichkeit nicht durch ihre Form bestimmt ist.

Die Möglichkeit der Erkenntnis ist kein formales Gesetz; sie findet ihre Möglichkeit in einem Raum, in dem es um etwas ganz anderes geht[4]: um Triebe und nicht um Vernunft, Wissen oder Erfahrung; um Zweifel, Negation, Auflösung, Verzeitlichung und nicht um Affirmation, Gewissheit, Eroberung, Klarheit.

* Vortrag an der McGill University (Montreal) im April 1971.

»Kein Erkenntnistrieb: der Intellekt im Dienst der verschiedenen Triebe.«[5]
Hinter der Erkenntnis steht etwas ganz anderes, das ihr fremd ist, undurchsichtig, nicht reduzierbar. Die Erkenntnis geht sich nicht selbst voraus, sie ist ohne etwas Vorgängiges, ohne geheime Vorwegnahme. Hinter der Erkenntnis die Mauer der Nichterkenntnis. Im Unterschied also zum Empirismus, der hinter die Erkenntnis die Wahrnehmung oder die Sinnlichkeit oder den Eindruck oder ganz allgemein die Repräsentation stellt.
2. Dass sie [die Erkenntnis] ohne Vorbild ist, dass sie keinen äußeren Garanten etwa in Gestalt eines göttlichen Verstandes besitzt. Kein Prototyp von Erkenntnis ist der menschlichen Erkenntnis vorausgegangen. Sie ist nicht durch irgendeinen Prometheus einem ursprünglichen und göttlichen Feuer geraubt worden. Sie ist nicht vom menschlichen Verstand nachgeahmt worden, der sich an ein göttliches Schauspiel erinnert hätte. Keine Wiedererinnerung.
3. Dass [die Erkenntnis] sich nicht als Lektüre, als Entzifferung, als Wahrnehmung oder Evidenz bezüglich der Struktur der Welt artikuliert. Die Dinge sind nicht dazu da, gesehen oder erkannt zu werden. Sie wenden uns kein erkennbares Gesicht zu, das uns ansähe und darauf wartete, dass sich unsere Blicke kreuzten.
Die Dinge besitzen
– keinen verborgenen Sinn, den man dechiffrieren müsste,
– kein Wesen, das ihre intelligible Äderung darstellte.
Sie sind
– keine Objekte, die Gesetzen gehorchten.
»Der Gesammt-Charakter der Welt ist dagegen in alle Ewigkeit Chaos, nicht im Sinne der fehlenden Nothwendigkeit, sondern der fehlenden Ordnung, Gliederung, Form, Schönheit, Weisheit […]. Das All […] strebt durchaus nicht danach, den Menschen nachzuahmen […]; es kennt auch keine Gesetze. Hüten wir uns zu sagen, daß es Gesetze in der Natur gebe. […] Wann werden uns alle diese Schatten Gottes nicht mehr verdunkeln? Wann werden wir die Natur ganz entgöttlicht haben!«[6]
Und das bedeutet schließlich:

4. Dass [die Erkenntnis] das Ergebnis einer komplexen Operation ist.

»*Non ridere, non lugere, neque detestari, sed intelligere!*, sagt Spinoza[7], so schlicht und erhaben, wie es seine Art ist. Indessen: was ist dies intelligere im letzten Grunde Anderes als die Form, in der uns ebenjene Drei auf Einmal fühlbar werden? Ein Resultat aus den verschiedenen und sich widerstrebenden Trieben des Verlachen-, Beklagen-, Verwünschen-wollens? Bevor ein Erkennen möglich ist, muss jeder dieser Triebe erst seine einseitige Ansicht über das Ding oder Vorkommniss vorgebracht haben; hinterher entstand der Kampf dieser Einseitigkeiten und aus ihm bisweilen eine Mitte, eine Beruhigung, ein Rechtgeben nach allen drei Seiten, eine Art Gerechtigkeit und Vertrag: denn, vermöge der Gerechtigkeit und des Vertrags können alle diese Triebe sich im Dasein behaupten und mit einander Recht behalten. Wir, denen nur die letzten Versöhnungsscenen und Schluss-Abrechnungen dieses langen Processes zum Bewusstsein kommen, meinen demnach, intelligere sei etwas Versöhnliches, Gerechtes, Gutes, etwas wesentlich den Trieben Entgegengesetztes; während es nur ein *gewisses Verhalten der Triebe zu einander ist.* [...] Ja vielleicht giebt es in unserm kämpfenden Innern manches verborgene *Heroenthum*, aber gewiss nichts Göttliches.«[8]

Wir müssen etwas genauer angeben, worin diese komplexe Operation besteht:

a – Sie hat zunächst eine gewisse Ähnlichkeit mit Bosheit – verlachen, verachten, verabscheuen. Es geht nicht darum, sich in den Dingen wiederzuerkennen, sondern darum, Abstand zu halten, sich zu schützen (durch das Lachen), sich durch Entwertung von ihnen abzusetzen (verachten), sie abweisen oder zerstören zu wollen (*detestari*). In ihrem mörderischen, entwertenden, auf Andersartigkeit beharrenden Charakter gehört die Erkenntnis weder in den Bereich der ὁμοίωσις [*homoiosis*] noch in den des Guten.

b – Sie ist eine Bosheit, die sich gegen den Erkennenden richtet. Dem »Willen zum Schein, zur Vereinfachung, zur Maske, zum Mantel, kurz zur Oberfläche – denn jede Oberfläche ist ein

Mantel – wirkt jener sublime Hang des Erkennenden *entgegen*, der die Dinge tief, vielfach, gründlich nimmt und nehmen will«[9], während der Erkennende »seinen Geist zwingt, wider den Hang des Geistes und oft genug auch wider die Wünsche seines Herzens zu erkennen – nämlich Nein zu sagen, wo er bejahen, lieben, anbeten möchte«.[10]

Wodurch Zweifel und Verzögerung hereinkommen.

Die Erkenntnis steht im Gegensatz zur Nützlichkeit, denn sie ist ein Spiel, in dem es darum geht, dem Für und Wider Raum zu geben.[11] Aber dadurch verlagert sich nur die Bosheit. Es kommt zum intellektuellen Kampf, zur Rivalität.[12] In *Morgenröthe*, Paragraph 429, erscheint die Erkenntnis als Verzicht auf das »Glück eines starken festen Wahnes«. Dieser Verzicht hat für uns inzwischen einen so großen Reiz, dass wir nicht darauf verzichten könnten.[13]

Diese Bosheit ist jene, die unter der Oberfläche der Dinge nach dem Geheimnis sucht, die ein hinter dem Schein liegendes Wesen, eine hinter dem flüchtigen Flimmern liegende Macht zu ergründen versucht, die nach Herrschaft strebt. Und dazu setzt man alle Mittel der List und der Verführung, der Gewalt und des Schmerzes gegen die Dinge ein.[14] Aber sie ist zugleich auch das, was in diesem endlich gelüfteten Geheimnis zu erkennen vermag, dass es nur Schein gibt, dass es keinerlei ontologische Grundlage gibt. Und dass auch der Erkennende selbst stets nur Schein ist.[15]

Erkenntnis ist nicht die Operation, die den Schein zerstört (indem sie ihm das Sein entgegensetzt wie bei Platon oder indem sie das Objekt X demaskiert, das sich dahinter verbirgt). Sie ist auch nicht das vergebliche Bemühen, das doch stets der Erscheinung verhaftet bleibt (wie bei Schopenhauer). Sie konstituiert vielmehr immer wieder die Neuheit des Scheins in der Durchdringung des Scheins. Erkenntnis ist durchaus, was über den Schein hinausgeht, was ihn auf boshafte Weise zerstört, was ihn befragt und ihm sein Geheimnis entreißt. Eine Erkenntnis, die auf der Ebene dessen bliebe, was sich als Schein gibt, wäre keine Erkenntnis.

Gegen die freundliche Sanftheit der Erscheinung gilt es mit dem mörderischen Eifer des Wissens vorzugehen. Aber das wird in dieser Arbeit niemals durch einen Zugang zum Sein oder zum Wesen belohnt, sondern erzeugt nur neue Arten von Schein und spielt sie gegeneinander und untereinander aus. Das hat eine Reihe von Konsequenzen:

a – Die Erkenntnis reißt sich durchaus nicht vom Trieb, vom Interesse, vom Spiel, vom Kampf los. Durchaus nicht vom nicht einzugestehenden Motiv, vom zwangsläufigen und rasch vergessenen Ursprung. Die bilden das dauerhafte, ewige, unvermeidliche, notwendige Fundament. Man wird sie in den Wissenschaften wiederfinden. Und sie werfen das Problem der Askese, der objektiven Erkenntnis auf.

b – Erkenntnis ist stets Perspektive, stets unabgeschlossen. Sie wird sich niemals in sich selbst schließen. Sie wird ihrem Gegenstand niemals adäquat sein. Sie wird stets getrennt bleiben von einem Ding an sich, allerdings weder im Sinne Husserls, wonach die Perspektiven sich im eigentlichen Wesen des Dings schneiden, das zugleich Gesetz und geometrische Projektion all dieser Perspektiven ist, noch auch in dem Sinne, in dem Kant sagt, die Erkenntnis sei begrenzt – denn für Kant hindert uns am Erkennen gleichermaßen die Erkenntnis selbst (ihre Form als nichts ihr Äußerliches oder Fremdes) und die Grenze der Erkenntnis (die nicht mehr sie selbst ist).

In Nietzsches Augen hindert uns am Erkennen gerade das, was die Grundlage, die Wurzel, die Dynamik der Erkenntnis bildet, ihre Kraft und keineswegs ihre Form (der Trieb, die Bosheit, die Wissbegierde, das Begehren). Aber was die Erkenntnis zugleich verhindert und konstituiert, ist etwas ganz anderes als Erkenntnis.

»Warum sieht der Mensch die Dinge nicht? Er steht selber im Wege: er verdeckt die Dinge.«[16]

Von daher insgesamt die beiden großen Brüche: gegenüber dem Sein und gegenüber dem Guten.

Erkennen und die Wahrheit erkennen

Die Erkenntnis ist erfunden worden, aber die Wahrheit ist noch später erfunden worden.

[Das] verdeutlichen mehrere Fragen:

– Was wäre eine Erkenntnis, die nicht von Anfang an Erkenntnis der Wahrheit oder eine auf die Wahrheit gerichtete Erkenntnis oder eine die Wahrheit wollende Erkenntnis wäre? Was wäre eine Erkenntnis, die nicht die Wahrheit in der Schwebe hielte oder aus dem Verkehr zöge, sondern der Ort wäre, an dem die Wahrheit auf sekundäre, zufällige, nichtwesenhafte Weise zum Vorschein käme?

– Was ist die Erfindung der Wahrheit? Welche Peripetie hat sie möglich gemacht? Daraus ergibt sich auch die Frage, was Erkenntnis der Wahrheit ist: Müssen wir sie als Illusion oder als Willen oder als Struktur analysieren? Anders gesagt, gehört das Verhältnis zwischen Erkenntnis und Wahrheit in den Bereich des Irrtums (also der Nichtwahrheit), des Willens oder des Gesetzes?

– Was ist Erkenntnis, wenn sie Erkenntnis der Wahrheit geworden ist? Und was geschieht mit der Wahrheit, wenn sie entstanden ist und ihren Ort in der Erkenntnis gefunden hat? Ist die Wahrheit eine Episode? Wird die Wahrheit ein Ende finden? Kann man sich eine neue Erkenntnis vorstellen oder denken, die eine neue Erkenntnis ohne Wahrheit wäre? Gibt es eine Wahrheit der Zukunft oder eine Zukunft ohne Wahrheit? Kann man die Geschichte der Wahrheit erzählen – die Fabel der Wahrheit?

Trotz einiger oberflächlicher Analogien dürfen wir die Unterschiede zu einer Geschichte der Erkenntnis comtescher oder positivistischer Prägung nicht übersehen. In dieser positivistischen Geschichte ist die Wahrheit nicht von Anfang an gegeben. Lange suchte die Erkenntnis blind und tastend nach der Wahrheit. Die Wahrheit ist das Ergebnis einer Geschichte. Aber dieses endlich hergestellte Verhältnis zwischen Wahrheit und Erkenntnis ist *de jure* von Anfang an gesetzt. Erkenntnis ist dazu da, Erkenntnis der Wahrheit zu sein. Zwischen Wahrheit und Erkenntnis besteht ein ursprünglicher Zusammenhang. Und dieser Zusammenhang ist folgender Art:

- Die Wahrheit ist der Gegenstand der Erkenntnis;
- Erkenntnis ohne Wahrheit ist keine wahre Erkenntnis;
- die Wahrheit ist die Wahrheit der Erkenntnis.

Nietzsches Kühnheit liegt darin, dass er diese Implikationen auflöste und sagte: Die Wahrheit folgt auf die Erkenntnis – ohne dass Erkenntnis auf Wahrheit ausgerichtet wäre, ohne dass Wahrheit das Wesen der Erkenntnis darstellte.

Nietzsches erste Kühnheit bestand in der Behauptung: Weder der Mensch noch die Dinge, noch auch die Welt sind für die Erkenntnis gemacht. Der Erkenntnis geht keinerlei Komplizenschaft voraus, keinerlei Garantie durch irgendeine Macht. Sie taucht auf, sie geht aus dem ganz Anderen hervor.

Die zweite Kühnheit bestand in der Behauptung: Die Erkenntnis ist nicht für die Wahrheit gemacht. Die Wahrheit taucht auf, und ihr geht das Nichtwahre voraus oder eher etwas, von dem man nicht sagen kann, ob es wahr oder nicht wahr ist, da es der für die Wahrheit typischen Aufteilung vorausliegt. Die Wahrheit geht aus etwas der Wahrheitsteilung Fremdem hervor.

II – Was ist Erkenntnis vor der Wahrheit

Zwei Antworten zeichnen sich hier in zwei von Nietzsche hergestellten Gegensätzen ab:

a – Die nicht mit der Wahrheit verbundene Erkenntnis kennzeichnet Nietzsche als reines »Erkennen-Wollen« im Gegensatz zu den Schematisierungen und der Vereinfachung einer auf Wahrheit ausgerichteten Erkenntnis.

UW I, 165 (1884): »Der ganze Erkenntnis-Apparat ist ein Abstraktions- und Simplifikations-Apparat – nicht auf Erkenntnis gerichtet, sondern auf Bemächtigung der Dinge.«[17]

UW I, 163 (1888): »In der Bildung der Vernunft, der Logik, der Kategorien ist das Bedürfnis maßgebend gewesen: das Bedürfnis, nicht zu ›erkennen‹, sondern zu subsumieren, zu schematisieren, zum Zweck der Verständigung, der Berechnung …«[18]

Erkenntnis mit dem Ziel der Erkenntnis:
JGB, 230: »*Diesem* Willen zum Schein, zur Vereinfachung, zur Maske, zum Mantel, kurz zur Oberfläche [...] wirkt jener sublime Hang des Erkennenden *entgegen*, der die Dinge tief, vielfach, gründlich nimmt und nehmen *will*.«[19]
Morgenröte, 432: »Einen führt Ehrfurcht vor ihren Geheimnissen [denen der Dinge] vorwärts und zur Einsicht, Einen wiederum Indiscretion und Schelmerei in der Erklärung von Geheimnissen.«[20]
Hier zeichnet sich die Möglichkeit einer Erkenntnis ab, die sich im Raum des Geheimen, des Verbotenen, der Enthüllung, der Überschreitung entfaltet.
»Wir sind [...] von einer verwegenen Moralität« (verbunden mit Bosheit, mit Profanierung).[21]
Im Gegensatz zu dieser Profanierung des Erkennens um des Erkennens willen steht die Erkenntnis – die gute Erkenntnis, die nützliche, ertragreiche, entgegenkommende Erkenntnis, die Gutes bewirkt, das heißt die Erkenntnis, die etwas anderes tut als erkennen.

b – Nietzsche bringt noch einen weiteren, zu dem bisher genannten inversen Gegensatz ins Spiel: eine primäre und körperliche Erkenntnis, die jeder Wahrheit und jedem Diktat des Bedürfnisses vorausgeht. Dort geht es nicht um Erkenntnis, sondern um das Leben, um Kampf, Jagd, Nahrung, Rivalität.
UW I, 162: »Alle unsere Erkenntnisorgane und Sinne sind nur entwickelt in Hinsicht auf Erhaltungs- und Wachstums-Bedingungen.«[22]
Gegenüber und nach dieser Erkenntnis bildet sich eine sekundäre, asketische Erkenntnis heraus. Sie unterdrückt den Standpunkt des Körpers, hebt die Nützlichkeit auf, tilgt die Parteilichkeiten und Grenzen, will alles mit demselben Auge und ohne Vorurteile sehen. Eine Erkenntnis, die sich als rein will.
Genealogie, III, 12: »Den Willen aber überhaupt eliminieren, die Affekte sammt und sonders aushängen, gesetzt, dass wir dies vermöchten: wie? hiesse das nicht den Intellekt *castriren*?«[23]

Hier zeigt sich der Gegensatz zwischen einer realen, unmittelbar mit dem Leben, dem Bedürfnis verbundenen Erkenntnis, einer zugleich historisch wirkungsvollen und illusorischen, paradoxen Erkenntnis – und der asketischen Erkenntnis des Wissenschaftlers, der von Kant.

»Ein solcher Selbstwiderspruch [...], ›Leben *gegen* Leben‹ [...], einfach Unsinn. Er kann nur *scheinbar* sein; er muss eine Art vorläufigen Ausdrucks, eine Auslegung, Formel, Zurechtmachung, ein psychologisches Missverständniss [...] sein.«[24]

Die vor der Wahrheit liegende Erkenntnis wird also einmal als gewaltsame und böse Erkenntnis des Geheimnisses, als enthüllende Profanierung definiert, ein andermal als gewaltsame und nützliche Erkenntnis, die dem Leben dient, als Parteilichkeit, die Herrschaft und Wachstum ermöglicht.

Anders gesagt, dieses »ganz Andere« der Gewalt, das dem Erkennen als Leitfaden dient und in der Erkenntnis ans Licht tritt, dieses ganz Andere gibt Raum für die unnütze und profanierende Bosheit des Erkennens, für die reine Überschreitung des Wissens; [es] gibt Raum für die Parteilichkeit des Lebens, die sich in dessen eigenem Wachstum äußert.

Worin besteht nun – letztlich und in erster Linie – die Natur einer von der Wahrheit noch nicht denaturierten Erkenntnis? Diese Frage ist möglicherweise schlecht gestellt oder, mehr noch, in dieser Fragestellung finden sich noch diverse Postulate, die der Überprüfung bedürfen.

Wenn man sich fragt, worin die primäre Natur der Erkenntnis besteht, lässt man gelten, dass sie eine bestimmte Art von Verhältnis zwischen einem Subjekt und einem Objekt darstellt. Ein Verhältnis, im Blick auf das man sich fragt, ob es eines der Nützlichkeit oder der Kontemplation, der nutzenorientierten Herrschaft oder der religiösen Profanierung ist, ob es sich auf den reinen Blick oder auf die Bedürfnisse des Lebens richtet. Wenn man aber radikale Fragen an die Erkenntnis stellt, Fragen auf der Grundlage von etwas, das ganz anders ist als sie, belässt man es dann nicht bei diesem Subjekt-Objekt-Verhältnis, von dem aus man Erkenntnis definiert, während sie doch dieses Verhältnis erst konstituiert?

Nietzsche sagt, es gibt keine »Erkenntniss an sich«[25] – was aber nicht heißen soll, dass es keine Erkenntnis des An-sich gibt: Es gibt in der Gewaltsamkeit des Erkennens eine beständige, wesenhafte und vorgängige Beziehung, welche die Erkenntnis zugleich entfalten und ausführen soll. Die Behauptung, dass es keine Erkenntnis an sich gebe, bedeutet, dass die Subjekt-Objekt-Beziehung (und alles daraus Abgeleitete wie Apriori, Objektivität, reine Erkenntnis, konstituierendes Subjekt) in Wirklichkeit nicht die Grundlage der Erkenntnis bildet, sondern von ihr erst erzeugt wird.

Zur Erläuterung:

a – Erkenntnis basiert auf einem Netz von Relationen:

– die sich in ihrer Form unterscheiden: Zerstörung, Aneignung, Bestrafung, Herrschaft;

– die sich in ihrem Ansatzpunkt und den in Beziehung gesetzten Begriffen unterscheiden können: ein Körper gegenüber einem anderen, eine Gruppe gegenüber einer anderen, ein Individuum gegenüber einem Ding, einem Tier, einem Gott.

Das Fundament der Erkenntnis liegt also in diesem Wechselspiel von Unterschieden:

[Für die Welt gilt,] »ihr Sein ist essenziell an jedem Punkt anders: sie drückt auf jeden Punkt, es widersteht ihr jeder Punkt – und diese Summierungen sind in jedem Falle gänzlich *inkongruent*«.[26]

Die Welt ist ihrem Wesen nach eine Welt aus Relationen, die selbst nicht der Erkenntnis zugänglich sind: »die formlos-unformulierbare Welt des Sensationen-Chaos«.[27] Und wie sollte [dieses Chaos] auch erkennbar sein, da es doch nicht von der Art der Erkenntnis ist? Am Grunde der Erkenntnis liegt nicht das Bewusstsein. (Das Denken ist bei Nietzsche nicht das Phänomen, zu dem man in Gestalt des Bewusstseins unmittelbaren Zugang hätte; das Denken ist nicht die Erkenntnis, die zugleich und im selben Zuge der Akt des Erkennens und die Instanz wäre, die sich wiedererkennt. Das Denken ist selbst nur eine Wirkung. Das Denken ist die Wirkung von etwas außerhalb des Denkens Liegendem, nicht als natürliches Resultat, sondern als Gewalt und Illusion.)

b – Eine Gruppe dieser Relationen ist durch die Tatsache gekennzeichnet, dass sie mehrere Unterschiede gewaltsam in sich vereinen und dass sie ihnen Gewalt antun, um ihnen die Analogie einer Ähnlichkeit aufzuzwingen,[28] einer gemeinsamen Nützlichkeit oder Zusammengehörigkeit, die ihnen ein und dieselbe Markierung aufprägt.[29]

Diese Markierung hat zwei Eigenschaften:

– Sie ermöglicht eine Nutzung oder eine Beherrschung, oder vielmehr macht sie es möglich, die Nutzung oder Beherrschung erster Ebene zu erweitern. Sie verweist also auf einen Willen zur Macht.

– Sie ermöglicht die Wiederkehr, die Wiederholung, die Identität der einander folgenden Unterschiede – die Identifizierung der Unterschiede erster Ebene. Die Markierung ist der Identifikator der Relation. Sie verweist auf eine Realität.

In gewissem Sinne kann man sagen, dieser Wille sei die notwendige Grundlage dieser Realität:

»Die Frage ist [...], ob nicht das, was ›Dinge setzt‹, allein real setzt; und ob nicht die ›Wirkung der äußeren Welt auf uns‹ auch nur die Folge solcher wollenden Subjekte ist.«[30]

Man kann aber auch sagen, dass dieser Wille nur deshalb Wille zur Macht ist (das heißt mehr als Ursache und Wirkung, [sondern] das Unendliche des Wollens), weil es Markierungen gibt, die Dinge konstituieren, die ihre Realität setzen.[31]

Damit kehrt Nietzsche Schopenhauers Thema des Willens und der Vorstellung um: Die Vorstellung ist Illusion, nur der Wille ist gänzlich Realität.

c – Von daher konstituieren sich:

α – das Subjekt, das zugleich der Punkt ist, an dem der Wille, das System der Deformationen und Perspektiven und das Prinzip der Beherrschung entstehen und das im Gegenzug in Gestalt des Wortes, des Personalpronomens, der Grammatik die Identitäts- und Realitätsmarkierung des Objekts erhält;

β – das Objekt – das den Ansatzpunkt der Markierung, das Zeichen, das Wort, die Kategorie darstellt und auf das sich im Gegenzug in Gestalt der Substanz, des intelligiblen Wesens, der Natur oder der Schöpfung der Wille des Subjekts bezieht.

Deshalb weigert Nietzsche sich hartnäckig, so etwas wie das *cogito* zu setzen, also reines Bewusstsein,* in dem das Objekt sich in Form des Subjekts gibt und das Subjekt Objekt seiner selbst sein kann. Alle Philosophen haben die Erkenntnis auf dem vorgängigen Verhältnis zwischen Subjekt und Objekt gegründet, und ihre einzige Sorge war es, Subjekt und Objekt möglichst nah aneinander zu rücken (entweder in der reinen Form des *cogito* oder in der Minimalform der Sinnesempfindung oder in einer reinen Tautologie A=A).

Nietzsche versuchte das Bewusstsein zu begreifen, indem er einen möglichst großen Abstand zwischen Subjekt und Objekt legte, wobei beide sich wechselseitig hervorbringen und nur durch eine Illusion miteinander vermengt werden können. Das Subjekt-Objekt-Verhältnis ist in seinen Augen keineswegs konstitutiv für die Erkenntnis, und die erste und größte Illusion der Erkenntnis ist die Existenz eines Subjekts und eines Objekts.

Aber was setzt Nietzsche an die Stelle des *cogito*? Das Wechselspiel der Markierung und des Willens, des Wortes und des Willens zur Macht oder auch des Zeichens und der Interpretation.[32]

– Das Zeichen ist die Gewalt der Analogie, es ist das, was den Unterschied beherrscht und tilgt.

– Die Interpretation ist das, was die Zeichen setzt und aufzwingt, was mit ihnen spielt, was in die primären Unterschiede des Chaos radikale Unterschiede einführt (solche des Wortes und des Sinns).

Das Zeichen ist insofern die Interpretation, als diese die Lüge der Dinge in das Chaos einführt. Und die Interpretation ist die Gewalt, die das verdinglichende Spiel der Zeichen dem Chaos antut.

»Was kann allein *Erkenntnis* sein? – ›Auslegung‹, Sinnhinein-

* Foucault verwendet dieselbe Abkürzung für *connaissance* (Erkenntnis) und *conscience* (Bewusstsein).

legen, – *nicht* ›Erklärung‹ (in den meisten Fällen eine neue Auslegung über eine alte unverständlich gewordene Auslegung, die jetzt selbst nur ein Zeichen ist).«[33]

Schluss

a – Man begreift, warum Nietzsche Erkenntnis als Lüge bezeichnet (als Augenblick der größten Lüge hinsichtlich der Entdeckung der Erkenntnis). Sie ist in zweierlei Hinsicht Lüge: erstens, weil sie die Realität fälscht, weil sie von der Perspektive abhängt, weil sie den Unterschied tilgt und weil sie die missbräuchliche Herrschaft der Ähnlichkeit einführt; zweitens, weil sie etwas ganz anderes ist als Erkenntnis (Verhältnis des Subjekts zum Objekt). Dieses Verhältnis ist keineswegs die Wahrheit der Erkenntnis, sondern deren lügnerisches Produkt. Das Sein der Erkenntnis ist deren Lügenhaftigkeit.

b – Man begreift, warum Nietzsche einerseits sagt, diese ursprüngliche Erkenntnis sei etwas ganz anderes als Erkenntnis (eine Mannigfaltigkeit von Relationen ohne Subjekt und Objekt), und andererseits, diese Erkenntnis sei die einzige, die sich auf die Realität beziehe, während alle anderen Formen von Erkenntnis das Ergebnis einer interpretierenden, durch Perspektive, Herrschaft und Bedürfnis verfälschten Gewalt seien.

Insgesamt ist Erkenntnis in Gestalt der Realitätsrelationen nicht wirklich Erkenntnis, und was man als wirkliche Erkenntnis bezeichnet, ist Lüge hinsichtlich jeglicher Realitätsrelation.

c – Im Kern der Erkenntnis, noch bevor überhaupt von Wahrheit die Rede ist, findet man also einen Zirkel aus Realität, Erkenntnis und Lüge. Das ermöglicht die Einführung der Wahrheit als Moral.

Allgemeiner betrachtet, erlaubt es solch eine Analyse:

– von Zeichen und Interpretation zu sprechen, von ihrer Untrennbarkeit, und das außerhalb einer Phänomenologie;

– vom Zeichen außerhalb jeglichen »Strukturalismus« zu sprechen:

– von der Interpretation außerhalb jeglichen Bezugs auf ein ursprüngliches Subjekt zu sprechen;

– die Analyse von Zeichensystemen mit einer Analyse der Formen von Gewalt und Herrschaft zu verbinden;
– Erkenntnis als einen geschichtlichen Prozess vor jeder Wahrheitsproblematik und fundamentaler als im Subjekt-Objekt-Verhältnis zu denken. Die vom Subjekt-Objekt-Verhältnis befreite Erkenntnis ist das Wissen.

III – Das Ereignis Wahrheit

Es gibt eine Erkenntnis vor der Wahrheit. Das heißt, und zwar nicht im positivistischen oder genetischen Sinne, dass die Erkenntnis lange Zeit braucht, um der Wahrheit zu begegnen oder sie zu finden, dass sie deren Normen nur langsam festlegt; aber auch dass die Wahrheit eine Peripetie ist, eine Erfindung, vielleicht auch eine Verbiegung der Erkenntnis, dass sie weder deren Norm noch deren Wesen darstellt. Die Wahrheit ist nicht die Wahrheit der Erkenntnis.
UW II, 284 (1887): »›Wahrheit‹ ist […] nicht etwas, das da wäre und das aufzufinden, zu entdecken wäre, – sondern etwas, *das zu schaffen ist* und das den Namen für einen *Prozeß abgibt*, mehr noch für einen Willen der Überwältigung, der an sich kein Ende hat: Wahrheit hineinlegen, als ein processus in infinitum, ein *aktives Bestimmen, – nicht* ein Bewußtwerden von etwas, das an sich fest und bestimmt wäre. Es ist ein Wort für den ›Willen zur Macht‹.«[34]
UW I, 169 (1883); »Daß es eine ›Wahrheit‹ gebe, der man sich irgendwie nähern könne –!«[35]

1. Der Wille zur Wahrheit
Nietzsche verlegt die Wurzel und die *raison d'être* der Wahrheit in den Willen. Eine bedeutsame Verschiebung gegenüber der philosophischen Tradition.
a – In deren Augen ist das Verhältnis zwischen Wahrheit und Wille dadurch gekennzeichnet, dass der Wille nur die Wahrheit gelten lassen solle. Die Wahrheit wollen hieß danach wollen, dass sie erscheine, dass sie zum Ausdruck komme, dass sie da sei.

Es galt, ihr Raum zu schaffen. Und um der Wahrheit Raum zu schaffen, musste der Wille in sich selbst alles tilgen, was nicht leerer Raum für die Wahrheit war. Alle individuellen Eigenheiten, all seine Wünsche und seine Gewalt, reiner Wille. Ein zugleich in der Schwebe gehaltener Wille, denn er darf kein Objekt im Voraus bestimmen; ein kastrierter Wille, denn er darf keine seiner eigenen Bestimmungen bestehen lassen.

Deshalb ließ sich der Wille zur Wahrheit nur in der Form der Erwartung denken: als reines Subjekt, frei von jeder Bestimmung und bereit, die Gegenwart des Objekts ohne jede Deformierung aufzunehmen; in Form der Weisheit: den Körper beherrschen, das Begehren in der Schwebe halten, die Triebe blockieren. Descartes und Platon. Evidenz und Pädagogik.

Im Herzen des Verhältnisses zwischen Wille und Wahrheit findet sich nach der philosophischen Tradition die Freiheit. Die Wahrheit ist frei gegenüber dem Willen; sie erhält von ihm keinerlei Bestimmungen. Der Wille muss frei sein, um den Zugang zur Wahrheit zu ermöglichen.

Die Freiheit ist das Sein der Wahrheit. Sie ist für den Willen Pflicht. Eine Ontologie (die Freiheit des Wahren ist Gott oder dic Natur); eine Ethik (die Pflicht des Willens ist das Verbot, der Verzicht, der Übergang zum Universellen). Diese fundamentale Freiheit, die Wille und Wahrheit miteinander verbindet, findet ihre Formulierung

- in Platons ὁμοίωσις τῷ θεῷ [*homoiosis to theo*],
- in Kants intelligiblem Charakter,
- in Heideggers Öffnung.

b – Nietzsche sieht das Verhältnis zwischen Wille und Wahrheit anders. Im Element des Willens ist die Wahrheit erst aufgrund der besonderen Eigenschaften und der genauesten Bestimmungen des Willens und in der Form des Zwangs und der Überwältigung. Das Bindeglied zwischen beiden ist nicht die Freiheit, sondern die Gewalt.

Diese Verschiebung hat – unvermeidlich – beträchtliche Auswirkungen, die wir noch längst nicht vollständig haben ermessen können. Sie sollte eine ganze »Ideologie« unmöglich machen, die Wissen als Wirkung der Freiheit und als Lohn der Tugend begreift. Sie sollte es möglich machen, neu zu denken,

- was die Geschichte der Erkenntnis und der Wissenschaft ist,
- welchen Status man ihrer Universalität zuweisen muss
- und welche Verbindung zwischen Wissenschaft und bestimmten Formen von Gesellschaft oder Zivilisation besteht.

Doch allein auf der Ebene der philosophischen Reflexion, wie man sie traditionell praktiziert, beschränken die Auswirkungen sich hauptsächlich auf Erschütterungen und Störungen. Es kommt zu Paradoxien.

2. Paradoxien des Willens zur Wahrheit

Wenn es zutrifft, dass Wahrheit den Dingen Gewalt antut, steht sie ganz auf der Linie der Erkenntnis. Sie ist ein Produkt oder eine Wirkung der Erkenntnis. Sie ist weder Norm noch Bedingung, noch auch Grundlage oder Rechtfertigung.

Wenn es zutrifft, dass sie erst nach der Erkenntnis kommt, auf ihrer Grundlage und als Gewalt, dann ist sie Gewalt, die der Erkenntnis angetan wird. Sie ist nicht die wahre Erkenntnis. Sie ist eine deformierte, gefolterte, überwältigte Erkenntnis. Sie ist eine falsche Erkenntnis. Im Vergleich zur wahren Erkenntnis ist sie ein System von *Irrtümern*.

Aber wenn sie als Vorläufer der Wahrheit einen ganzen Prozess von Erkenntnissen – die noch ohne Wahrheit sind und überarbeitet werden müssen, um wahr zu sein – hinter sich lässt, lässt sie hinter sich ein Nichtwahres entstehen. Sie erscheint vor dem Hintergrund von Illusionen und als Gewalt, die den Illusionen angetan wird.

Wir müssen noch weitergehen. Wenn die Wahrheit Zerstörung der Erkenntnisillusion ist, wenn diese Zerstörung sogar in der Gegenrichtung wirkt und die Erkenntnis selbst zerstört, dann ist Wahrheit Lüge. Sie ist etwas anderes, als sie vorgibt. Sie ist nicht wahrhaftig, wenn sie sich als Lohn der Erkenntnis ausgibt.

UW I, 180 (1888): »Die scheinbare und die *erlogene* Welt – ist der

Gegensatz. Letztere hieß bisher die ›wahre Welt‹, die ›Wahrheit‹, ›Gott‹. *Diese* haben wir abzuschaffen.«[36]

Diese Paradoxien zeigen:

– Die Wahrheit ist nicht wahr, wenn sie Erkenntnis ist, denn alle Erkenntnis ist Illusion.

– Die Wahrheit ist insofern nicht wahr, als sie Nichterkenntnis ist, denn sie überlagert der Erkenntnis ein System aus Irrtümern oder ersetzt sie durch solch ein System.

– Die Wahrheit ist nicht wahr, wenn sie vorgibt, Erkenntnis zu sein, sie ist Lüge.

So ist es möglich:

a – den Grundsatz zu formulieren, dass Wahrheit nicht Prädikat ihrer selbst sein kann. Das Wahre ist nicht wahr. Alle Wahrheit entfaltet sich im Nichtwahren; die Wahrheit ist das Nichtwahre. Es gibt keine Ontologie der Wahrheit. In dem prädikativen Urteil: »Die Wahrheit ist wahr«, hat das Verb »sein« die ontologische Bedeutung: »Die Wahrheit existiert.«

Nietzsche verwandelt die skeptische These, dass Wahrheit nicht existiert, in eine Reihe von Paradoxien, die sich aus dem Satz ergeben: Die Wahrheit ist nicht wahr.

b – die großen Kategorien der nichtwahren Wahrheit einzuteilen in:

– die Illusion, das heißt die Wahrheit, insofern sie eine Erkenntnisweise darstellt;

– den Irrtum, insofern er der Erkenntnis angetane Gewalt ist (also Nichterkennen);

– die Lüge, insofern diese Nichterkenntnis (Lüge) vorgibt, die Illusion jeglicher Erkenntnis zu zerstreuen, obwohl sie Erkenntnis ist.

Von daher wird deutlich, welche Aufgabe Nietzsche sich stellt: die Geschichte der Wahrheit zu denken, ohne sich auf die Wahrheit zu stützen. In einem Element, in dem Wahrheit nicht existiert: Dieses Element ist der Schein.

Der Schein ist das Element des Nichtwahren, in dem die Wahrheit ans Licht kommt. Und indem sie ans Licht kommt, verteilt sie den Schein neu auf die Kategorien der Illusion, des Irrtums und der Lüge.

Der Schein ist das Unbestimmte des Wahren. Illusion, Irrtum und Lüge sind die von der Wahrheit in das Spiel des Scheins eingeführten Unterschiede. Doch diese Unterschiede sind nicht bloß Wirkungen der Wahrheit; sie sind die Wahrheit selbst.

Man kann auch sagen:

– Die Wahrheit lässt den Schein als Illusion, Irrtum, Lüge erscheinen.

Oder:

– Illusion, Irrtum, Lüge sind die Seinsweise der Wahrheit im unbestimmten Element des Scheins.

– Die Illusion oder die Wurzel der Wahrheit.

– Der Irrtum oder das System der Wahrheit.

– Die Lüge oder die Operation der Wahrheit.

Betrachten wir die Texte über Wahrheit als Irrtum:

UW II, 301 [1881-1882]: »*Wahrheit ist die Art von Irrtum* [...].«[37]

FW, 265: »Was sind denn die letzten Wahrheiten des Menschen? – Es sind die *unwiderlegbaren* Irrthümer des Menschen.«[38]

Über den Verzicht auf Wahrheit:

UW III, 331 [1887]: »Der Glaube, daß es gar keine Wahrheit gibt, der Nihilistenglaube, ist ein großes Gliederstrecken für einen, der als Kriegsmann der Erkenntnis unablässig mit lauter häßlichen Wahrheiten im Kampfe liegt.«[39]

Eine Überzeugung, die bis dahin noch keine Zeit gehegt hatte: Wir haben die Wahrheit nicht. Alle Menschen zuvor hatten die Wahrheit, selbst die Skeptiker.

Über den Schein:

UW III, 598 [1885]: »›*Schein*‹, wie ich es verstehe, ist die wirkliche und einzige Realität der Dinge, –, das, dem alle vorhandenen Prädikate erst zukommen [...]. Ich setze also nicht ›Schein‹ in Gegensatz zur ›Realität‹, sondern nehme umgekehrt Schein als die Realität, welche sich der Verwandlung in eine imaginative ›Wahrheitswelt‹ widersetzt.«[40]

* * *

Fassen wir zusammen:[41]
Bei Aristoteles war der Erkenntniswille in der Vorgängigkeit der Erkenntnis gefangen. Er war nichts anderes als die Verzögerung der Erkenntnis gegenüber sich selbst, und deshalb war er Streben und sogar weniger noch als Streben, nämlich Streben als Vergnügen. Das war nur insofern möglich, als Erkenntnis (in ihrer elementarsten Form als Sinneswahrnehmung) bereits einen Bezug zur Wahrheit hatte.
Bei Nietzsche ist Erkenntnis eine illusorische Bemühung um die trügerische Behauptung der Wahrheit. Der Wille, der beides trägt, hat zwei Merkmale: (1) Er ist keineswegs Wille zum Wissen, sondern Wille zur Macht. (2) Er stellt zwischen Erkenntnis und Wahrheit eine Beziehung wechselseitiger Grausamkeit und Zerstörung her.
Der Wille sagt mit zwei Stimmen, die sich wechselseitig überlagern: Ich will die Wahrheit so sehr, dass ich nicht erkennen will, und ich will bis zu solch einem Punkt und bis zu solch einer Grenze erkennen, dass ich will, dass es keine Wahrheit mehr gibt. Der Wille zur Macht ist der Punkt, an dem Wahrheit und Erkenntnis sich voneinander lösen und sich gegenseitig zerstören.
Aber was ist dieser Wille zu Macht, der damit ans Licht kommt? Eine Realität, die befreit ist vom (unveränderlichen, ewigen, wahren) Sein: das Werden. Und die Erkenntnis, die sie enthüllt, enthüllt nicht das Sein, sondern eine Wahrheit ohne Wahrheit.
Es gibt also zwei »Wahrheiten ohne Wahrheit«:
– die Wahrheit, die Irrtum, Lüge, Illusion ist: die Wahrheit, die nicht wahr ist;
– die von dieser Lügenwahrheit befreite Wahrheit: die wahrhaftige Wahrheit, die Wahrheit, die sich nicht in ein Wechselverhältnis zum Sein setzen lässt.

Anmerkungen

1 F. Nietzsche, »Ueber Wahrheit und Lüge im aussermoralischen Sinne«, in ders., *Sämtliche Werke. Kritische Studienausgabe* [KSA], hg. von G. Colli und M. Montinari, München 1999, Bd. 1, S. 875. Der Hinweis auf die »Weltgeschichte« ist ein spöttischer Seitenhieb auf Hegels Weltgeschichte, und die Feststellung, Erkenntnis sei ein Augenblick, ein Blitz, ein Ereignis und kein Vermögen, ist eine Kritik an Kant. In »La vérité et les formes juridiques« (1974), in ders., *Dits et Écrits, 1954-1988*, hg. von D. Defert und F. Ewald, 4 Bde., Paris 1994, Bd. 2, Nr. 139, S. S. 538-646; dt.: »Die Wahrheit und die juristischen Formen«, in *Dits et Écrits. Schriften*, 4 Bde., Frankfurt am Main 2001-2005, Bd. 2, Nr. 139, S. 669-792, erinnert Foucault daran, dass dieser Text in der Hochphase des Neukantianismus geschrieben wurde.

2 Im Zitat heißt es wörtlich: »das Erkennen erfanden«.

3 Anspielung auf Hegels Unterscheidung zwischen Ursprung und Anfang; siehe E. Husserl, *Die Frage nach dem Ursprung der Geometrie als intentional-historisches Problem*, München 1939.

4 Dieses »ganz andere« bei Nietzsche, das in Gewalt, Bosheit und Nützlichkeit eingebunden ist, übersetzt M. Foucault bei der Wiederholung dieses Vortrags in Rio 1973 auch in Politik; siehe M. Foucault, »Die Wahrheit und die juristischen Formen«, a. a. O.

5 F. Nietzsche, *Umwertung aller Werte*, zusammengestellt und hg. von F. Würzbach, München 1969, 2. Buch, 268, S. 326.

6 F. Nietzsche, *Die fröhliche Wissenschaft*, 3. Buch, 109, KSA, Bd. 3, S. 468.

7 Spinoza, *Tractatus politicus*, I, 4.

8 F. Nietzsche, *Die fröhliche Wissenschaft*, 4. Buch, 333, »Was heisst erkennen«, a. a. O., S. 558 f. Den Ausdruck »in unserm kämpfenden Inneren« übersetzt Foucault mit *»dans toute connaissance«* – »in jeglicher Erkenntnis«. Siehe auch ebd., 113, a. a. O., S. 473 f.

9 F. Nietzsche, *Jenseits von Gut und Böse. Vorspiel einer Philosophie der Zukunft*, 7. Hauptstück, 230, KSA, Bd. 5, S. 168.

10 Ebd., 229, a. a. O., S. 167.

11 F. Nietzsche, *Die fröhliche Wissenschaft*, 3. Buch, 110, »Ursprung der Erkenntniss«, a. a. O., S. 469: »Sehr spät erst trat die Wahrheit auf, als die unkräftigste Form der Erkenntniss. Es schien, dass man mit ihr nicht zu leben vermöge, unser Organismus war auf ihren Gegensatz eingerichtet; alle seine höheren Functionen, die Wahrnehmungen der Sinne und jede Art von Empfindung überhaupt, arbeiteten mit jenen uralt einverleibten Grundirrtümern. Mehr noch: jene Sätze wurden selbst innerhalb der Erkenntniss zu den Normen, nach denen man ›wahr‹ und ›unwahr‹ bemass – bis hinein in die entlegensten Gegenden der reinen Logik.« Siehe auch ebd., 111: »Herkunft des Logischen«, a. a. O., S. 469-471.

12 Ebd., 110, a. a. O., S. 469-471.

13 F. Nietzsche, *Morgenröthe. Gedanken über die moralischen Vorurtheile*, 5. Buch, 428, KSA, Bd. 3, S. 264: »Sondern unser *Trieb zur Erkenntniss* ist zu stark, als dass wir noch das Glück eines starken festen Wahns zu schätzen vermöchten; es macht Pein, uns solche Zustände auch nur vorzustellen! [...] Die Erkenntniss hat sich in uns zur Leidenschaft verwandelt.«

14 Ebd., 432, »Forscher und Versucher«, a. a. O., S. 266.

15 F. Nietzsche, *Die fröhliche Wissenschaft*, 1. Buch, 54, »das Bewusstsein vom Scheine«, a. a. O., S. 416 f.: »dass unter allen diesen Träumenden auch ich, der ›Erkennende‹, meinen Tanz tanze, dass der Erkennende ein Mittel ist, den irdischen Tanz in die Länge zu ziehen und insofern zu den Festordnern des Daseins gehört [...].«

16 F. Nietzsche, *Morgenröthe*, 5. Buch, 438, »Mensch und Dinge«, a. a. O., S. 268.

17 F. Nietzsche, *Umwertung aller Werte*, 1. Buch, 165, a. a. O., S. 117.

18 Ebd., 163, S. 116.

19 F. Nietzsche, *Jenseits von Gut und Böse*, 7. Hauptstück, 230, a. a. O., S. 168.

20 F. Nietzsche, *Morgenröthe*, 432, a. a. O., S. 266. Der Schluss des Aphorismus lautet: »Wir Forscher sind wie alle Eroberer, Entdecker, Schifffahrer, Abenteurer von einer verwegenen Moralität und müssen es uns gefallen lassen, im Ganzen für Böse zu gelten.«

21 Ebd.

22 F. Nietzsche, *Umwertung aller Werte*, 1. Buch, 162, a. a. O., S. 116.

23 F. Nietzsche, *Zur Genealogie der Moral* (1887), 3. Abhandlung, 13, KSA, a. a. O., Bd. 5, S. 365. – ein Aphorismus, der große Bedeutung für die Definition der Erkenntnis als Askese besitzt.

24 Ebd., 13, a. a. O., S. 365. Nietzsche fährt fort (ebd., S. 366): »*das asketische Ideal entspringt dem Schutz- und Heil-Instinkte eines degenerierenden Lebens*, welches sich mit allen Mitteln zu halten sucht und um sein Dasein kämpft; [...] Das asketische Ideal ist ein solches Mittel; es steht also gerade umgekehrt als es die Verehrer dieses Ideals meinen.«

25 Ebd., S. 365: »Hüten wir uns nämlich, meine Herrn Philosophen, von nun an besser vor der gefährlichen Begriffs-Fabelei, welche ein ›reines, willenloses, schmerzloses, zeitloses Subjekt der Erkenntniss‹ angesetzt hat, hüten wir uns vor den Fangarmen solcher contradiktorischen Begriffe wie ›reine Vernunft‹, ›absolute Geistigkeit‹, ›Erkenntniss an sich‹.« Siehe auch ders., *Umwertung aller Werte*, 177 (1888), a. a. O., S. 121 f.

26 F. Nietzsche, *Umwertung aller Werte*, 1. Buch, 176 (1888), a. a. O., S. 121.

27 Ebd., 172 (1887), a. a. O., S. 119.

28 Ebd., 2. Buch, 279 (1885), a. a. O., S. 330.

29 Ebd., 2. Buch, 282-283 (1885), a. a. O., S. 331 f.
30 Ebd., 1. Buch, 172 (1887), a. a. O., S. 119.
31 Zu dieser schwierigen Frage findet sich eine gute Erläuterung in G. Deleuze, *Proust et les signes*, Paris 1964; dt.: *Proust und die Zeichen*, Frankfurt am Main, Berlin und Wien 1978; eine in philosophischer Hinsicht noch erschöpfendere Darstellung findet sich in M. de Beistegui, *Jouissance de Proust. Pour une esthétique de la métaphore*, Paris 2007.
32 Siehe die vorangegangene Anmerkung.
33 F. Nietzsche, *Umwertung aller Werte*, 1. Buch, 167, a. a. O., S. 118.
34 Ebd., 2. Buch, 284, a. a. O., S. 332.
35 Ebd., 1. Buch, 169, a. a. O., S. 118.
36 Ebd., 1. Buch, 180, a. a. O., S. 124.
37 Ebd., 2. Buch, 301, a. a. O., S. 337.
38 F. Nietzsche, *Die fröhliche Wissenschaft*, 3. Buch, 265, »Letzte Skepsis«, a. a. O., S. 518.
39 F. Nietzsche, *Umwertung aller Werte*, 3. Buch, 331, a. a. O., S. 536.
40 Ebd., 3. Buch, 593, a. a. O., S. 614.
41 In den Notizen, die Hélène Politis am Collège verfasste (handschriftliche Notizen, die dann (mit gewissen Abweichungen) getippt wurden), finden sich alle Ausführungen des an der McGill University gehaltenen Vortrags, aber in nervöserer Form und mit weniger Kommentaren, vielleicht weil die von Foucault vorgelesenen Nietzsche-Zitate dort nur als Verweise auf die betreffenden Aphorismen vorkommen.
Am Collège beschließt Foucault den Vortrag mit einer Periodisierung, die darlegt, wie Nietzsches Diskurs sich von der Freiheit löste.
– Erste Periode: Die Zeit der Auseinandersetzung mit der tragischen Erkenntnis. 1875-1878, Erkenntnis im Zusammenhang mit einer Theorie, die Ewigkeit und Realität bestreitet.
– Zweite Periode (die er niemals aufgegeben hat): die Perversion der Markierungen, das Hereinbringen einer diagnostischen Erkenntnis (von *Unzeitgemäße Betrachtungen* bis *Morgenröte*) – Nietzsches positivistische Seite in dieser zweiten Periode.
– Dritte Periode: These der ewigen Wiederkunft.
Die These, wonach all diese Unterschiede, nachdem sie sich erschöpft haben, sich noch unzählige Male wiederholen müssen. Wenn alles vollendet ist, wird nichts mehr wie früher sein. Alles ist auch real und irreal, ganz wie man will, es gibt Intensitätsunterschiede, die endlos wiederkehren.
Die These der ewigen Wiederkunft ist jenes System, das die Wahrheitsthese ausschließt.
Der Wille zum Wahren, aber nicht zur »Wahrheit« erscheint als Wille zur Macht, der Wille zur endlosen Entwicklung durch sich selbst ist, aber nicht zum Bereich des Wahren noch auch zu dem der Erkenntnis gehört.

Im hier wiedergegebenen Vortrag, der auf der Grundlage der Vorlesung am Collège de France konzipiert wurde, lässt Foucault diese Periodisierung des nietzscheanischen Denkens weg, aber:

1. Er bringt die Heidegger'sche Öffnung wieder in die von Platon begründete Metaphysik ein. Hier handelt es sich erkennbar um eine Antwort auf Heideggers zweibändiges Werk über Nietzsche, in dem dieser Nietzsche in die metaphysische Tradition stellt, die er auflösen möchte. Indem Foucault dem aristotelischen Paradigma ein nietzscheanisches Paradigma gegenüberstellt, wendet er sich gegen diese Interpretation der Philosophiegeschichte.

2. Außerdem beschließt Foucault diesen Vortrag mit einem heftigen Angriff auf die »Ideologie des Wissens als Werk der Freiheit«. Man kann kaum umhin, hier an Heideggers Bemerkung in *Vom Wesen der Wahrheit*[a] zu denken: »Die Offenständigkeit des Verhaltens als innere Ermöglichung der Richtigkeit gründet in der Freiheit. Das Wesen der Wahrheit [...] ist die Freiheit« – auch wenn Foucault daran erinnert, dass dies (mit Sicherheit seit Descartes) die klassische Vorstellung ist.

a M. Heidegger, *Was ist Metaphysik*, 15. Aufl., Frankfurt am Main 1998, S. 14.

Zusammenfassung der Vorlesungen*

Mit der diesjährigen Vorlesung beginnt eine Reihe von Untersuchungen, die sich Schritt für Schritt um die Schaffung einer »Morphologie des Willens zum Wissen« bemühen werden. Zum Teil werden sie sich dem Thema des Willens zum Wissen über historische Analysen nähern, zum Teil werden sie es als solches und in seinen theoretischen Implikationen behandeln.

In diesem Jahr ging es darum, seine Stellung und Rolle in einer Geschichte der Denksysteme zu bestimmen, zumindest vorläufig ein erstes Analysemodell zu entwickeln und dessen Leistungsfähigkeit an einigen Beispielen zu überprüfen.

1. Frühere Forschungen hatten es ermöglicht, unter den für die Analyse von Denksystemen geeigneten Ebenen eine ganz besondere Ebene zu identifizieren: die der Diskurspraktiken. Hier handelt es sich um eine Systematik, die weder logischer noch linguistischer Natur ist. Die Diskurspraktiken sind gekennzeichnet durch die Abgrenzung eines Objektbereichs, durch die Definition einer für das Erkenntnissubjekt legitimen Perspektive und durch die Festlegung von Normen für die Entwicklung von Konzepten und Theorien. Sie setzen also jeweils eine Reihe von Vorschriften voraus, die Ausschluss und Auswahl bedeuten.

Diese Ensembles aus Regelmäßigkeiten fallen jedoch nicht mit einzelnen Werken zusammen. Auch wenn sie gelegentlich darin zum Ausdruck kommen oder dort zum ersten Mal zutage treten, gehen sie dennoch weit darüber hinaus, so dass ihnen vielfach eine ganz beträchtliche Zahl von Werken zuzuordnen ist. Sie fallen jedoch auch nicht unbedingt mit einzelnen Wissenschaften oder Fachgebieten zusammen, obwohl die Abgren-

* Erschienen in *Annuaire du Collège de France, 71*[e] année, Histoire des systèmes de pensée, année 1970-1971, 1971, S. 245-249; Wiederabdruck in M. Foucault, *Dits et Écrits, 1954-1988*, hg. von D. Defert und F. Ewald, 4 Bde., Paris 1994, Bd. 2, Nr. 101, dt.: »Der Wille zum Wissen«, in *Dits et Écrits. Schriften*, 4 Bde., Frankfurt am Main 2001-2005, Bd. 2, Nr. 101, S. 294-299.

zungen gelegentlich zumindest vorläufig dieselben sein können. Häufiger noch vereinen einzelne Diskurspraktiken mehrere Fachgebiete oder Wissenschaften in sich oder liegen gleichsam quer dazu, so dass sie jeweils bestimmte Regionen dieser Fachgebiete zu einer nicht sichtbaren Einheit verknüpfen.

Die Diskurspraktiken sind keine bloßen Formen der Herstellung von Diskursen. Sie nehmen Gestalt an in technischen Komplexen, in Institutionen, in Verhaltensmustern, in Vermittlungs- und Verbreitungsformen, in pädagogischen Formen, die sie aufzwingen und aufrechterhalten.

Und schließlich folgt ihre Veränderung eigentümlichen Mustern. Man kann diese Veränderungen nicht auf eine einzelne, genau zu benennende Entdeckung zurückführen; aber man kann sich auch nicht damit begnügen, sie als globale Veränderung der Mentalität, der kollektiven Einstellungen oder eines Zeitgeistes zu begreifen. Die Veränderung diskursiver Praktiken ist mit einem ganzen und vielfach komplexen Ensemble von Veränderungen verbunden, die außerhalb dieser Praktiken (in den Produktionsformen, den sozialen Beziehungen, den politischen Institutionen) stattfinden können oder in ihnen (in den Techniken zu Bestimmung der Objekte, in der Verfeinerung und Anpassung der Konzepte, in der wachsenden Information) oder auch neben ihnen (in anderen Diskurspraktiken). Und bei dieser Verbindung handelt es sich nicht um ein bloßes Ergebnis, sondern um eine Wirkung, die sich einerseits eine gewisse Autonomie bewahrt und andererseits eine Reihe wohlbestimmter Funktionen hinsichtlich der bestimmenden Größen erfüllt.

Diese Ausschluss- und Auswahlprinzipien, die in vielfältiger Weise präsent sind, ihre Wirkung in den Praktiken entfalten und in ihrer Veränderung eine gewisse Autonomie zeigen, diese Prinzipien verweisen nicht auf ein (geschichtliches oder transzendentales) Erkenntnissubjekt, das sie nacheinander erfände oder auf einer Ursprungsebene begründete; sie bezeichnen vielmehr einen anonymen, polymorphen Willen, der zu geregelter Veränderung fähig und in einem Netz erkennbarer Abhängigkeiten gefangen ist.

Empirische Studien zur Psychopathologie, zur klinischen Medizin, zur Naturgeschichte usw. hatten die Möglichkeit eröffnet, die Ebene der Diskurspraktiken zu isolieren. Die allgemeinen Kennzeichen dieser Praktiken und die Methoden, mit denen sie sich analysieren lassen, habe ich unter dem Begriff der Archäologie zusammengefasst. Die Untersuchungen über den Willen zum Wissen sollten diesem Ensemble nun eine theoretische Rechtfertigung geben können. Im Augenblick lässt sich nur ganz allgemein sagen, in welche Richtung sie werden gehen müssen: Unterscheidung zwischen Wissen und Erkenntnis; Unterschied zwischen dem Willen zum Wissen und dem Willen zur Wahrheit; Stellung des Subjekts und der Subjekte gegenüber diesem Willen.

2. Bislang sind für eine Analyse des Willens zum Wissen auf konzeptioneller Ebene nur wenige Instrumente entwickelt worden. Meist greift man auf recht grobe Begriffe zurück. Auf »anthropologische« oder psychologische Begriffe: Neugier; das Bedürfnis, Dinge mit Hilfe der Erkenntnis zu beherrschen oder sich anzueignen; Angst vor dem Unbekannten; Reaktion auf den bedrohlichen Charakter einer undifferenzierten Welt. Auf historische Allgemeinbegriffe wie den Zeitgeist, das Empfinden einer Zeit, deren typische Interessen, deren Weltverständnis, deren Wertesystem, deren Grundbedürfnisse. Auf philosophische Themen wie das eines Rationalitätshorizonts, der sich in der Zeit entfaltet. Dagegen berechtigt nichts zu der Annahme, die von der Psychoanalyse entwickelten rudimentären Konzepte zur Stellung des Subjekts und des Objekts in Begehren und Wissen ließen sich ohne weiteres auf historische Untersuchungen übertragen. Wir werden die Instrumente zur Analyse des Willens zum Wissen daher erst Schritt für Schritt je nach den Erfordernissen und Möglichkeiten der konkreten Untersuchungen schaffen und bestimmen müssen.

Die Philosophiegeschichte bietet einige theoretische Modelle für den Willen zum Wissen, deren Analyse eine erste Orientierung ermöglichen dürfte. Von den Philosophen, die in diesem Zusammenhang genau unter die Lupe zu nehmen sind (Platon,

Spinoza, Schopenhauer, Aristoteles, Nietzsche usw.), haben wir in diesem Jahr Aristoteles und Nietzsche herausgegriffen, weil sie für zwei gegensätzliche Extrempositionen stehen.

Für die Analyse des aristotelischen Modells haben wir hauptsächlich die *Metaphysik*, die *Nikomachische Ethik* und *Über die Seele* herangezogen. Dieses Modell setzt bereits auf der Ebene der Sinneswahrnehmung an und behauptet:

– eine Verbindung zwischen Sinnenswahrnehmung und Lust;
– die Unabhängigkeit dieser Verbindung vom möglichen Nutzen der Sinneswahrnehmung für das Leben;
– ein direktes Verhältnis zwischen der Intensität der Lust und dem Umfang der von der Sinneswahrnehmung gelieferten Erkenntnis;
– und eine Unverträglichkeit zwischen der Wahrheit der Lust und dem Irrtum der Sinneswahrnehmung.

Die visuelle Wahrnehmung als Wahrnehmung mehrerer gleichzeitig gegebener, ferner Objekte, die in keinem unmittelbaren Zusammenhang mit körperlichem Nutzen stehen, bringt in der mit ihr einhergehenden Befriedigung die Verbindung zwischen Erkenntnis, Lust und Wahrheit zum Ausdruck. Derselbe Zusammenhang findet sich am anderen Ende im Glück der theoretischen Betrachtung. Das Streben nach Wissen, das schon in den ersten Zeilen der *Metaphysik* als universell und naturgegeben bezeichnet wird, gründet in dieser Urzugehörigkeit, die bereits die Sinneswahrnehmung enthüllt. Und es sichert den kontinuierlichen Übergang von diesem ersten Erkenntnistyp bis zu jener Endform, die in der Philosophie zum Ausdruck kommt. Bei Aristoteles setzt das Streben nach Erkenntnis das vorgängige Verhältnis zwischen Erkenntnis, Wahrheit und Lust voraus und transponiert es.

In *Die fröhliche Wissenschaft* bestimmt Nietzsche ein Ensemble ganz anderer Beziehungen:

– Erkenntnis ist eine »Erfindung«, hinter der etwas ganz anderes steht, nämlich ein Ensemble aus Trieben und Triebregungen, aus Begehren, Lust und Besitzwillen. Auf der Bühne, auf der sie miteinander kämpfen, entsteht Erkenntnis;

– Sie entsteht nicht aus deren Harmonie, ihrem glücklichen Gleichgewicht, sondern aus ihrem Hass, aus vorläufigen, zweifelhaften Kompromissen zwischen ihnen, aus einem zerbrechlichen Pakt, den sie jederzeit zu verraten bereit sind. Sie ist kein permanentes Vermögen, sondern ein Ereignis oder zumindest eine Folge von Ereignissen.
– Sie ist stets dienstbar, abhängig, interessiert (nicht an sich selbst, sondern an allem, was den Trieb oder die Triebe, die sie beherrschen, interessieren könnte).
– Als Erkenntnis der Wahrheit gibt sie sich nur insofern, als sie die Wahrheit durch das Spiel einer ersten und ständig fortgesetzten Falsifizierung hervorbringt, das die Unterscheidung zwischen *wahr* und *falsch* einführt.
Das Interesse wird hier also der Erkenntnis radikal vorausgesetzt; sie wird ihm als bloßes Instrument untergeordnet. Die von Lust und Glück losgelöste Erkenntnis wird mit Kampf, Hass und Bosheit verbunden, die sich so sehr gegen sich selbst richten, dass sie in einem Übermaß an Kampf, Hass und Bosheit sogar auf sich selbst verzichten; die ursprüngliche Beziehung zur Wahrheit ist aufgelöst, denn die Wahrheit ist nur eine Wirkung – die Wirkung einer Falsifizierung, die als Gegensatz zwischen *wahr* und *falsch* bezeichnet wird. Dieses Modell einer fundamental interessierten Erkenntnis, die als Ereignis aus dem Willen hervorgeht und über Falsifikation die Wahrheit als Wirkung hervorbringt, ist am denkbar weitesten entfernt von den Postulaten der klassischen Metaphysik. Von diesem Modell haben wir in der diesjährigen Vorlesung freien Gebrauch gemacht und es in einer Reihe von Beispielen eingesetzt.
3. Diese Beispiele waren der Geschichte und den Institutionen des archaischen Griechenland entnommen. Sie stammten sämtlich aus dem Bereich des Rechts. Und es ging darum, die Entwicklung vom 7. bis zum 5. Jahrhundert zu verfolgen. Diese Veränderungen betreffen die Verwaltung des Rechts, das Gerechtigkeitsverständnis und die sozialen Reaktionen auf Verbrechen.
Nacheinander untersuchten wir:

– die Praxis des Eides in Rechtsstreitigkeiten und die Entwicklung vom herausfordernden Eid des Klägers, der sich damit der Rache der Götter aussetzte, zum bekräftigenden Eid des Zeugen, der als Bestätigung der Wahrheit gilt, weil der Zeuge sie gesehen und ihr beigewohnt hat;
– die Suche nach einem gerechten Maß über die Institution des Geldes, und zwar nicht nur im ökonomischen Austausch, sondern auch in den sozialen Beziehungen innerhalb der Stadt;
– die Suche nach einem *nomos*, einem gerechten Verteilungsgesetz, das die Ordnung in der Stadt sichert, indem sie dort eine Ordnung herstellt, die der Ordnung der Welt entspricht;
– die Reinigungsrituale nach einem Mord.
Um die Verteilung der Gerechtigkeit wurden in der ganzen untersuchten Zeitspanne heftige politische Kämpfe geführt. Sie führten schließlich zu einer Form von Recht, die mit einem Wissen verbunden war, in dem Wahrheit als etwas Sichtbares, Feststellbares, Messbares galt, das ähnlichen Gesetzen gehorcht wie die Ordnung der Welt und dessen Entdeckung *per se* eine Reinigung bedeutete. Diese Form der Bestätigung von Wahrheit sollte entscheidende Bedeutung für die Geschichte des westlichen Wissens erlangen.

* * *

Den allgemeinen Rahmen für das diesjährige Seminar bildete das französische Strafsystem des 19. Jahrhunderts. In diesem Jahr befasste es sich mit den Anfängen einer forensischen Psychiatrie zur Zeit der Restauration. Als Material dienten hauptsächlich gerichtsmedizinische Gutachten von Zeitgenossen und Schülern Esquirols.

Das Wissen des Ödipus*

In König Ödipus, *der Tragödie des Sophokles, treffen fünf Wissensformen aufeinander und passen sich einander an. Diese Konfrontation wird vom Mechanismus des* symbolon *oder dem Gesetz der Hälften gesteuert. – Dort erkennt man das juristische Ermittlungsverfahren, wie es im 6. und 5. Jahrhundert aufkam, im Unterschied zum traditionellen divinatorischen Verfahren. – Der unwissende Ödipus ist Träger des Wissens des Tyrannen. Ist Ödipus das Sinnbild des Unbewussten oder die alte orientalische Figur des weisen Königs? –* König Ödipus *oder das auf Überschreitung angelegte Machtwissen.*

[1] In *König Ödipus* ist das Wiedererkennen – ἀναγνώρισις [*anagnorisis*][1], durch das der Nichtwissende zu einem Wissenden wird und derjenige, der glaubte nicht zu wissen, erkennt, dass er bereits weiß – durch zwei Merkmale gekennzeichnet. Zunächst einmal ist es »reflexiv«. Der Suchende ist das Objekt der Suche.[2] Der Unwissende ist derjenige, auf den das Wissen sich bezieht. Der die Hunde losgelassen hat, ist selbst die Beute. Der Weg, auf den er sie schickt, führt zurück zu dem Punkt, an dem er auf sie wartet.

Doch es gibt noch ein weiteres Merkmal. Dieses Wiedererkennen führt nicht nur von der Dunkelheit zum Licht, von der Unwissenheit zum Wissen, sondern erfolgt über die Konfrontation verschiedener Wissensformen. In *König Ödipus* entfaltet sich der Kampf um das Wissen über einen Kampf zwischen Wissensformen. Und die Rückkehr zum Ausgangspunkt (der aufdecken will, wird selbst aufgedeckt)
[2] erfolgt über verschiedene Wissensformen. Innerhalb der Dimension Wissen–Unwissenheit gibt es eine vollkommene

* Diese Ausarbeitung der Vorlesung vom 17. März 1971 trug Foucault im März 1972 an der State University of New York in Buffalo vor und dann noch einmal im Oktober desselben Jahres an der Cornell University. Er hielt den Vortrag über die Tragödie des Sophokles in mindesten sechs Varianten (siehe »Situierung der Vorlesungen«, unten, S. 356-358).

Identität zwischen Subjekt und Objekt; zwischen dem, der nicht weiß, und dem, der aufgespürt werden soll; zwischen dem, der aufdecken will, und dem, auf den sich das Nichtwissen bezieht. Doch zwischen den eingesetzten Wissensformen bestehen gewaltige Unterschiede, oder sagen wir besser, sie sind genau bemessen und markiert. Zwischen dem Wissen, das durch das Hören – ἀκούειν [*akouein*] – gekennzeichnet ist, und dem durch das Sehen gekennzeichneten Wissen – durch das, was man mit eigenen Augen gesehen hat. Zwischen dem Wissen, das von dem fernen Gott zugetragen wird, und dem Wissen, das man durch die Befragung anwesender Zeugen erhält. Zwischen dem Wissen, dessen Träger die Oberhäupter (oder die Wahrsager, die Gleichgestellten) sind, und dem Wissen, das deren Sklaven in ihren Hütten bergen. Zwischen dem Wissen, das die Form der Anweisung und der Voraussage hat (das musst du tun, das wird dir geschehen, das wird man herausfinden), und dem Wissen, das die Form der Zeugenaussage besitzt
[3] (das habe ich gesehen, das habe ich getan). Zwischen dem Wissen, das sich freiwillig ins Rätsel und ins Unvollständige zurückzieht (aus dem selbst der König es nicht hervorzuholen vermag), und dem Wissen, das sich unter die Angst duckt und das Drohungen aufzuscheuchen vermögen. In fünffacher Weise[3] verschiedene Wissensformen also: hinsichtlich ihrer Grundlage, hinsichtlich ihres Ursprungs, hinsichtlich ihres Überbringers, hinsichtlich ihres Verhältnisses zur Zeit, hinsichtlich des Verdunklungsprinzips, das sie verhüllt.

Von der Antwort des Gottes (τοῦ θεοῦ φημην, Vers 86) bis zum Verhör des Knechts (φώνει βλέπων ὅσ’ἄν σ’ἐρωτῶ)[4], die das Stück einrahmen oder zumindest die Suche des Ödipus begrenzen, findet hier ein Übergang von einer Wissensform zur anderen statt. Daraus ergeben sich zwei Fragen:

1 – Wie und über welchen Mechanismus erfolgt dieser Übergang?

2 – Welche Wissensformen stehen hier einander gegenüber,

ersetzen einander, bestätigen sich wechselseitig und gleichen sich einander an?

[4] Der Mechanismus dieses Übergangs lässt sich leicht beschreiben. Er erfolgt durch lückenhafte Informationen und Bruchstücke, die einander ergänzen. Doch am charakteristischsten ist die Tatsache, dass dieser Mechanismus einem »Gesetz der Hälften« gehorcht.

Dazu befragt, gibt der Gott seine Antwort: Der Mörder des Laios muss vertrieben werden. (Genau genommen gibt König Apoll, folgt man Kreons Bericht, die Anweisung, das Land von der Befleckung zu befreien. Eine Anweisung, die allerdings noch nicht sagt, welcher Art die Befleckung ist. Er präzisiert: ein Mord. Aber ein Mord setzt ein Opfer und einen Mörder voraus. Phöbus[5] hat gesagt, wer das Opfer ist, aber seiner Antwort fehlt noch die andere Hälfte, die des Verbrechers.) Es gilt also, den Teil der Antwort zu finden, der in Apolls Orakelspruch noch fehlt. Und es wäre vergeblich, den Gott selbst danach zu fragen. Er gehört nicht zu jenen, die man zum Reden zwingen könnte. Dem Willen der Götter tut niemand Zwang an (Vers 280-281).

[5] Für den Augenblick bleibt nur eine Möglichkeit. Wenn es einen Dritten gibt, so wendet Ödipus sich an den Chor, möge er es mir sagen. Doch zu diesem Zeitpunkt gibt es keinen solchen Dritten. Alle Zeugenaussagen weichen aus; selbst der Augenzeuge, von dem das Gerücht geht, soll keine brauchbaren Hinweise geliefert haben. Die einzige Möglichkeit ist diese Art Gotteshälfte, die man befragen kann, der göttliche Prophet (τὸν θεῖον μάντιν, Vers 298), Teiresias. Er ist dem Apoll näher. Ein König wie er (Ἄνακτ' ἄνακτι, Vers 284). Der dieselben Dinge sieht wie er (ταὔθ' ὁρῶντ[α], Vers 284). Mit ihm verschwistert, wie der Zusammenstoß der beiden Namen in Vers 285 zeigt (Φοίβῳ Τειρεσίαν). Die Umnachtung seiner Augen ergänzt das Licht des Gottes. Und was der Gott hartnäckig verbirgt, das sagt Teiresias in seinem Dunkel ganz klar (σαφέστατα, Vers 286). Teiresias nennt den Schuldigen, aber er benennt ihn

ohne Beweis und in derselben Weise, wie Apoll gesprochen hat. Anweisung: »Also den du erst verkündigt, bei jenem Ausruf bleibe nun« (Vers 350-351); feierliche orakelhafte Aussage (Φονέα σέ φημί, Vers 362; Λεληθέναι σέ φημί, Vers 366); Voraussage (»Und rings verfolgend jaget bald mit schnellem Fuß dich aus des Vaters wie der Mutter grimmer Fluch. [...] Denn es wird entsetzlicher als du der Menschen keiner hingepeinigt«, Vers 417-427). Teiresias und Apoll
[6] sprechen in derselben Weise. Der eine verkündet, dass es zu einer Befleckung gekommen ist und dass die Stadt gereinigt werden muss; der andere sagt, wer die Befleckung herbeigeführt hat, und erklärt, dass er vertrieben werden muss. Gemeinsam haben sie, der Gott und der Seher, alles gesagt.

Und dennoch fehlt ein wesentlicher Teil: dieses Doppel seiner selbst, das ihm erst sichtbare Realität verliehe; das ihm einen Körper im Geschehenen gäbe; das verhinderte, dass es vergeblich gesagt worden wäre (μάτην, Vers 365). Zu dieser für die Zukunft angekündigten Entdeckung muss die Enthüllung des wirklich Geschehenen, zu dieser Erklärung der Bericht über eine Erinnerung, zu diesem Befehl eine entsprechende Feststellung hinzutreten. Genau das sagt der
[7] Chor mitten im Streit zwischen Ödipus und Teiresias: Die Anschuldigungen des Teiresias sind nicht mehr wert als die Verdächtigungen des Ödipus. König und Prophet sprechen nur im Zorn. Und das sagt der Chor auch noch nach dem Abgang des Teiresias. Er vermag ihm weder Recht noch Unrecht zu geben; er weiß nicht, was er sagen soll; er sieht weder in die Gegenwart noch in die Zukunft (Verse 484-486). In den Augen dieser Sterblichen ist eine Prophezeiung ohne Beweis, ein Orakel ohne Zeugen nicht mehr als ein unbegründeter Verdacht. Der Chor wartet darauf, dass er sieht: »Nie wollt ich indes, eh ich das Wort treffend erkannt ([πρὶν] ἴδοιμ[ι]), zeihen den Mann« (Verse 504-505). Ödipus hat zweifellos das göttliche Wort gegen sich, aber für ihn sprechen sichtbare Dinge (φανερὰ [Vers 506]), Beweise

(βαδάνος). Und genau dessen bedarf es, damit das Wort des Sehers »ὀρθὸν ἔπος [*orthon epos*]« wird.[6]
Nach dem göttlichen, orakelhaften, mantischen Teil wird nun die menschliche Hälfte sichtbar, die zur Passung damit gelangt. Und dieser menschliche Teil gliedert sich seinerseits in zwei Hälften; die eine ist dem Mord an Laios gewidmet, die andere der Geburt des Ödipus. Und wenn sie erst
[8] einmal miteinander verknüpft sind, werden sie gemeinsam die Lücke in der Prophezeiung schließen. Doch jede dieser beiden Hälften ist gleichfalls unterteilt. Der Mord an Laios nimmt zunächst Gestalt an durch die Erinnerungen Jokastes, indirekte Erinnerungen an Dinge, die sie gehört hat oder die man ihr zugetragen hat: ein Mord an einer dreigespaltenen Weggabelung. Dazu passt genau die Erinnerung des Ödipus (Verse 729-730 und 771-834): »Mich dünkt, du sagtest, daß der König Laios auf dreigespaltnem Landesweg daniederfiel.« Zwischen der Aussage des inzwischen verschwundenen Augenzeugen und Ödipus' aktueller Erinnerung besteht eine vollkommene Übereinstimmung, auch wenn der Augenzeuge von mehreren Mördern gesprochen hatte. Eine geringfügige Ungewissheit, die der Klärung bedarf. Es gilt, sich des Geschehens bei demjenigen zu versichern, der dort war (πρὸς τοῦ παρόντος ἐκμάθῃς, Vers 835). Dieses kleine Detail könnte die gesamte Prophezeiung des Gottes, die ganze Mantik des Sehers – oder zumindest die Hälfte ihrer selbst, die den Mord an Laios betrifft – zunichtemachen.
Die zweite Hälfte, welche die Geburt des Ödipus betrifft, findet ihre Bestätigung in der Angleichung zweier weiterer
[9] Fragmente. Der Bote aus Korinth bestätigt, dass Ödipus nicht der Sohn des Polybos ist, sondern ihm von einem Hirten aus dem Kithairon-Gebirge übergeben wurde, der das Kind seinerseits von Jokaste erhalten hatte, damit er es aussetzte. Man beachte, dass wie eben in der »Mordhälfte« auch in dieser »Geburtshälfte« ein kleiner, kaum wahrnehmbarer Rest, ein Fleck, ein winziges Stückchen fehlt. Bei

der Ermordung des Laios war es die Zahl der Mörder, einer oder mehrere – und das ist keineswegs dasselbe, wie Ödipus selbst anmerkt.* Nur das Verschwinden des Hirten, der aus Korinth floh, als Ödipus an die Macht kam, ist ein stillschweigender Beweis. Aber selbst auf der Bühne bezeugt der Hirte nicht, dass er mit eigenen Augen gesehen hat, wie Ödipus den Laios tötete. Das wird nicht gesagt. Im Blick auf die Geburt des Ödipus findet sich eine symmetrische Lücke. Der Hirte weiß nur eines: dass er das Kind aus Jokastes Händen empfangen hat und dass es dem Gerücht nach ihr Sohn war. Aber davon könnte nur sie allein ein sicheres Zeugnis ablegen: »Drinnen, sie, die Gattin, sagt' am besten dir das allen an« (Verse 1171-1172). Genau in diesem Augenblick, da der Hirte diese Worte ausspricht, ist Jokaste, die gleichfalls geflohen ist, um nicht sehen und hören zu müssen, im Begriff, sich zu töten. Nun wird niemand mehr die Geburt des Ödipus authentisch bezeugen können.

Lassen wir für einen Augenblick die Bedeutung dieser winzigen, aber wesentlichen Fehlstellen beiseite. Deutlich erkennbar ist die Mechanik dieser Hälften, die zur Passung kommen. Die göttliche Hälfte, die ihrerseits aus einer Orakel- und einer Mantikhälfte besteht, die menschliche Hälfte, ihrerseits zusammengesetzt aus einer »Mordhälfte«, über deren eines Fragment Jokaste, das andere Ödipus verfügt, und einer »Geburtshälfte«, deren eines Fragment durch einen Boten aus Korinth gebracht wird, während das andere in Theben in der Hütte eines Sklaven verborgen war. Die vier Hälften des menschlichen Zeugnisses (Ödipus, Jokaste, der Bote, der Hirte) finden in zwei Paaren zur Passung, die ihrerseits zur Passung kommen, und füllen damit genau die von der Prophezeiung gelassene Lücke, wodurch sie das Wort des Sehers und das des Gottes in ein ὀρθὸν ἔπος [*orthon epos*] verwandeln.

* Zumindest falls Vers 845 authentisch ist (Anm. von M. Foucault nach Masqueray).

Diese Transformation wird durch eine doppelte Verschiebung erreicht. Eine Verschiebung zunächst von oben nach unten innerhalb einer Hierarchie: Zuerst sprechen die Götter oder deren Diener, wobei allerdings – zumindest in den Augen des Ödipus – noch das menschliche Zeugnis fehlt. Dann kommen die Könige, denen aber die Bestätigung durch ihre Sklaven fehlt. Schließlich kommen die Sklaven selbst, die genau das sagen, was die Götter vorausgesagt haben, und genau von den Ereignissen berichten, die deren Anweisungen entsprachen. Die Sklaven selbst haben ebenso wie Teiresias dasselbe, τὰ ἀυτά, gesehen und sagen dasselbe wie Phöbus. Die niedere Erinnerung des Sklaven entspricht Wort für Wort der »göttlichen Stimme« (ἄμβροτε Φάμα, Vers 157).

Doch es gibt außerdem noch eine Verschiebung in den Wissensformen: Zuerst rief man Apoll an, der alles sieht und zu seinen Dienern spricht, oder den blinden Seher, der das Wort des Gottes hört und ins Dunkle zu schauen vermag. Ein Sehen und Hören, dessen Macht nichts Menschliches hat, da sie das Unsichtbare sehen und das Rätsel hören. Darauf antworten in der menschlichen Hälfte ein Sehen und ein Hören ganz anderer Art. Jokaste sagt über den Tod des Laios, was sie gehört hat; und Ödipus berichtet, was er mit eigenen Augen gesehen und mit eigenen Händen getan hat. Der Bote aus Korinth berichtet seinerseits, was er gesehen und getan hat, der Hirte aus Theben, was er getan und gehört hat. In dieser Hälfte überkreuzen Sehen und Hören einander (Jokaste hat gehört, was der Hirte gesehen hatte; Ödipus hat gehört, was der Bote gesehen hatte; der Hirte hat gehört, was Jokaste gesehen und getan hatte), wie bei den Göttern und seinem Seher Licht und Stimme einander überkreuzen (der Gott des Lichts lässt den Blinden, der alles sieht, seine Stimme hören). Aber ὁρᾶν [*horan*] und ἀκούειν [*akouein*] haben in beiden Fällen nicht dieselbe Bedeutung.

Und gerade über diesen Unterschied vermögen sie am Ende

ein ὀρθὸν ἔπος [*orthon epos*] anzupassen und zu bilden. Die Form dieser Anpassung und deren Mechanismus sind leicht
[13] zu erkennen. Ödipus selbst nennt beides ganz zu Beginn des Stücks: »Denn nicht fern gewiß möcht' ich's erspüren, aller Zeichen (σύμβολον [*symbolon*]) ganz entblößt« (Verse 220-221).[7] Die Fragmente, die hier einander ergänzen, gleichen den Fragmenten eines Symbols, das als ganzes die Bedeutung von Beweis und Zeugnis hat. *König Ödipus* ist eine »symbolische« Geschichte, eine Geschichte aus Fragmenten, die zirkulieren, von Hand zu Hand wandern und nach deren verlorener Hälfte man sucht: von Phöbus bis zum Seher, von Jokaste bis zu Ödipus, vom Boten bis zum Hirten – also von den Göttern bis zu den Königen und von den Königen bis zu den Sklaven. Und wenn schließlich der letzte Sklave aus seiner Hütte tritt, in der Hand das letzte Wissensfragment, das man noch brauchte, dann verbindet sich die »Berichts-« mit der »Orakelhälfte«, die »Inzest-« mit der »Mordhälfte«, die »thebanische« mit der »korinthischen« Hälfte, und die Gesamtfigur ist rekonstruiert. Die Bruchstücke der verstreuten Tessera sind wieder zusammengefügt. Das σύμβολον [*symbolon*] ist vollständig. Das gesamte Suchverfahren folgt diesem Symbolon-Mechanismus: Prüfung und Authentifizierung dessen, was man in der
[14] Hand hat; Bestimmung dessen, was noch fehlt und was zu wissen äußerst wichtig wäre; Bezeichnung desjenigen, der das fehlende komplementäre Element in seinem Besitz haben müsste. Genau das meint Ödipus mit »eine Untersuchung durchführen« (ἐξερευνᾶν [*exereunan*], Vers 258).[8]

Doch Ödipus selbst ist ein σύμβολον [*symbolon*] – eine in Stücke zerbrochene Figur. Er hat eine korinthische Hälfte: Sohn des Polybos, Objekt einer im Rausch begangenen Beleidigung, dann einer fürchterlichen Prophezeiung, freiwillig ins Exil gegangen, zum Mörder eines Vorbeifahrenden geworden, schließlich in Theben als Retter aus dem Unglück aufgenommen. Aber er besitzt auch eine thebanische Hälfte: Bezwinger der Sphinx, in der Stadt als Retter

empfangen, Gatte der Königin, Herrscher. Die beiden Hälften werden zusammengefügt von der Sphinx-Episode – die aus dem Exilierten einen König macht; aus dem vom Unglück Verfolgten jemanden, der das Glück erobert hat; aus dem Korinther einen Thebaner – und sind jeweils ein sicht-
[15] bares Fragment, dem eine verborgener Teil fehlt. Die korinthische Hälfte des Ödipus als Sohn des Polybos ist ihrerseits nur die Hälfte einer Geschichte, der die Episode des im Kithairon-Gebirge aufgenommenen Kindes, die Episode des kinderlosen Königspaars und die der heimlichen Adoption fehlen. Und auch die andere Hälfte des Abenteurers und Tyrannen Ödipus ist weit davon entfernt, den ganzen thebanischen Ödipus darzustellen. Es gibt auch in dieser Hälfte eine verborgene Hälfte: Kind des Laios und der Jokaste, schon vor der Geburt zum Verbrechen bestimmt und einem Sklaven übergeben, der ihn im Kithairon-Gebirge aussetzen soll.

Das also ist das »Doppelspiel« des Symbolmechanismus: In Stücken rekonstruiert er die Ursache der Pest, von der Theben heimgesucht wird. Alles, was fehlte, findet schließlich seinen Platz, und das Ganze ist wiederhergestellt. Doch diese Rekonstruktion der Geschichte aus fehlenden Hälften lässt Ödipus selbst als jemanden erscheinen, der auf monströse Weise aus »überzähligen« Hälften zusammengesetzt ist, aus unvorhergesehenen und unreinen Hälften, die ihn gleichsam verdoppeln: Der Sohn des Polybos ist zugleich auch Sohn des Laios; der König ist zugleich der Mörder des Königs; der Mörder ist zugleich auch das Kind; der Gatte ist
[16] zugleich der Sohn; der Vater ist zugleich der Bruder seiner Kinder; der Suchende ist zugleich der Gesuchte; der die Verbannung ausspricht, muss verbannt werden; der die Götter mit Fragen bestürmt, bestürmt sich selbst mit Fragen. Eine Verdopplung, die am Ende des Stücks deutlich ausgesprochen wird: »Kein Wunder wahrlich, daß in solchen Leiden auch du doppelt trauerst und gedoppelt Schmerzen erträgst« (Verse 1319-1320). »Ehen, Ehen, ach! Erst habt ihr

mich gezeuget, und empfangen dann des Erzeugten Samen wieder, und hervorgesproßt Erzeuger, Brüder, Kinder, allverwandtes Blut, und Bräute, Mutter, Ehefraun« (Verse 1403-1407). Was der *symbolon*-Mechanimsmus durch das Wechselspiel der fehlenden Hälften sichtbar macht, ist eine aus überzähligen monströsen Hälften zusammengesetzte Figur, deren Anblick kein Mensch mehr zu ertragen vermag.

[17] Dieser *symbolon*-Mechanismus macht aus Ödipus eine monströse Doppelgestalt[9] und versieht sie mit zahllosen unerträglichen Verdopplungen. Aber mehr noch, er lässt zahlreiche Äußerungen des Ödipus oder über Ödipus als doppeldeutig erscheinen, insofern sie zwei Dinge zugleich sagen.[10] Als er die Stadt beweint, weint er über sich selbst (Vers 64). Er verfügt die Verbannung des Mörders, wird aber selbst unter seinem eigenen Dach wohnen (Vers e 249-251). Er weiß, dass man die Götter nicht zu Dingen zwingen kann, die sie nicht wollen (Verse 280-281). All diese Sätze und viele weitere sagten zwei Dinge zugleich. Darin war jeder von ihnen gleichsam ein σύμβολον [*symbolon*], ein aus zwei Teilen bestehendes Stück, von denen Ödipus und der Chor nur ein Fragment sahen, während das andere erst am Ende wieder hervortreten sollte, als die Teile sich zusammenfügten. Dann begreift auch Ödipus, dass diese Sätze zwei Dinge sagten – was das mit dem σύμβολον [*symbolon*] vertraute Publikum bereits begriffen hatte. Die zwei Teile des »Symbols« waren nur für die Figuren auf der Bühne getrennt.

[18] Die Form des σύμβολον [*symbolon*] beherrscht den gesamten *König Ödipus*. Sie bestimmt die Beziehungen der Peripetie und des Wiedererkennens; sie bestimmt den Auftritt der erwarteten, herbeigerufenen oder unerwarteten Personen; sie bestimmt die Abfolge des Suchens, Erwartens und Entdeckens; sie bestimmt oft auch die Bedeutung der Sätze – Drohung, Versprechen oder Verwünschung. Doch bei dieser Form handelt es sich durchaus nicht (oder zumindest

nicht in erster Linie) um eine rhetorische Form – sondern um eine rituelle und juristische Form, die es erlaubt, einen Beweis zu erbringen, ein Wiedererkennen zu bewirken, einzelne Personen zu identifizieren und Nachrichten auf ihre Echtheit zu prüfen. Eine alte, traditionelle Praxis, die es ermöglicht, Anordnungen und Erlasse zu besiegeln, Betrug und Lüge zu verhindern, Verträge zu schließen, Anordnungen, Erlasse, Orakelsprüche ohne jede Verfälschung zu erhalten. Ein rituelles Instrument der Machtausübung.

[19] Hier ist nun an eines zu erinnern: Die Untersuchung, die Ödipus in Gang setzt (und er macht den Thebanern den Vorwurf, sie nicht selbst durchgeführt zu haben, als es noch Zeit war), ist schon bald von Misstrauen geprägt. Wenn sie so viele Umwege macht, wenn sie so langsam vorankommt und so viele verschiedene Fragmente nebeneinanderstellt, so weil die Worte des Sehers, obwohl klar und eindeutig anklagend, keinen Glauben finden: Ödipus verdächtigt ihn der Verschwörung, und der Chor glaubt, er spreche unter dem Einfluss des Zorns. Ödipus wendet sich von diesen heiligen Worten ab, und der Chor mit ihm. Jokaste wird den Boten der Götter wenig später kaum mehr Glauben schenken (Verse 945-953). Werden selbst die Götter Opfer dieser Ungläubigkeit? Zweifellos bemüht sich Ödipus und Jokaste, zwischen den Göttern und ihren Dienern zu unterscheiden. Aber glaubten sie letztlich nicht doch, den unausweichlichen Anordnungen der Götter entgehen zu können?
[20] Und sobald sie das können, beeilen sie sich, lauthals den Sieg über die Orakel zu verkünden. Doch das hat im Augenblick kaum Bedeutung. Entscheidend ist die Tatsache, dass Ödipus zur Verifizierung oder Abwendung der bedrohlichen Worte ein Verfahren in Gang setzt, dass weit davon entfernt ist, auf das Orakel zu hören.

Ödipus beginnt mit einer Untersuchung: Wer hat getötet? Wann und unter welchen Umständen hat sich der Mord ereignet. Wer war Zeuge der Tat? Wo befindet sich der Zeuge jetzt? Hast du selbst gesehen, was du weißt, oder weißt du es vom Hörensagen und von wem? Der Mann, mit dem ich dich konfrontiere und den du hier siehst, war er es, den du früher schon einmal gesehen hast? All das entfernt sich weit von der Unterwerfung unter die Götter und dem getreulichen Gehorsam gegenüber deren Dienern. Aber die Phasen der Untersuchung und die Tatsachen, die nach und nach ans Licht kommen, folgen einander gemäß der rituellen Form und dem politisch-religiösen Mechanismus des σύμβολον [*symbolon*].

Dieser Mechanismus vermag letzten Ende zu zeigen, dass das durch die Untersuchung zutage geförderte Wissen sehr genau zu dem von dem Seher ausgesprochenen Wissen passt. Oder genauer, der Sklave, der als Letzter befragt wird,
[21] ganz am Ende der Untersuchung und gegenüber Phöbus am anderen Ende der Hierarchie stehend, ist der Einzige, der ebenso viel weiß wie der Gott und sein Seher. Auch er – und er allein – wusste alles. Zweifellos wird er nur zu dem Zweck herbeizitiert, damit er das letzte noch fehlende Fragment beisteuert (die thebanische Seite der Herkunft des Ödipus), aber er war außerdem auch der einzige Zeuge des Mordes an Laios; der Einzige, der *wusste*, dass der Mörder des Laios, der Gatte der Jokaste, beider Sohn ist (das wird nicht ausdrücklich gesagt, denn die wesentlichen und absolut entscheidenden Punkte werden nicht ausgesprochen, doch durch seine Flucht, als Ödipus an die Macht kommt, und durch sein Schweigen auf die Frage, ob er im König das ihm einstmals übergebene Kind wiedererkenne, zeigt er, dass er alles wusste). Der Sklave also hat alles gesehen, wie der blinde Seher, dem nichts entgeht, und wie der Gott, der alles sieht. An den entgegengesetzten Enden der Untersuchung und all dieser penibel zusammengefügten Wissens-
[22] fragmente stehen der Sklave und der Gott einander gegenüber; der eine sagt, was er weiß, durch den rätselhaften Mund des Orakels, der andere verschweigt, was er gesehen hat und was niemand hätte sehen dürfen. Könnte man sagen, der stumme Blick des Sklaven und das Wort des Herr-

schers, der alles sieht, »symbolisierten« einander wechselseitig?

Immerhin erlaubt es die Form des σύμβολον [*symbolon*], die Zeugenaussage mit dem Orakelspruch in Einklang zu bringen. Geht es in *König Ödipus* um eine Ritualisierung, eine Sakralisierung dieses Ermittlungsverfahrens mit dem Ziel, es in seiner Geltung den von den Göttern kommenden Orakelsprüchen gleichzustellen? Oder geht es darum, unter dem Deckmantel eines symbolischen Rituals die alte Praxis der Befragung von Orakeln durch die neue Praxis der gerichtlichen Untersuchung zu ersetzen? Geht es darum, gleichzeitig diese beiden Wissensformen zu begründen? In jedem Fall müssen wir nun die Rollen, das Aufeinandertreffen dieser »Wissensrituale« untersuchen, die zugleich juristischen, politischen und religiösen Charakters sind.

* * *

[23] In *König Ödipus* gibt es also zwei Arten von Wissen, die zur Passung finden und am Ende ein ὀρθὸν ἔπος [*orthon epos*] ergeben. Zwei Arten von Wissen, die dasselbe wissen (Mord und Inzest). Aber die eine äußert es in der Form des Orakels, des zweiten Gesichts, der Wahrsagung. Es ist ein Wissen, dem nichts entgeht; die Blindheit des Sehers kommt dem Licht des Gottes gleich. Die andere ist ein Wissen, das man in Gestalt der Zeugenaussage, der Erinnerung und des Bekenntnisses ans Licht holt. Es weiß nur, was es gesehen und getan hat; darüber hinaus vermag es nichts zu sagen. Das eine Wissen beherrscht die Zeit, denn es sieht die Zukunft ebenso wie die Vergangenheit – und die Vergangenheit in derselben Form wie die Zukunft (in seiner großen Prophezeiung in den Versen 408-428 sagt Teiresias dem Ödipus, was er getan hat, welchen Zorn er selbst gegenwärtig empfindet und welche Übel ihn bald heimsuchen werden). Das andere Wissen vermag nur zu sagen, was früher einmal geschehen ist; es unterliegt dem Zwang zur *longue durée* (Vers 1141) und muss dem Gesetz der μνήμη [*mneme*] gehorchen (Vers 1131).[11]

[24] Zwischen diesen beiden Wissensarten steht Ödipus. Ödipus, der sie beide zwingt, ans Licht zu treten: »Mit Unlust sag ich dies, von dir gedrängt«, sagt Teiresias zu Ödipus (Vers 357); und Ödipus zum Hirten: »Du sagst es nicht mit Güte, doch mit Tränen einst« (Vers 1152). Ödipus, der sie zwingt, zur Passung zu gelangen. Ist nun Ödipus schlicht und einfach derjenige, der nichts wusste, die blinde Unwissenheit, die blind nach dem Wissen sucht? Ödipus gilt traditionell als jemand, der zwar das Rätsel der Sphinx, nicht aber das Rätsel zu lösen vermochte, das er selbst darstellt. Und diesen Gegensatz zwischen einem Wissen, das die Stadt rettete, und einem Nichtwissen, das ihn selbst zum Unheil verdammte, hebt der Text an mehreren Stellen hervor: »Und du verstehst nicht, dies am besten einzusehn?« fragt Teiresias ihn voller Ironie (Vers 440). Ödipus der Rätsellöser wusste von sich selbst nichts. Ödipus der Nichtwissende.[12]

[25] Ödipus der Unwissende – sofern man annehmen will, dass er im Grunde wusste, dass er um seine Geburt und sein Verbrechen wusste, aber sich weigerte, es zu wissen. Ödipus der Unbewusste. Jedenfalls dementiert er das etymologische Wortspiel, das in seinem Namen steckt. Er wusste weder, woher seine geschwollenen Füße kamen, noch wohin ihn sein Füße ins Exil trugen.

Wie es scheint, ist Ödipus in diesem Text des Sophokles nicht schlicht und einfach jemand, der nicht weiß. Vielmehr ist er offenbar selbst Träger einer bestimmten Art von Wissen, die sich sowohl von der Orakelerkenntnis des Teiresias als auch von der Erinnerung des Sklaven unterscheidet. Auch Ödipus ist ein Mann des Wissens,[13] eines ganz besonderen Wissens, das seine Eigenheiten, seine Anwendungsbedingungen und seine Wirkungen hat. Dieses auf halbem Wege zwischen dem des Gottes und dem des Sklaven angesiedelte Wissen ist das des »Tyrannen«. Die »Tyrannis« des Ödipus, die Form von Macht, die er ausübt, und die Art und Weise, wie er sie erworben hat, sind nicht nebensächlich für die große Untersuchung, die er anstellt, sondern spielt eine zentrale Rolle im Verhältnis zwischen Macht und Wissen.

[26] Immer wenn Ödipus auftritt, wird seine Macht ins Spiel gebracht und zugleich in Frage gestellt. Weil er die Macht hat, suchen die Bürger von Theben beim ihm Hilfe gegen die Pest (Verse 33-34). Doch das Übel, das Theben bedroht, betrifft ihn nicht weniger als die Stadt (Vers 64). Im Interesse seines eigenen Königtums sucht Ödipus nach dem Mann, der König Laios getötet hat; derselbe Verbrecher könnte auch ihm nach dem Leben trachten (Verse 139-140). In seiner Stellung als König verfügt Ödipus von der Höhe seiner politisch-religiösen Macht herab, dass der Mörder des Laios aus der Stadt verbannt werden soll. Aber er wäre bereit, selbst solch ein Schicksal zu erleiden, wenn der Mörder in seinem Haus lebte (Verse 249-251). Als König, dessen Heil mit dem Wohlergehen der Stadt verknüpft ist, bittet Ödipus Teiresias um Hilfe (Vers 312). Und genau diese königliche Macht bedroht Teiresias in seiner Prophezeiung
[27] (Verse 350-353). Und als Ödipus hört, dass Teiresias ihn beschuldigt, der Mörder zu sein, sieht er nicht seine Unschuld in Gefahr, sondern seine Macht, und diese Macht verteidigt er (Verse 380-404).

Von Macht und nur von Macht – nicht von Tatsachen, Zeichen oder Beweisen – ist in der großen Auseinandersetzung mit Kreon die Rede [Verse 532-631]. Nicht: »Ist es wahr, dass ich getötet habe?« Sondern: »Ist es wahrscheinlich, dass es eine Verschwörung gibt?« Nicht: »Bin ich unschuldig oder schuldig?« Sondern: »Wer wird an der Spitze dieser Stadt stehen, er oder ich?« (Insb. Verse 658-659 und 669-672.) Und wieder ist es der Herrscher, dessen Ruhm aus drei Generationen von Sklaven hervorgegangen sein könnte, wie sich zeigt, als der Bote enthüllt, dass Ödipus nicht der Sohn
[28] des Polybos ist (Vers 1063). Es ist der Gerichtsherr,[14] der den Sklaven, den Träger des letzten Geheimnisses, befragt und mit der Folter bedroht. Und selbst als Ödipus geschlagen ist, verweist der Chor auf die charakteristischen Merkmale

des Herrschers oder Tyrannen: Er hatte seinen Pfeil weiter geschossen, er hatte das Glück erlangt, er erhob sich wie ein Turm. »Er wurde König genannt.« Und das letzte Wort an Ödipus, bevor man ihn in den Palast führt und den Blicken entzieht, kommt von dem neuen König: Es ist der Erlass, der ihn von der Macht verdrängt, das Verbot, in Zukunft noch irgendwelche Befehle zu geben: »Versuche nicht mehr, immer noch Herr zu sein« (κρατεῖν, Vers 1522). Und dieses Wort wird sogleich zweimal aufgegriffen: von Kreon im folgenden Vers in einem Wortspiel (καὶ γὰρ ἀκράτησας [Vers 1523], in dem gleichermaßen die Gipfel (ἄκρας) anklingen, die er erklommen, und die Macht, die er verloren hat (ἀ-κρατεῖν); und zwei Verse weiter vom Chor in der letzten Replik des Stücks: Du warst ein Mann auf dem Gipfel der Macht (κράτιστος), beneidet von den Bürgern (Vers 1525-
[29] 1526). Damit greift der Chor bis in die Wortwahl hinein den ersten Gruß auf, den er dem Ödipus zu Beginn des Stücks entboten hat: »ὦ κρατύνων Οἰδίπους« (Vers 14).* Es ist die Macht des Ödipus, die in dieser großen Wissensprobe auf dem Spiel steht.

Welche Macht? Eine ganze Serie von Kennzeichnungen sind hier Tradition und dienen in der Tragödie zur Charakterisierung jener legendären Personen, die als Heroen, Gründer, »Könige« und politische oder religiöse Herrscher einer Stadt angesehen werden. (Ödipus wird als βασιλεύς [*basileus*], ἄναξ [*anax*], als Erster unter den Menschen gegrüßt; es heißt, er habe die κράτεια [*krateia*] inne und verfüge über die ἀρχὰς [*archas*] (Vers 259). Und zumindest bei mehreren Verwendungen besitzt das Wort τύραννος [*tyrannos*], mit dem Ödipus, aber auch Polybos und auch Laios bezeichnet werden, zweifellos keine spezielle Konnotation. Zum Ersatz für den »Tyrannen« Polybos wählten die Korinther Ödipus zum »Tyrannen« (Verse 939-940). Und der hatte bereits den Platz des »Tyrannen« Laios eingenommen.

* Siehe auch Vers 40: ὦ κράτιστον πᾶσιν Οἰδίπου κάρα. (Anm. von M.F.)

Dennoch wird die Herrschergewalt des Ödipus an mehre-
[30] ren Stellen auf besondere Weise charakterisiert. Er hat bereits ein wechselhaftes Schicksal hinter sich, Elend und Ruhm. Von ganz oben stürzte er nach ganz unten, und von ganz unten stieg er wieder zum Gipfel auf. »Und es haben mich verwandte Monden groß und klein hervorgestellt« (Vers 1983). Solch ein wechselhaftes Schicksal ist natürlich typisch für den tragischen Helden, ob nun Tyrann oder nicht. Aber statt darin zumindest für den Augenblick eine Feindseligkeit oder eine Strafe der Götter zu erblicken oder die Folge einer hartnäckigen Ungerechtigkeit, erklärt er, dies sei das Gesetz seines Daseins. Die Wechselhaftigkeit des Schicksals ist sein Los, und statt sich darüber zu beklagen, rühmt er sich dessen. Er ist ein Kind des unglücklichen Schicksals, und die Jahre, die ihm bald Glück, bald Unglück bringen, sind seine »Stammesgenossen« (συγγενεῖς, Vers 1082). So ist er geboren, das ist seine Natur (Verse 1080-1084; Τοιόσδε δ'ἐκφὺς, Vers 1084). Diese Wechselhaftigkeit des Schicksals, diese Abfolge von Größe und Katastrophe hat der Chor kurz zuvor in folgender Weise charakterisiert: Das ist das Schicksal des Tyrannen und seines Hochmuts (Verse 872-873).[15]

[31] In Leben und Person des Ödipus finden sich spezifisch tyrannische Züge in großer Zahl. Auch der Text des Sophokles verschweigt sie nicht. Manche sind positiv. Er kam als Fremder in die Stadt, niemand kannte ihn, und niemand fragte ihn nach seiner Herkunft. Seine Macht erwarb er ganz allein, indem er sich über die Bürger erhob (»Er schoss seinen Pfeil weiter als die anderen«, Vers 1196)[16], auch wenn er dadurch deren Neid erregte (Vers 1526). Er hatte sein Glück selbst in die Hand genommen und gemeistert (ἐκράτησε, Vers 1197). Und bei diesem Unterfangen war er allein, er hat es selbst unternommen (αὐτός). Aber er konnte die Macht nur ergreifen, weil er der Stadt einen Dienst erwies. Sie stand vor dem Untergang, und er rettete sie. Ihre Feinde waren im Begriff, sie zu zerstören, und er bewahrte sie davor. Er war ihr Schutz-

turm (Verse 1200-1201). Er ermöglichte es der Stadt, zu atmen und zu schlafen (Verse 1220-1221). Er richtete sie wieder auf, er brachte sie wieder ins Lot (Verse 39, 51, 443, 695).

[32] Solche Großtaten sind typisch für historisch-legendäre Gestalten von Tyrannen oder Gesetzgebern, die eine Zeitlang die Macht ausübten, Traditionen umstießen und oft auch die archaischen Strukturen der griechischen Gesellschaft umstürzten. Der Ausdruck »ὀρθῶσαι, ἀνορθῶσαι πόλιν [*orthosai, anorthosai polin*]«, der hier erscheint, ist charakteristisch: Solon selbst verwendete ihn zur Kennzeichnung seines Werks. Wie die Heroen der Mythologie erobert Ödipus eine Macht, die ihm nicht zukommt, indem er eine Probe besteht. Aber wie die »Verfassungsgeber« des 6. Jahrhunderts stellt er die Stadt wieder auf die Beine, lässt sie gesunden und bringt sie »ins Lot«. Dadurch stellt er zwischen sich und seinen Untertanen eine Beziehung der Anerkennung, der Schuld und der Zuneigung her, die nichts mit dem Privileg der Geburt zu tun hat. Die Rettungstat bindet die Bürger an ihren Herrn, und sofern sie nicht durch irgendeine Wendung des Schicksal zum Gegenteil genötigt werden, bleiben sie ihm treu: »Durch eine große Probe hat er die Liebe der Stadt erworben. Auch wird mein Geist ihn niemals eines Verbrechens bezichtigen« (Verse 510-511).

[33] »Wisse, dass ich irrsinnig wäre [...], wenn ich dich im Stich ließe, dich, der du mein geliebtes Land in seinem Leid allein wieder auf den rechten Weg brachtest« [Verse 690-695].[17] Die Macht des Ödipus in Theben basiert nicht minder auf der Zuneigung des πλῆθος [*plethos*] als auf der Hochzeit mit Jokaste. Und Kreon weiß das sehr wohl: Wer die Macht erlangen will, braucht Geld und die Unterstützung des πλῆθος [*plethos*]. Auch hier überlagert der *König Ödipus* des Sophokles der legendären Gestalt des Helden, der nach bestandener Probe seine Macht durch die Heirat etabliert, das historische Profil des Tyrannen oder des »Reformers«, dessen Herrschaft auf der mehr oder weniger spontanen Zuneigung des πλῆθος [*plethos*] basiert.

Aber das ist noch nicht alles. Ödipus besitzt auch eine Reihe traditionell negativer Züge des Tyrannen. Er identifiziert sich natürlich nicht mit Theben, weil er dort geboren und weil er zugleich Sohn und Bürger der Stadt wäre (er weiß nicht, dass es so ist), sondern weil er es in Besitz genommen hat. Es ist in dem Sinne seine Stadt, dass er – und er allein – sie besitzt. Kreon macht ihm diese Haltung zum Vorwurf: »Auch ich bin Teil dieser Stadt; sie gehört nicht dir allein
[34] (οὐχὶ σοὶ μόνῳ)« (Vers 680). Wenn er Befehle erteilt, kommt es kaum darauf an, ob sie gerecht sind (»Man muss trotzdem gehorchen«, Vers 628). Ist er nicht ganz allein die Stadt (Vers 629)?

Deshalb kann der Chor, als er wenig später das Porträt des Tyrannen zeichnet und dessen Maßlosigkeit beschreibt, sagen, er fürchte »Δίκε [*Dike*]« nicht. Manche Kommentatoren wundern sich über diesen Chor, der ein so hartes Bild des Tyrannen zeichnet: Überheblichkeit, Ungerechtigkeit, Weigerung, die Götter zu ehren, frevelhafte Anmaßung, unberechtigte Gewinne, Gotteslästerung, Entweihung von Heiligem, Weigerung, auf Orakel zu hören, Aufgabe des Kults. Können wir darin tatsächlich Ödipus wiedererkennen, diesen Herrscher, den das Volk eben noch seiner Dankbarkeit versicherte und der in der Bedrängnis unverzüglich Kreon zum delphischen Gott schickte? Doch allzu viele traditionell dem Tyrannen zugeschriebene Züge passen durchaus zu Worten und Einstellungen des Ödipus, die sich über den ganzen Text verstreut finden, als dass man ihn nicht darin wiedererkennen müsste (und das Problem der
[35] mangelnden Bereitschaft, auf das Orakel zu hören, lasse ich für den Augenblick einmal beiseite). In dem Moment, da das Schicksal des Ödipus sich erneut zum Schlechten wendet, kehrt der Chor – indem er die Wendung des πλῆθος [*plethos*] symbolisiert – das positive Bild um, das er bis dahin vom Tyrannen gezeichnet hat, und stellt seiner Herrschaft nun die der Gesetze (λόγοι [*logoi*]) gegenüber, »die im himmlischen Äther gezeugt sind und deren Vater der

Olymp ist«. Gewiss wird der Chor nochmals eine Wende vollziehen, als das Unglück eingetreten ist, und Mitleid mit dem Mann bekunden, der es der Stadt ermöglicht hatte, einen Augenblick lang aufzuatmen.

Doch genau darin liegt die Ungewissheit, die das Schicksal des Tyrannen kennzeichnet. Er wird geliebt, dann zurückgewiesen, dann mit Mitleid bedacht, man gehorcht jedem seiner Wünsche, als wären sie staatliches Gesetz, dann wird er verbannt und dem fürchterlichsten Schicksal überantwortet, sobald man seiner Anmaßung die von den Olympiern gegebenen Gesetze entgegensetzen kann.

Der Tyrann befindet sich in einer heiklen Lage. Er gehört nicht gänzlich zur Stadt, ist nicht Bürger unter Bürgern, obwohl sie ihm ihr Heil verdanken. Und auch wenn er die Hilfe der Götter erhält, zumindest um die Probe siegreich zu bestehen (Vers 38), sorgt er dennoch nicht dafür, dass die Gesetze der Götter die Stadt regieren. Es gibt ein Dreigestirn, das im Text des *König Ödipus* wiederholt auftaucht: die Götter, der Herrscher, die Erde (γῆ oder χώρα). Ein
[36] Dreigestirn, das Ödipus selbst zum Ausdruck bringt und das die Stellung des Tyrannen definiert. Als die feindselige Gottheit die Erde verwüstete, stellte Ödipus sich wie ein Turm zwischen die »Jungfrau des Orakels« und die sterbende Stadt. Das tat er im Übrigen nicht ohne die Hilfe der Götter, die es zuließen, dass die Stadt gerettet wurde. Er ist also zugleich Schutzmauer der Stadt gegen die Götter und Gesandter der Götter in der Stadt.

Aber umgekehrt – und darin liegt die Wende der Tragödie – ist er selbst die von den Göttern in die Stadt geschickte Pest. Er ist schuld, dass die Stadt sich von den göttlichen Gesetzen und Orakeln abwendet. Und die Stadt muss ihn vertreiben, wenn die Götter dort wieder ihre Ordnung einkehren lassen sollen. Als Ödipus feierlich erklärt, der Mörder, der die Stadt befleckt und den Zorn der Götter auf sie zieht, müsse vertrieben werden, das sei eine Notwendigkeit »für mich, für die Götter, für das Land«, da verweist er, indem

er sich selbst an erster Stelle nennt, ohne es zu wollen und ohne es zu wissen, auf die gefährliche Stellung des Tyrannen zwischen den Göttern und der Erde. Und wenn Ödipus
[37] seine Macht am Ende verliert, so weil die beiden Arten von Wissen direkt zusammengefügt werden, das Wissen der Götter – das des Sehers – und das Wissen der Erde, jener χώρα [*chora*], in die der im Hause des Königs geborene Sklave geflohen war, um nicht zu sehen (Verse 756-764).

In dieser einzigartigen und fragilen Stellung ist die Macht des Ödipus an ein Wissen gebunden. Er konnte die Macht in Theben erlangen oder vielmehr, man übergab ihm die Macht, weil er die »Erkenntnisprobe« bestanden hatte. Ödipus und der Chor erinnern einander mehrfach daran, dass ihr wechselseitiges Band auf Wissen basiert, und zwar auf einem zweifachen Wissen: dem des Ödipus, der seine Überlegenheit durch die Lösung des Rätsels bewiesen hatte, und dem der Stadt, die auf nicht zu bezweifelnde Weise hatte feststellen können, dass Ödipus wusste. Deshalb wurde er als »σοφός [*sophos*]« anerkannt, und aufgrund der Probe (»βάσανῳ«) wurde er von der Stadt geliebt (ἁδύπολις, Vers 510). Dieses in der Probe bewiesene Wissen ermöglicht es Ödipus, über die Stadt zu herrschen; und immer wenn er
[38] erscheint und seine Macht ausübt, geschieht dies in Gestalt dessen, der weiß: Ich weiß, ich habe gesehen. Immer wieder demonstriert Ödipus so zugleich sein Wissen und seine Macht [Verse 58, 65, 67]. »Οἶδα [*oida*]«, so lautet das Wort,[18] in dem dies zum Ausdruck kommt und das nun tatsächlich Teil seines Namens ist. Genau diese Verbindung aus Wissen und Macht gerät durch die Pest in Theben in Gefahr. Wenn der König nicht weiß, was er tun soll; wenn er nicht weiß, wer für die Befleckung verantwortlich ist; wenn er nicht weiß, auf wen das Reinigungsritual anzuwenden ist, wird er wie die Stadt verloren sein. Er sucht sein eigenes Heil mindestens ebenso wie das der Stadt. Aber er wird auch dieses Rätsel lösen, er wird selbst aufdecken, was niemand weiß, und er wird seine Macht verlieren. Aber wir wollen nicht vorgreifen.

Welcher Art ist dieses mit der Eroberung und Ausübung der Macht verbundene Wissen? Ödipus selbst benutzt den Ausdruck γνώμη [*gnome*]: Er hat die Sphinx mit ihrem Geheimnis und ihrer Grausamkeit durch die γνώμη [*gnome*] überwunden (γνώμῃ κυρήσας, Vers 398). Und in einer anderen Passage, in der er auf seine Macht verweist, die er von
[39] Kreon und Teiresias bedroht glaubt, ruft er aus: »Ὦ πλοῦτε καὶ τυραννὶ καὶ τέχνη τέκνης« (Vers 380).[19] Die Macht scheint hier flankiert von zwei wichtigen Attributen: [τέχνη [*techne*] und γνώμη [*gnome*][20] – die zugleich deren Instrumente, deren Bedingungen und deren Manifestationen sind: der Überfluss der Güter und Ressourcen der Kunst, größte Geschicklichkeit, überlegenes praktisches Wissen: τέχνη τέκνης [*techne teknes*]. Was bezeichnen diese zwei Worte: τέχνη [*techne*] und γνώμη [*gnome*]?

Sie stehen in deutlichem Gegensatz zu einer Wissensform, die darin bestünde, etwas von jemandem zu lernen. Ödipus rühmt sich, er selbst, er ganz allein (αὐτος) habe das Rätsel der Sphinx lösen können. Niemand habe ihn das gelehrt. Und auch der Priester erklärt ganz zu Beginn des Stücks: »Du hast die Stadt des Kadmos befreit [...], ohne mehr über uns zu wissen als jeder und ohne von uns instruiert worden zu sein« (Verse 35-38).[21] Um zu wissen, braucht Ödipus weder zu hören, was man sagt, noch zu lernen (ἐκμαθεῖν). Doch dieses Prinzip gilt nicht nur für das, was die Menschen des Landes – die χώρα [chora] – wissen können, sondern
[40] auch für alles, was die Vögel und alle traditionellen Mittel der Mantik ihn zu lehren vermöchten. Ödipus sagt es zu Teiresias: Als die Hündin die Stadt heimsuchte, kamen weder die Götter noch die Vögel dir zur Hilfe, um dir zu sagen, was zu tun war. Und er fährt fort: »Nicht der Erstbeste vermochte das Rätsel zu lösen, dazu bedurfte es der Wahrsagekunst (μαντείας)« [Verse 393-394]. Ein offen ironischer Satz, war es doch gerade das Privileg des »Erstbesten«, dessen, der »vorbeikam« (τοὐπιόντος [Vers 393]), das Rätsel zu lösen. Es war nötig, dass dieser Vorbeikommende,

von dem Teiresias glauben machen möchte, er habe nichts gewusst (μηδὲν εἰδὼς [Vers 397]), nicht etwa die Mantik einsetzte, die den Vogelflug deutet, sondern γνώμη [*gnome*] (Verse 390-398]. Das Wissen des Ödipus, ebenjenes Wissen, durch das er an die Macht kam, ist ein Wissen, das man bei niemandem erlernen kann. Er konnte weder auf göttliche Zeichen noch auf menschliche Gerüchte zurückgreifen. Er brauchte sein Wissen nicht von anderswoher (ἐκμαθεῖν; ἐκδιδαχθεὶς [Vers 38]) zu beziehen.

[41] Man könnte zweifellos sagen, das Wissen des Königs Ödipus falle nicht in die Dimension des ἀκούειν [*akouein*], jenes Horchens, das zugleich ein Gehorchen ist. Die γνώμη [*gnome*], deren Ödipus sich rühmt und die ihn an die Macht gebracht hat, steht im Gegensatz zu dem Horchen-Gehorchen, das der Seher gegenüber den Göttern übt und das Volk gegenüber den Gesetzen, die man ihm gibt. Hier ist anzumerken, dass auch Jokaste dieselbe ablehnende Haltung gegenüber dem Horchen-Gehorchen beweist – Jokaste, die die Macht, das Verbrechen und die Unwissenheit des Ödipus teilt. Sie sagt es ganz klar und scheint dabei sogar noch weiter zu gehen als Ödipus: »kein Sterblicher versteht etwas von der Seherkunst« (Vers 709). Und beweisen beide diese Ablehnung nicht jeder für sich, aber auf symmetrische Weise, als sie von der Prophezeiung erfahren, die sie betrifft? Gewiss, sie hören, verstehen, glauben sie, aber sie gehorchen ihr nicht, denn sie meinen, sie könnten ihr entrinnen. Sie achten das Wort der Götter hinreichend, um es nicht mit Gleichgültigkeit aufzunehmen und es ohne Skrupel herauszufordern. Aber sie glauben auch beide, es sage nicht die Zukunft voraus, und kein Wahrsager könne mit Sicherheit vorhersagen, was in der Zukunft geschehen
[42] wird. Nicht dass Ödipus oder Jokaste nicht an die Götter geglaubt oder ihnen ihre Achtung verweigert hätten. Aber sie sind der Ansicht, dass die Götter ihren Willen selbst klar zum Ausdruck bringen. Jokaste sagt es in den Versen 724-725: »Was der Gott zur Kenntnis zu bringen für nötig hält,

tut er leicht selbst kund« (ῥᾳδίως αὐτὸς φανεῖ [Vers 725]). Und Ödipus glaubt seinerseits nicht, dass man die Götter zwingen könnte, ihr Schweigen zu brechen. Sie sagen nur, was sie sagen wollen.

Auch zwei Verfahren zur Gewinnung von Wissen lehnt das königliche Paar ab: jenes, das darin besteht, aus dunklen Zeichen zu erschließen, was die Götter verbergen wollen (kein Vogelgeschrei, Verse 965-966, keine Zeichen, keine Bemühungen, die Götter zu zwingen, ihr Schweigen aufzugeben); und das Verfahren, das herauszufinden versucht, welches Schicksal die Götter bestimmt haben (keine Voraussagen, keine »πρόνοια [*pronoia*]«, Vers 978). All diese Anordnungen und Voraussagen, die die Zukunft auf mehrdeutige Weise festlegen (θεσμίσματα [Vers 971]), all das muss für nichts gehalten werden (ἄξι οὐδενός, Vers 972).[22]

Eines der Worte, das in der Rede des Ödipus im Zusammen-
[43] hang mit seiner Macht und dem Lob seines Wissens am häufigsten auftaucht, ist εὑρίσκειν [*heuriskein*]. Ödipus ist der Mann, der findet. Natürlich hatte er die Antwort gefunden, die man der Sphinx geben musste, und auf diese Weise die Stadt errettet. Auch in der neuen Katastrophe appelliert die Stadt an seine Fähigkeit zu finden: »Finde etwas, das hilft (ἀλκήν τιν'εὑρεῖν)!« bittet der Priester zu Beginn des Stücks (Vers 42).[23] Dem beunruhigten Volk sagt Ödipus, welchen Ausweg er gefunden hat (Verse 69 ff.). Den Thebanern macht er den Vorwurf, nicht schon beizeiten versucht zu haben, den Mörder des Laios ausfindig zu machen (ἐξερευνᾶν), aber er ist entschlossen, nun selbst herauszufinden, was die Möglichkeit bietet, zu wissen und die Stadt zu retten (Verse 120 und 304). An einem Punkt seiner Nachforschungen glaubt er sogar, die von Kreon angezettelte »Verschwörung« aufgedeckt zu haben (Verse 531-546). Teiresias sagt ihm nicht ohne einen drohend-ironischen Unterton: »Und du verstehst nicht, dies am besten einzusehn?« (ταῦτ'ἄριστος εὑρίσκειν ἔφυς, Vers 440).[24] Damit charakterisiert Teiresias den Ödipus in einer Weise, die ihm selbst genau entgegenge-

[44] setzt ist, hatte er doch kurz zuvor von sich selbst gesagt, dass er »der Wahrheit hohe Kraft« in sich nähre (Vers 356). Und der Chor hatte ihn als den einzigen Sterblichen begrüßt, der allein die Wahrheit in sich trage (τἀληθὲς ἐμπέφυκεν, Vers 299). Der eine, der Seher, ist gleichsam der Ort, an dem eine von den Göttern gesäte Wahrheit heranwächst; der König dagegen besitzt die Fähigkeit zu finden.

Das Finden – εὑρίσκειν [*heuriskein*] – ist nun aber durch drei miteinander verbundene Merkmale gekennzeichnet. Zunächst einmal findet man allein und aus sich heraus. Ödipus betont nachdrücklich, dass er allein war, als er die Antwort auf das Rätsel der Sphinx fand. Aber mehrfach unterstreicht er auch in seinem Handeln als König, dass er sich selbst informieren, dass er selbst finden, selbst entscheiden will. Schon in den ersten Versen sagt er: »Ich will es nicht von Boten erfahren, ich bin selbst hergekommen« (αὐτος [...] ἐλήλυθα, Vers 7).[25] Um einen Ausweg zu finden, schließt er sich in seine Gedanken ein, stellt lange Überlegungen an (Vers 67), und führt sogleich aus, was er gefunden hat (Vers 68). Das zweite Merkmal des Entdeckens: Wenn man es nicht allein schafft, stützt man sich auf das, was man selbst sieht und hört, oder auf
[45] das, was anwesende Zeugen gesehen und gehört haben. Der Mord an Laios ist für Ödipus deshalb ein besonderes Problem, weil er selbst nicht dabei war. Er hat davon reden hören, aber er hat ihn nicht miterlebt und mit eigenen Augen gesehen (εἰσεῖδόν, Vers 105). Als in dieser Sache Fremder kann er den Schuldigen nicht selbst (αὐτος) finden (Verse 219-221). Deshalb braucht er jemanden, der dem unglücklichen Geschehen selbst beigewohnt hat (Verse 116-119). Zumindest wäre es erforderlich, dass der Betreffende den gesehen hat, der gesehen hat (τὸν δ'ἰδόντ [α...] ὁρᾷ, Vers 293). Und als er die Spur aufgenommen hat, will er unbedingt selbst denjenigen sehen, der anwesend war. »Ich will ihn sehen« (εἰσιδεῖν [Vers 1052]), sagt er im Blick auf den Hirten, der den Mord an Laios beobachtet haben soll. Verliere nicht die Hoffnung, sagt ihm der Chor, bis »πρὸς τοῦ παρόντος ἐκμάθῃς« [Vers 835].[26]

So geht man von einer Anwesenheit über die nächste wie
auf einer Spur von der gegenwärtigen Unwissenheit zurück
bis zur Erkenntnis der Vergangenheit. Das »Aufdecken«
des Geschehens, dem der König selbst nicht persönlich bei-
gewohnt hat, erfolgt über die Erforschung der Anzeichen
[46] und Spuren, nicht über Vogelgeschrei, das man ausdeuten
müsste, sondern über die sichtbaren Elemente, die die Ver-
gangenheit mit der Gegenwart verbinden (σημήνας, Vers 957;
σημεῖα, Vers 1059; βασάνῳ, Vers 509), das geringfügige, ein-
zigartige Detail, das zuweilen viel zu enthüllen vermag
(Vers 120), alles, wodurch man dem Verbrecher auf die Spur
kommen (Vers 221) oder – kurz gesagt – das Geschehen ἐξ
ὑπαρχῆς [an seinem Anfang] erfassen kann (Vers 132). Jo-
kaste macht Ödipus den unberechtigten Vorwurf, nicht »die
Gegenwart durch die Vergangenheit zu erklären«, sondern
sich an das zu halten, was der jeweils Letzte ihm sagt (Verse
916ff.). In Wirklichkeit tut Ödipus dies nur allzu sehr, denn
gerade indem er dem als Letzter Sprechenden – dem Sklaven
– zuhört, gelingt es ihm, in der schrecklichen Vergangenheit
die Gründe für das gegenwärtige Unheil zu finden.

Die τέχνη [*techne*] des Ödipus wird hier, wie man sieht,
nicht auf die Erkenntnis der verborgenen Anordnungen der
Götter angewendet, die das Schicksal der Menschen im Vor-
aus festlegen, sondern auf die Entdeckung dessen, was ge-
schehen ist und was geschieht. Sie hört nicht auf die Worte
der Götter, die den Menschen ein für alle Mal binden, son-
dern richtet die Aufmerksamkeit auf jene Unregelmäßigkei-
[47] ten, jene Umwege, jene Höhen und Tiefen, die das Schicksal
ausmachen. Das Wissen des Ödipus liegt bei Τύχη [*Tyche*].
Diese Nähe zwischen τέχνη [*techne*] und Τύχη [*Tyche*] im
Wissen des Ödipus hat zwei Folgen: Einerseits erlaubt sie
es, nur dem zu glauben, was geschehen ist, und nicht darauf
zu sehen, ob die Vögel der Wahrsager nun »nach rechts oder
nach links« fliegen (Verse 857-858), jegliche Präzision, jeg-
liche πρόνοια [*pronoia*] für vergeblich zu halten (Vers 978)
und in den Geschehnissen wie dem Tod des Polybos keine

eingetretene Voraussage zu erblicken, sondern einen Schlag der Τύχη [*Tyche*] (Vers 949). Die τέχνη [*techne*] des Ödipus macht es möglich, die »θεῶν μαντεύματα« [*theon manteumata*] für nichts zu halten (Vers 946).[27] Andererseits heißt, sie für nichts zu halten, dass man ihnen entrinnen kann. Es ist stets möglich, an die Stelle der μοῖρα [*moira*], welche die Seher dem Menschen vorzuzeichnen scheinen (Vers 713), ein anderes Schicksal zu setzen. Das behauptet Jokaste (Verse 707ff.), das wollte sie in den Tatsachen aufweisen, indem sie Ödipus bloßstellte. Das behauptet Ödipus selbst (Verse 964ff.), und das wollte er tun, indem er Korinth verließ.
[48] Und ohne Zweifel bringt Jokaste das Verhältnis des Tyrannen zu seinem Wissen und seinem Schicksal* am besten zum Ausdruck, wenn sie sagt, letztlich herrschten (κρατεῖ) über den Menschen die Dinge des Schicksals (τὰ τῆς τύχης [Vers 977]), und am besten, am stärksten (κράτιστον) sei es, so zu leben, wie man die Macht dazu habe (ὅπως δύναιτό τις [Vers 979]. Ein Wechselspiel zwischen der Kraft der Τύχη [*Tyche*] und der Macht des Menschen – das ist dem bestimmt, der es versteht, die Zeichen der Wahrsagerei und den Schrecken, den sie verbreiten, für nichts zu halten (Verse 977-983). Ödipus kann sich selbst stolz als Sohn der Τύχη [*Tyche*] bezeichnen (Vers 1080). Und auch darin gleicht er der historisch-legendären Figur des traditionellen Tyrannen.

Wir haben hier also zwei einander entgegengesetzte Folgen, die beide durch eine bestimmte Art von Wissen und eine bestimmte Art von Macht charakterisiert sind. Auf der einen Seite die Folge der Mantik, die die Zeit überspannt, sich in der Dimension der πρόνοια [*pronoia*] entfaltet und durch Boten jene Anordnungen und Prophezeiungen vermittelt, denen man sich zu unterwerfen hat. Dieses Wissen ist mit der Macht des priesterlichen Herrschers verbunden.

* Manuskript: des Tyrannen, seines Wissens und seines Schicksals.

[49] Auf der anderen Seite die Folge der γνώμη [*gnome*]. Sie entfaltet sich zwischen Vergangenheit und Gegenwart, stützt sich auf das Zeugnis derer, die gesehen haben, die dabei waren, die »da waren«, und erlaubt es dadurch, selbst »aufzudecken« und selbst Abhilfe zu finden. Das ist das Wissen des Tyrannen. Beide mit dem Titel des Ἄναξ [*Anax*] begrüßt, geraten Tyrann und Seher aneinander, beide gerüstet mit den Waffen ihres jeweiligen Wissens. Ödipus ist kein Unwissender, er ist der Mann, der gegen die orakelhafte, prophetische, wahrsagende Wissensform, durch die er unablässig verfolgt und verdammt wurde, eine andere Art von Wissen gewählt hat.

Dieses andere Wissen kann man indessen nicht als das Wissen des Tyrannen individualisieren, der selbst sehen will, denn es ist gleichfalls hochgradig ritualisiert. Tatsächlich werden Orakelwissen und Ermittlungswissen in *König Ödipus* als Folgen zweier geregelter Verfahren dargestellt. Das
[50] eine ist das der religiösen Konsultation, die in zwei Phasen abläuft. In der ersten schickt man Boten an den Sitz des Gottes, um ein Orakel einzuholen. In der zweiten bittet man den Diener des Gottes, das Orakel zu vervollständigen und zu erklären, wie und gegen wen die [göttlichen] Anordnungen vollzogen werden sollen. Das zweite Verfahren ist seinem Wesen nach juristischer Art. Man befragt das Volk, um herauszufinden, ob es Zeugen gibt; man sorgt dafür, dass die solcherart als Zeugen Bezeichneten erscheinen; man versichert sich ihrer Identität und prüft ihre Zeugenaussage; man stellt ihnen Fragen und droht ihnen Folter an, falls sie die Antwort verweigern. All das ist die Reproduktion eines Untersuchungsrituals, wie es im 5. Jahrhundert üblich war. Es wäre zweifellos nicht richtig, wenn man das erste Verfahren als »religiös« und das zweite als »juristisch« bezeichnete. In beiden Fällen handelt es sich – wenn auch in
[51] unterschiedlicher Zusammensetzung – um zugleich religiöse, politische und juristische Verfahren, mit denen festgestellt werden soll, wo in der Stadt die Befleckung lokalisiert

ist und wie man sich des Trägers dieser Befleckung entledigen soll. Das erste Verfahren ist archaischer und stärker mit den traditionellen Praktiken verbunden; das zweite ist jünger und entstand zweifellos im 6. und 5. Jahrhundert im Zuge der Neuordnung des Staates.

In *König Ödipus* finden sich sogar Spuren eines dritten Verfahrens, das in der archaischen Welt Griechenlands gleichfalls bekannt war und (zumindest bei weniger bedeutsamen Streitfällen) noch so lange in Gebrauch blieb, dass man Spuren davon noch im 3. Jahrhundert erkennen kann. Es handelt sich um den reinigenden Schwur.[28] Bist du bereit zu schwören, dass du nicht schuldig bist, und dich dadurch im Fall eines Meineids der Rache der von dir angerufenen Göt-
[52] ter auszusetzen? Mit diesem alten Verfahren beenden in der *Ilias* Menelaos und Antilochos ihren Streit nach dem Wagenrennen,[29] in dem Antilochos gegen die Regeln verstoßen haben soll. Mit diesem Verfahren auch möchte Kreon seinem Streit mit Ödipus ein Ende setzen, als der ihn der Verschwörung bezichtigt. Vor Jokaste und dem Chor als Zeugen leistet er den feierlichen Eid: »Nie mehr gedeih ich; nein, verflucht, wofern ich tat, wes dieser mich verklagte, mög ich untergehn!« (Vers 644-645.) Es trifft allerdings zu, dass dieses Verfahren hier nicht vollständig ist. Es fehlt der erste – und eigentlich unerlässliche – Schritt: dass der Kläger diese Form der Schlichtung akzeptiert und dass er selbst den Beschuldigten durch einen Einigungsvorschlag, der zugleich eine Herausforderung ist, dazu einlädt. Ödipus, der die Verdächtigungen vorbringt, macht aber nicht den Vorschlag, dass Kreon sich der Eidesprobe aussetzt, sondern lehnt dies sogar ab und akzeptiert es erst widerwillig, als Jokaste und der Chorführer ihn dazu drängen. Er vertraut dieser Probe ebenso wenig wie der Aufrichtigkeit der Weissagungen
[53] des Teiresias. Er hat das Gefühl, dass dieses Eidesverfahren ebenso wie das der Mantik seine Macht bedroht (Verse 658-559).

König Ödipus bringt also die drei großen Verfahren auf die

Bühne, die im griechischen »Vor-Recht« und im griechischen Recht zur Tilgung der Befleckung und bei der Suche nach dem Verbrecher eingesetzt wurden: Befragung des Orakels, reinigender Schwur und »Befragung des Landes« – um es mit einem anachronistischen Ausdruck zu sagen.* Drei Verfahren, die in der Tragödie des Sophokles in der Reihenfolge ihres geschichtlichen Auftretens erscheinen: vom ältesten zum jüngsten. Drei Verfahren, die auch an ihrem jeweiligen Platz erscheinen, je nach der Würde und hierarchischen Stellung der beteiligten Personen: Bitte um Rat, wenn man sich an die Götter wendet; reinigender Eid, wenn die beiden Oberhäupter miteinander in Streit geraten (Kreon wird in Vers 85 gleichfalls mit dem Titel Ἄναξ [*Anax*] begrüßt, und in seinem Streit mit Ödipus betont er,
[54] dass er auf gleicher Stufe mit dem König steht); Untersuchung durch Befragung und Zeugenaussagen, wenn es sich um Leute aus dem Volk und um Sklaven handelt.** Jede Person hat je nach ihrer Macht oder ihrer hierarchischen Stellung innerhalb der Stadt – von den Göttern bis hin zum letzten Sterblichen – Anspruch auf ein bestimmtes Verfahren und eine bestimmte ritualisierte Form, wenn es darum geht, die Wahrheit von ihm zu erfahren. Jede Wissensform ist also mit der Ausübung einer Macht verbunden, die nach einem Ritus ausgeübt wird, als dessen Wirkung sie erscheint.

In der Tragödie des Sophokles geht es also nicht in erster Linie um die »Unwissenheit« oder das »Unbewusste« des Ödipus, sondern um die Vielfalt der Wissensformen, um die

* Diesen Ausdruck [»enquête du pays«] verwendete man im Mittelalter zur Bezeichnung eines ähnlichen Verfahrens, bei dem man die Menschen im Land, die »Bescheid wissen«, bittet, ihr Wissen hinsichtlich eines Rechtstreits zu offenbaren.

** Ein Detail unter vielen verdeutlicht den juristischen Charakter der letzten Episode der Entdeckung. Der Sklave, der herbeizitiert und mit der Folter bedroht wird, falls er nicht redet, stellt sich als jemand vor, der von jeher dem Haus des Laios, also dem Haus des Ödipus gehört. Im 5. Jahrhundert galt die Regel, dass Sklaven der Folter als Wahrheitsprobe nur mit Zustimmung ihrer Besitzer unterzogen werden durfte.

Verschiedenartigkeit der Verfahren, aus denen sie hervorgehen, und um den Kampf zwischen den Mächten, der in
[55] deren Konfrontation ausgetragen wird. In *König Ödipus* gibt es eine Überfülle an Wissen. Zu viel Wissen. Und Ödipus ist nicht derjenige, den die Unwissenheit im Dunkel festhält, sondern derjenige, der mit der Vielfalt der Wissensformen spielt – oder zu spielen versucht.

Welche Stellung nehmen Ödipus und seine Macht innerhalb der drei Verfahren ein und innerhalb des jeweiligen Wissens, das deren spezifisches Ergebnis ist? Wie wir gesehen haben, ist das Wissen des Ödipus, das Wissen dessen, der »regiert« und »steuert«, ein γνώμη- und ein τέχνη-Wissen [*gnome*- und *techne*-Wissen]; ein Wissen, das selbst aufdeckt, indem es die Gegenwart mit der Vergangenheit verbindet und sich auf Gesehenes stützt. Unter diesen Umständen wird das Misstrauen verständlich, das von Anfang an zwischen Ödipus und denen besteht, die im Namen der Götter zu ihm sprechen. Gewiss kommt deren Antwort zunächst aus dem Munde des Kreon und des Teiresias. Wir dürfen aber nicht vergessen, dass sie letztlich von Ödipus um Unterstützung gebeten wurden: »Vielmehr vernehmet, daß ich viel euch weinte schon und viele Pfade schon im Geist umher betrat, und ein Errettungsmittel, das ich ausgesät, versucht ich endlich. [...] Kreon ward zum pythischen Thron Phoibos' abgesendet« (Verse 66-70). Und an Teiresias wendet er sich, weil die Fragen, die er gestellt hat, um Zeugen zu finden und den Schuldigen selbst ausfindig zu machen, zu keinem Ergebnis geführt haben. Denn gleich als er erfuhr, von welcher Befleckung die Stadt gereinigt werden musste, fragte er: »Wo aber sind sie [die Mörder]?« – In seiner Wohnung oder auf dem Lande fiel oder in der Fremd in Mörderhand Laios?« – »Kein Abgesandter, kein Genosse seiner Fahrt ersahs?« Warum hatte man es nicht herauszufinden versucht? (Verse 108-129) Und später erklärt er vor dem zu diesem Zweck versammelten Volk: »Wer von euch weiß, wer Laios getötet hat [...], dem befehle ich, es mir zu sagen«[30] (Verse 224-226).* Teiresias erscheint erst dann wieder, als das Volk erklärt hat, dass es nichts weiß und unschuldig ist, und sich erneut an die Götter wendet (Verse 276-279).

Die Mantik, die nach der Tragödie als Erste die Wahrheit zum Ausdruck bringt, ist für Ödipus nur der letzte Ausweg. Immer wieder versucht er ihr das gegenüberzustellen, was er als König mit eigenen Augen zu sehen und durch seine γνώμη [*gnome*] zu erfassen vermag: Woher hast du dein Wissen? (Vers 357.) Da du doch »blind an Ohren und an Geist und an Augen bist« (Vers 371). Er brachte die Sphinx zum Schweigen, »im Geist es treffend, nicht belehrt durch Vogelflug« (Vers 398). Ödipus der Tyrann, Ödipus der Herrscher und Richter will die Wahrheit selbst entdecken, indem er jene ausfindig macht, die gesehen und gehört haben. Den alten Orakelverfahren, zu denen Frömmigkeit und Angst des Volkes ihn gedrängt haben, dem Verfahren des reinigenden Eides, dem Kreon sich ohne seine Zustimmung aussetzt, zieht Ödipus seine eigenen Fragen vor: Wer hat es getan? Wer hat es gesehen? Wer kann davon Zeugnis ablegen? Wenn Ödipus sich vom Orakelverfahren abgewendet hat, so aus einem Gefühl des Stolzes und der Überhebung, das der Chor beklagt, als die Schuld des Königs sichtbar zu werden beginnt. Der Chorführer sagt es in aller Deutlichkeit: »Denn schwindend wird Laios' uraltes Götterwort hinweggeworfen; nimmer strahlt nunmehr Apollons Ehrenglanz; hinsinket die Gottheit« [Verse 906-910]. Solcher Gottlosigkeit bezichtig er den Hochmut des Tyrannen, seine Anmaßung in Wort und Tat, seine frevelhafte Missachtung der Δίκε [*Dike*]: »Schreckvolles Verderben treff ihn« [Vers 886].

* Es gab eine Zeit, da fragten Kommentatoren sich, ob es glaubhaft sei, das Ödipus nichts über den Tod des Laios wusste. Tatsächlich darf man diese Fragen des Ödipus nicht im Blick auf ihre Glaubwürdigkeit betrachten. Es sind Fragen eines geregelten Verfahrens. Das Versprechen relativer Straflosigkeit für denjenigen, der sich selbst beschuldigt (Vers 227), ist gleichfalls Teil des Verfahrens. (Anm. von M. F.)

Ödipus (und Jokaste) wollten dem entkommen, was die Götter ihnen vorausgesagt hatten. Ödipus weigert sich auch jetzt noch, auf die Prophezeiung des Apollonpriesters zu hören. Statt sich vor den Worten der Götter zu verneigen, die alles sehen, aber seine Macht bedrohen, macht er sich als Tyrann, der sich vom πλῆθος [*plethos*] geliebt weiß oder glaubt, das indessen seine souveräne Macht über ihn ausübt, in der Menge der Augenzeugen auf die Suche. Im gesamten *König Ödipus* kehren die beiden Worte ἀκούειν [*akouein*] und ὁρᾶν [*horan*] ständig wieder, doch ihre Bedeutung verschiebt sich – von der »Unterwerfung« unter die Anordnungen der Götter, die alles »sehen«, hin zur Anhörung des Berichts derer, die dabei waren.

Dieses neue Verfahren, das anders hört und anders sieht, macht dieselben Dinge sichtbar, die auch die Götter gesehen hatten, und lässt dieselben Worte hören, die auch sie ausgesprochen hatten. Die Szene mit dem alten Hirten ist charakteristisch. Sie folgt dem geregelten Verfahren des Verhörs und vervielfacht dabei die Zeichen der Anwesenheit, des authentischen Zeugnisses, des direkten Hörens und Sehens. »Ich glaube, denjenigen zu sehen, den wir seit langem suchen« (ὁρᾶν δοκῶ), sagt Ödipus. Aber du, »der du gesehen hast« (ἰδὼν), wirst besser urteilen. »Ich erkenne ihn, weiß es genau« (Ἔγνωκα γαρ, σάφ'ἴσθι [Verse 1111-1117]). Dann wendet er sich an den Boten, stellt ihm dieselbe Frage, und der Fremde antwortet: »Er ist es, du hast ihn vor Augen« (εἰσορᾶς [Vers 1120]). Nun kann die Befragung beginnen. Aber der Zeuge muss sehend sprechen (φώνει βλέπων [Vers 1121]). Frage, mit ausgestrecktem Zeigefinger: »Kennst du diesen Mann dort? (τόνδε οἶσθα [Vers 1128]) Den, der anwesend ist« (Τόνδ ὅςπάρεστιν [Vers 1130]). Intervention des anderen Zeugen: »Ich weiß, dass er mich kennt« (οἶδ'ὅτι-
[60] κάτοιδεν [Verse 1133-1134]. Frage des zweiten an den ersten Zeugen: »Erinnerst du dich (οἶσθα [Vers 1145], mir ein Kind übergeben zu haben? [...] Da ist es.« (Ὅδ'ἐστὶν [Vers 1145]. Antwort des Ersten an den Zweiten: »Er spricht ohne zu

wissen« ([Λέγαι γὰρ] εἰδὼς οὐδὲν [Vers 1151]). Dieses ganze Wechselspiel des Sehens, des Zeigens, der Anwesenheit, der bestätigten Erinnerung steht unter dem Zeichen des technischen Ausdrucks ἱστορειν, ἱστορῆσαι [*historein, historisai*] (Verse 1150, 1156, 1165): bezeugen, als Augenzeuge befragt werden. Und was die Anhörung all dieser den Bedingungen der Anwesenheit und des Sehens unterworfenen Zeugenaussagen ergibt, zwingt Ödipus zu hören, was er nicht hatte hören wollen, und zu sehen, was er nicht hatte sehen wollen. »'Αλλ'ὅμως ἀκουστέον« (Vers 1170). »Τὰ πάντ'ἂν ἐξήκοι σαφῆ« (Vers 1182).

Das ist die Falle, die Ödipus sich selbst gestellt hatte: gegen die μαντεία [*manteia*] ein Verfahren ins Spiel zu bringen, das auf dem ἱστορειν [*historein*] basiert, und hier zu entdecken, was er dort nicht hatte akzeptieren wollen. Die erste Folge der »Befragung des Landes« ist die vollständige, Punkt für Punkt erfolgende Bestätigung all dessen, was das Wort der Götter und der Seher angeordnet und vorhergesagt hatte.
[61] Zwischen dem φάτις [*phatis*] des Orakels und all dem, was die Leute aus dem Volk sagen (ἐρρήθα), besteht eine genaue Entsprechung und vollkommene Passung. Eine exakte »Symbolbeziehung« zwischen Mantik und Untersuchung, zwischen dem alten und dem neuen Verfahren,[31] zwischen dem Verfahren, in dem die Oberhäupter, die Großen, die »Könige« traditionell die Götter befragten, und dem Verfahren, in dem die Richter der Stadt nun nach den jüngsten Gesetzen die Zeugen befragen. Die Anordnungen der Götter erhalten einen sichtbaren Körper in den juristischen Praktiken der Stadt; und die neuen Verfahren erhalten umgekehrt ein religiöses Siegel. Die Form des σύμβολον [*symbolon*], die sich durch den gesamten *König Ödipus* zieht, sichert den Zusammenhang zwischen diesen beiden Arten des Sehens, diesen beiden Arten des Hörens, diesen beiden Arten des Gehorchens – diesen beiden Ritualen des Erwerbs von Wissen, die sich in sozialer, politischer und religiöser Hinsicht voneinander unterscheiden.

Das σύμβολον [*symbolon*], das mit religiösen Praktiken und der Ausübung von Macht verbunden war, sich aber auch in der neuen politischen und sozialen Organisation der Stadt hielt, wo es – allerdings auf einer anderen Ebene – dieselben Authentifizierungsfunktionen behielt, leiht hier seine Form der wechselseitigen Anpassung zweier Verfahren unterschiedlichen Datums, Ursprungs und Status, die sich auf diese Weise gegenseitig authentifizieren.* Das in dieser »symbolischen« Entsprechung Vorausgesehene fällt nun mit dem Gesehenen, dem Vorausgesagten, dem durch Zeugenaussagen Belegten zusammen; das dem Bereich der πρόνοια [*pronoia*] Zugehörige mit dem der μνήμη [*mneme*] Zugehörigen; das von den unsterblichen Göttern Gesagte mit dem, was die Justiz der Stadt im Rückblick aufdeckt.

Im Blick auf die Vergangenheit sieht die nach den Gesetzen verfahrende Justiz dasselbe wie der Blick der in die Zukunft schauenden Götter. Der σύμβολον[*symbolon*]-Mechanismus, der sich durch die gesamte Tragödie zieht, zeigt sehr klar, dass die Zeit der Menschen auch die der Götter ist. »Die Zeit, die alles sieht« und Ödipus gegen seinen Willen als den Täter »enthüllt« (Vers 1213): Die Untersuchung der Vergangenheit führt zum selben Ergebnis wie die Voraussage der Zukunft.

[63] Doch in dieser exakten Angleichung zwischen den Anordnungen der Götter und den Gesetzen der Stadt löst sich die Stellung des Tyrannen in nichts auf. Sie löst sich auf, weil der Tyrann sich nicht abwenden kann, um sich auf die anderen zu stützen. Sie löst sich auf, weil die Stimme eines Sklaven unter der Androhung der Folter dasselbe sagt wie Phöbus an seinem Sitz in Delphi. Sie löst sich auf, weil die menschlichen Verfahren zu denselben Ergebnissen führen wie die

* Man könnte auch sagen, dass die Geltung des Eidesverfahrens gleichfalls bestätigt wird. Denn die Ermittlung zeigt, dass Kreon die Botschaft der Götter nicht verfälscht und auch keine Verschwörung gegen Ödipus angezettelt hat. Die Umkehrung der Anklage führt zu einer Umkehrung der Macht und zu einer Umkehrung der Strafe des Exils. (Anm. von M. F.)

Anordnungen der Götter. Was die Stadt regiert, was ihr widerfährt, das Übel, das sie trifft, oder das Hilfsmittel, das man dagegen findet, hat zu seinem Prinzip das Wort der Götter. Es bedarf keiner besonderen »γνώμη« [*gnome*], um die Stadt zu regieren. Herrschen sollen vielmehr die Gesetze, νόμοι [*nomoi*]. Und diese Gesetze sind durchaus keine menschliche Erfindung, auch wenn sie von bestimmten Menschen eingeführt wurden. Die Gesetze, die »in des Äthers himmlischem Bezirk nur erzeugt vom Vater Olympos' allein, die nicht Menschen in Vergänglichkeit gebaren, weder schläfert sie jemalen die Zukunft ein: es erfüllt Gott
[64] kräftig sie, nimmerdar alternd« (Verse 865-871). Die Gesetze der Menschen gründen in den Geboten der Götter. Und was geschieht, gründet in ihrem Willen. Die Untersuchung führt zu dem, was die Mantik vorausgesagt hatte. Die Götter selbst regieren die χώρα [*chora*]. Wie sollte es da noch des Tyrannen und der τέχνη [*techne*] bedürfen, mit deren Hilfe er vor den Göttern fliehen will. Und wohin sollte er sich flüchten? In die χώρα [*chora*], in das Land selbst. Und welche Wahrheit sollte er suchen? Jene Wahrheit, die tief im Gedächtnis der Menschen des Landes verborgen liegt.

Ödipus, der sich von den Wegen des Orakels abwendet und denen der Untersuchung zuwendet, muss am Ende feststellen, dass er zu Ersteren zurückgekehrt ist. Durch diese plötzliche Wendung findet er, der Herrscher, der mit eigenen Augen sehen wollte, sich nun in der Position dessen, der von den Zeugen als der Schuldige erkannt wird. Als er sich weigerte, auf das zu hören, was man ihm von anderwärts – aus Delphi, von den Göttern – berichtete, wollte er der Richterkönig sein, der »hörte und sah«. Nun sieht er schließlich mit eigenen Augen jene, die ihn mit eigenen Augen gesehen ha-
[65] ben, das von Jokaste verstoßene Kind, das verlorene, von Polybos aufgenommene Kind. Er, der selbst (αὐτος) sehen wollte, sieht nun sich selbst (ἑαυτόν) im visuellen Zeugnis der anderen. Er sieht sich als etwas, das niemals hätte gesehen werden dürfen, vermag niemandes Blick mehr zu ertra-

gen und wird niemals mehr jemanden sehen können. Dieser Herrscherblick – zugleich Werkzeug und Emblem eines Tyrannenwissens, das nicht auf göttliche Befehle oder Boten hören wollte – muss verlöschen. Zweifellos würde Ödipus sich auch gerne die Ohren verstopfen, die niemals hätten hören sollen, was sie gehört haben, doch genau das vermag er nicht zu tun. Dem Hören wird er bis ans Ende seiner Tage ausgeliefert sein. Dazu verdammt, Stimmen zu hören, von denen er nicht weiß, woher sie kommen. Und folglich auch dazu verdammt, zu gehorchen.[32] Und so hört er denn als Erstes Kreons κράτεια [*krateia*].

Als er darum bittet, in die Verbannung geschickt zu werden (gemäß der Anordnung, die er selbst erlassen hatte, als er an der Macht war), verurteilt Kreon ihn zu warten, bis die Boten mit den Anordnungen der Götter zurückkehren. Selbst die Entscheidung, durch die der Tyrann Ödipus sich selbst, ohne es zu wissen, zum Exil verdammte, hat keine Macht mehr. Die Gesetze der Stadt unterstehen wieder dem Befehl der Olympier. Und Ödipus steht wieder unter dem Joch des Gehorchens. Erst in *Ödipus auf Kolonos* wird dieses Gehorchen ihm endlich Frieden bringen.

* * *

Ödipus – nicht das Emblem des Unbewussten, des Subjekts, das sich selbst nicht kennt, sondern Figur des Herrschers als Träger eines übermäßigen Wissens, das Maß und Joch abschütteln will.[33] Zwischen dem Wissen, das die Orakel vermitteln, und dem, das durch geregelte Ermittlungsverfahren ans Licht kommt, ist kein Raum für ein »königliches« Wissen, für eine γνώμη [*gnome*], die in der Lage wäre, Rätsel zu lösen und Städte zu retten, ohne auf irgendjemanden angewiesen zu sein – weder auf die Seher und ihre Vögel noch auf erfahrene Menschen, die gesehen haben und sich erinnern. Was *König Ödipus* auf die Bühne bringt, ist
[67] ein Kampf der Wissens- und Machtformen, ein Kampf zwischen Formen des Wissens und der Macht. Und was mit

dem Sturz des Ödipus verschwindet, ist jene alte orientalische Form des weisen Königs, des Königs, der dank seines Wissens den Staat aufrechterhält, regiert, lenkt, wiederaufrichtet und der Katastrophen oder Epidemien von ihr fernhält. Oder genauer gesagt, verschwindet die verjüngte Ausprägung, die ihm die griechische »Tyrannis« zu verleihen versuchte, als sie die Stadtstaaten zu erneuern versuchte, indem sie die göttlichen Orakel benutzte, abwandelte oder vielfach umging. Und noch genauer vielleicht verschwindet das Bild, das manche zur Zeit des Sophokles abzugeben glaubten, die »ihre Pfeile weiter schossen als die anderen« und sich als »die Ersten der Bürger« ausgaben.[34]

Das Problem des politischen Wissens (dessen, was man wissen muss, um den Staat zu regieren und wiederaufzurichten), dieses Problem, das in der zweiten Hälfte des 5. Jahrhundert so große Bedeutung erlangte, entstand zweifellos durch die endgültige Auslöschung dieser alten Figur. *König Ödipus* ist deren Wiedererscheinen und erneute Auslöschung auf der Bühne der Tragödie.

[68] In einem Denksystem wie dem unsrigen fällt es uns sehr schwer, das Wissen im Sinne von Macht, also von Übermaß, also von Überschreitung zu denken. Wir denken es – eben seit der griechischen Philosophie des 5. und 4. Jahrhunderts – im Sinne von Gerechtigkeit, der reinen »Unparteilichkeit«, des reinen Erkenntnisstrebens.

Wir denken es im Sinne von Bewusstsein. Deshalb haben wir Ödipus und seine Geschichte mit einem negativen Vorzeichen versehen. Ob man nun von Unwissenheit und Schuld oder von Unbewusstem und Begehren spricht, spielt da kaum eine Rolle: In jedem Fall sehen wir hier einen Wissensmangel – statt den Mann des Machtwissens, den die Orakel der Götter und die Zeugenaussagen der Stadt je nach den von ihnen hervorgebrachten Verfahren und Wissensformen als Mann des Übermaßes und der Überschreitung vertreiben. An Ödipus und um ihn her findet sich von allem zu viel: zu viele Eltern; zu viele Ehen; Väter, die zugleich

Brüder sind; Töchter, die zugleich Schwestern sind; und dieser Mann, der selbst ein Übermaß an Unglück erfährt und ins Meer geworfen werden muss.

Anmerkungen

1 Wiederkennen und Peripetie strukturieren nach Aristoteles die griechische Tragödie: Aristoteles, *Poetik*, 11. Kap., 52a23-35 und 52b2-10; siehe auch J.-P. Vernant, »Ambiguïté et renversement. Sur la structure énigmatique d'›Œdipe Roi‹«, in *Échanges et Communications. Mélanges offerts à Claude Lévi-Strauss à l'occasion de son soixantième anniversaire*, hg. von J. Pouillon und P. Maranda, Paris und Den Haag 1970, Bd. 2, S. 1253-1273.

2 Das erzählt bereits Plutarch, *De curiositate*, 522c.

3 1980, also in der Fassung des »Ödipus«, in der Foucault mit Begriffen der Alethurgie arbeitet, stellt er sechs Hälften einander gegenüber, die in Wirklichkeit auch in diesem Exposé enthalten sind. Siehe »Du gouvernement des vivants. Cours de Collège de France, 1979-1980« (in Vorbereitung). Die materielle Differenzierung der Wissensformen findet ihre theoretische Ausarbeitung in *L'Archéologie du savoir*, Paris 1969; dt.: *Archäologie des Wissens*, Frankfurt am Main 1973.

4 Sophokles, *König Ödipus*, 1121-1122; zit. nach Aischylos, Sophokles, Euripides, *Die großen Tragödien*, Düsseldorf 2006, S. 429: »...und sprich, wonach ich frage.«

5 Phöbus-Apoll oder Phoibos-Apollon, wörtlich: »leuchtend und rein (*katharos*)«, ist gleichfalls zutiefst vom Mord beherrscht, in ihm wechseln Reines und Unreines einander ab; siehe M. Detienne, *Apollon le couteau à la main. Une approche expérimentale du polythéisme grec*, Paris 1988.

6 Ὀρθὸν ἔπος [*orthon epos*]: wahres Wort oder wahrer Bericht; siehe Vers 505.

7 Σύμβολον [*symbolon*]: ursprünglich Zeichen des Wiedererkennens zwischen den Besitzern der beiden Hälften eines in zwei Teile gebrochenen Gegenstands, dann Zeichen oder Bild. Sophokles verwendet den Ausdruck in Vers 221. Siehe auch oben S. 255.

8 Knox entwickelt gleichfalls die Hypothese, dass Sophokles dem in Athen üblichen juristischen Ermittlungsverfahren folgt, und sucht nach den entsprechenden Begriffen. Er führt den Ausdruck ἐξερευνᾶν [*exereunan*] nicht an, sondern beschreibt die verschiedenen Phasen der Untersuchung mit der Folge *skopein, historein, zetein*. Auch bei genauem Hinsehen lässt sich nicht festellen, dass Foucault Knox als Quelle verwandte. Siehe B. Knox, *Oedipus at Thebes*, New Haven und London 1957.

9 Anspielung auf René Girard, der damals an der Universität in Buffalo

lehrte, wo Foucault diesen Vortrag hielt. Das Thema findet sich bereits in einem Aufsatz, in dem Girard den *König Ödipus* analysierte: »Symétrie et dissymétrie dans le mythe d'Œdipe«, *Critique* 21, Nr. 249 (Februar 1968), S. 99-135; siehe auch ders., *La Violence et le Sacré*, Paris 1972, 3. Kap.: »Œdipe et la victime émissaire«; dt.: *Das Heilige und die Gewalt*, Düsseldorf 1994, S. 104-134: »Ödipus und das versöhnende Opfer«.

10 Siehe J.-P. Vernant, »Ambiguïté et renversement...«, a. a. O.

11 Siehe den wichtigen Aufsatz von L. Gernet, »Le temps dans les formes archaïques du droit«, *Journal de psychologie normale et pathologique*, LIII (3), 1956, S. 379-406.

12 *König Ödipus*, Vers 397: »ὁ μηδὲω εἰδὼς Οἰδιπους«: »ich, Ödipus, der nichts wusste«.

13 Diese These vertritt auch Knox, der in den Worten des Ödipus den wissenschaftlichen Wortschatz des 5. Jahrhunderts wiederfindet. Foucault besteht jedoch auf dem Wissen des Tyrannen. Nach Knox kommt *tyrannos* vierzehn Mal vor, bald im Sinne von *basileus*, König, in den Versen 799 und 1043 für Laios, bald im pejorativen Sinne des 5. Jahrhunderts, dem des Despoten, in den Versen 541 und 873; darauf stützt er eine Interpretation des Sinns der Tragödie.

14 Ähnlich betont auch Knox, dass Ödipus einen privaten juristischen Prozess durchführt. Nicht der Staat, sondern ein Individuum sucht den Mörder, doch da das Opfer der König war, agiert Ödipus auch als König.

15 Siehe unten Anm. 33.

16 In der deutschen Übersetzung, a. a. O., S. 432, heißt es: »Der überbewundernswert traf sein Ziel.«

17 In der deutschen Übersetzung, a. a. O., S. 417, heißt es: »wisse, daß ich sinnesberaubt [...] bin, laß ich dich, welcher mein teures Land, als es Jammer schwer umtrieb, in günstgen Wind gelenkt!«

18 »Οἶδα [*oida*]« verweist sowohl auf οἰδάνω [*oidano*]: »aufblasen«, »anschwellen lassen« und οἴδημα [*oidema*]: »Schwellung« (die geschwollene Füße des Ödipus), als auch auf εἰδέω, εἴδω [*eideo, eido*]: »mit den Augen sehen«.

19 In der deutschen Übersetzung, a. a. O., S. 407, heißt es: »O Königtum, und Güter, und der Künste Kunst.«

20 Die Macht des Ödipus wird als Handwerk – die Handwerke wurden von den Göttern erfunden und dann von den Menschen gestohlen – und als Wissen charakterisiert: τέχνη [*techne*] und γνώμη [*gnome*] – ein Wissen, das man von niemandem erlernt hat. Herodot (*Historien*, I, 207-208) verwendet den Ausdruck γνώμη [*gnome*] zur Bezeichnung der Ansicht, die jemand bei politischen Beratungen äußert.

21 In der deutschen Übersetzung, a. a. O., S. 398, heißt es: »Und das, von niemand unser je belehrt dazu noch vorbereitet [...], hast du uns emporgelenkt.«

22 Knox erinnert daran, dass Prophezeiungen zur Zeit des Perikles umstritten waren. Perikles glaubte nicht daran, Herodot dagegen wohl. Foucault geht auf diesen Streit nicht ein.

23 *König Ödipus*, Verse 41-42: »ἱκετεύομέν σε πάντες οἵδε πρόστροποι ἀλκήν τιν'εὑρεῖν ἡμὶν«; in der deutschen Übersetzung, a. a. O., S. 398, heißt es: »Umflehen dich nur diese Zufluchtsuchenden, uns Hilfe schnell zu finden«.

24 *König Ödipus*, Vers 440: »Οὔκουν σὺ ταῦτ'ἄριστος εὑρίσκειν ἔφυς«; dt: a.a.O, S. 409 – als Antwort auf die Bemerkung des Ödipus: »Wie unerklärbar rätselhaft du alles sagst« (Vers 439).

25 In der deutschen Übersetzung, a. a. O., S. 397, heißt es: »Was nicht von Boten auszuforschen würdigend, ich, teure Kinder, selber mich hierherbegab.«

26 In der deutschen Übersetzung, a. a. O., S. 397, heißt es: »bevor jedoch du hier den Hirten ausgeforscht, verzweifle nicht.«

27 Θεῶν μαντεύματα [*theon manteumata*]: »göttliche Orakel«.

28 L. Gernet, »Le temps dans les formes archaïques du droit«, *Journal de psychologie normale et pathologique*, LIII (3), 1956; Wiederabdruck in ders., *Droit et Institutions en Grèce antique*, Paris 1982, S. 32: »Häufig wird gesagt, der Eid sei eine Art Gottesurteil [...]. Er funktioniert jedoch nicht wie ein Gottesurteil; man erwartet nicht, dass auf den Schwörenden Feuer vom Himmel herabregnet, vielmehr handelt es sich um eine Probe. Das göttliche Urteil ist keineswegs ausgemacht. Das Wort ὅρκος [*horkos*] bezeichnet zunächst nicht den Eid im abstrakten Sinne, sondern eine heilige Substanz, mit der der Schwörende in Berührung kommt. Wer einen Eid leistet, gerät dadurch in den Bereich [...] äußerst furchterregender religiöser Kräfte. Die totale Wette, die eine Zustandsänderung oder, genauer gesagt, eine Seinsverschiebung darstellt, ist das eigentliche Wesen des Gottesurteils.«

29 Siehe Vorlesung vom 27. Januar 1971, oben S. 102f.

30 In der deutschen Übersetzung, a. a. O., S. 403, heißt es: »Wem euer eben Kunde ward von Laios [...], denselben mahn ich, alles dies mir darzutun.«

31 Was Foucault als Gesetz der Hälfte beschreibt, erfasst Knox in gewisser Weise durch eine Reihe mathematischer Gleichungen. Knox formuliert eine Reihe von Gleichungen zwischen dem Objekt und dem Subjekt des Ermittlungsverfahrens; zwischen Hören und Sehen; zwischen medizinischem und mathematischem Wissen; zwischen Wahrsager und Zeuge. Knox geht philologisch vor, Foucault auf der Grundlager einer formalen Analyse. Foucault erfuhr von Knox' Arbeit erst während dieses Vortrags in den Vereinigten Staaten.

32 Siehe Vers 1516: Ödipus: »Ich muss gehorchen, wenn auch ungern«, der in gewisser Weise die Umkehrung von Vers 627 ist: Ödipus zu Kreon:

»Gehorche deinem König!« In der deutschen Übersetzung, a. a. O., siehe S. 414 und 441.

33 Siehe Vers 872, a. a. O., S. 422: »Hochmut gebiert frechen Herrscher.«

34 Knox sieht König Ödipus eher in der Nähe des Perikles, zu der Zeit, als die athenische Vorherrschaft über Griechenland zur Tyrannei wird, und weniger in der des orientalischen weisen Königs. Traditionell gilt der Ausdruck »erster Bürger« (*König Ödipus*, Vers 31) als Anspielung auf Perikles.

Daniel Defert
Situierung der Vorlesungen

Diese Vorlesungen sind in mehrfacher Hinsicht ein Neubeginn: Einführung in die neue Stellung des Vortragenden;[1] Einschreibung in die *longue durée* der archaischen Anfänge der Philosophie, während der neue Inhaber des Lehrstuhls »Geschichte der Denksysteme« eine gewisse Loslösung von der Philosophie zum Ausdruck bringt, die *doxa* aber nur »den Foucault der letzten Jahre« mit Griechenland in Verbindung bringt. Verschiebung des Forschungsschwerpunkts: Am Ende seiner Antrittsvorlesung vom 2. Dezember (die schon 1971 bei Gallimard unter dem Titel *L'Ordre du discours* publiziert und deshalb nicht in diesen Band aufgenommen wurde [dt.: *Die Ordnung des Diskurses*, Frankfurt am Main 1977]), kündigt Foucault an, während seine Analysen sich bisher auf Beschränkungen des Diskurses, auf den, wie er sagt, »kritischen« oder archäologischen Aspekt beschränkt hätten, werde er sich in Zukunft auf dessen »tatsächliche Entstehung [...] auf beiden Seiten der Schranken« konzentrieren (*O. D.*, S. 45). Das nennt er deren »genealogischen Aspekt«. Verbotenes, Perversionen und Anomalien, Ausschweifungen, Bekenntnisse, das freie Wort werden den Gegenstand der nächsten dreizehn Jahre seiner Lehrtätigkeit bilden. Die wechselseitigen Implikationen von Sprache und Macht und, wie es der Hellenist Henri Joly zusammenfasst, die Tatsache, »dass es in der Sprache zwei Sprachen geben kann, die der Wahrheit und die des Irrtums«, sind ebenfalls Zwänge, die »den Diskurs einer Ordnung« unterwerfen.[2]

Neu ist auch der Träger, auf den wir bei der Herausgabe dieser

1 *Le Monde* berichtet generell über Antrittsvorlesungen am Collège de France und über die Antrittsvorträge neuer Mitglieder der Académie Française. Siehe J. Lacouture, »Le cours inaugural de M. Michel Foucault. Éloge du discours interdit«, *Le Monde*, 4. Dezember 1970.

2 H. Joly, *Le Renversement platonicien, logos, epistémè, polis*, Paris 1974, S. 140.

Vorlesung zurückgreifen mussten: nicht mehr »Gesprochenes«, die aufgezeichnete Stimme mit ihren Betonungen, spontanen Kommentaren und Uminterpretationen, sondern »Geschriebenes« (das »geschriebene Ding«; *O. D.*, S. 6), akroamatische Manuskripte, also solche, die nach Léon Robin nicht zur Lektüre, sondern dazu bestimmt waren, von einem Publikum gehört zu werden.[3]

Ein Neubeginn ist schließlich auch die durch diese Vorlesungen geschaffene Verpflichtung, erneut über die Bedeutung der von Foucault beschriebenen Wissensformen nachzudenken, empirische und historische Wissensformen, immer wieder verschoben, die konstitutiv sind für unsere klassische Vernunft und deren Konfrontation mit einem nicht weiter reduzierbaren Gegenteil, der Unvernunft; Wissensformen, in denen »im Schein des Todes« unsere moderne Medizin entstand, die selbst zum Paradigma der Wissenschaften vom Menschen wurde, deren Transformationsregeln Foucault beschrieben hat. In welcher Beziehung standen diese empirischen Wissensformen zur großen Tradition der Philosophie, die sich seit ihren Anfängen als Wahrheitsdiskurs oder Erkenntnistheorie gibt? Das scheint seine neue Lektüre Nietzsches deutlich zu machen.

Man kann nur erstaunt sein, dass Foucaults erste Vorlesung mit Nietzsche den »homo theoreticus« Sokrates in Frage stellt, obwohl er dort kaum genannt wird, und dass er am Ende seiner Lehrtätigkeit, am 15. Februar 1984, eine Vorlesungsstunde einer Neubewertung der von Nietzsche beklagten[4] nihilistischen Interpretation widmete, die an den Bericht über die Opferung eines Hahns beim Tod des Sokrates anknüpft.[5] Diesen Bericht

3 L. Robin, *Aristote*, Paris 1944, S. 13 (siehe ἀκρόασις, ἀκροαματικος).

4 »Ich wollte, er wäre auch im letzten Augenblicke des Lebens schweigsam gewesen«; F. Nietzsche, *Die fröhliche Wissenschaft* (§ 340), in ders., *Sämtliche Werke. Kritische Studienausgabe* [KSA], hg. von G. Colli und M. Montinari, 1999, Bd. 3, S. 569.

5 M. Foucault, *Le Courage de la vérité. Le gouvernement de soi et des autres II. Cours au Collège de France, 1984*, hg. von F. Gros, Paris 2009; dt.: *Der Mut zur Wahrheit. Die Regierung des Selbst und der anderen 2, Vorlesung am Collège de France 1983 / 84*, Berlin 2010, Vorlesung vom

interpretiert er neu auf der Grundlage von Dumézil. Gegenüber Dumézil hatte er schon im Dezember 1970 seine Dankbarkeit für dessen Analyse der inneren Ökonomie des Diskurses bekundet.[6] So hat es den Anschein, als hätte sich Foucaults gesamte Lehrtätigkeit am Collège de France innerhalb dieses nietzscheanischen Sokrates-Rätsels entfaltet, ganz so, als wäre der Titel der Vorlesung, *Der Wille zum Wissen*, selbstreflexiv.

Eine geheime Dramaturgie organisiert diese Vorlesungen: vom langsamen Abstieg des blitzartig ausgesprochenen wahren Wortes aus dem Feuerhimmel der Götter, um dann schließlich »den Menschen die Sonne der Wahrheit einzupflanzen«,[7] das heißt dem Urteil, der Feststellung, der Zeugenaussage eines Hirten, in denen Sagen und Sehen sich miteinander verbinden: zwei zentrale Themen der vorangegangenen Werke Foucaults. Auf halbem Wege die Sophisten: weder Gottesurteil noch Feststellung, sondern eine Sprache, die Worte und Dinge miteinander vermengt, eine rein taktische Sprache, die nur Macht sein will und jene »Sprache des Dialogs« negiert, von deren Entstehung mit dem griechischen Stadtstaat Marcel Detienne gleichfalls berichtet.[8] Mit der Sprache des Dialogs erfindet Athen im 5. Jahrhundert aber auch den Menschen, der sich selbst zum Problem wird.[9] Der Dialog mit den

15. Februar 1984, S. 126, 130-138,; zur Nietzsche-Interpretation siehe ebd., S. 133.

6 M. Foucault, *Die Ordnung des Diskurses*, a. a. O., S. 49.

7 M. Foucault, »Theatrum philosophicum« (1970), in *Dits et Écrits, 1954-1988*, hg. von D. Defert und F. Ewald, 4 Bde., Paris 1994, Bd. 2, Nr. 80, dt.: »Theatrum philosophicum«, in ders., *Dits et Écrits. Schriften*, 4 Bde., Frankfurt am Main 2001-2005, Bd. 2, Nr. 80, S. 93-122, hier S. 96.

8 M. Detienne, *Les Maîtres de vérité dans la Grèce archaïque*, Paris 1967. Marcel Detienne hatte wie Jean-Pierre Vernant in dem von Ignace Meyerson inspirierten *Journal de psychologie normale et pathologique* zu publizieren begonnen, der auch beträchtlichen Einfluss auf Foucault ausübte, als der bei ihm Psychologie studierte. Nach Meyerson haben die psychischen Funktionen Anteil an den Veränderungen der Erkenntnis und ihrer Unabgeschlossenheit. In ihrer Unabgeschlossenheit und Unabschließbarkeit sind sie selbst dem Wandel unterworfen.

9 J.-P. Vernant, »Le sujet tragique. Historicité et transhistoricité«, in ders., *Mythe et Tragédie en Grèce ancienne*, Bd. 2, Paris 1986, S. 85.

Göttern, der Dialog mit der Welt und der Dialog mit sich selbst werden trübe. Ödipus ist dafür das endlos wiederholte Symbol. Die *agora* ist der Ort, an dem sowohl der *logos* als auch das tragische Lebensgefühl entstehen.

Die Antrittsvorlesung kündigte eine Genealogie des Wissens an, ohne dass Foucault diesen Ausdruck verwendete. Nietzsche entwickelte in gewisser Weise eine Genealogie des Wissens, die jegliche Theorie der Erkenntnis als Vermögen, die traditionelle Theorie in der Philosophie, sprengte. Allerdings unterschied er nicht klar zwischen dem, was er unter »Erkenntnis«, und dem, was er unter »Wissen« verstand. Betrachtet man die Aphorismen, auf die Foucault sich stützt: *Die fröhliche Wissenschaft*, § 110 und 111, *Jenseits von Gut und Böse*, § 230, *Zur Genealogie der Moral*, III, § 12, *Umwertung aller Werte* (1. Buch, 165), dann stellt man fest, dass Nietzsche die Genealogie tatsächlich ins Zentrum der Erkenntnis stellt, indem er sie als das »Wissen der Wissenschaft« behandelt und nicht allein zum Gegenstand einer Umwertung der moralischen Werte macht. Das eigentliche Thema dieser Vorlesung wäre danach weniger die Möglichkeit solch einer Genealogie als deren Auswirkungen auf die Theorie des Subjekts und des Objekts in der Grundlegung der Erkenntnistheorie, auf den Wahrheitsbegriff seit Platon, mit einem Wort, auf die Philosophie schlechthin.

»In der Frage, was Erkenntnis sei, ist im Grunde nach der Wahrheit und ihrem Wesen gefragt. [...] Das Wahre meint hier Jenes, was ist. [...] Die Frage nach dem Wesen der Erkenntnis als Frage nach dem Wahren und der Wahrheit ist eine Frage nach dem Seienden«, schreibt Heidegger,[10] der in dieser Vorlesung nicht genannt wird, aber durchaus deren Ziel sein könnte, zumal die [französische] Übersetzung seines *Nietzsche* durch Pierre Klossowski für dieses Jahr 1971 vorgesehen war.

10 M. Heidegger, *Nietzsche*, 2 Bde., Pfullingen 1961, Bd. 1, »III. Der Wille zur Macht als Erkenntnis«, S. 496 f.

Wäre eine nietzscheanische Genealogie der Erkenntnis noch Erkenntnis oder die Destruktion von Erkenntnis? Denn die Erkenntnis ist an die »königliche Hoheit des Subjekts (des einzigartigen, kohärenten Ich)« gebunden und an die »Vorstellung (klare Ideen, die mein Blick durchstreift) [...], das Bild, welches das Denken sich von sich selbst gemacht hatte«[11] – und folglich von der gesamten Metaphysik, mit der sie entstand. Geht es für Nietzsche nicht vielmehr darum, Leidenschaften, Triebe, Kämpfe, Herausforderungen, Verfahren, Ereignisse, Brüche ausfindig zu machen, die sie radikal in Frage stellen? Und sind diese Bedingungen wirklich so verschieden von den ökonomischen Determinanten, von den gesellschaftlichen Kräften, von der Dialektik, die Marx an den Anfang der Erkenntnis stellte und von denen Foucault sich mit Nietzsche schon Anfang der 1950er Jahre befreit hatte? Aber Marx hielt an einer Erkenntnistheorie fest, während die Genealogie sie zerstört. Die Genealogie hält an den gesellschaftlichen Kräften fest, verbindet sich jedoch mit einer Theorie der Macht. Nietzsches Genealogie stellt indessen zuerst die Frage nach dem Wert, wie jede Genealogie: Wer spricht? Adelig oder nicht adelig?

Jenseits von Gut und Böse beginnt mit folgenden Worten:

> Der Wille zur Wahrheit, der uns noch zu manchem Wagnisse verführen wird, jene berühmte Wahrhaftigkeit, von der alle Philosophen bisher mit Ehrerbietung geredet haben: was für Fragen hat dieser Wille zur Wahrheit uns schon vorgelegt! Welche wunderlichen schlimmen fragwürdigen Fragen! [...] Was Wunder [...], [d]ass *wir* von dieser Sphinx auch unserseits das Fragen lernen? *Wer* ist das eigentlich, der uns hier Fragen stellt? *Was* in uns will eigentlich »zur Wahrheit«? – In der That, wir machten lange Halt vor der Frage nach der Ursache dieses Willens, – bis wir, zuletzt, vor einer noch gründlicheren Frage ganz und gar stehen blieben. Wir fragten nach dem *Werthe* dieses Willens. Gesetzt, wir wollen Wahr-

11 M. Foucault, »Ariane s'est pendue« (1969), in *Dits et Écrits*, Bd. 1, Paris 1994, Nr. 64; dt.: »Ariadne hat sich erhängt«, in *Dits et Écrits. Schriften*, Bd. 1, Frankfurt am Main 2001, Nr. 64, S. 975-979, hier S. 977.

heit: *warum nicht lieber* Unwahrheit? Und Ungewissheit? Selbst Unwissenheit? – Das Problem vom Werthe der Wahrheit trat vor uns hin, – oder waren wir's, die vor das Problem hin traten? Wer von uns ist hier Oedipus? Wer Sphinx? [...] Und sollte man's glauben, dass es uns schliesslich bedünken will, als sei das Problem noch nie bisher gestellt [...]?[12]

Scheinbar an die Argumentationsweise in *Wahnsinn und Gesellschaft* anknüpfend, behandelt Foucault die Trennung zwischen wahr und falsch weder als logische noch als ontologische Trennung und auch nicht als geschichtliche Augenblicke des Bewusstseins »wie Öl und Wasser, die unmischbar nur äußerlich verbunden sind«,[13] sondern als einen Ausschluss, einen Akt sozialer Gewalt durch den – übrigens erst späten – Ausschluss der Sophisten: einen Ausschluss, den Platon als moralischen Akt, als »Reinigung« qualifiziert: »wo es aber irgend Untaugliches gibt, dies herauszuwerfen«.[14]

Foucault schreibt weder diese Aufteilung noch auch – wie die Vorlesung zeigt – deren Funktion der moralischen Teilung Platon zu, sondern lokalisiert sie in einer komplexen Vorgeschichte von Hesiod zu Platon, die über eine Reihe von Verschiebungen zwischen dem Gottesurteil in der magisch-religiösen Rechtspraxis des archaischen Griechenland und den juristisch-politischen Verfahren der gerichtlichen Untersuchung im klassischen Griechenland erfolgt sein soll, wobei er die – in der großen Aufteilung in *Wahnsinn und Gesellschaft* noch herangezogene – hegelsche Dramaturgie und deren negativen Charakter aufgab zugunsten einer Reihe von Verschiebungen und Unterschieden zwischen punktförmigen Großereignissen. Dennoch geistert eine Wahrheit der Sophistik ebenso wie eine Wahrheit des Wahnsinns in neuen Gestalten immer noch durch die Räume unserer Gegen-

12 F. Nietzsche, *Jenseits von Gut und Böse* (§ 1), KSA, Bd. 5, S. 15.

13 G. W. F. Hegel, *Phänomenologie des Geistes*, in ders., *Theorie Werkausgabe*, Bd. 3, Frankfurt am Main 1970, S. 41.

14 Platon, *Der Sophist*, 227D; dt. zit. nach ders., *Sämtliche Werke*, Heidelberg 1950, Bd. 2, S. 681.

wart: nicht mehr Hölderin, Nerval, Artaud,[15] sondern Roussel, Brisset, Wolfson.

Als Foucault 1966 *Archäologie des Wissens* schrieb, erklärte er, sein Problem sei nicht die Sprache, sondern die Grenzen der Sagbarkeit. Es gibt kein Wissen ohne geregelte Diskurspraxis. Diskurs und Wissen waren für ihn stets zwei Formen einer gleichsam körperlosen Materialität, die man jedoch beschreiben kann, weil sie ihre Konstruktionsregeln, ihre Geschichtlichkeit, ihre Schwellen, ihre Brüche, ihre Verbote hat, die ein ungehemmtes Wuchern begrenzen.

Seit der *Archäologie des Wissens* hatte Foucault betont, dass das Wissen nicht mit der Erkenntnis als Vermögen, mit deren Theorie die Philosophie sich in ihrer gesamten Geschichte befasst hatte, und auch nicht mit der Wissenschaft gleichgesetzt werden dürfe. Aber das Wissen umgibt die Wissenschaft und verschwindet nicht, wenn eine Wissenschaft sich konstituiert. Wissenschaften fügen sich in das Element des Wissens ein und funktionieren innerhalb dieses Elements.[16] Der Bereich des Wissens erlaubte es Foucault, diverse Formen der »Episteme« zu beschreiben, ohne auf Unterscheidungen wie die zwischen wahr und falsch oder Wissenschaft und Ideologie zurückzugreifen. Er stellte seine Lehrtätigkeit unter die Überschrift »Geschichte der Denksysteme«, so dass sie nicht mit dem Gegenstandsbereich des anderen philosophischen Lehrstuhls am Collège de France verwechselt werden konnte, des »Lehrstuhls für die Philosophie der Erkenntnis«, dessen Inhaber, der Logiker Jules Vuillemin, seinen Kollegen Foucaults Kandidatur vorgestellt hatte.

15 M. Foucault, *Histoire de la folie à l'âge classique*, Paris 1961; dt.: *Wahnsinn und Gesellschaft*, Frankfurt am Main 1969, S. 536: »Seit dem Ende des achtzehnten Jahrhunderts manifestiert sich das Leben der Unvernunft nur noch im Aufblitzen von Werken wie Hölderlins, Nervals, Nietzsches oder Artauds, die unendlich irreduzibel auf jene Alienationen sind, die heilen [...].«

16 M. Foucault, *L'Archéologie du savoir*, Paris 1969; dt.: *Archäologie des Wissens*, Frankfurt am Main 1973, Teil IV, Kapitel 6: »Wissenschaft und Wissen«.

Der Wille zur Wahrheit ist bei Nietzsche an vielen Stellen präsent und Gegenstand von Kommentaren, doch im Juli 1967 bemerkte Foucault noch eine andere Art von Willen: »Ich lese Nietzsche; ich glaube, ich beginne zu verstehen, warum er mich immer schon fasziniert hat. Eine Morphologie des Willens zum Wissen in der europäischen Zivilisation, die man bisher zugunsten einer Analyse des Willens zur Macht vernachlässigt hat.«[17] Dass Foucault seine Leidenschaft für das Wissen in der Faszination des Baseler Philologen für die Erkenntnis wiedererkannte, ist leicht verständlich, doch im Blick auf das Wissen, das die Vorlesung über Nietzsche als Einzigartigkeit des Ereignisses beschreibt, welches weder Identität noch Ewigkeit zum Ausdruck bringt, während die Erkenntnis nur dessen Idealisierung oder Substantialisierung sei, verschiebt Foucault zwei vorherrschende Interpretationen des nietzscheanischen Denkens:

– Jene traditionelle Interpretation zunächst, die sich auf einen deutlichen Antagonismus bei Nietzsche zwischen der gefährlichen, tödlichen Erkenntnis (Empedokles stürzt sich aus Wissensdrang in den Krater des Ätna) und dem Leben stützt. Nietzsche wendet sich gegen jegliche Äußerung des »egoistischen Erkennen-Wollens«. »Vor allem nöthig Freude am Vorhandenen u. diese weiterzutragen ist des Lehrers Aufgabe.«[18] Der Intellekt sei ein Mittel zur Erhaltung des Individuums. Es sei »fast nichts unbegreiflicher, als wie unter den Menschen ein ehrlicher und reiner Trieb zur Wahrheit aufkommen konnte«.[19] »Der Erkenntnißtrieb, an seine Grenzen gelangt, wendet sich gegen sich selbst, um nun zur *Kritik des Wissens* zu schreiten. Die Erkenntniß im Dienste des besten Lebens. Man muß selbst die *Illusion wollen* – darin liegt das Tragische [...]. Der maaßlose unwählerische Er-

17 M. Foucault, Brief vom 16. Juli 1967, in *Dits et Écrits*, Bd. 1, a. a. O., dt.: *Dits et Écrits. Schriften*, Bd. 1, a. a. O., S. 46.

18 F. Nietzsche, »Einleitung in das Studium der classischen Philologie«, in ders., *Werke. Kritische Gesamtausgabe* (KGW), begründet von F. Bornemann, G. Colli und W. Müller-Lauter (KGW), Bd. II.3, S. 345.

19 F. Nietzsche, »Ueber Wahrheit und Lüge im aussermoralischen Sinne«, KSA, Bd. 1, S. 876.

kenntnißtrieb, mit historischem Hintergrunde, ist ein Zeichen, daß das Leben alt geworden ist.«[20]

– Und die inzwischen in der Philosophie einflussreichere Interpretation Heideggers, für den Wille zur Erkenntnis, Sein und Wille zur Macht zur Vereinigung tendieren:

> Τί ἐστιν ἐπιστήμη; ›was ist das – Erkenntnis?‹ Erst sehr spät, im Verlauf des 19. Jahrhunderts, wurde aus dieser metaphysischen Frage ein Gegenstand für wissenschaftliche Beschäftigung, will sagen: ein Gegenstand für psychologische und biologische Untersuchungen. [...] Rückläufig vergleichend und angeregt durch die historisch-philologische Erforschung der Vergangenheit fand man sogar, daß Aristoteles und Platon, ja schon Heraklit und Parmenides und später dann Descartes, Kant und Schelling ›auch‹ solche ›Erkenntnistheorie‹ getrieben haben [...]. Die Erwähnung des Unwesens der gelehrten ›Erkenntnistheorie‹ könnte hier durchaus unterbleiben, wenn nicht auch Nietzsche in dieser stickigen Luft zum Teil widerwillig, zum Teil neugierig sich bewegt hätte und von ihr abhängig geworden wäre.
> [...]
> Wenn Nietzsches Gedanke des Willens zur Macht der Grundgedanke seiner und der letzte Gedanke der abendländischen Metaphysik ist, dann wird das Wesen der Erkenntnis, d.h. das Wesen der Wahrheit, aus dem Willen zur Macht bestimmt werden müssen.[21]

So erkannte denn Foucault einen Willen zum Wissen, der weder mit der Erkenntnis noch mit dem Willen zur Wahrheit gleichgesetzt werden kann, den Heidegger, darin Nietzsche folgend, mit dem Willen zur Macht gleichsetzt.

20 F. Nietzsche, KSA, Bd. 7, Fragment 19[35], S. 428, und Fragment 19[21], S. 422.

21 M. Heidegger, *Nietzsche*, a. a. O., Bd. 1 (III), S. 496-498.

Nachdem Foucault auf diese Weise einen Willen zum Wissen isoliert hatte, hielt er eine Reihe von Vorlesungen über Nietzsche, zunächst in Vincennes im Wintersemester 1969-1970 (170 Punkte), dann im März 1970 an der State University of New York in Buffalo und im April 1971 an der McGill University in Montreal – Vorlesungen, aus denen schließlich der lange Aufsatz »Nietzsche, die Genialogie, die Historie« hervorging.[22]
In Vincennes unterstreicht Foucault, dass Nietzsche vor der Genealogie der Moral die Genealogie nicht klar definiert habe, dass er jedoch ab *Die Geburt der Tragödie* einen Willen zum Wissen identifizierte – jedenfalls übersetzt Foucault so den von Nietzsche verwendeten Ausdruck »Wissensgier«:

> Wer sich einmal anschaulich macht [...], wie eine nie geahnte Universalität der Wissensgier in dem weitesten Bereich der gebildeten Welt und als eigentliche Aufgabe für jeden Befähigten die Wissenschaft auf die hohe See führte, von der sie niemals seitdem wieder völlig vertrieben werden konnte [...].[23]

Und in zwei nahezu zeitgleich entstandenen Fragmenten verwendet Nietzsche die Ausdrücke »entfesselter Wissenstrieb« und »Erkenntnißtrieb«.[24]
Die *Geburt der Tragödie* wirft dem »theoretischen Menschen« Sokrates vor, das tragische Wissen durch die Dialektik zerstört zu haben. »Wir wissen, welche einzige Gattung der Dichtkunst von ihm begriffen wurde, die *aesopische Fabel.*«[25] Sokrates, »der Erste, der an der Hand jenes Instinctes der Wissenschaft nicht nur leben, sondern – was bei weitem mehr ist – auch sterben

22 M. Foucault, »Nietzsche, la généalogie, l'histoire« (1971), in *Dits et Écrits, 1954-1988*, Bd. 2, Nr. 84, dt.: »Nietzsche, die Genealogie, die Historie«, in ders., *Dits et Écrits. Schriften*, 4 Bde., Frankfurt am Main 2001-2005, Bd. 2, Nr. 84, S. 166-191.
23 F. Nietzsche, *Die Geburt der Tragödie*, KSA, Bd. 1, S. 99f.
24 Fragmente 19[35] und 19[21] in KSA, Bd. 7, S. 428 und 422.
25 F. Nietzsche, *Die Geburt der Tragödie*, a. a. O., § 15, S. 92.

konnte«, dieser Sokrates – »Denken wir uns jetzt das eine grosse Cyklopenauge des Sokrates auf die Tragödie gewandt, jenes Auge, in dem nie der holde Wahnsinn künstlerischer Begeisterung geglüht hat« – sah nicht einmal, dass die Tragödie »die Wahrheit zu sagen« vermag.[26]

In einem feinsinnigen Aufsatz wundert sich Andrew Cutrofello[27] über die wenigen Verweise des »Genealogen« Foucault auf *Die Geburt der Tragödie*, obwohl man aus seinen Schriften eine ganze Theorie der Tragödie, von Aischylos bis Euripides, von Shakespeare bis Racine destillieren könne. Er übersieht jedoch, dass bei Nietzsche das Problem der Tragödie nicht in erster Linie eine ästhetische Frage ist, sondern eine der Hauptfiguren des Wissens:

> Oh Sokrates, Sokrates, war das vielleicht dein Geheimnis? [...] was ich damals zu fassen bekam, etwas Furchtbares und Gefährliches, ein Problem mit Hörnern, nicht nothwendig gerade ein Stier, jedenfalls ein *neues* Problem: heut würde ich sagen, dass es das *Problem der Wissenschaft* selbst war – Wissenschaft zum ersten Male als problematisch, als fragwürdig gefasst [...] trotzdem will ich nicht gänzlich unterdrücken, wie fremd [das Buch] jetzt [...] vor mir steht, – vor einem älteren, hundert Mal verhöhnteren, aber keineswegs kälter gewordenen Auge, das auch jener Aufgabe selbst nicht fremder wurde, an welche sich jenes verwegene Buch zum ersten Male herangewagt hat, – die Wissenschaft unter der Optik des Künstlers zu sehn, die Kunst aber unter der des Lebens ...[28]

Es gibt also seit *Die Geburt der Tragödie* durchaus die Möglichkeit einer Genealogie der Erkenntnis, einer in eine Gier, einen Trieb eingebetteten Erkenntnis, die radikal die Bestandteile unserer Metaphysik der Darstellung zerstört, angefangen bei den

26 Ebd., § 15, S. 99, und § 14, S. 92.

27 A. Cutrofello, »Foucault on tragedy«, *Philosophy and Social Criticism*, 31 (5-6), 2005, S. 573-584.

28 F. Nietzsche, »Versuch einer Selbstkritik«, in ders., *Die Geburt der Tragödie*, a. a. O., S. 13 f.

Kategorien der Vernunft, der Wahrheit, des Subjekts und des Objekts. Erst später wird die Genealogie der Moral die Frage nach dem Wert der Werte stellen.
Im Blick auf diese beiden Genealogien greift Foucault zweimal auf denselben Titel zurück: *Der Wille zum Wissen*, 1970 für diese Vorlesung und 1976 für den ersten Band von *Sexualität und Wahrheit*, ein Werk, das gleichermaßen eine Genealogie des für das Dispositiv der Sexualität konstitutiven Wissens und eine Genealogie der modernen Moral darstellt. Um jede Verwechslung der beiden Studien zu vermeiden, haben wir dem vorliegenden Band den Titel *Vorlesungen über den Willen zum Wissen* gegeben, denn er enthält nicht nur die zwölf Vorlesungen am Collège, sondern auch eine Vorlesung über Nietzsche, die aus dem Manuskript verschwunden war, und einen Vortrag mit dem Titel »Das Wissen des Ödipus«, der eine meisterhafte Ausarbeitung der letzten Vorlesung und zugleich eine literarisch-anthologische Analyse bildet, die Foucault sechs Mal als Paradigma für den Umgang mit Wahrheit verwendete (eigentlich sieben Mal, denn das Schema ist bereits in »Ariadne hat sich erhängt« skizziert).[29]

Die Umstände

Dass der Ausgangspunkt die Vorlesung über Nietzsche ist, lässt sich leicht erkennen. Aber fast zur selben Zeit erschienen drei Werke, die in einem gewissen Zusammenhang mit Foucaults Arbeit stehen: *Les Maîtres de vérité* von Marcel Detienne,[30] *Differenz und Wiederholung* von Gilles Deleuze[31] und die französische Übersetzung von Nietzsches *Über Wahrheit und Lüge*

29 Siehe M. Foucault, *Le gouvernement de soi et des autres. Cours au Collège de France, 1982-1983*, hg. von F. Gros, Paris 2008; dt.: *Die Regierung des Selbst und der anderen, Vorlesung am Collège de France 1982/83*, Frankfurt am Main 2009, »Situierung der Vorlesung«, S. 484f.

30 M. Detienne, *Les Maîtres de vérité dans la Grèce archaïque*, a.a.O.

31 Gilles Deleuze, *Différence et Répétition*, Paris 1968; dt.: *Differenz und Wiederholung*, München 1992.

durch Angèle Kremer-Marietti,[32] eine Philosophin, die Foucault nahestand. Diese Konstellation bestärkte Foucault in seinem Willen, sich bei seinen Vorstößen auf die griechischen Wege der Erkenntnis nicht an Heidegger zu orientieren, auch wenn er anerkannte, dass Heidegger Nietzsche wieder in die philosophische Tradition eingebracht und ihn literarischen oder psychologisierenden Interpretationen entzogen hatte.[33]

Zuerst entdeckt Marcel Detienne in der geschichtlichen Tiefe des archaischen Griechenlands – eben jenes 7. und 6. Jahrhunderts, die Nietzsche in seinen Baseler Jahren studierte hatte – die Ende der 1960er Jahre ganz entscheidende Frage wieder, wer denn mit welchem Recht und nach welchem Ritual spricht in einer Vorgeschichte, in der er das strukturierende mythisch-religiöse Begriffspaar »Aletheia« und »Lethe« gefunden hatte, von dem aus er die Veränderungen des mit der wirkmächtigen und zwingenden Wahrheit ausgestatten Wortes bis hin zur Geburt des griechischen Stadtstaats nachzeichnen konnte.

In *Differenz und Wiederholung* unterzieht Deleuze die gesamte Geschichte der Metaphysik einer erneuten Betrachtung, und zwar in antiplatonischer Perspektive. Foucault rekapitulierte die Grundgedanken voller Begeisterung und in einem nahezu mimetischen Stil.[34] Deleuze stürzte tatsächlich die Codes der Philosophiegeschichte um, indem er aus der Malerei die Technik der Collage übernahm – und das in großer zeitlicher Nähe zur *Archäologie des Wissens*, selbst eine minutiöse Beschreibung der Regeln von Diskurspraktiken, die sich weigert, die Diskursgegenstände »in die gemeinsame Tiefe eines Urgrunds« zu stoßen.[35] *Archäologie des Wissens* ist ein Buch über die endlose Zerstreuung und Wiedereinpflanzung der Aussagen; *Differenz und*

32 F. Nietzsche, *Le Livre du philosophe. Études théorétiques*, Paris 1969. A. Kremer-Marietti publizierte die erste Gesamtanalyse der Arbeit Foucaults in *Michel Foucault. Archéologie et généalogie*, Paris 1974.

33 Siehe E. Bertram, *Nietzsche. Versuch einer Mythologie*, Berlin 1918.

34 M. Foucault, »Ariadne hat sich erhängt«, a.a.O; ders., »Theatrum philosophicum«, a. a. O.

35 M. Foucault, *Archäologie des Wissens*, a. a. O., S. 72.

Wiederholung ist ein Buch über die ontologischen Intensitäten und Unterschiede und über die ständig aufgeschobene ewige Wiederkehr des Selben – zwei Schlüsselwerke in der Entwicklung beider Philosophen, die auf ihrem Weg mehr als zehn Jahre lang immer wieder aneinandergerieten. Tatsächlich schien Deleuze Heideggers Fragestellung umgekehrt zu haben. Der schwäbische Philosoph hatte Nietzsche auf der Grundlage seines eigenen Denkens über das Sein interpretiert, Deleuze schrieb *Sein und Zeit* heimlich auf der Grundlage der nietzscheanischen Ontologie neu.

Angèle Kremer-Marietti schließlich vervollständigte dieses Dreieck, indem sie mit ihrer Übersetzung des Nietzsche-Textes eine zusammengedrängte Studie über das Verhältnis zwischen Sprache und Wahrheit beisteuerte, jenes Thema, das den Kern der in den Vorlesungen vom 6. und 13. Januar entwickelten Lokalisierung des sophistischen Effekts in der Sprache bildet. Ein Fragment aus *Über Wahrheit und Lüge* stellte Foucault sowohl an den Anfang der aus seinem Manuskript verschwundenen Vorlesung über Nietzsche als auch an den Anfang des Vortrags an der McGill University im April 1971 (das heißt kurz nach der Vorlesung) sowie des Vortrags, den er unter dem Titel »Die Wahrheit und die juristischen Formen«[36] in Rio de Janeiro hielt: »In irgend einem abgelegenen Winkel des in zahllosen Sonnensystemen flimmernd ausgegossenen Weltalls gab es einmal ein Gestirn, auf dem kluge Thiere das Erkennen erfanden. Es war die hochmüthigste und verlogenste Minute der ›Weltgeschichte‹.«[37]

Das Werk von Deleuze hielt in ein und derselben pluralistischen Ontologie an der Differenz und der Einzigartigkeit des Ereignisses und dennoch auch an dessen Wiederholung und aufgeschobener ewiger Wiederkunft fest. Tatsächlich reiht sich das Buch ein in die langen Bemühungen um die Erhellung des nietzscheanischen Denkens, die in Frankreich nach 1945 von Bataille,

36 M. Foucault, »La vérité et les formes juridiques«, in *Dits et Écrits*, Bd. 2, a. a. O., Nr. 139, dt.: »Die Wahrheit und die juristischen Formen«, in *Dits et Écrits. Schriften*, Bd. 2, a. a. O., Nr. 139, S. 669-792

37 Siehe die »Vorlesung über Nietzsche«, oben S. 278, Anm. 1.

Blanchot, Jean Wahl[38] und Klossowski unternommen wurden. Den Schlusspunkt dieser Bemühungen sollten schließlich die von Colli und Montinari herausgegebenen *Œuvres complètes* von Nietzsche in französischer Sprache bilden (eine Ausgabe, an der Foucault und Deleuze anfangs beteiligt waren), womit dann auch die beiden umstrittenen posthumen Kompilationen mit dem Titel *Der Wille zur Macht* verschwinden sollten, auf die auch Heidegger sich gestützt hatte. Natürlich waren diese philosophischen Klärungsbemühungen stark von den Vorträgen geprägt, die Heidegger zwischen 1936 und 1939 gehalten hatte, das heißt nach seiner finsteren Rektoratsrede, die als Abdankung empfunden wurde. Tatsächlich hat Deleuze zwei Heidegger-Interpretationen vorgelegt: das ernsthafte *Differenz und Wiederholung* und den ironischen Aufsatz »Ein verkannter Vorläufer Heideggers: Alfred Jarry«, oder Pataphysik als Überholung der Metaphysik.[39]

Die Aufgabe, die Deleuze wie schon andere vor ihm der Philosophie zuweist, besteht, wie Foucault ausführt, in einer Umkehrung des Platonismus – was möglicherweise sogar die Definition der Philosophie seit Aristoteles oder seit den Sophisten sei: »Dagegen wird der ganze Platonismus«, schreibt Deleuze, »von der Idee einer Unterscheidung beherrscht, die zwischen ›dem Ding selber‹ und den Trugbildern [dem Traum, dem Schatten, der Spiegelung, der Malerei, dem Phantasma] zu treffen sei. Anstatt die Differenz an sich selbst zu denken, bezieht er sie bereits auf einen Grund und führt die Vermittlung in mythischer Form ein.«[40] Wenn es darum geht, den Grund zu denken, greift Platon

38 Foucault hörte 1946-1947 Jean Wahls Vorlesungen über Heideggers Verhältnis zu Platon, in denen Wahl, der brillante Einwände vorzubringen verstand, sich seinerseits von einer Vorlesung Heideggers über Nietzsche (1925 und 1936) und den *Holzwegen* anregen ließ (seine Notizen zu dieser Vorlesung bewahrte Foucault auf).

39 G. Deleuze, »Un précurseur méconnu de Heidegger, Alfred Jarry«, in ders., *Critique et Clinique*, Paris 1993, dt.: »Ein verkannter Vorläufer Heideggers: Alfred Jarry«, in ders., *Kritik und Klinik*, Frankfurt am Main 2000, S. 124-135.

40 G. Deleuze, *Differenz und Wiederholung*, a. a. O., S. 95.

also auf den Mythos zurück. Das wird in *Differenz und Wiederholung* als Platons »Spiel« bezeichnet:

> Man könnte also sagen, daß die Teilung, sobald sie ihre Maske der Spezifikation fallen läßt und ihren wahren Zweck offenbart [...], sich durch das bloße ›Spiel‹ eines Mythos ablösen läßt. In der Tat beruft sich der *Politikos* [...] auf das Bild eines Gottes, der der Welt und den Menschen [...] gebietet. [...] Dasselbe Vorgehen im *Phaidros*: Als es um die Unterscheidung zwischen verschiedenen Formen des ›Wahnsinns‹ geht, beruft sich Platon unvermittelt auf einen Mythos. Er beschreibt den Kreislauf der Seelen vor der Verkörperung, die Erinnerung, die sie von den Ideen, die sie betrachten konnten, mitnehmen.[41]

Erst in *Der Sophist*, dem dritten großen platonischen Text über die Teilung, erfolgt die Teilung ohne Mythos, durch die Definition des Sophisten, des Vortäuschers *par excellence*, der alle Dinge in den Zustand des Trugbilds versetzt. Denn das oberste Ziel der platonischen Dialektik[42] ist nicht die Teilung, sondern die Auswahl des Unterschieds, das heißt die Bewertung, die Schaffung eines mythischen Kreises.

Foucaults Spiel

Gleich zu Beginn dieser Vorlesungen spricht Foucault – trotz der würdevollen Institution, die das Collège darstellt, und trotz der intellektuellen Strenge, die man von dem Neuling erwartet – von dem »Spiel«, das er dort spielen will. Der Ausdruck überrascht nur so lange, wie man ihn nicht mit jenem mythisch-ontologischen oder theologisch-ontologischen Spiel in Verbindung bringt, das Deleuze als Grundlage der platonischen Metaphysik beschreibt. Und wenn nun »Foucaults Spiel« darin bestünde, darauf mit der Geschichte zu antworten?

In *Archäologie des Wissens* beschreibt Foucault die großen Li-

41 Ebd., S. 89.
42 Ebd., S. 97.

nien einer neuen Geschichtsschreibung oder erinnert vielmehr an die großen Linien der neuen Geschichtsschreibung der Historiker: weder Lokalgeschichte noch Ereignisgeschichte, noch auch globale Geschichte, sondern Folgen von Folgen, eine bereits nietzscheanische Historie. Schon in der Einleitung verweist er auf Kennzeichen der zeitgenössischen Geschichtsschreibung, in deren Rahmen er sich selbst stellt:

> Das Thema und die Möglichkeit einer globalen Geschichte beginnen zu verwischen, und man sieht, wie sich das stark verschiedene Gebilde dessen abzeichnet, was man eine allgemeine Geschichte nennen könnte. Das Vorhaben einer globalen Geschichte ist das, was die Gesamtform einer Kultur, das materielle oder geistige Prinzip einer Gesellschaft, die allen Phänomenen einer Periode gemeinsame Bedeutung, das Gesetz, das über ihre Kohäsion Rechenschaft ablegt [...]. Diese Postulate stellt die neue Geschichte in Frage, wenn sie die Serien, die Ausschnitte, die Grenzen [...], die chronologischen Spezifitäten [...] problematisiert. [...] Das Problem, das sich hier stellt – und das die Aufgabe einer allgemeinen Geschichte definiert – ist, zu bestimmen, welche Bezugsform legitimerweise zwischen diesen verschiedenen Serien beschrieben werden kann [...], welche ›Folgen von Folgen‹ – oder in anderen Worten, welche ›Tableaus‹ gebildet werden können.[43]

Auf diese Geschichte greift er hier zurück, und zwar nicht auf der Grundlage unbekannter Archive, die er selbst erschlossen hätte, sondern auf der Basis des bereits gesicherten Wissenskorpus der Althistoriker: von Louis Gernet bis Gustave Glotz zu Beginn des 20. Jahrhunderts, bis hin zu Édouard Will, dessen auf die jüngsten Entdeckungen der korinthischen Archäologie gestützte Arbeiten gerade erst erschienen waren. Warum so viele Historiker? Foucault hatte sich niemals vorgenommen, Nietzsche zu wiederholen oder zu kommentieren, sondern seine phi-

43 M. Foucault, *Archäologie des Wissens*, a. a. O., S. 18-20.

losophischen Intuitionen an der »Strickleiter«[44] der Geschichte zu erproben. Wir dürfen auch nicht vergessen, dass Heidegger Nietzsches Ambivalenzen hinsichtlich der Geschichte in die Unterscheidung zwischen Geschichte und Historie fasst, das heißt in die Unterscheidung zwischen dem Geschehen und seiner Lektüre durch die Geschichtswissenschaft, die von derselben Art sei wie die Technik. So stellt denn Foucault dem von Deleuze angeprangerten theologisch-ontologischen Spiel jenes Spiel gegenüber, das Eugen Fink nicht als göttliches, sondern als »innerweltliches« Spiel bezeichnet: das Gesellschaftsspiel, die soziale Beziehung zur Welt, das Spiel der Menschen im Kontakt mit dem Schein der Welt.[45]
Dies vorweggeschickt, und zum besseren Verständnis des nicht nur historischen, sondern zutiefst philosophischen Gegenstands dieser Vorlesung schlagen wir vor, nacheinander und in dieser Reihenfolge folgende Texte zu lesen: Foucaults zwei Aufsätze über *Differenz und Wiederholung* (und natürlich das Werk selbst), diese Vorlesungen von 1970-1971 und schließlich den Aufsatz mit dem Titel »Nietzsche, die Genealogie, die Historie«, publiziert zu Ehren von Jean Hyppolite, seinem Vorgänger auf dem Lehrstuhl am Collège de France, und gleichfalls 1971 verfasst. Das ist dann zugleich eine Einladung zum Foucault-Deleuze-Bankett, einem im Leben zurückhaltenden, aber in der wechselseitigen Lektüre so präzisen Bankett mit großem philosophischem Ertrag für diese beiden großen Zeitgenossen.[46]

44 F. Nietzsche, *Die Philosophie im tragischen Zeitalter der Griechen*, in KSA, Bd. 1, S. 835: »Während in jedem Worte Heraklit's der Stolz und die Majestät der Wahrheit, aber der in Intuition erfaßten, nicht der an der Strickleiter der Logik erkletterten Wahrheit sich ausspricht [...].«

45 Siehe E. Fink, *Das Spiel als Weltsymbol*, Stuttgart 1960, 4. Kap.: »Die Weltlichkeit des Menschenspiels«.

46 Zum Verhältnis zwischen Foucault und Deleuze siehe Judith Revel, *La Pensée du discontinu. Introduction à une lecture de Foucault*, Paris 2010; E. Bolle, *Macht en verlangen, Nietzsche en het denken van Foucault, Deleuze en Guattari*, Amsterdam 1981; G. Deleuze, *Foucault*, Paris 1986; dt.: *Foucault*, Frankfurt am Main 1992; A. Sauvagnargues, *Deleuze. L'Empirisme transcendental*, Paris 2009.

Den letztgenannten Aufsatz beginnt Foucault mit der Feststellung, die Genealogie sei grau – in Anlehnung an Nietzsche, der ein von Hegel verwendetes Goethezitat anführt: »Grau, teurer Freund, ist alle Theorie.« Die Genealogie ist dokumentarisch, ist versessen auf Gelehrsamkeit, sie erkennt die *Einzigartigkeit* der Ereignisse selbst dort, wo man glaubt, dass es keine Geschichte gäbe, etwa im Bereich der Gefühle, des Bewusstseins, der Triebe, des Körpers, der Liebe. Sie erfasst die Wiederkehr der Ereignisse in unterschiedlichen Rollen. Man muss also tatsächlich zwischen Geschichte und Genealogie unterscheiden. Das Objekt der Genealogie wird nicht durch die Suche nach dem *Ursprung* definiert, sondern nach der *Herkunft*, der einstigen Zugehörigkeit zu einer Gruppe, und nach der *Entstehung*, dem Erscheinen oder Auftreten von Kräften. Die Herkunft verweist auf die Fülle der Ereignisse, das »Disparse« in *Differenz und Wiederholung*. Die Entstehung dagegen ist das ortlose Theater, auf dem sich stets dasselbe Stück der Herrschenden und der Beherrschten wiederholt. So entsteht die Differenzierung der Werte, wobei die Entstehung zugleich die Einzigartigkeit des Ereignisses und dessen ständig aufgeschobene Wiederholung ist. Das heißt, Foucault beschreibt in seinem Aufsatz mit seinem eigenen Wortschatz und aufgrund einer beträchtlichen historischen Forschungsarbeit seinerseits die Intensitäten, den Stoff und den Gegenstand von *Differenz und Wiederholung*: »Die verschiedenen Entstehungsprozesse lassen sich nicht als einander folgende Gestalten derselben Bedeutung begreifen; sie sind vielmehr das Ergebnis unterschiedlicher Arten der Ersetzung, Versetzung und Verschiebung, der verdeckten Eroberung und der systematischen Verkehrung. Wenn Deuten hieße, eine im Ursprung verborgene Bedeutung langsam ans Licht zu holen, dann könnte nur die Metaphysik das Werden der Menschheit deuten.«[47] Man sieht, wie hier erneut das Spiel Platons und das Spiel der Geschichte auftauchen und einander gegenübergestellt werden. Die Genealogie transkribierte für Nietzsche, was noch ohne Ge-

47 M. Foucault,.: »Nietzsche, die Genealogie, die Historie«, a.a.O., S. 177f.

schichte war, weil es sich um Gefühl, Seele, Körper, Trieb handelte – Dinge, die wir für unveränderlich hielten. Die philosophische Anthropologie wäre danach nur die zeitgenössische positivistische Form der Metaphysik.

Die Archäologie als Methode und insbesondere *Die Ordnung der Dinge* sind eine Propädeutik zur Genealogie. Die Genealogie, wie Foucault sie uns vor Augen führt, bedeutet daher keine Krise der Archäologie, vielmehr stützen sie sich wechselseitig. Aus der Geschichte, daran erinnert Foucault im selben Aufsatz, kann man Genealogie machen: die Genealogie des Gefühls (die Abwesenheit des Werkes) ebenso wie die Genealogie des Historikerberufs (das heißt schreiben, um kein Gesicht mehr zu haben). In »Nietzsche, die Genealogie, die Historie«, das zur selben Zeit entstand wie die Vorlesungen von 1970 bis 1971, legt Foucault als Genealogie vor, was Deleuze als eine differenzorientierte Ontologie präsentierte.

* * *

Man wird einwenden, diese rein theoretische Konstellation sei erstaunlich in dieser Zeit kurz nach dem Mai 1968, als Foucault bereits die Informationsgruppe zu den Gefängnissen gründete und über zukünftige »Komitees Wahrheit und Gerechtigkeit« debattierte. Doch die von Nietzsche durch Ödipus gestellte Frage – »Wer spricht?« – ist *die* Frage der 1970er Jahre. Der Vorrang der »Politik« ist die aktuelle Gegenwart, in der jene Jugend denkt und handelt, die in Foucaults Vorträge strömt. Der Vorrang der Politik ist der Aufstieg der Individuation, nicht mehr als ideologische Folge des Rechts, sondern in der Transformation der mystisch-religiösen Machtformen; er ist die Entstehung der Askese als Kampf des Volkes gegen den Luxus der Aristokratie oder die Demokratisierung der Unsterblichkeit der Seele oder der Stellung des Weisen (des Weisen, der weiß) innerhalb der Machtbeziehungen; er ist das Erscheinen einer Ethik der Reinheit als Voraussetzung für die Enthüllung der Ordnung, und das wird nicht mehr als Wirkung des Moralismus der platonischen Philosophie verstanden, sondern als Folge der Konsti-

tution des *nomos*; und schließlich ist er die Präsenz der Volksmacht in all diesen Veränderungsprozessen.
Dieser Rückgriff auf das archaische Griechenland diente – wie einst dem jungen Wagnerianer Nietzsche – als Metapher für die aktuelle Gegenwart.

Ein nietzscheanisches Griechenland

Geschichte oder Philosophie? Die Antwort liegt im Zuschnitt: Das archaische Griechenland ist Nietzsches Griechenland. 1970 liegt es nicht mehr nahe, sich Griechenland philosophisch über Nietzsche zu nähern. Der philosophische Hellenismus ist nun nicht mehr hegelianisch oder nietzscheanisch, sondern zumindest in Frankreich »à la Heidegger«.[48]
Charles Andler berichtet in *La Dernière Philosophie de Nietzsche*:

> Die große Entdeckung war für ihn das sechste Jahrhundert vor Christus. Damals wehte ein neuer Wind durch Griechenland. Die babylonische Zivilisation zerfiel, und ein gewaltiges Bedürfnis nach Reformen, ein ungewöhnlicher Schwung der Seelen breitete sich von Kleinasiens her aus. Die Philosophen Ioniens und Großgriechenlands erlebten dessen letzte Auswirkungen. Das mystische Gefühl, von dem sie erfüllt waren, fand plötzlich eine Sprache, in der es zum Ausdruck kommen konnte. In der orientalischen Stunde, in der die religiöse Raserei sich des griechischen Volkes bemächtigt, findet es den λόγος [*logos*], der sie zugleich übersetzt und abmildert. Dadurch löst sich Europa von Asien und wird sich seiner andersartigen Originalität bewusst [...]. Mit einem Male zerfällt das Epos, die Dichtung der aristokratischen Klassen, und löst sich in die Lyrik auf [...]. Auch der Brauch (νόμος [*nomos*]), kaum gefestigt, zer-

48 M. Foucault, »Prisons et asiles dans les mécanismes du pouvoir« (1974), in *Dits et Écrits*, a. a. O., Bd. II, Nr. 136; dt.: »Gefängnisse und Anstalten im Mechanismus der Macht«, in *Dits et Écrits. Schriften*, a. a. O., Bd. II, Nr. 136, S. 648-653, hier S. 648.

fällt. Die von außen kommende Menge verlangt dessen Umgestaltung [...]. Dieser ungeordnete politische Chor fordert seinerseits einen Chorführer, den Tyrannen [...]. [Die Tyrannen] bereiten die Ankunft der Demokratie vor.[49]

Nietzsches Begeisterung: »Die grösste Thatsache der griechischen Bildung bleibt doch die, dass Homer so frühzeitig panhellenisch wurde. Alle geistige und menschliche Freiheit, welche die Griechen erreichten, geht auf diese Thatsache zurück.«[50] Foucaults Vorlesung durchstreift munter das gesamte Territorium Griechenlands, von Ionien bis nach Korinth und Sizilien – keine Bevorzugung Athens, wir sind noch vor dem Stadtstaat oder während seiner Entstehung, die Hesiod irritiert, Hesiod, den Nietzsche als Genealogen bezeichnet. Und die Vorlesung endet mit *König Ödipus* oder *tyrannos*, in dem manche Kommentatoren eine Metapher für die tyrannische Herrschaft Athens über sein Reich erblickt haben: »Die ältere griechische Philosophie ist die Philosophie von *lauter Staatsmännern.* [...] Das unterscheidet übrigens die Vorsokratiker und die Nachsokratiker am meisten. Bei ihnen hat man nicht ›die garstige Pretension auf Glück‹, wie von Sokrates ab. Es dreht sich doch nicht alles um den Zustand ihrer Seele: denn über *den* denkt man nicht ohne Gefahr nach. Später wurde das γνῶθι σαυτόν [*gnothi sauton*] des Apoll mißverstanden.«[51] Dieses delphische Prinzip wird Foucault ab der Vorlesung vom 6. Januar 1982 neu interpretieren.[52] Foucaults archaisches Griechenland ist weder ein Kommentar noch eine Wiederholung Nietzsches, vielmehr ist es vollständig durch die Arbeiten der Historiker dokumentiert, also am Wissen überprüft.

49 Ch. Andler, *Nietzsche, sa vie et sa pensée*, Bd. VI: *La Dernière Philosophie de Nietzsche. Le renouvellement de tous les valeurs*, Paris 1931, S. 369f.

50 F. Nietzsche, *Menschliches, Allzumenschliches*, Erstes Hauptstück, §226, KSA, Bd. 2, S. 218.

51 F. Nietzsche, KSA, Bd. 8, Nachlaß 1875-1879, Fragment 6[14], S. 102.

52 Siehe M. Foucault, *L'Herméneutique du sujet. Cours au Collège de France, 1981-1982*, hg. von F. Gros, Paris 2001; dt.: *Hermeneutik des Subjekts. Vorlesungen am Collège de France (1981/82)*, Frankfurt am Main 2004, S. 17 *et passim*, insb. S. 218.

Im Blick auf Nietzsches Ansatz scheint Foucault die Hauptpunkte in Heideggers Studie durchzugehen:

– Erstens die These, wonach der Gedanke der Gerechtigkeit Nietzsches Nachdenken über die Wahrheit beherrschte: »Man kann historisch zeigen, daß er [dieser griechische Gedanke der dike] ihm bei einer Besinnung über die vorplatonische Metaphysik – im besonderen über diejenige Heraklits – aufleuchtete. [...] Die wenigen Hauptgedanken über die ›Gerechtigkeit‹ wurden nicht veröffentlicht.«[53] Foucault zeichnet die Geschichte der *dike* zwischen dem Apolliniker Homer und dem Dionysiker Sophokles nach.

– Zweitens überdenkt Heidegger die willkürliche posthume Zusammenstellung der 1906 und 1911 herausgegebenen Aphorismensammlung *Der Wille zur Macht*, um den geheimen Weg hin zu diesem Willen zur Macht zu rekonstruieren und um vor allem auf der Grundlage zahlreicher Aphorismen zu zeigen, dass der Erkenntnisbegriff hier eine strukturierende Bedeutung besaß. Der Wille zur Macht entspricht selbst einer Interpretation des Schicksals des Seins, was seine nietzscheanische Wahrheit aufhebt – darin folgte Foucault ihm zu keinem Zeitpunkt.

– Drittens: »Wenn Nietzsches Gedanke des Willens zur Macht der Grundgedanke seiner und der letzte Gedanke der abendländischen Metaphysik ist, dann wird das Wesen der Erkenntnis, d. h. das Wesen der Wahrheit, aus dem Willen zur Macht bestimmt werden müssen. [...] In allem Verhalten hält sich deshalb der Mensch in irgendeiner Weise an das Wahre.«[54] Zum Beispiel Aphorismus 515 aus *Der Wille zur Macht*, der in der von Colli und Montinari herausgegebenen Kritischen Studienausgabe zu Fragment 14[152] wird: »Wille zur Macht als *Erkenntniss* – nicht ›erkennen‹, sondern schematisiren, dem Chaos so viel Regularität und Formen auferlegen, als es unserem praktischen Bedürfniß genug thut.«[55] Diesen Aphorismus kommentiert Heidegger in folgender Weise: »›Nicht ›erkennen‹, sondern schematisieren‹

53 M. Heidegger, *Nietzsche*, a. a. O., Bd. 1 (3), S. 632.

54 Ebd., S. 498.

55 F. Nietzsche, KSA, Bd. 13, S. 333.

[...]. Das will sagen: Erkennen ist nicht ›erkennen‹ – nämlich im vermeintlichen Sinne der hinnehmenden, nachschreibenden Abbildung [...]. [D]iese Auffassung der Erkenntnis als ›Schematisieren‹ steht mit dem Platonisch-Aristotelischen Denken in demselben Entscheidungsbereich, auch wenn Nietzsche den Begriff des Schemas nicht *historisch*, durch Nachsehen bei vergangenen Meinungen, von Aristoteles ›bezogen‹ hat.«[56]
Das heißt, für Heidegger steht Nietzsche in der Tradition der Metaphysik und bildet deren Endpunkt, während Foucault zwei Paradigmen des Willens zum Wissen einander gegenüberstellt: Aristoteles und Nietzsche. So schreibt Heidegger auf S. 511: »Die Wesensbestimmung der Wahrheit, die seit Platon und Aristoteles nicht allein das gesamte abendländische Denken, sondern überhaupt die Geschichte des abendländischen Menschen bis in das alltägliche Tun und das gewöhnliche Meinen und Vorstellen hinein durchherrscht«,[57] laute »Richtigkeit«, *homoiosis* oder *adaequatio*.[58] Dieser Bestimmung der Wahrheit stellt er[59] eine neue Interpretation der *Aletheia* gegenüber, auf der Grundlage des verneinenden *a* als Aufhebung des Vergessens, als »Entbergen« – ein etymologisch negativer Begriff.
Darauf antwortet Foucault,
1 – indem er diese Heidegger'sche Einteilung der Philosophie verschiebt;
2 – indem er die Beziehungen zwischen *Dike* und der Entstehung einer Ordnung des *kosmos* analysiert, und zwar nicht von Heraklit her (nach Heidegger die Anfänge der abendländischen Metaphysik), sondern von Hesiod aus (»Der Philosoph ist stets

56 M. Heidegger, *Nietzsche*, a. a. O., Bd. 1 (3), S. 555 f.
57 Ebd., S. 511.
58 Ebd.
59 Siehe insbes. M. Heidegger, *Was ist Metaphysik?*, 15. Aufl., Frankfurt am Main 1998, S. 1: »Ἀλήθεια könnte das Wort sein, das einen noch nicht erfahrenen Wink in das ungedachte Wesen des esse gibt. Stünde es so, dann könnte freilich das vorstellende Denken der Metaphysik dieses Wesen der Wahrheit nie erreichen. [...] Inzwischen bleibt der Metaphysik während ihrer Geschichte von Anaximander bis Nietzsche die Wahrheit des Seins verborgen.«

Hesiod«, schrieb Deleuze in seinem Nietzsche[60]) und vor allem auf der Grundlage der Einführung des Messens durch die sozialen Kämpfe in Griechenland: Zeitmessung, Geld als Maß.

3 – Foucault geht nicht von der Philosophie aus, sondern von der Geschichte, vor allem aufgrund der Arbeiten von Vernant und von Detienne, der seinerseits Heidegger vollständig umgeht in *Les Maîtres de vérité*, einem Werk, von dem Foucaults Denken ganz offensichtlich gezehrt hat.

4 – Die Vorsokratiker kommen praktisch nicht vor, abgesehen von den Verweisen des Aristoteles in seiner Geschichte der Wahrheit. Die Analyse der Sophisten ermöglicht es hier, die Beziehungen der Sprache zur Wahrheit statt zum Sein zu denken. Die Aufzeichnungen von Hélène Politis zeigen, dass Foucault diese Verschiebung mündlich erläuterte. Doch in seinem Vortrag an der McGill University entwickelt er am klarsten seine Ablehnung einer »Ideologie, die Wissen als Wirkung der Freiheit« begreift. Das Wesen der Wahrheit liegt für Foucault nicht in der Freiheit. Auf die These, wonach die Wahrheit nicht von Natur aus frei sei, kommt er in *Der Wille zum Wissen*, dem ersten Band von *Sexualität und Wahrheit*, zurück (dt.: Frankfurt am Main 1977, S. 83 ff.).[61]

Die Erstellung des Textes

1. Die *Vorlesungen über den Willen zum Wissen* wurden auf der Grundlage von Vortragsmanuskripten erstellt, deren Paginierung links neben dem Text wiedergegeben ist. Gliederung und räumliche Anordnung – zuweilen in Form listenartig aufgeführter Punkte, die der weiteren Ausarbeitung bedurften – wurden verändert, um den Lesefluss zu verbessern. Die wenigen Hinzufügungen der Herausgeber sind in eckige Klammer gesetzt. Die in griechischer Schrift geschriebenen Teile des Manuskripts wurden beibehalten [in der deutschen Ausgabe wurde eine lateini-

60 G. Deleuze, *Nietzsche et la Philosophie*, Paris 1962; dt.: *Nietzsche und die Philosophie*, Hamburg 1991, S. 6.

61 Siehe die Vorlesung über Nietzsche, oben S. 280, Anm. 41.

sche Transkription hinzugefügt, wo dies aus Gründen des Leseflusses und des Verständnisses für Leser, die die griechische Schrift nicht beherrschen, sinnvoll erschien]. Die Texte zitierte Foucault allerdings häufig aus dem Gedächtnis, zumal er wie viele in seiner Generation das Griechische gut beherrschte. B. Knox erinnert sich in seinem *Oedipus at Thebes*,[62] dass in wissenschaftlichen Texten damals griechische Ausdrücke in griechischer Schrift geschrieben werden mussten und dass er mit seinem Wunsch, sich an Leser zu wenden, die des Griechischen nicht mächtig waren, Empörung auslöste. In den 1980er Jahren verwendete Foucault beim Entwurf seiner Vorlesungen bei griechischen Ausdrücken sowohl die griechische Schrift als auch die lateinische Transkription. (Seit Tonbandaufzeichnungen angefertigt wurden, übernahmen die Herausgeber die lateinische Transkription.)

2. 1970 wurden die Vorlesungen am Collège de France noch nicht aufgezeichnet, da sie als Eigentum des Vortragenden galten. Kassettenrekorder waren noch nicht in Gebrauch. Allerdings nahm Gilbert Burlet[63] mit Foucaults Zustimmung einen Teil der Vorlesungen mit einem Nagra-Tonbandgerät auf. Die Bänder wurden nach der Transkription gelöscht, so dass es leider nicht möglich ist, sie zu überprüfen. Einige Fragmente der Tran-

62 B. Knox, *Oedipus at Thebes*, New Haven, Conn., und London 1957.

63 In Foucaults Umgebung war Gilbert Burlet eine außergewöhnliche Persönlichkeit. Er machte als Erster den Vorschlag, die Vorlesungen am Collège aufzuzeichnen, und bei dieser Arbeit wechselte er sich mit Jacques Lagrange ab. Ihnen ist zu verdanken, dass das Collège de France und später das Centre Foucault für mehrere Jahre über Tonbandaufzeichnungen verfügt, die als Grundlage für diese Editionen dienten. Der von den Antillen stammende, in Vietnam geborene Gilbert Burlet hatte am Collegio internazionale del Gesù Theologie studiert und ging an die École nationale d'administration, bevor er Arzt in den Hôpitaux de Paris wurde und sich auch als Forscher in den Pasteur-Instituten in Tokio und Peking betätigte. Er nahm auch am Seminar über Pierre Rivière teil. Die gleichfalls in Vietnam geborene Jacqueline Germé, die die Transkription besorgte, besuchte selbst nicht die Vorlesungen. Sie studierte Chinesisch an der École des langues orientales und arbeitete als Stylistin für Paco Rabannne.

skription sind im editorischen Apparat verarbeitet, wo dies zur Klärung des Textes beitragen konnte; sie sind in den Fußnoten durch einen Stern gekennzeichnet.

3. Anlässlich eines erneuten Vortrags im Ausland entnahm Foucault dem Manuskript seiner Vorlesungen 1970-1971 die Vorlesungen, die dem nietzscheanischen Paradigma des Willens zum Wissen gewidmet waren und die er in den Sitzungen vom 23. Dezember 1970 und vom 6. Januar 1971 vorgetragen hatte. Diese beiden Vorlesungen sind in seinem Archiv nicht mehr aufzufinden.

Da diese Lücke durch mehrere Anspielungen auf Nietzsches Verständnis von Erkenntnis und Wahrheit ausgeglichen wird, bringt sie den Aufbau der Vorlesungen nicht allzu sehr aus dem Gleichgewicht. Allerdings zeigte die späte Entdeckung der genauen Aufzeichnungen von Hélène Politis die Bedeutung dieser Lücke. Da Foucault stets gewisse Vorbehalte gegenüber der Publikation von Vorlesungsaufzeichnungen seiner Hörer hatte, fügen wir hier stattdessen lieber einen Vortrag ein, den er im April 1971, also unmittelbar nach Abschluss der Vorlesungen, hielt und in dem er einige zentrale Themen aufgriff.

Nur ein Viertelblatt Papier mit dem Briefkopf seines Hotels in Montreal, auf dem er die Hauptpunkte aufgelistet hatte, wie er es häufig bei Vorträgen tat, erlaubt es, den Text seinem Vortrag an der McGill University zuzuordnen.

Eine Anmerkung des Herausgebers verweist auf die wichtigsten Unterschiede vor allem philosophischen Charakters zu den erhalten gebliebenen Aufzeichnungen der Pariser Vorlesungen vom Dezember 1970 und vom Januar 1971.

4. Den letzten Teil der *Vorlesungen über den Willen zum Wissen* bildet ein Vortrag, den Foucault im Sommer 1972 verfasste und unter dem Titel »Das Wissen des Ödipus« an der State University of New York in Buffalo, dann an der Cornell University und schließlich 1973 noch einmal in Rio de Janeiro hielt und von dem sich insgesamt sieben Fassungen in Foucaults Archiv finden.

Dieser Vortrag ist eine Ausarbeitung des zwölften Teils der Vorlesungen von 1970-1971. In formaler Hinsicht steht er zu diesen Vorlesungen in einem ähnlichen Verhältnis wie »Die Hoffräulein« zur Theorie der Repräsentation in *Die Ordnung der Dinge*. Tatsächlich identifiziert und rekonstruiert er darin alle konstitutiven Elemente des Übergangs von der rechtlich-religiösen Wahrheitsprobe im archaischen Griechenland zur politisch-rechtlichen Wahrheitsermittlung im klassischen Griechenland – und damit einen der nach Foucault wichtigsten Prozesse in der Geschichte der Erzeugung von Wahrheit. So rückt er dort die beiden Bühnen aneinander, auf denen in seinen Augen die Deleuze'sche Darstellung spielte: Methaphysik und Theater. Die Metaphysik der Phantasmen, des »befreiten Trugbilds entfaltet sich oder spielt vor allem auf zwei Bühnen: in der Psychoanalyse, die man eines Tages als metaphysische Praxis wird begreifen müssen, weil sie es stets mit Phantasmen zu tun hat; und im Theater, dem in sich vervielfältigten Theater, das mit mehreren simultanen Bühnen arbeitet, in mehrere Bühnen zerstückelt ist, die einander ignorieren und einander Zeichen geben und auf denen Masken tanzen, Körper schreien, Hände und Finger gestikulieren, ohne irgendetwas darzustellen«.[64]

In philosophischer Hinsicht fällt es schwer, »Das Wissen des Ödipus« und dessen Gesetz der Hälften nicht in die Nähe der Deutung zu rücken, die Hegel davon gibt, wenn er die *Phänomenologie des Geistes* als die wahrhaftige Tragödie des menschlichen Geistes begreift, deren Enthüllung letztlich das Selbstbewusstsein oder das »ich habe es immer schon gewusst« ist und zugleich als Geschichte der Herrschaft und der Knechtschaft: des Tyrannen und des Sklaven.

Tatsächlich enthüllt sich die Wahrheit gemäß dem Gesetz der sprachlichen Hälften (das magisch-religiöse Wort der Götter und der Seher, das Wort der Herrscher, das Wort der Hirten), allerdings weniger durch wechselseitige Kommunikation wie bei Hegel als durch den hierarchisierten Konflikt der Interpretationen, an dessen Ende die Verbindung zwischen Sagen und Sehen sämtliche Vermögen des Körpers, alle sozialen Kräfte und die

64 M. Foucault, »Theatrum philosophicum«, a. a. O., S. 99.

niederen Regionen des Volkes herbeizitiert. *Pudenda origo*. Bei Hegel trat die Sprache an die Stelle Gottes, und auch Descartes brauchte Gott zur Sicherung seiner Gewissheiten. Hier dagegen tritt das Sehen des Hirten, die objektivierte Wahrheit, an die Stelle der Wahrhaftigkeit des Gottes Apoll und seines Sehers: eine Zeugenschaft, die weniger mit der Wahrnehmung (und deren Wiederentdeckung durch die Phänomenologie) zusammenhängt als mit der juristischen und politischen Geschichte der Verfahren zur Ermittlung der Wahrheit. Hatte Aristoteles diese Verfahren bereits ebenso vergessen wie Platon? Dennoch ist für Foucault nicht das Vergessen, sondern die Stellung des Tyrannen konstitutiv für das Wissen des Ödipus. Wenn es hier ein Vergessen gibt, handelt es sich weit weniger um Seinsvergessenheit als um eine Verdunklung der Geschichte der Macht durch die philosophische Tradition.

Die Quellen

Es ist generell schwierig, die riesige Dokumentation zu rekonstruieren, auf die Foucault sich stets stützte. In seine Manuskripte fand sie immer erst in der Endphase Eingang und auch dann niemals erschöpfend. Von seinen Vorarbeiten bewahrte Foucault lediglich genaue Zitate samt Quellenangabe auf, die er auf Karteikarten im Format 14 × 21 cm notierte, ein Format, das er in seinen Studienjahren gewählt, dann aber – außer für diese Vorlesungen – aufgegeben hatte. In den meisten Fällen steht auf jeder Karte nur ein Zitat, mit Ausnahme dieses Studienjahres. Die Karteikarten ermöglichten die Rekonstruktion der Bibliographie, auf die im Text ansonsten nirgendwo verwiesen wird. Jedenfalls tauchen weder Detienne noch Moulinier in Foucaults Dokumentation auf. Die Randnotizen in *Les Maîtres de vérité* beweisen allerdings, dass er das Buch gelesen hat. Was Moulinier[65] angeht (den wir in den Anmerkungen erwähnen), folgen

65 L. Moulinier, *Le Pur et l'Impur dans la pensée des Grecs d'Homère à Aristote*, Paris 1952.

die Homer-Zitate zwar der Reihenfolge in *Le Pur et l'Impur*, doch die bei diesem Autor unzureichende Unterscheidung zwischen der griechischen und der christlichen Befleckung erklärt zweifellos hinlänglich, warum Foucault dem Buch keine Zitate entnahm.

Das Aristoteles-Buch von Aubenque,[66] der Heideggers Interpretation sehr gut kannte, liegt zahlreichen Kommentaren Foucaults über den Stagiriten zugrunde. Aubenque ist der Ansicht, dass der Aristotelismus weniger als Zweig des Platonismus verstanden werden muss denn als über Platon hinausgreifende Antwort auf die Sophistik.[67] Manche glauben in »Das Wissen des Ödipus« auch den Einfluss von B. Knox, *Oedipus at Thebes*, erkennen zu können. Doch Foucault hat dieses Buch nicht verwendet; er las es erst später auf Anregung seiner Hörer in den Vereinigten Staaten. Für Knox sind die Entscheidungen, die Ödipus trifft, Ausdruck seines Charakters; seine »*self made rules*« (Verse 65, 69, 72, 77, 145, 287) seien zugleich Kennzeichen der Tyrannis und seiner Psychologie. Foucault eliminiert dagegen jede psychologisierende Deutung der Tradition des tragischen Helden. In seinen Augen finden wir in dieser Tragödie die Formalisierung der Abfolge der magisch-religiösen und der rechtlichen Wahrheitsfindung, in der Ödipus jeweils eine Bedrohung für seine Macht erkennt.

Heidegger wurde nach den Aufzeichnungen der Hörerin in den Vorlesungen genannt, und er wird auch in der in Kanada gehaltenen Vorlesung über Nietzsche erwähnt. Im Manuskript findet sich sein Name dagegen nicht. Der Begriff der Enthüllung oder Entbergung ist natürlich präsent und bezeichnet ein Moment der Wahrheit. Als Maß und Messung Ordnung in der Welt geschaffen haben, enthüllt sich diese Ordnung der Wahrheit als *kosmos* und als *physis*. »Im politischen Leben nennt die griechische Sprache seine [des Rechts] Herrschaft Eunomia und Kosmos. Aber auch das physische Leben ist ein ›Kosmos‹ [...]. Es ist

66 P. Aubenque, *Le Problème de l'Être chez Aristote*, Paris ²1966.
67 Ebd., S. 96.

gerade nicht die kühle Konstatierung des gleichförmigen äußeren Ablaufs von Ursache und Wirkung, sondern eine *Weltnorm*, die bejaht werden will, weil sie die göttliche Gerechtigkeit selber ist.«[68]

68 W. Jaeger, *Die Theologie der frühen griechischen Denker*, Stuttgart 1953, S. 47f.

Sachregister

Register der griechischen Ausdrücke

Namenregister

Michel Foucault
Vorlesungen am Collège de France
im Suhrkamp Verlag

- **Über den Willen zum Wissen.** (1970-1971). Aus dem Französischen von Michael Bischoff. Gebunden. 394 Seiten
- **Die Macht der Psychiatrie.** (1973-1974). Aus dem Französischen von Claudia Brede-Konersmann und Jürgen Schröder. Gebunden. 595 Seiten
- **Die Anormalen.** (1974-1975). Aus dem Französischen von Michaela Ott und Konrad Honsel. Gebunden. stw 1853. 476 Seiten
- **In Verteidigung der Gesellschaft.** (1975-1976). Aus dem Französischen von Michaela Ott. Gebunden. 313 Seiten. stw 1585. 341 Seiten
- **Geschichte der Gouvernementalität I. Sicherheit, Territorium, Bevölkerung.** (1977-1978). Aus dem Französischen von Claudia Brede-Konersmann und Jürgen Schröder. stw 1808. 600 Seiten
- **Geschichte der Gouvernementalität II. Die Geburt der Biopolitik.** (1978-1979). Aus dem Französischen von Jürgen Schröder. stw 1809. 517 Seiten
- **Geschichte der Gouvernementalität I und II.** (1977-1979). Aus dem Französischen von Jürgen Schröder. stw 1808. 1136 Seiten
- **Die Regierung der Lebenden.** (1979-1980). Aus dem Französischen von Andrea Hemminger. Gebunden. 400 Seiten
- **Hermeneutik des Subjekts.** (1981-1982). Aus dem Französischen von Ulrike Bokelmann. Gebunden. stw 1935. 694 Seiten
- **Die Regierung des Selbst und der anderen.** (1982-1983). Aus dem Französischen von Jürgen Schröder. Gebunden. stw 2019. 505 Seiten

NF 1041/1/4.18

- **Die Regierung des Selbst und der anderen II. Der Mut zur Wahrheit.** (1983-1984). Aus dem Französischen von Jürgen Schröder. Gebunden. stw 2020. 478 Seiten
- **Die Regierung des Selbst und der anderen I und II.** (1982-1984). Aus dem Französischen von Jürgen Schröder. Broschur. 983 Seiten
- **Die Strafgesellschaft.** (1972-1973). Aus dem Französischen von Andrea Hemminger. Gebunden. 444 Seiten
- **Subjektivität und Wahrheit.** (1980-1981). Aus dem Französischen von Andrea Hemminger. Gebunden. 415 Seiten

NF 1041/2/4.18